건물자산운영관리론

김일효 저

남두도서

남두(南斗) : 남두육성(南斗六星)

은하의 중심인 사수자리에 있는 국자모양의 여섯 개의 별로서, 인간의 탄생을 결정하는 별로 알려져 있다.

□ 머리말

현대 사회에 있어서 건물자산은 사람의 생명건강 다음으로 중요한 관리의 대상임은 주지의 사실이다. 왜냐하면 금융자산이나 실물자산 모두가 인간의 생존을 위하여 영위되는 삶이나 생활 및 일의 원천이자 기반이 되기 때문이다.

따라서 실물자산인 건물자산 역시 바람직한 인간의 경제생활이나 사회생활을 위하여 반드시 체계적으로 운영되고 관리되어야 한다. 건물자산의 보유단계 동안 이루어지는 보유 및 운영관리의 비중은 건물자산 생애 중 약 70%의 비중을 차지하고 있어 운영관리의 중요성과 필요성은 건물자산 생애단계 중 가장 중요한 생애주기라 판단되므로 이를 위한 보유 및 운영관리 업무는 건물자산의 취득업무(20%)와 처분업무(10%) 못지않게 매우 중요한 업무라 할 수 있다.

특히 실물자산 중 건물자산은 현대인의 삶이나 생활 및 일의 환경으로서 양과 질에 절대적인 영향을 미치고 있으므로 매우 전문적으로 운영관리되지 않으면 안 된다.

그러므로 현대사회에 있어서 건물자산에 대한 운영과 관리에 대한 체계적이고 전문적인 탐구와 연구가 무엇보다 중요한 시대적 과제가 되고 있다.

저자는 1999년부터 현재에 이르기까지 대학을 중심으로 건물자산관리의 학문적 체계화 연구에 몸 바쳐 노력해오고 있는 동안 우리나라 건물자산의 운영관리 현황과 실태가 일부를 제외한 대부분의 현장에서 실무만을 중심으로 비체계적이고 비전문적 방법으로 운영관리되고 있음을 실감하고 항상 안타깝게 생각하고 있던 터에 출판된 몇 권의 운영관리 도서가 있기는 하나 외국서적을 번역한 번역본이거나 매뉴얼 형식의 도서인 관계로 운영관리 이론이 전무하여 이론체계화 과정이 생략되어 있음에 따라 대부분의 건물운영관리 현장에서는 이론 없는 운영관리 실무가 경험법칙에 따라 이루어지고 있으며 일상업무 수준에 머물고 있어 창조적 운영관리가 이루어지지 않고 있음을 절감하고 그간의 연구이론과 실무경험을 융합하여 수익성 상업용 건물자산을 중심으로 운영관리

이론을 개척하여 체계화하고 이를 바탕으로 창조적 운영관리 실무가 함께 수행될 수 있도록 신개념의 「건물자산운영관리」 이론서를 대학강의교재의 용도와 실무자참고서 용도로 출판하게 되었다.

희망하건대, 부족한 책이나마 건물자산운영관리의 이론연구와 실무에 다소나마 도움되기를 진심으로 바라마지 않는다.

이 책을 출판하면서 이 책의 출판을 위하여 도움을 주신 몇 분의 고마운 분들께 지면으로나마 인사를 드려 그간의 고마움에 감사하고자 한다.

우선 먼저, 남두도서 남승우 사장님께 감사드리고자 한다. 남승우 사장님은 경제적 계산 없이 오로지 건물자산관리학의 발전을 위하여 건물자산관리학 관련도서를 언제나 출판지원을 하여줌으로써 크나큰 은혜를 입어왔다. 최선의 연구와 노력으로 은혜에 보답하고자 한다.

또한 건물자산관리학 발전에 언제나 뜻을 함께하여준 동원대학의 김원규 교수와 극동대학교 유한수 교수께도 특별한 감사를 표한다.

끝으로 언제나 학문연구에 올인할 수 있도록 지원과 격려를 다해오고 있는 사랑하는 가족 모두에게 감사하고 이 책에 작은 영광이 있다면 시작부터 오늘에 이르기까지 언제나 힘이 되어 주신 하나님께 이 책의 영광을 바친다.

2011. 6.

저자 김 일 효 씀

□ 차례

제 I 편 건물자산운영관리총론 / 11

제 I 편

건물자산운영관리총론

제Ⅰ편 건물자산운영관리총론은 운영관리의 이론편으로서 제Ⅱ편의 건물자산운영관리 실무활동을 지원하고 있다. 제Ⅰ편에서는 4개장을 두고 운영관리의 기초이론과 운영관리활동의 3요소인 운영관리의 주체와 객체 및 운영관리수단을 설명하고 운영관리업의 시장성과 산업성의 이해를 돕기 위하여 건물자산관리시장과 건물자산관리업에 대하여 기술하고 있다.

제 1 장

건물자산운영관리의 이론적 기초

제 1 절 건물자산환경의 변화와 운영관리의 필요성

건축공학 측면의 건물은 기술적 건설물로서 물리적 공간인 동시에 사람이 들어 살거나 물건의 보관장소 또는 생산 및 업무의 장으로서 건축물의 성질을 가지고 있어 인간의 삶과 생활 및 일(업무)의 기반이 되고 있으나 경제학 측면의 건물은 자산이자 자본이며 상품의 경제가치와 경제적 특성을 가지고 있어 거래의 대상이 되거나 수익의 상품이 되어 인간의 경제생활에 결정적으로 기여하고 있다. 그러나 경영학 입장에선 건물자산은 경영관리의 대상이 되고 있다.

뿐만 아니라 건물의 특성에는 「사람이 건물(집)을 지으나 지어진 건물(집)은 사람을 다시 만든다」는 영국의 속담과 같이 지어진 건물은 인간의 삶과 생활과 일(업무 또는 생산 등)의 영위를 지원하는 인프라로서 물리적 환경인 동시에 인간의 정신세계와 인격에도 영향을 주는 인문학적 환경으로 인간의 생존과 불가분의 관계를 가지고 상호 의존하는 의존성의 특성을 가지고 있다.

그러나 인간의 생존을 지원하는 물리적 공간으로서 또한 인문학적 환경으로서 건축공학적 건물의 기능과 자산과 자본 및 상품으로서의 경제학적 건물의 역할을 기대하기 위해서는 정상적 상태의 장기적 보존과 유지가 이루어져야 하며 바람직한 기능과 성능이 장기적으로 보장되어야 하므로 체계적인 운영과 전문적인 관리가 반드시 필요함은 이론의 여지가 없다. 왜냐하면 관리 없는 건물은 양호한 상태의 보존과 정상적인 건물의 기능 및 설비의 성능을 장기적으로 유지할 수 없으며 운영 없는 건물은 자본 및 상품의 경제가치 보존과 유지를 바람직하게 할 수 없기 때문이다. 따라서 건물자산의 운영과 관리는 건물의 정상적 기능과 바람직한 역할을 위하여 절대적으로 필요하다.

건물자산의 운영관리의 필요성은 건물자산의 특성 외에 건물자산환경의 변화에서도 찾아볼 수 있다.

우선 먼저 건물의 양적 변화와 질적 변화 등 물리적 환경부터 살펴보자. 1960년대 우리나라 전국의 건물의 동수와 규모는 통계상 미미한 수준이었으나 50년이 경과한 2010년 현재의 건물동수는 주거용 건물 4,485,849동, 상업용 건물 1,129,302동, 공업용 건물 250,416동, 문교사회용 건물 173,917동, 기타용도의 건물 637,034동 등 무려 6,676,518

동에 달하여 양적 성장을 도모하였으며 주거용 건물 및 상업용 건물과 문교사회용 건물을 중심으로 규모의 대형화, 층수의 고층화, 용도의 복합화, 시설과 설비의 첨단화 등 규모와 설비성능의 양적 · 질적 변화는 종래의 전통적인 일상의 부동산관리의 경험과 기술만으로는 감당할 수 없는 현실을 맞이하고 있다. 따라서 체계적이고 전문적인 운영관리의 필요성이 어느 때보다 요구되고 있다.

뿐만 아니라 건물자산관리시장의 성격변화와 건물자산관리 서비스의 위탁구조 및 이를 담당하는 운영관리 종사자의 요구 역량 등의 시대적 환경변화는 체계적이고 전문적인 운영관리의 접목을 더욱 요구하고 있다.

예컨대, 건물자산관리시장의 경우, 종래의 건물자산은 보유대상으로서 소유자가 보유함으로써 개인이나 기업의 신인도와 이미지 제고의 수단으로 인식하였으며 사용에 필요한 최소한의 물리적인 시설과 공간 제공만으로 건물주의 의무를 다한 것으로 생각하는 공급자 중심의 시장이었으나 현재의 건물자산(부동산)시장의 트렌드는 건물자산은 투자대상이며 사용자의 건강과 사무생산성 향상에 적합한 쾌적한 환경 등 다양한 사용자의 욕구가 충족되는 편리하고 쾌적한 공간 및 첨단 사무기기와 통신전자설비의 제공이 필수적으로 요구되는 수요자 중심의 시장으로 변화하였다.

건물자산관리서비스(부동산서비스) 위탁구조 역시 종래(과거)의 경우에는 건물주가 직접 직영하거나 자회사를 설립하여 직접 관리하는 형태를 취하면서 필요한 경우 특정 서비스를 용역형태로 관리하고 효율보다는 품질을 우선적으로 강조하였으나 현재의 서비스 위탁구조는 공개경쟁을 통한 아웃소싱 개념의 위탁구조로서 전문화 · 분업화 · 전략화를 통하여 최소의 비용으로 최고의 효율을 지향하는 서비스 위탁구조로 변화하였다. 따라서 AM과 PM 및 FM의 형태로 서비스구조가 전문화 · 전략적 분업화하고 있으며 아웃소싱의 위탁관리개념을 크게 강조하고 있다.

또한 운영관리 종사자의 요구역량이나 능력의 경우에도 종래(과거)의 단순한 FM (Facility Management) 기술역량에서 건물자산관리 종합서비스를 전문가 입장에서 제공할 수 있는 전문관리능력이 세계수준에 부응하는 다기능의 보유와 원스톱서비스의 능력이 요구되는 시대로 변화하였다.

따라서 현대의 건물자산운영관리자는 운영관리에 관한 세계 수준의 매뉴얼과 정보를 확보하고 마케팅 능력과 엔지니어, 회계, 세무전문가, 경제분석전문가, 외교 금융전문가, 행정사무처리전문가 수준의 역량을 한꺼번에 요구받게 되었다.

이상과 같은 건물자산의 양적 · 질적 변화와 함께 건물자산관리시장의 트렌드와 입주자의 다양한 욕구 그리고 서비스 위탁구조 및 서비스 종사자의 요구능력 등의 시대적 변화는 자연스럽게 체계적이고 전문적인 빌딩운영관리를 요구하기에 이르렀다. 뿐만 아니라 건물자산 보유 및 처분의 목적을 효과적으로 실현하기 위하여 운영관리의 필요성이 강조되고 있으며 정상적인 보존과 유지를 위해서도 운영관리가 필요함은 물론이다.

이와 같이 건물자산의 환경변화에 의한 운영관리수행을 위하여 다음의 내용을 유의할 필요가 있다.

건물자산의 운영관리는 이론과 실무로 결합되어 있는 업무구조의 특성으로 인하여 운영관리이론의 체계화와 학습이 요구되고 있으며 이를 바탕으로 바람직한 운영관리 실무활동으로 이어져 목표 운영관리서비스의 성과를 도출해야 하므로 운영관리이론의 학습이 무엇보다 필요하다.

그러므로 이 책을 통하여 건물자산의 운영관리를 학습하거나 참고하고자 하는 학생이나 실무자 모두는 전술한 건물자산의 건축공학적 기능과 경제학적 역할을 인식한 가운데 건물자산시장환경의 변화를 이해하고 운영관리업무구조의 특성 등을 파악하여 제 I 편의 운영관리총론의 이론과 제 II 편의 운영관리실무를 연계하여 학습하고 참고하여 운영관리 이론과 실무의 조화를 통하여 건물자산운영관리 목표의 효율적 달성과 경제적 방법으로 안전하고 적합하게 달성할 수 있도록 진심으로 기대해 마지않는다.

또한, 이 책의 제목에서 알 수 있듯이 이 책의 키워드는 보유단계의 건물자산에 대한 운영과 관리이므로 자연스럽게 건물자산의 임대관리와 시설관리가 주제임을 인식하고 임대관리와 시설관리의 이론과 실무를 함께 연계하여 학습과 참고 용도로 서술하고 있다.

이상의 설명에서 알 수 있듯이 건물자산은 인간의 삶과 생활과 일의 영위에 절대적으로 필요한 존재이며 기반이고 내구소비재인 동시에 생산재이며 생존의 자원이자 자산이므로 바람직한 운영관리의 필요성은 아무리 강조하여도 지나치지 않다.

결론적으로 건물자산의 운영관리 활동은 최소의 운영관리비용으로 사용가치를 최대화하고 운영관리수익의 극대화를 전략적으로 의욕하는 통상의 부동산관리서비스 활동으로서 건물자산 생애주기(building life cycle) 측면에서 취득 이후 처분 전까지의 보유단계 동안 이루어지는 통상의 운영과 관리활동이므로 전체 건물자산관리활동의 큰 틀에서 고찰하면 전체 건물자산관리업무 중 자산운용(금융자산 포함)과 재무관리업무 중심의 AM(Asset Management)을 제외한 임대관리(leasing management)와 시설관리(facilities management) 업무 중심의 PM활동과 FM활동의 이름으로 운영관리되고 있다.

따라서 이 책의 중심내용은 건물자산관리 3측면 중 AM활동을 제외한 PM활동과 FM

활동으로서 FM을 통하여 사용가치 극대화를 도출하고 이를 바탕으로 이루어지는 PM을 통하여 운영비용의 최소화와 운영수익의 극대화를 창조적으로 창출할 것을 요구하고 있다.

그러므로 이 책의 학습방법은 건물자산관리 3측면 중 수익성 상업용 건물자산의 PM과 FM을 중심으로 운영관리의 이론지식이자 사실지식인 개념지식을 우선 먼저 이해하고 실무지식인 절차와 방법지식을 숙지하여 창조적인 운영관리실무를 운영관리자 스스로 도모할 수 있는 활동지식(행동지식)을 모두 갖추어 바람직한 운영관리의 목표를 가장 경제적 방법으로 안전하게 효율적으로 적합하게 달성할 수 있도록 개념지식, 방법지식, 행동지식을 함께 연계하여 학습함이 유익할 것으로 판단된다.

제2절 건물자산운영관리의 개념과 목표

1. 건물자산운영관리의 개념

건물자산운영관리의 키워드는 운영과 관리이므로 우선 먼저 운영관리의 실무자나 학습자는 운영의 개념과 관리의 개념을 살펴 이해해둘 필요가 있다.

왜냐하면 운영관리개념의 이해는 건물자산운영관리의 첫 출발점이 되기 때문이다. 운영(operation)의 사전적 의미는 어떤 일이나 조직 및 대상을 운용하여 경영함을 의미하므로 결과적으로 운영이란 어떤 일이나 조직 및 대상(돈이나 물건, 제도 등) 등을 기능을 부리어 사용하거나 이를 통한 이익창출활동을 의미한다.

한편, 관리(management)의 사전적 의미는 물자나 설비 또는 일정한 대상물을 보존하거나 이용하고 개량 등을 맡아 처리하는 것을 뜻하고 있다.

따라서 운영관리란 운영과 관리의 복합개념으로서 어떤 대상을 기능을 부리어 사용하여 이익을 창출하는 것과 보존, 이용, 개량하여 사용가치를 창출하고 바람직하게 보존하거나 이용 또는 개량(물리적 개량, 경제적 개량, 법률적 개량 등)하는 것을 의미한다.

이상과 같은 이론을 바탕으로 건물자산운영관리의 개념을 정리하면 취득 이후 처분 전까지의 보유기간 동안 보유건물 건물자산의 용도를 살려 이익을 창출하는 건물자산의 경영과 이를 뒷받침하기 위하여 물리적으로 바람직하게 보존하거나 활용 또는 임대하여 임대수익을 창출하는 것과 경제적 가치나 사용가치를 위하여 물리적으로 또는 경제적 · 법률적 개량활동을 의미한다고 볼 수 있다.

결론적으로 건물자산의 운영관리의 개념은 보유 건물자산을 대상으로 이루어지는 PM활동과 FM활동으로서 건물자산의 운용과 경영활동인 동시에 건물시설물의 보존 · 이용 · 개량 활동의 복합적 개념으로 이해할 수 있다.

건물자산의 운영관리는 소유주체가 직접 담당하거나 또는 PMC(Property Management Company)가 건물자산의 소유주 또는 자산관리회사(AMC : Asset Management Company)로부터 운영관리업무를 일정한 조건으로 위탁받아 임대관리팀(leasing management team)과 시설관리팀(facility management team)의 양대조직과 기능으로 운영관리되며 경우에 따라서는 시설관리 업무만을 전략적 제휴 개념으로 시설관리회사에게 일정한 용역기술과 용역금액의 조건으로 위탁하여 관리하게 되며 위탁된 시설관리 업무는 통상적으로 PMC가 담당 PM 매니저를 지정하여 감독 또는 통제하게 되나 문제가 있는 경우 PMC가 직접 책임지게 되는 이른바 PMC의 FM 책임제 위탁관리라 할 수 있다.

국내 PM 시장에는 외국계 PM사가 수익형 빌딩 PM 업무를 주로 담당하고 있으며 사옥건물 및 기타 기업소유건물은 국내 메이저 PM사가 PM 업무를 관리하는 양상을 보이고 있다. 외국계 주요 PM사에는 CBRE, SAVILLS, JLL 등이 있고 국내계 주요 PM사에는 삼성에버랜드, 메이트플러스, 서브원, 한화63시티, 신영에셋, 교보리얼코 등이 있다.

2. 건물자산운영관리의 목표

운영관리활동을 통하여 이루거나 얻고자 하는 운영관리의 목표에는 다음과 같은 여섯 가지의 주요목표가 있다.

1) 경제관리 목표

운영관리를 통한 경제관리 목표에는 소극적 목표와 적극적 목표가 있으며 소극적 목표에는 운영관리 비용의 최소화 목표가 있고 적극적 목표에는 운영수익의 최대화 목표가 있으며 궁극적으로 건물자산의 운영관리의 경제관리 목표는 투입 운영관리 비용의 최소화와 운영수익의 최대화를 추구하고 있으며 궁극적으로는 건물자산 경제가치 극대화를 최종목표로 설정하고 있다.

경제관리 목표를 효과적으로 달성하기 위한 방법에는 비용통제법과 최유효관리법 등이 있으며 이를 적극적으로 활용함이 유익할 것으로 판단된다.

2) 안전관리 목표

건물자산의 운영관리를 수행함에 있어 안전관리 목표란 위험의 최소화로 사람의 생명건강과 재산의 보호목표를 의미한다.

안전관리 목표는 자산위험(property risk)의 최소화는 물론 시설물(facilities)의 안전성 확보로 안전 사건사고가 1년 365일, 하루 24시간 내내 발생하지 않도록 하여 인적·물적 손실의 최소화 달성을 의미한다.

위험관리방법에는 위험전가방법, 위험통제방법, 위험회피방법, 위험보유방법 등이 있다.

3) 기술관리 목표

기술관리 목표는 시설관리 목표로서 조기노후방지 및 내구성 확대, 정상기능의 장기화, 건물사용조건의 최적화 등을 의미한다.

4) 법률관리 목표

법률관리 목표는 운영관리 대상물에 대한 권리상의 법정 안정성 확보와 계약위험 방지 및 관리관계법령사고의 방지로 법적 사건사고의 예방 및 인적·물적 피해방지 목표를 의미한다.

5) 행정관리 목표

행정관리의 목표에는 사무행정적 착오방지와 행정사고의 방지 목표를 의미하며 운영관리의 능률화를 지향하고 있다.

6) 환경관리 목표

환경관리의 목표는 실내공기질의 쾌적화와 위생환경조성 등을 통하여 사무생산성을 증대시키고 재실자의 생명건강 보호에 1차적 목표를 두고 있으며 2차적으로는 자연재해로부터 피해방지를 위한 저탄소배출, 토양오염, 수질오염, 대기오염 등의 피해를 최소화하는 데에 환경관리의 목표를 두고 있다.

종합적으로 건물자산운영관리의 목표는 운영의 목표는 6대 영역의 목표를 통하여 운영비용의 최소화와 운영수익의 최대화 달성에 목표를 두고 있으며 관리목표는 가장 경제적 방법으로 안전하게 효율적으로 적합한 건물관리서비스를 생산하고 제공하는 데 두고 있다. 또한 건물자산운영관리의 목표는 건물자산의 사용가치와 수익가치 극대화에 두고 건물자산 소유자와 사용자 및 이용자의 최유효 사용수익의 만족에 초점을 맞추고 있다.

제 3 절 건물자산운영관리의 특징과 원칙

1. 운영관리의 특징

운영관리의 특징(special feature of building operation and management)이라 함은 다른 업무와 비교하여 특별히 눈에 띄는 점을 의미한다. 건물자산의 운영관리는 건물자산운영관리 업무의 성격상 다음과 같은 특징을 지니고 있다.

첫째, 건물자산의 운영관리는 건물자산의 취득 이후 처분 이전까지의 보유단계 동안에만 이루어지는 이른바 보유건물자산에만 적용되는 특징을 가지고 있다.

둘째, 운영관리는 수익성 건물의 경우에만 적용되는 특징을 가지고 있다. 왜냐하면 수익성 임대건물의 경우 사용수익 목적을 위한 운영관리의 개념이 적용되나 비수익성 건물의 경우에는 사용목적을 위한 유지관리 개념만 적용되기 때문이다.

셋째, 운영관리는 운영개념과 관리개념의 복합 개념으로서 건물자산관리 3측면(AM측면, PM측면, FM측면) 중 PM측면과 FM측면을 하나의 High Level-PM 개념으로 묶어 일괄적으로 그리고 체계적으로 보유건물자산을 운영하고 건물시설물을 관리하는 복합 업무처리의 특징을 가지고 있다.

넷째, 운영관리는 2중 조직구조의 특징을 가지고 있다.

분업화와 전문화가 일반화되고 있는 미국 건물자산관리시장의 경우 AMC → PMC → FMC로 이어지는 3원화 자산관리 시스템을 유지하고 파트너십을 가지고 전략적 제휴의 형태로 건물자산을 관리하는 경향을 보이고 있으나 우리나라의 경우, 규모 있는 건물자산의 오너(소유주)가 자체 자산관리 조직(예, 갑측 자산관리자, 소장)을 두고 갑(甲)측 자산관리자로 하여금 PM사를 경쟁입찰 방법으로 고용하여 임대관리업무와 시설관리업무를 동시에 수행하도록 조직화하여 물리적 유지관리와 임대소득의 극대화를 도모하고 있다.

따라서 우리나라의 규모 있는 건물자산관리의 경우 오너(소유주) 측의 자체조직을 보유한 채 PM사의 조직을 고용하는 2중 운영관리 조직을 가지고 있어 운영관리 조직의 2중 구조조직의 특징을 가지고 있다. PM 조직 내에서도 Leasing Management Team과 Facility Management Team 등 두 종류의 조직운영을 현실적으로 운영하고 있다.

다섯째, 또 하나의 운영관리의 특징은 수익관리를 위한 경제(경영)관리가 핵심관리분야를 형성하고 이를 지원하기 위한 기술관리는 기초관리분야의 위치를 차지하고 있으며 법률관리와 행정관리 및 환경관리와 위험관리는 사무행정적 지원과 기술기능적 지원의 지위에서 핵심관리분야인 경제(경영)관리와 기초관리분야인 기술관리를 각각 지원하여 운영수익의 극대화와 운영비용의 최소화에 최대의 목표를 두고 있다.

따라서 건물자산의 운영관리상 경제관리는 운영관리의 핵심관리 과제이며 기술관리(유지관리)가 기초관리 과제로서 인식되고 있다.

이를 그림으로 정리하면 [그림 1]과 같다.

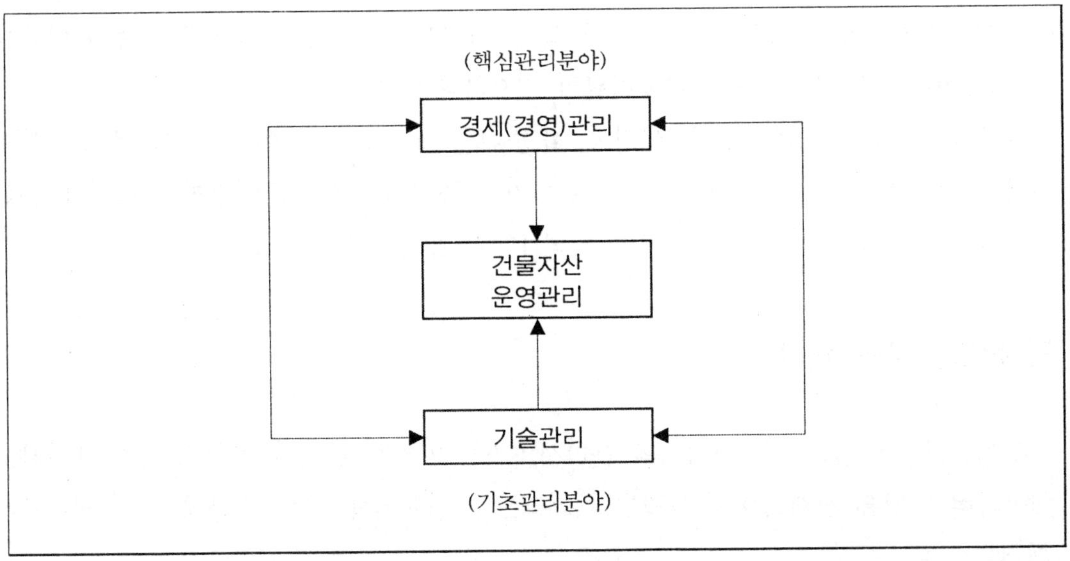

[그림 1] 운영관리 핵심관리분야와 기초관리분야의 역할과 상호작용

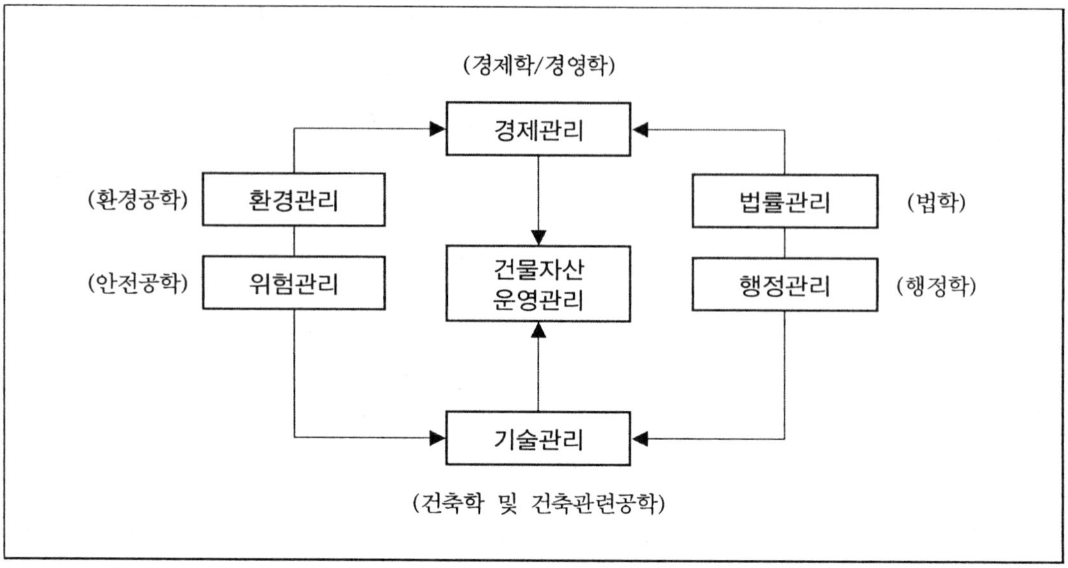

[그림 2] 다학제 종합접근에 의한 건물자산운영관리모형도

여섯째, 운영관리는 다학제 종합접근에 의한 이론과 기술지원에 따라 이루어지는 특징이 있다. 건물자산의 운영관리는 경제(경영)관리가 핵심관리분야이나 기초관리분야인 기술관리(유지관리)의 절대적 지원이 필요하고 사무행정 측면의 법률적 지원과 행정적 지원 및 기술기능적 측면의 위험관리(안전관리)와 환경관리의 측면의 지원이 필요하다.

따라서 건물자산의 운영관리는 경제학과 경영학, 법학과 행정학, 건축학과 관련공학(건축학, 전기공학, 기계공학, 토목공학 등), 그리고 안전공학과 환경공학 등의 다학제 종합접근에 의한 이론지원과 기술지원이 필요하다.

따라서 경제학, 경영학, 법학, 행정학, 환경공학, 안전공학 등 여러 인접학문의 학문의 지원에 의하여 건물자산운영관리가 이루어지는 특징이 있다. 운영관리의 다학제 종합접근관리 특징을 그림으로 정리하면 위의 [그림 2]와 같다.

2. 운영관리의 원칙

운영관리는 양질의 운영서비스와 관리서비스를 일정한 원리와 법칙에 따라 생산하고 제공하여 고객을 경제적으로 그리고 사회적으로 만족하게 하는 건물자산관리서비스라 할 수 있다.

따라서 운영관리서비스의 생산과 제공은 반드시 일정한 원칙에 따라 생산하고 제공되어야만 한다.

운영관리의 원칙(general rule of building operation and management)이라 함은 여러 사물이나 일반현상에 두루 적용되는 법칙과 근본이 되는 법칙을 의미하며 건물자산운영관리에 일반적으로 적용되는 법칙으로서 운영서비스와 관리서비스의 생산과 제공에 반드시 적용되는 법칙을 의미한다. 운영관리서비스의 생산과 제공에 반드시 적용되는 원칙에는 다음과 같은 네 가지의 원칙이 있다.

1) 경제성의 원칙

건물자산운영관리에 있어서 경제성의 원칙이라 함은 소극적으로는 운영관리 비용의 최소화 원칙을 의미하고 적극적으로는 운영수익의 최대화 원칙과 이를 통한 건물자산가치 극대화 원칙을 의미한다.

경제의 사전적 의미는 인간이 공동생활을 영위하는 데 중요한 재화나 서비스를 획득, 이용하는 활동을 하거나 이를 통하여 이루어지는 사회관계를 의미하고 어떤 활동 수행상 내용이나 시간 따위를 적게 하는 일을 의미하고 있으나 건물자산운영관리에 있어서는 운영관리의 목표는 건물자산 3측면 중 PM분야와 FM분야의 업무를 처리하여 운영관리 비용의 최소화 및 운영수익의 최대화와 건물자산의 바람직한 보존 및 이용과 개량을 통하여 물리적으로 건물자산의 양호한 상태보존과 정상적 기능의 장기화와 유지에 두고 있으므로 최소의 비용과 시간의 투입으로 최대의 경제효과(사용수익 가치와 교환치)를 얻도록 경제원칙의 적용이 불가피하다.

결론적으로 경제성의 원칙이란 소극적으로 운영관리 비용의 최소화와 운영수익의 최대화를 통한 건물자산가치 극대화 원칙과 운영관리를 통하여 얻고자 하는 운영관리서비스의 생산과 목표의 달성은 반드시 최소의 비용으로 이루어져야 한다는 원칙을 말한다.

2) 안전성의 원칙

건물자산의 운영관리서비스는 위험의 최소화로 인적 · 물적 피해 없이 생산하고 공급해야 한다는 원칙을 말한다.

3) 효율성의 원칙

효율성의 원칙이란 운영관리 활동을 수행함에 있어서 투입되는 비용, 시간, 노력의 양보다 산출되는 운영관리의 성과가 반드시 크게 나타나야 한다는 원칙을 의미한다.

4) 적합성의 원칙

건물자산의 운영관리를 통하여 생산되는 운영관리서비스는 반드시 서비스의 소비주체인 고객의 욕구에 부합하는 적합한 운영관리서비스를 생산하고 공급되어야 한다는 원칙을 의미한다.

제4절 건물자산운영관리 업무의 범주와 내용

운영관리 업무의 범주에는 운영업무(PM업무)와 관리업무(FM업무) 등이 포함된다.

1. 운영업무의 내용

운영업무의 내용에는 핵심업무, 주요업무 그리고 부수업무 등이 있다.

1) 핵심업무

운영의 핵심업무란 운영목표를 달성하는 데 반드시 수행되어야 할 업무로서 이에는 다음의 핵심업무가 있으며 구체적 내용은 제II편 제6장 PM 실무편에서 설명하고자 한다.

① 통상적 건물자산운영관리 업무
② 운영의 계약체결과 임대관리 업무

2) 주요업무

운영의 주요업무란 운영(Property Operation)의 핵심업무를 위하여 수행되는 일상적 업무로서 이에는 다음과 같은 업무가 있다.

① 일상적 건물운영 및 관리업무
② FM사의 고용 및 통제업무
③ 외부 용역사와의 협력과 관리업무
④ 입주자(Tenant) 관리업무

3) 부수업무

운영의 부수업무란 운영의 핵심업무와 주요업무 지원을 위하여 수행되는 주변업무로서 이에는 다음과 같은 부수업무가 있다.

① 회계 · 세무 · 구매 · 대외기관 관련사무 등 행정지원 업무
② 증축 · 개축 · 내장공사 등의 공사관리 업무
③ 주간/월간/연간 운영(PM) 보고업무
④ Asset Manager 또는 건물소유주 요구사항지원 업무
⑤ 기타 운영업무

2. 관리업무의 내용

관리업무의 내용에도 핵심업무와 주요업무 그리고 부수업무 등이 있다.

1) 핵심업무

관리의 핵심업무에는 다음과 같은 업무가 있다.

① 시설(물) 관리업무
② 건물청소위생관리업무
③ 시설경비 보안안전관리업무
④ 주차장, 조경시설물 기타 부대시설 관리업무

2) 주요업무

관리의 주요업무에는 다음과 같은 업무가 있다.

① 점검 · 보수 · 정비 업무
② 에너지 관리 업무
③ 안전관리 업무
④ 유관기관 관련업무
⑤ 법정검사 및 법정보고 업무

3) 부수업무

관리의 핵심업무와 주요업무 지원을 위한 부수업무에는 다음과 같은 업무가 있다.

① 인사노무관리업무
② 세무회계관리업무
③ 보험관리업무
④ 소모용품구매관리업무
⑤ 문서사무관리업무
⑥ 일일/주간/월간/연간 관리(FM) 보고업무
⑦ 기타 PM Manager 또는 건물소유주 지원요청업무

제 5 절 건물자산운영관리의 기반구조와 운영관리 내부자원

1. 운영관리의 기반구조

건물자산운영관리의 기반구조(foundation structure of building operation and management)라 함은 운영관리의 기초가 되는 기반이나 기본이 되는 조건을 의미한다. 다시 말하면 건물자산의 운영관리를 시작하고 진행하며 종결하는 데 요구되는 모든

활동의 기초가 되는 인프라 기반이자 기본이 되는 기초를 의미한다.

운영관리의 기반구조에는 다음과 같은 것이 있다.

1) 건물자산의 소유권과 운영관리계약 및 운영관리권

건물자산 소유주가 직접 운영관리하는 경우에는 소유권에 근거하여 운영관리하게 되며 소유주에 의한 운영위탁관리의 경우에는 위탁받은 PM사의 운영관리권이 건물자산 운영관리의 가장 중요한 기반이 된다.

운영관리권은 위탁관리계약 또는 관계법령의 규정 등에 근거하여 발생하는 권리로서 한시적이고 제한적 권리이다.

2) 운영관리방침과 과업지시서

운영관리를 위탁하여 처리하는 경우 건물자산 소유주의 운영방침이나 운영관리과업지시서(과업지시서/과업지침)가 또 하나의 운영관리기반이 된다.

3) 운영관리 각종 규정과 매뉴얼

계약 또는 소유권에 근거하여 시작되는 운영관리활동에는 반드시 사내 표준화되어 있거나 내부 승인된 운영관리 규정과 매뉴얼에 따라 운영관리되는 경우가 일반적이다. 따라서 운영관리를 위한 각종 규정과 매뉴얼이 운영관리의 기반이 된다.

4) 운영관리조직과 업무분장

운영관리는 운영관리 주체가 조직과 각종 운영관리 자원을 시스템적으로 조합하고 상호조화 또는 작용하게 하여 운영관리 활동을 수행하게 된다. 따라서 운영관리 조직과 업무분장이 또 하나의 운영관리 기반이 된다.

5) 운영관리관계법령과 제도

운영관리 업무 중 임대관리의 경우에는 민법의 채권법(계약법)과 상가건물임대권보호법 및 주택임대차보호법, 농지임대차규정을 둔 농지법 등이 운영관리법령의 기반이 되고 있으나 시설관리의 경우에는 유지관리기본법 성격의 건축법과 주택법, 환경관리관계법령, 안전관리관계법령, 환경위생관리관계법령 등의 건물유지관리관계법령과 에너지관리제도, 환경위생관리제도, 안전관리제도 등의 각종 제도가 운영관리의 기반이 된다.

6) 건축도면과 PM · FM 시스템과 운영 · 관리 프로그램

건축도면(건축/전기/기계/토목/통신 도면 등)과 효율적 운영과 관리 업무수행을 위하여 이미 구축된 컴퓨터 시스템과 운영관리 프로그램(예 : BeMS, FMS, PMS) 등이 또 하나의 운영관리의 기반이 된다.

2. 운영관리 내부자원

운영관리 과정에서 수행되는 임대관리와 시설관리를 위해서 운영관리서비스 생산의 바탕이 되는 물자나 운영관리서비스 생산목적에 이용할 수 있는 물자나 운영관리종사자 등을 운영관리 내부자원이라 한다.

운영관리의 내부자원에는 다음과 같은 다섯 종류의 자원이 있다.

1) 인적자원

운영관리를 위하여 반드시 필요한 PM 매니저나 FM 매니저, 감독자, 근무자 등의 인적 구성원이 인적자원으로서 운영관리의 가장 중요한 내부자원이 된다.

2) 물적자원

운영관리를 위하여 필요한 장비, 부품, 자재, 원료, 약품, 소모품, 공도구 등 물적 설비가 운영관리의 물적자원으로 활용된다.

3) 재무적 자원

운영관리에 투입되는 광고비, 일반관리비, 용역비, 에너지사용료, 구입비, 수선비 등의 운영관리비용이 내부 운영관리자원으로 활용된다.

4) 기술적 자원

건물자산의 운영관리는 전문성과 기술에 의하여 운영관리된다.

따라서 건축물과 건축설비의 점검과 보수 및 정비, 운전과 교체 그리고 개량공사 등은 전적으로 기술에 의하여 수행되며 사용법, 운전절차, 정비 및 보수방법, 공사의 공법 등이 기술적 자원으로서 활용된다.

5) 정보적 자원

운영관리는 정보에 기초하여 운영관리된다. 임대관리의 경우나 시설관리의 경우에도 매뉴얼과 사용법 등 각종 정보에 기초하여 운영관리된다. 따라서 운영관리상의 정보적 자원은 매우 중요한 운영관리의 내부자원이 된다.

제6절 건물자산운영관리체계와 상호작용

1. 운영관리체계의 개념

운영관리체계란 운영관리에 대한 낱낱이 다른 요소들을 계통을 세워 체계적인 운영관리를 도모할 수 있도록 통일한 전체요소를 의미하며 일정한 원리에 따라 조직한 통일된 전체 운영관리 시스템을 말한다.

건물자산의 운영관리는 일정한 해당 조직이 주체가 되어 외부의 운영관리 환경을 능동적으로 극복하고 내부의 운영관리 자원을 효율적으로 배분 활용하여 운영관리서비스를 창출하거나 운영관리 효과를 창출하는 복합 자산관리 활동이므로 소유주체나 운영관리주체나 사용주체 등이 매우 중요한 중심 운영관리 이해관계 주체로 기능하게 된다.

또한 건물자산운영관리는 통상적으로 PMC(Property Management Company)가 소유주체인 건물자산의 소유주나 건물자산 소유주로부터 자산관리권을 위탁받은 자산관리회사 AMC(Asset Management Company)로부터 운영관리권을 PM 계약의 방법으로 위탁받아 LM(Leasing Management) 업무와 FM(Facilities Management) 양대 운영관리 업무를 일괄처리하기도 하나 보유건물자산을 운영관리하는 시스템으로서 필요한 경우 전략적으로 시설종합관리회사인 FMC(Facilities Management Company)와 제휴하거나 FM 계약방법으로 고용하여 파트너십 관계로 시설관리하는 위탁관리도 일반적으로 이루어지고 있으므로 결국 건물자산의 운영관리는 소유주체와 운영주체 그리고 관리주체와 임차인과 같은 사용주체 등이 하나의 운영관리 이해관계 주체로서 위치하며 각각의 역할과 기능을 나타냄으로써 하나의 시스템으로 상호작용하고 있다.

이와 같은 건물자산운영관리 조직체계를 이해해야 하는 목적은 각각의 조직이 자체의 기능과 역할을 이해하고 적절하게 상호조화하도록 하거나 상호작용하게 하여 전체적으로 운영관리서비스를 효과적으로 생산제공하게 함으로써 상호만족하도록 하는 데 있다.

2. 운영관리체계의 상호작용

전술한 바와 같이 건물자산의 운영관리체계는 소유주체와 운영주체 및 관리주체와 현장관리조직 그리고 사용주체 등으로 체계화된다.

이상의 4개 조직의 주체들은 다음과 같은 상호작용을 통하여 시스템적으로 조화하고 작동하면서 운영관리된다. 해당주체 상호 간의 작용은 다음과 같다.

1) 소유주체와 자산운영관리 주체

소유주체는 운영관리대상 건물자산에 대한 운영관리 위탁을 위하여 운영관리 입찰공고와 현장설명을 하고 이에 대한 운영관리예상업체의 제안과 PT(Presentation) 및 협상에 의하여 최종 PM계약이 상호 체결되면 운영권리권이 주어지고 소유주체에 의한 PMFee의 급부와 운영관리주체에 의한 PM서비스(운영관리서비스) 제공의 반대급부 작용을 각각 하게 된다.

2) 자산운영주체(PMC)와 시설관리주체(FMC)

자산운영주체와 시설관리주체 상호 간에는 일정한 절차와 기준에 따라 FM 계약을 체결하고 운영주체는 관리주체에게 소유주 또는 AMC로부터 수탁받은 시설관리권을 위임하고 관리활동을 통제하며 시설관리용역비를 계약조건에 따라 급부하는 대신 관리주체는 반대급부로 시설관리서비스를 제공하는 상호작용을 하게 된다.

3) 자산운영주체와 사용주체

자산운영주체와 사용주체 상호 간에 임대차계약이 체결되면 자산운영주체는 사용주체에게 임차권을 허여하고 임대목적물을 사용수익하도록 지원하는 반면 사용주체인 임차인은 반대급부로 임대료를 임대차계약조건에 따라 반대급부하는 상호작용을 하게 된다.

4) 관리주체와 사용주체

관리주체와 사용주체 상호 간에는 서비스대행 계약을 체결하고 관리주체는 사용자인 사용주체에게 건물자산의 사용수익에 필요한 시설관리서비스를 제공하고 관리비를 직접 받거나 PMC를 대리하여 관리비를 사후 관리하는 상호작용을 하게 된다.

5) 관리주체와 현장관리조직

PMC인 운영주체는 관리주체로 하여금 시설관리대상 건물현장에 관리조직을 파견하도록 조치하고 통제감독하며 현장관리조직은 정기적으로 관리주체인 본사와 PMC(운영관리주체)에게 정기적으로 시설관리활동현황을 보고하는 상호작용을 하게 된다.

위에서 설명한 운영관리 각 주체의 구조체계와 상호작용을 그림으로 정리하면 [그림 3]과 같다.

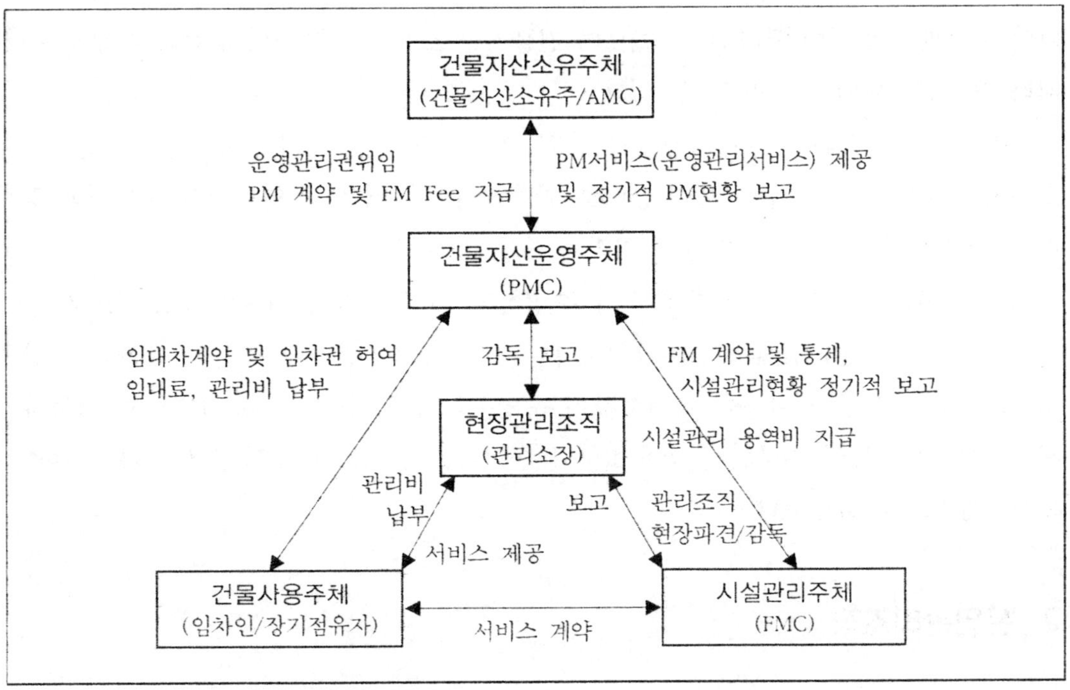

[그림 3] 건물자산운영관리 각 주체의 구조체계와 상호작용 개념도

제 7 절 건물자산운영관리의 방법과 조직

1. 운영관리방법

운영관리의 방법(method of building operation and management)이란 운영관리대상 보유 건물자산의 용도에 따라 건물자산 소유주의 건물자산 소유목적과 보유목적 및 처분목적을 합리적으로 실현하기 위하여 운영하고 관리하는 일정한 형식이나 방식을 의미한다.

운영관리의 방법은 건물자산의 소유주 또는 AMC가 직접 운영관리하는 경우와 운영관리 업무를 전문업체에게 위탁하여 운영관리하는 방법에 따라 직영관리방법과 위탁관리방법으로 나뉘고 위탁관리방법의 경우에도 PM 업무와 FM 업무 전체 또는 일부 위탁하는 경우의 일괄위탁과 일부위탁으로 대별된다.

운영관리방법은 건물자산의 소유주의 건물자산 취득목적과 보유목적 및 처분목적에 따라 운영관리 방식이 달라질 수 있으며 건물자산 소유주의 조직의 능력과 전문성 등에 따라 운영관리방법이 달라질 수 있다.

직접 운영관리하는 직영관리방법의 경우, 영업비밀이 잘 지켜질 수 있으나 경제성과 효율성에 문제가 있을 수 있으며 반대로 위탁관리하는 경우, 운영관리의 효율성과 경제성은 확보할 수 있으나 영업상의 비밀이 노출될 위험이 있다.

그러나 현대사회 경영관리의 특성상 투명성과 건전성 및 윤리성이 강조되므로 건물자산운영관리는 전문업체에게 일괄위탁하여 전문적 운영관리를 통하여 자산의 위험을 최소화하고 운영관리 비용을 경제화하여 운영수익의 극대화를 도모함으로써 건물자산관리의 최대 목표인 건물자산 최유효 사용수익화를 합리적으로 달성함이 바람직한 운영관리방법으로 판단된다.

2. 운영관리조직

운영관리조직(organization of building operation and management)이라 함은 건물

자산의 운영관리 목표를 달성하기 위하여 일정한 지위와 역할을 지닌 사람이 모여서 질서 있는 하나의 집합체를 의미한다.

건물자산이 건물자산 소유주에 의하여 직영되는 경우와 전문업체에게 운영관리 업무 전체 또는 일부가 위탁되는 경우의 운영관리조직은 대체로 [그림 4], [그림 5], 그리고 [그림 6]과 같이 구성된다.

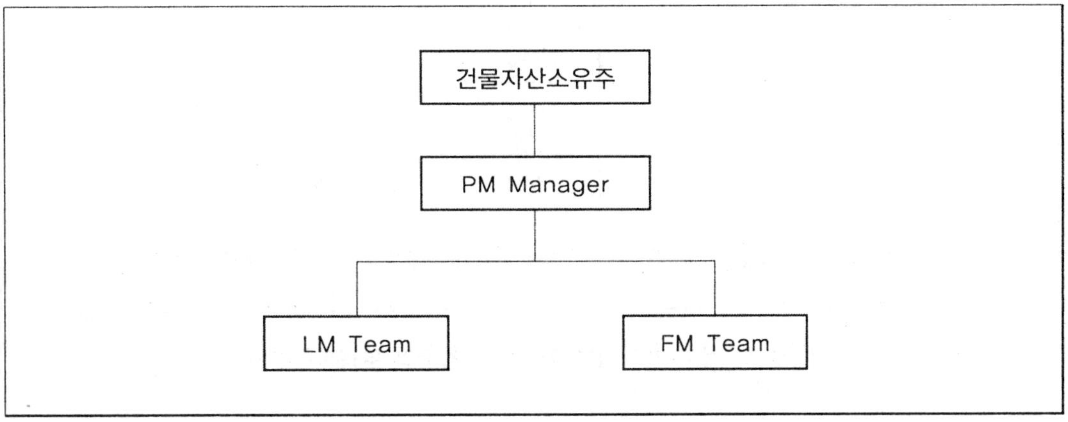

[그림 4] 건물자산 직영운영관리조직

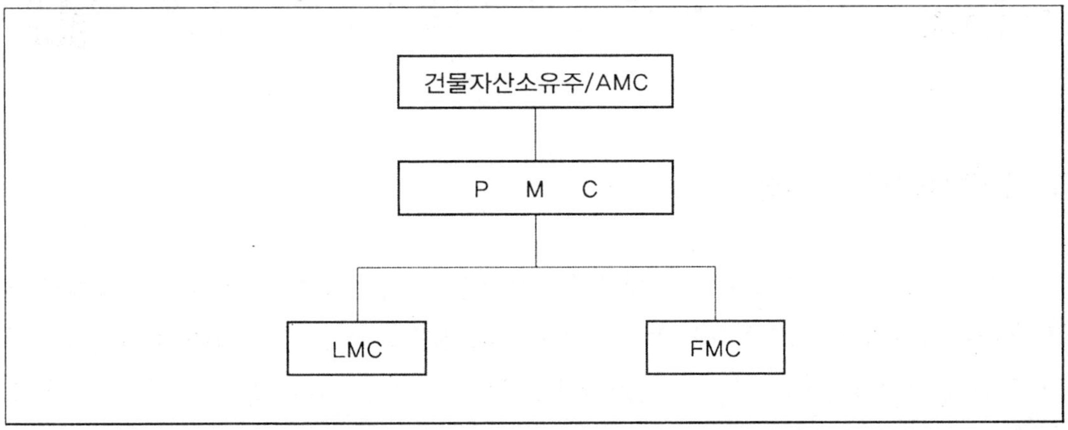

[그림 5] 운영관리 전체 위탁되는 경우의 운영관리조직

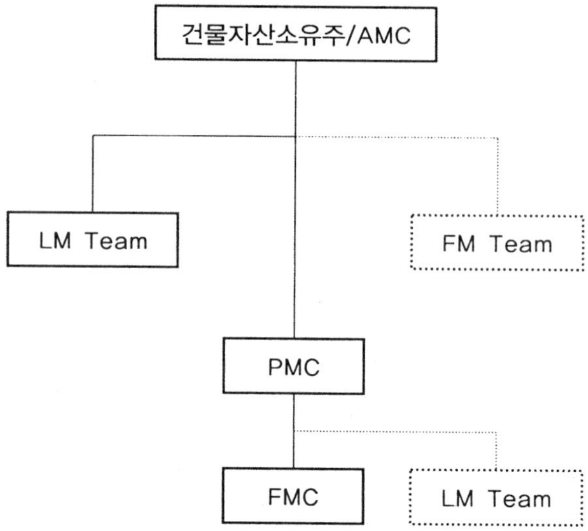

주) 점선은 특정업무 일부가 각각 다르게 위탁되는 경우의 다른 업무수행조직임.

[그림 6] 운영관리 일부 위탁되는 경우의 운영관리조직

제8절 건물자산관리 3측면과 상호관계

1. 건물자산관리 3측면

건물자산을 취득하고 보유하며 처분하는 단계를 거치는 동안 건물자산의 경영과 관리과정을 거쳐 목표 경영성과와 관리효과를 창출하게 되고 이를 통하여 투자자나 소유자 그리고 사용자와 이용자의 투자목적과 소유목적 그리고 사용목적과 이용목적을 합리적으로 달성하게 된다.

이와 같은 건물자산 이해관계자의 목적은 자산운용과 재무관리 그리고 임대관리와 시설관리 등의 건물자산관리 4대업무를 건물자산관리 3측면인 AM측면의 AM활동과 PM측면의 PM활동 그리고 FM측면의 FM활동을 통하여 이루어가는 구조를 가지고 있다.

따라서 건물자산관리 전체업무(경영업무와 관리업무)는 건물자산관리 3면(3측면)을 가지고 있으며 3면(3측면)의 업무수행이 1원화 방식으로 통합관리되거나 또는 2원화 방식으로 또는 3원화 방식에 의하여 통합적으로 이루어지거나 각각 이루어지기도 하나 최종적으로 통합되어 건물자산관리의 경영성과와 관리효과가 종합적으로 도출된다.

건물자산관리 3측면을 그림으로 정리하면 [그림 7]과 같다.

[그림 7]에서 볼 수 있는 바와 같이 AM측면은 건물자산경영 측면으로서 자산의 운용업무와 재무관리업무가 경영개념으로 수행되고 PM측면에서는 취득하여 보유 중인 건물자산을 운영 측면에서 임대관리(leasing management) 중심의 건물자산을 운영하고 전략적으로 FMC에게 시설관리업무를 위탁하거나 PMC 자체관리조직으로 직영으로 처리하게 된다.

시설관리 FM측면은 건물자산관리 3측면의 하나로서 시설물유지관리 성격의 건물자산의 시설관리라 할 수 있으며 AMC 또는 건물자산 소유주나 PMC로부터 전략적으로 위탁받아 관리하는 물적 관리 측면의 성격을 가지고 있다.

따라서 건물자산관리는 AM측면을 통하여 건물자산관리 전체업무 중 하나인 자산운용업무(건물자산의 매입매각, 투자관리업무)와 재무관리업무(파이낸싱, 회계, 수익관리, 세무관리)를 수행하고 PM측면은 임대관리업무를 주로 수행하며 FM측면을 통하여 시설물 유지관리업무를 각각 수행하여 건물자산관리는 최종적으로 AM+PM+FM의 조합을 통하여 경영, 운영, 관리 효과를 도출하게 된다.

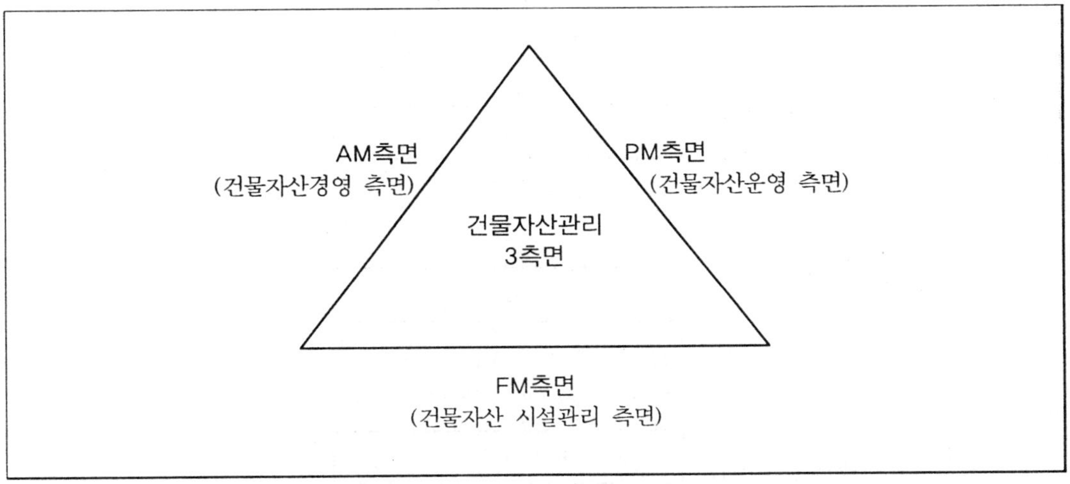

[그림 7] 건물자산관리 3측면 모형

2. 건물자산관리 3측면의 상호관계

전술한 바와 같이 건물자산관리는 업무의 성격상 AM측면(자산경영 측면)과 PM측면(건물자산운영 측면) 그리고 FM측면(건물시설관리 측면) 등 3측면의 구조를 가지고 상호작용하거나 조화하며 통제하거나 감독함으로써 건물자산의 경영목표와 관리목표를 효과적으로 달성하게 된다.

원칙적으로 자산의 종류나 규모 및 용도 등에 따라 1원화구조(AMC가 AM 기능과 PM 기능 및 FM 기능을 통합적으로 운영하는 건물자산관리구조)인 경우는 건물자산관리 3측면의 자산관리구조를 유지할 필요가 없으나 전문적 관리와 분업화 또는 경제와 효율을 위하여 파트너십을 가진 채 전략적으로 전문업체와 제휴하는 경우에는 2원화구조(AMC+PMC)와 3원화구조(AMC+PMC+FMC)의 형태로 구조체계를 가지게 되므로 상호관계의 구조상 FMC는 시설물의 유지관리업무를 최소의 비용으로 최대의 시설물관리서비스를 생산하고 PMC에게 공급함으로써 임대관리를 도와 운영관리 비용의 최소화와 운영관리 수입의 최대화를 지원하는 기능을 하게 되며 이를 바탕으로 PMC는 AMC에게 PM서비스를 제공함으로써 자산가치를 높여 투자이익을 극대화하고 양도차익을 실현시키는 상호작용을 하게 된다. 이를 그림으로 정리하면 [그림 8]과 같다.

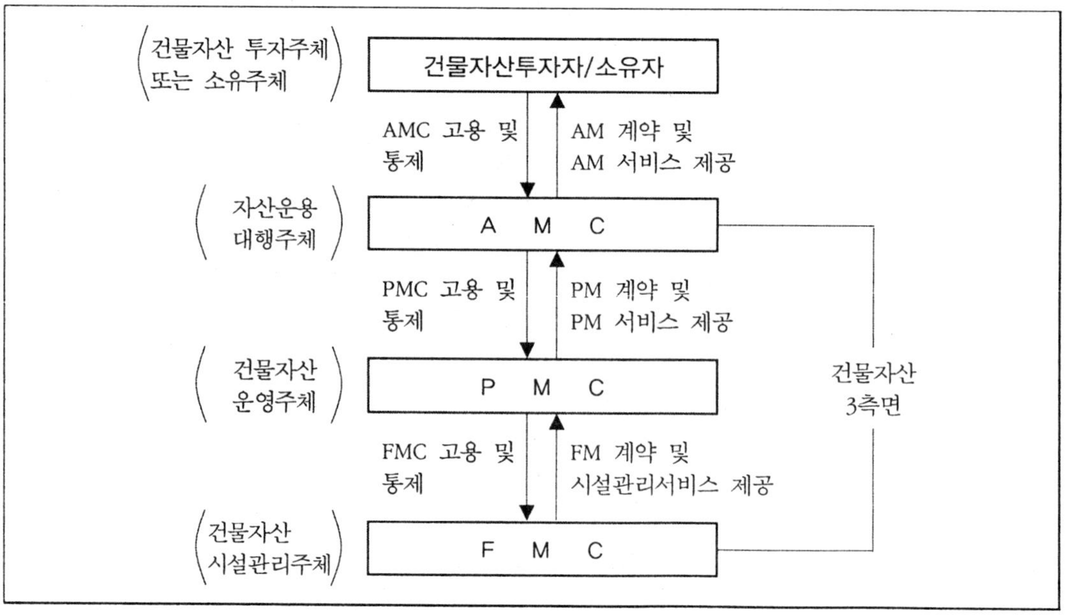

[그림 8] 건물자산 3측면의 상호작용

제9절 건물자산운영관리의 법령체계와 제도

건물자산운영관리는 관리관계법령과 제도에 의하여 직접 영향을 받아 운영관리되므로 바람직한 건물자산운영관리를 위해서는 건물자산관리법령과 제도의 이해와 숙지가 반드시필요하다.

1. 건물자산운영관리의 법령체계

우리나라 건물자산운영관리 법령체계는 크게 미흡한 상태이나 이를 인위적으로 분류하면 건물자산운영관리 사법체계와 공법체계로 분류된다. 건물자산운영관리사법은 건물자산관리 계약, 소유권 등에 관계되는 법령들이고 건물자산운영관리공법은 건축물(시설물)의 유지관리, 안전관리, 환경관리, 건축설비관리, 건축대지관리 법령들로 이루어져 있다. 건물자산관리개념을 보다 구체적으로 이해하고 건물자산운영관리업무를 효과적으로 처리하려면 그 나라에서 제정, 공포되고 효력을 갖는 법령 중에서 건물자산의 운영관리에 관계되는 법령을 이해하는 것은 필수적 연구과제이다.

우리나라에서도 건물자산운영관리에 관련하여 의무적 관리대상인 공동주택에 관해서는 건물자산운영관리 공법이 비교적 체계를 갖추어 효율적으로 대응하고 있으나 그 밖의 주상복합건물, 오피스텔 등의 집합건물이나 상업용도의 오피스빌딩 및 1종 시설물과 2종 시설물, 심지어 임대목적의 임대주택에 있어서도 관계법령은 있으나 기본법의 관리내용 부실과 내용의 미흡으로 체계적 관리와는 거리가 먼 운영관리관계법령들만이 부분적으로 산재하고 있다.

이와 같은 문제점은 경제적 방법으로 안전하게 그리고 효율적으로 적합하게 관리해야 하는 건물자산의 경영관리에 있어서 크고 작은 문제점을 계속 던져 주고 있다. 특히, 건물자산은 재화성과 재산성의 양면성으로 인하여 시설물관리관계법령과 재산관리관계법령이 별도로 존재함에 따라 매우 복잡하고 체계성이 없어 건물자산운영관리상의 이해와 적용이 쉽지 아니하다. 그러나 건물자산관리관계법령들을 보다 쉽게 이해하고 숙지하여 활용하려면 관리관계법령의 인위적 체계화가 필요하다. 따라서 본서에는 건물자산운영관리공법과 사법을 모아 인위적으로 하나의 체계화를 도모하여 소개하고 있다.

1) 건물자산운영관리관계법령 이해의 필요성

건축법 제35조에서 건축물의 관리에 관하여 건물의 소유자, 관리자는 건축물, 건축대지, 건축설비의 관리는 건축법이 정하고 있는 관리 기준에 적합하게 관리하도록 규정하고 있다. 따라서 건물자산관리 관계법령의 이해는 반드시 필요하다.

또한 1종 시설물과 2종 시설물의 유지관리 역시 시설물의안전관리에관한특별법(시특법) 관련조항에 따라 관리하도록 규정하고 있다.

뿐만 아니라, 주택법에서는 의무관리대상 공동주택인 아파트의 관리는 주택법에 따라 관리하도록 명시하고 있다. 기타 전기, 기계 등의 설비관리는 물론 에너지관리, 환경, 위생, 안전관리 역시 관련법에 따라 관리하도록 해당법령에서 명시하고 있다.

그러므로 건물자산운영관리자는 건물자산관리와 직접 관련이 있는 관리관계법령들의 규정과 내용은 반드시 이해하고 숙지할 필요가 있다. 왜냐하면, 건물자산운영관리는 관리관계법령이 정하고 있는 기준에 맞게 관리해야 되기 때문이다. 또한, 건물자산운영관리관계법령의 이해 없이는 건물자산관리를 완벽하게 할 수 없기 때문이다. 뿐만 아니라 건물자산운영관리관계법령들이 요구하는 법적 조치사항을 이행할 수 없기 때문이다.

2) 건물자산운영관리법령체계의 개념

건물자산운영관리법령체계라 함은 경제적 가치가 있는 건물자산(부동산)에 대하여 취득, 보유, 처분, 운용 및 보존, 유지, 개량과 안전, 환경, 위생 등과 건물소유자와 사용자의 요구목적을 달성하는 데 필요한 경영, 관리 측면의 종합관리활동에 직접 관련이 있는 여러 가지 법률과 명령, 조례 중에서 같은 용도, 같은 관리항목, 관리관계 유사법령끼리 한데 모아 계통을 세워 하나의 용도로 통일한 법령 전체를 의미한다.

우리나라의 법체계는 헌법을 기본법으로 하여 법률, 명령, 규칙, 조례 등으로 성문법의 체계를 유지하고 있다. 그러나 건물자산운영관리에 대한 구체적이고 통일적인 법령체계는 의무관리대상 공동주택관리에 대한 주택법, 주택법시행령, 주택법시행규칙 등 주로 건축물(시설물)의 유지 관리관계법령 체계정도에 그치고 있다. 다시 말하면, 의무관리대상 공동주택의 관리에 대해서만 주택법을 기본법으로 하여 동시행령, 동시행규칙 등에서 체계적으로 관리하도록 여러 조문에 걸쳐 규정하고 있을 뿐이다.

그러나 일반 건물에 있어서는 건물시설관리를 위한 법체계는 통일적으로 확립되지 못한 상태에서 부분별로 안전, 환경, 소방, 위생, 에너지관리 등 관계법령에서 산발적으로 규정하고 있을 뿐이다. 그러나 건축법 제35조와 동시행령 제23조에서 건축물의 유지관리는 건축법에서 규정하고 있는 관리기준에 따라 관리하도록 명시하고 있으며 필요한 경우 관리규칙을 제정할 수 있음을 건축법시행령 제23조에서 선언적으로 명시하고 있다. 그런 관계로, 건물시설관리(유지관리, 환경위생, 안전 등)에 대한 관리기준은 건물자산관리사법과 관리공법 등 개별법령에서 산발적으로 규정하고 있어 그 내용이 매우 복잡하고 난해하여 체계적으로 이해와 이행이 현실적으로 쉽지 않다.

따라서 건물자산운영관리를 효율적으로 수행하기 위하여 건물자산운영관리기본법의 제정이 시급히 요구되고 있으며, 이를 기본법으로 하여 법률관리항목 전체를 통일적, 체계적으로 관리하는 것 외에 건물자산운영관리에 관계되는 관리관계법령을 한데 모아 같은 관리항목에 관계되는 법령을 다시 세분하고 분류하여 인위적으로 체계를 세워 효과적으로 활용함으로써 전체 건물자산관리법령의 체계화의 효과를 얻을 수 있다.

이와 같은 인위적 건물자산운영관리법령의 체계화 작업은 산발적으로 규정하고 있는 법령의 내용을 용이하고 효율적으로 관리하여 법적 사고를 미연에 방지하고 건물자산운영관리관계법령의 운영관리기준에 적합하게 관리하기 위함에 있다.

3) 건물자산운영관리관계법령체계의 내용

건물을 건축물(시설물)로만 인식하는 것 외에 자산(경제적 가치가 있는 재산)으로 인식하는 건물자산관리 측면의 관리개념에는 최광의 관리개념이 적용되고 있다.

최광의 관리개념은 전술한 바와 같이 전체 건물자산관리영역을 시설관리영역과 재산경영영역으로 대별하고 각 영역별로 관리항목과 경영항목을 각각 6관리 영역을상정하여 최유효관리법으로 경영 관리하고 건물의 유익과 양질의 관리서비스를 개별적 관리활동을 통하여 창출하고 마침내 전체 관리영역의 건물유익과 관리서비스를 종합적으로 통합하여 건물자산 최유효 사용수익화를 도모함으로써 건물자산관리목표를 효율적 달성을 지향하는 신개념의 건물자산관리개념이다.

특히, 건물자산관리학은 건물을 시설물, 재산권, 즉 자산으로 인식하고 이들 모두를 건물 경영관리대상으로 상정하고 있으므로 법령 역시 건물자산경영과 관리대상건물에 직접 관계되는 법령들을 건물자산관리관계법령이라 부르고 있다.

다시 말하면, 건물자산관리에서 말하는 건물은 자산인 동시에 시설물(물자)이므로 이에 관계되는 법령들을 건물자산관리법령이라 호칭할 수 있다.

이와 같은 의미의 법령들은 건물자산관리 사법과 공법으로 구성되어 있으며 유사법령끼리 한데 모아 인위적으로 분류하고 체계화하면 건물자산관리 관계법령들을 다음과 같이 계통화할 수 있다.

① 건물유지관리관계법령
② 건축설비관리관계법령
③ 건축대지(토지)관리관계법령
④ 건물안전 및 보안관리관계법령
⑤ 건물위생환경관리관계법령
⑥ 건물(부동산)공시관계법령
⑦ 건물(부동산)조세와 부담금관계법령
⑧ 건물(부동산) 소유권 및 계약관리관계법령
⑨ 건물리모델링관계법령
⑩ 건물재건축관계법령

이상과 같이 인위적으로 분류한 법령체계의 구체적 내용을 순서에 따라 설명하면 다음과 같다.

(1) 건물유지관리관계법령

건물유지관리관계법령이란 완성된 건물의 기능을 보전하고 이용자의 편의와 안전을 높이기 위하여 일상적으로 점검, 정비하고 손상된 부분은 원상복구하며 경과연수에 따라 보수, 보강, 개량에 필요한 활동에 직접 관계되는 다음의 법령들을 의미한다.

① 의무관리대상 공동주택 유지관리법령

- 집합건물의소유및관리에관한법률
- 건축법
- 주택법

② 일반건물 유지관리법령

- 건축법
- 건축법 시행령
- 건축법 시행규칙

③ 임대주택 유지관리법령

- 임대주택법
- 임대주택법 시행령
- 임대주택법 시행규칙

④ 국유재산 유지관리법령

- 국유재산법
- 국유재산법 시행령
- 국유재산법 시행규칙

⑤ 집합건물 유지관리법령

- 집합건물의소유및관리에관한법률

⑥ 승강기 유지관리법령

- 승강기제조및관리에관한법률

⑦ 주차장 유지관리법령

- 주차장법
- 주차장법 시행령
- 주차장법 시행규칙

⑧ 소방시설 유지관리법령

- 소방시설설치유지및안전관리에관한법률

⑨ 시설물(1종 시설물, 2종 시설물) 유지관리법령

- 시설물의안전관리에관한특별법
- 시설물의안전관리에관한특별법 시행령

(2) 건축설비관리관계법령

건물은 건축대지, 건축시설(건축물), 건축설비 및 기타부대시설로 구성되어 있다.

건축설비관리관계법령이란 건물에 장착된 전기설비, 전화설비, 가스설비, 급수배수설비, 환기설비, 난방설비, 냉방설비, 소화설비, 오물처리설비, 굴뚝설비, 승강기설비, 피뢰설비, 국기게양대, 우편물 수취함, 기타 유사한 설비로 건물의 기능과 성능을 나타내는 Building Facilities에 직접 관계되는 다음의 법령들을 말한다.

① 전기설비관리법령

- 전기사업법
- 건축법
- 건축물의 설비기준 등에 관한 규칙

② 냉 · 난방설비 관리법령

- 에너지이용합리화법
- 도시가스사업법
- 고압가스안전관리법

③ 급수배수설비관리법령

- 수도법
- 수질환경보전법
- 오수분뇨및축산물폐수처리에관한법률
- 공중위생관리법

④ 소화설비관리법령

- 소방시설의설치유지및안전에관한법률
- 건축법

(3) 건축대지(토지)관리관계법령

건물은 전술한 바와 같이 건축대지, 건축시설, 건축대지 그리고 부대시설로 구성되어 있다. 건축대지는 토지이므로 토지관리는 토지관리관계법령에 따라 관리되어야 한다.

이와 같이 건축대지(토지)관리와 관계되는 다음의 법령을 건축대지(토지)관리법령이라 한다.

① 국토기본법
② 국토의계획및이용에관한법률
③ 도시및주거환경정비법
④ 건축법
⑤ 농지법
⑥ 산림법
⑦ 도시개발법
⑧ 개발제한구역의지정및특별조치법
⑨ 지방자치단체의조례및규칙
⑩ 주택법

(4) 건물안전 및 보안관리관계법령

안전 및 보안에 관한 법령이란 사람의 생명에 대한 사망, 상애, 부상, 위해, 질병감염과 재산의 감손을 방지하는 것에 직접 관계되는 법령들을 의미한다.

즉, 사람과 재산의 안전에 관계되는 법령을 말한다.

건물자산의 감손과 인명피해에 관계되는 위험에는 화재 · 가스 등 위험물 폭발, 붕괴, 추락, 전기감전, 절도 · 강도 · 살인 등의 범죄, 작업위험 등이 있다.

이와 같은 사고의 직접 원인인 위험방지에 대한 안전 및 보안관리관계법령들은 대체로 다음과 같다.

① 방화관리법령

- 소방기본법
- 소방시설의설치유지및안전에관한법률
- 공공기관의방화관리규정
- 화재로인한재해보상과보험가입에관한법률

② 산업안전관리법령

- 산업안전보건법

- 산업안전보건법 시행령
- 산업안전보건법 시행규칙

③ 시설물안전관리법령

- 시설물안전관리에관한특별법
- 시설물안전관리에관한특별법 시행령
- 시설물안전관리에관한특별법 시행규칙

④ 위험물안전관리법령

- 위험물안전관리법
- 도시가스법
- 고압가스안전관리법
- 전기사업법
- 액화석유가스의안전관리및사업법

⑤ 건물(빌딩)경비보안관리법령

- 경비업법
- 재난및안전관리기본법
- 청원경찰법
- 경비업체보안업무관리규칙

(5) 건물위생환경관리관계법령

건물위생환경관리관계법령이란 건물의 청소, 위생생활환경, 건물환경과 관계되는 수질, 대기, 소음, 진동, 실내공기, 전염병 관리에 직접 관계되는 다음 법령들을 말한다.

① 환경관리법령

- 환경정책기본법
- 자연환경보전법
- 대기환경보전법
- 토양환경보전법
- 수질및수생태계보전에관한법률

- 환경개선부담법
- 소음진동규제법
- 환경분쟁조정법
- 악취방지법

② 청소관리법령

- 폐기물관리법
- 자원의절약과재활용에관한법률
- 공중위생관리법
- 건설폐기물의재활용촉진에관한법률

③ 수질관리법령

- 수도법
- 먹는물관리법
- 가축분뇨의관리및이용에관한법률
- 하수도법

④ 건물실내공기질관리법령

- 다중시설등의실내공기질관리법

⑤ 건물위생관리법령

- 전염병예방법
- 공중위생관리법
- 학교보건법

(6) 건물(부동산)공시관계법령

건물은 부동산이므로 소유권의 이전을 등기함으로써 소유권이 취득된다.

공시법령은 권리의 존재를 등기공부상에 표시 권리자 또는 표상하는 데 관계되는 법령을 의미한다. 건물자산관리는 건물자산 위의 소유권 등의 권리를 보호해야 하고 득실변경을 관리해야 하므로 공부상의 공시가 반드시 이루어져야 한다.

이와 같은 건물(부동산)의 소유권 등 권리를 일정한 공부(등기부, 행정공부)상에 표시하는 데 직접 관계되는 다음의 법령들을 건물(부동산)공시관계법령이라 한다.

① 부동산등기법
② 부동산권리자명의등기에관한법률
③ 부동산등기특별조치법
④ 부동산등기특별조치법에 따른 대법원 규칙
⑤ 측량 · 수로조사및지적에관한법률
⑥ 민법(물권법)

(7) 건물(부동산)조세와 부담금관계법령

조세란 국가(중앙정부)와 지방자치단체가 재정수요에 충당하기 위하여 국민(담세자)으로부터 강제적으로 징수하는 세금을 말한다.

강제 징수되는 조세는 조세법정주의에 따라 부과됨으로써 반드시 징수관련법령이 필요하다. 이와 같이 조세징수에 관련된 법령을 조세관리관계법령이라 한다.

부담금이란 원인자부담원칙에 따른 납부해야 하는 환경개선부담금이나 교통유발부담금 등을 의미하며 이와 같은 조세의 부담금을 합쳐 건물(부동산)조세관리관계법령이라 한다. 조세와 부담금관계법령에는 다음과 같은 법령들이 있다.

① 지방세법
② 소득세법
③ 법인세법
④ 부가가치세법
⑤ 인지세법
⑥ 종합부동산세법
⑦ 조세특례 제한법
⑧ 지방자치단체의회조례
⑨ 환경개선비용부담법
⑩ 도로교통정비촉진법
⑪ 도로법
⑫ 전파법

(8) 건물(부동산) 소유권 및 임대 등 계약관리관계법령

건물은 물건이므로 소유권이 존재한다. 소유권은 사용, 수익, 처분의 사용가치와 교환가치를 함께 가지고 있는 기본물권이다.

부동산(건물)은 경제적 가치가 있는 재산이므로 재산관리는 전적으로 소유권을 온전히 보존하는데서 출발한다. 따라서 건물의 소유권은 언제나 온전하게 보존, 유지해야 한다. 또한 건물자산관리과정에는 필연적으로 수십 종류의 계약이 등장하게 되는데 이와 같은 소유권을 바탕으로 이루어진다. 건물관리관계 계약 또한 관리법령에 근거해서 처리되므로 관련법령의 이해가 필요하다.

이와 같은 자산관리에 있어서 소유권과 임대 등 계약관리에 직접 관계되는 다음 법령을 건물 소유권 및 임대 등 계약관리관계법령이라 하는바 이에는 다음과 같은 법령들이 있다.

① 물권법
② 채권법(계약법)
③ 주택임대차보호법
④ 상가건물임대차보호법
⑤ 부동산등기법

(9) 건물리모델링관계법령

건물의 리모델링관계 주요법령에는 다음과 같은 법령들이 있다.

① 주택법
② 건축법
③ 국토의계획및이용에관한법률
④ 서울시도시계획조례
⑤ 조세특례제한법
⑥ 도시및주거환경정비법

(10) 재건축관계법령

건물의 재건축에 관계되는 주요법령은 다음과 같다.

① 집합건물소유및관리에관한법률
② 주택법
③ 도시및주거환경정비법

4) 건물자산관리관계법령체계도

건물자산관리관계법령은 전술한 바와 같이 특정법령에 의하여 체계화된 것은 의무관리대상 공동주택 아파트관리를 위한 공동주택관리법령체계 정도에 불과하다.

일반건물의 경우, 유지관리나 기타 설비, 안전, 위생, 환경 등의 관리는 여러 관계법령에서 산발적으로 명시하고 있을 따름이다. 그러나 건물자산관리는 단순한 시설관리가 아니므로 건물자산관리관계법령에서부터 안전, 환경위생 등의 법령에 대한 체계화와 이에 관한 연구와 이해가 필요하다. 따라서 체계적 연구와 이해를 위하여 건물자산관리관계법령을 한데 모아 인위적이나마 체계를 구성하여 연구와 학습에 대비할 필요가 있다.

이와 같은 목적으로 건물자산관리관계법령의 통일된 전체를 하나의 그림으로 구성하면 [그림 9]와 같다.

유의할 점은, 본서에 수록하고 있는 건물자산관리관계법령체계는 고층, 수익성, 상업용 건물에 적용되는 법령을 중심으로 구성되었음을 참고하기 바라며 법령의 종류와 내용의 적용은 경영 · 관리대상 건물자산의 규모나 성격, 용도, 설비의 종류와 용량 등에 따라 상당부분 달라질 수 있음을 유의해야 한다.

참고할 사항은 건물자산운영관리 관계법령체계에는 하나의 관리항목에 관계되는 법령도 있으나 법령에 따라 여러 개의 관리항목에 중복으로 관계되는 법령도 있음을 참고하기 바란다.

또한 건물자산운영관리 관계법령체계도에 기재된 법령은 해당 건물자산관리항목 관리에 대한 주요법령만을 명시한 것임을 참고하기 바란다.

- 건물자산운영관리 관계법령체계
  - 건물유지관리 관계법령
    - 건축법
    - 주택법
    - 임대주택법
    - 국유재산법
    - 집합건물소유 및 관리에 관한법률
    - 주차장법
    - 승강기 제조 및 관리에 관한법률
    - 소방시설설치유지 및 안전관리에 관한법률
    - 시설물의 안전관리에 관한특별법
  - 건축설비관리 관계법령
    - 에너지이용합리화법
    - 건축법
    - 수도법
    - 수질환경보전법
    - 오수분뇨 및 축산폐수 처리에 관한법률
    - 소방시설유치 및 안전관리에 관한법률
    - 도시가스사업법
    - 전기사업법
    - 건축물의 설비기준 등에 관한규칙
    - 고압가스안전관리법
  - 건축대지(토지) 관리관계법령
    - 국토기본법
    - 국토의 계획 및 이용에 관한법률
    - 도시 및 주거환경정비법
    - 건축법
    - 농지법
    - 산림법
    - 도시개발법
    - 개발제한구역의 지정 및 관리에 관한 특별조치법
    - 지방자치단체 의회조례
  - 건물안전 및 보안 관리관계법령
    - 소방기본법
    - 소방시설설치유지 및 안전관리에 관한법률
    - 위험물안전관리법
    - 공공기관의 방화관리규정
    - 전기용품안전관리법
    - 시설물의 안전관리에 관한특별법
    - 산업안전보건법
    - 도시가스사업법
    - 고압가스안전관리법
    - 전기사업법
    - 액화석유가스의 안전관리 및 사업법
    - 경비업법
    - 주택법
    - 재난관리법
    - 산업재해보상보험법
    - 청원경찰법
  - 건물위생환경관리 관계법령
    - 환경정책기본법
    - 공중위생관리법
    - 폐기물관리법
    - 전염병예방법
    - 가축분뇨의관리및이용에 관한법률
    - 수도법
    - 수도시설의 위생관리에 관한법률
    - 먹는물관리법
    - 대기환경보전법
    - 토양환경보전법
    - 다중이용시설 등의 실내공기 질 관리법
    - 에너지이용합리화법
    - 자원의 절약과 재활용에 관한법률
    - 소음진동관리법
    - 수질및생태계보전에관한 법률
    - 하수도법
    - 악취방지법
    - 학교보건법

[그림 9] 건물자산운영관리 관계법령체계도(계속)

(p.46에서 계속)

[그림 9] 건물자산운영관리 관계법령체계도

2. 건물자산운영관리제도

1) 건물자산운영관리제도의 의의

일반적으로 제도라 함은 어떤 행동이 반복하여 나타나고 있는 사실 즉, 패턴화된 행동이 존재하고 그 패턴화된 행동의 정당성이 규범에 의하여 보장되어 있으며 그것에 의해 인간의 욕구가 충족되는 여러 가지 시스템을 말한다. 따라서, 제도란 일정한 상황 하에서 결정자가 행하는 일정한 결정이 반복되어 패턴화되어 있는 정도가 안정되어 있고 또한 그것이 실정법이나 자치법규에 의해 정당성을 부여받고 있을 때의 결정을 의미한다.

건물자산관리에 있어서 건물자산운영관리제도라 함은 관리대상 건물자산의 운영, 관리에 있어서 구조체계 및 형태를 의미한다. 또한 제도란 정해진 법규나 마련된 절차나 법칙 등을 의미한다.

건물자산운영관리에 관계되는 제도를 크게 분류하면 국회 또는 정부에 의하여 제정, 공포된 법령에 의하여 마련된 법정제도와 건물소유자 또는 관리주체 등에 의하여 제정된 사적 자치법규나 규정에 의하여 마련되어 사용되고 있는 임의제도가 있다.

건물자산운영관리와 관련한 법정제도에는 주택법에 의한 의무관리대상 공동주택 유지관리제도, 집합건물 유지관리제도, 민법(채권법)에 의한 건물임대차제도, 시특법에 의한 1종 · 2종 시설물 안전관리제도, 소방관련법에 의한 방화관리제도, 조세관계법에 의한 조세제도, 부동산 등기법에 의한 부동산등기제도, 환경관련법에 의한 친환경 에너지관리제도, 산업합리화법에 의한 시설관리서비스 KS인증제도 등이 있으며 임의제도에는 자치법규 등에 의하여 마련되어 사용하고 있는 건물용역관리제도, 건물관리서비스제도 등이 있다.

이와 같은 제도는 한번 정해져 시스템화되면 상호 유기적으로 작용하고 제도가 정한 바대로 시행되어 효력을 가지므로 건물자산의 운영관리에 있어서도 건물자산운영관리 제도는 대단히 중요한 역할과 기능을 하게 된다.

특히 법령에 의하여 마련된 법정제도는 이행을 법으로 강제하고 이행하지 않을 때는 벌칙이나 과태료 처분 및 강력한 행정조치가 이어지므로 강력한 제도적 장치가 된다는 점에서 건물자산운영관리 측면에서 볼 때 대단히 중요하고 필요한 제도라 할 수 있다.

우리나라의 경우, 의무관리대상 공동주택의 관리에 있어서 건물자산운영관리 공법의 주택법과 건축법이, 건물자산관리 사법의 민법과 그리고 집합건물의소유및관리에관한 법률과 공동주택관리관계법령들이 공동주택관리관계법령체계를 구축하여 효율적인 공동주택 법정유지관리제도를 구축하고 이를 효율적으로 뒷받침하고 있다.

그러나 유감스럽게도 개인소유 상업용건물의 관리에 있어서 유지관리를 뒷받침하는 기본법령이 없고 안전, 환경, 위생 등에 대한 특정 특별법규만이 입법되어 있어 법정제도가 정착되지 못하고 임의제도만이 적용되고 있는 실정이다.

2) 건물자산운영관리 관련제도의 종류와 내용

개인소유 상업용 임대건물 관리조직체계에 있어서 시설관리와 임대관리에 관계되는 주요제도에는 [그림 10]과 같이 건물유지관리제도, 건물용역관리제도, 건물관리(대행)서비스제도, 그리고 건물임대차제도 등이 있으며 기타 제도에는 조세제도, 등기제도, 리모델링제도, 재건축 · 재개발제도 등이 있다.

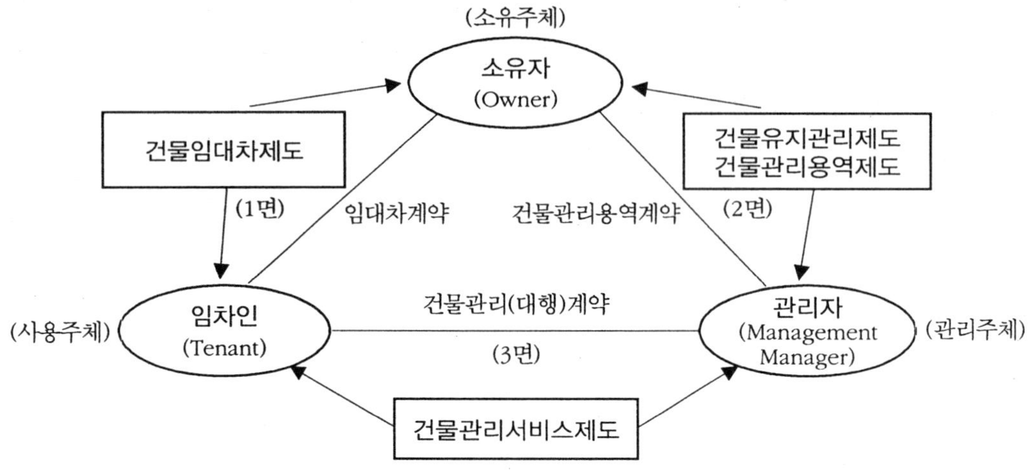

(자료출처: 김일효, 건물자산관리제도 개선방안에 관한 연구. 2007. P.12)

[그림 10] 상업용 임대건물 이해당사자 3면 3각 상호관계와 건물자산관리 관련제도

임대 상업용건물 이해당사자 3면 3각 상호관계의 의미는 [그림 10]과 같이 소유주체(Owner)와 관리주체(Management Manager) 및 사용주체(Tenant)가 건물관리용역계약, 건물임대차계약, 건물관리대행계약 등을 해당 계약당사자 사이에 각각 체결함으로써 3면 3각 상호관계로 형성되는 조직체계를 말한다.

상업용 임대건물의 관리이해당사자 3면 3각 상호관계와 건물관리 관련제도는 [그림 10]과 같다.

(1) 건물유지관리제도

건물유지관리제도라 함은 [그림 11]과 같이 상업용 임대건물 관리구조체계 2면을 구성하고 있는 건물소유주체와 관리주체 및 그 상호 간의 관계를 규율하는 법적효력을 갖는 제도로서 건물의 유지관리에 필요한 구조체계와 형태 및 효율적 관리를 위한 법적 절차나 규칙 등을 의미한다.

일반적으로 제도라 하면 관계법령에 의해서 만들어진 법정제도를 의미하나 전술한 바와 같이 개인 또는 단체가 스스로 만든 자치법규에 의하여 만들어진 임의관리제도도 활용되고 있다. 건물자산관리에 있어서 유지관리법제도가 특히 필요한 것은 이미 설명한 바와 같이 제도의 기능과 역할 및 작용 때문이다.

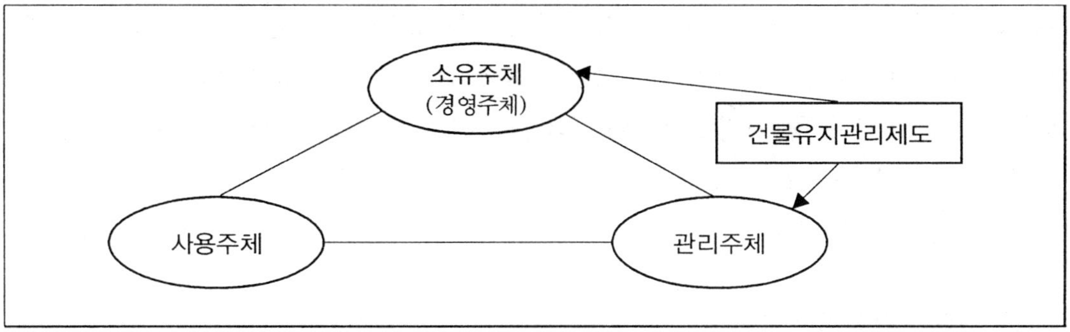

[그림 11] 건물유지관리제도와 적용범위

하나의 제도가 구축되고 유용하게 활용되는 경우 해당업무를 효율화, 안전화, 경제화 등으로 유도하여 관리목표를 효과적으로 달성할 수 있을 뿐만 아니라 크고 작은 여러 기준에 따라 정돈하고 계통을 수립하여 논리적으로 통일적인 체계를 갖추어 제도화함으로써 구체적인 자산관리의 효과를 얻을 수 있다.

다시 말하면, 건물유지관리제도가 필요한 이유는 건물의 유지관리에 필요한 단위나 기능의 독립된 요소들을 하나의 법이나 자치법규로 묶어 공통목표(유지관리목표)를 달성하기 위하여 유기적으로 연결시켜 상호작용하게 함으로써 건물관리효과를 최유효 관리법에 의한 양질의 관리효과를 얻을 수 있기 때문이다.

건물자산관리 측면에서 이를 제도라 하고 이를 시스템이라 한다. 또한 건물유지관리제도는 유지관리에 필요한 요소나 규칙, 법칙들을 계통을 세워 체계화시키므로 건물자산관리의 개별업무가 질서정연하게 조직적으로 수행되어 가장 효과적 방법에 의하여 자산관리 목표를 달성할 수 있게 되므로 건물유지관리제도는 반드시 필요하다.

그러나 이와 같은 건물유지관리제도는 건물관리기본법에 의하여 법적으로 정착된 법정관리제도일 필요성이 있다. 왜냐하면, 건물유지관리제도가 법정유지관리제도일 때 임의관리제도보다 더욱 강력하게 관리이해당사자 상호 간을 구속하고 강제할 수 있기 때문이다.

법정관리제도가 정착되고 활용되는 경우, 법에서 정한 강제성과 구속성이 동시에 작용함으로써 관리주체나 소유주체 모두가 의무이행에 성실히 임할 수 있게 되기 때문이다. 이와 같은 사례는 주택법에 의하여 제도화된 공동주택 법정유지관리제도에 의하여 관리되고 있는 의무관리대상 공동주택유지관리의 경우가 좋은 예라 할 수 있다. 그러나, 유감스럽게도, 개인소유 상업용 임대건물의 경우 건축법에서 건물관리에 관한 선언적 규정은 두고는 있으나 아직은 구체적인 건물관리기본법이 입법되지 아니한 상태이므로 의무관리대상 공동주택과 같은 법정건물유지관리제도는 없다. 다만 관리관계법에 의하여 건물의 종류 중 특정 소유건물이나 용도에 따라 관리관계법이 적용되는 법정유지관리제도가 부분적으로 시행되는 유지관리규정은 건축법, 국유재산법, 시설물의안전관리에관한특별법, 집합건물소유및관리에관한특별법 정도에 그치고 있다.

(2) 건물관리용역제도

건물의 규모가 일정규모를 넘으면 1인의 관리인만으로는 건물의 시설관리가 불가능하다. 따라서 일정한 규모 이상의 건물자산의 시설물을 관리하기 위해서는 자체관리조직을 갖추고 자체조직에 의한 직영관리를 하거나 용역관리회사에 용역을 주어 위탁관리하거나 또는 자체조직과 용역관리조직을 합한 혼합관리방법으로 관리해야 한다. 특히 상업용 임대건물의 경우 일반적으로 층수가 고층이고 연면적 또한 대형건물인 경우가 많으므로 건물관리전문회사에 입찰에 의한 용역관리계약을 체결하여 위탁관리하는 경우가 일반적이다.

이와 같이 건물의 규모나 건물소유자의 사정에 따라 위탁관리방법이나 혼합관리방법을 선택할 경우 건물관리용역계약 체결에 의하여 건물관리용역제도가 등장하게 되고 3면 3각 상호관계구조체계는 건물소유자와 관리자(관리주체)와의 2면 상호관계에 적용되고 법적 효력을 갖게 된다. 용역관리계약이란 위탁자와 수탁자 사이에 일정한 용역비를 제공하는 대가로 관리용역을 제공하기로 약정한 계약을 의미한다.

이와 같은 용역관리계약이 체결되면 건물소유주체와 관리주체 사이에 용역비의 급부와 관리용역의 반대급부의 권리의무가 발생하고 위탁자와 수탁자 상호관계가 성립된다. 용역계약 역시 계약이므로 상호 평등한 입장에서 대등하게 계약이 체결되고 계약이 체결된 후에도 권리와 의무가 성실하게 지켜지며 상호관계가 원만하게 유지되고 인격이 존중되면서 최선을 다하여 양질의 관리용역을 제공하고 그 대가로 적정한 용역비를 지급함으로써 상호관계가 잘 유지되어야만 한다.

그러나 현실적으로 건물소유주체와 관리주체 상호 간은 평등관계가 아닌 갑을(甲乙)관계로 변질되어 같은 현장에서 관리업무를 협력하고 있으면서도 현실적으로 불평등 갈등구조 현상을 보이고 있다. 이와 같은 불평등 갑을 상호관계는 용역관리계약에서부터 불평등 조항으로 시작되지만 무엇보다 근본적인 문제는 법정건물관리 용역제도가 아직도 법에 의하여 정착되지 못하고 있는 데 근본적인 원인이 있다.

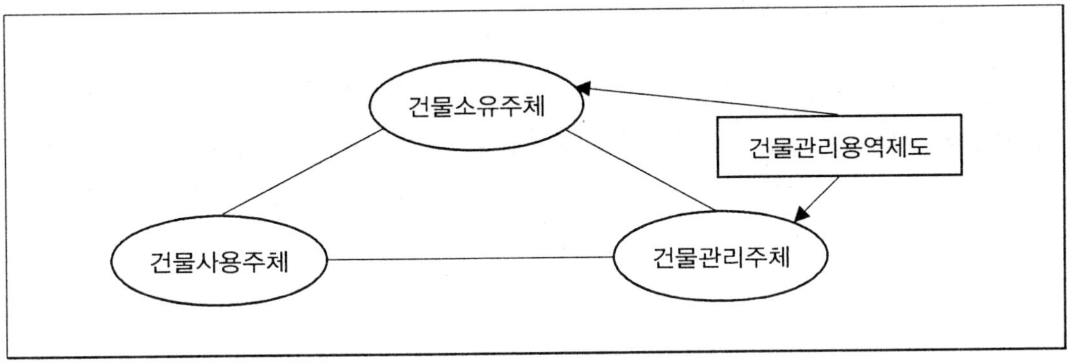

[그림 12] 건물관리용역제도와 적용범위

건물관리용역제도는 [그림 12]와 같이 2면 상호관계인 건물소유주체와 관리주체 간의 상호관계에 영향을 미치는 임의관리제도로서 주로 시설용역관리, 청소위생용역관리, 경비보안용역관리, 안전용역관리, 정비보수용역관리 등의 건물유지관리와 관계되는 제도이다. 건물관리용역회사는 관리기술과 전문성을 확보하고 전문 관리가 가능한 건물관리전문회사임을 전제로 건물소유자가 용역회사를 신뢰하고 건물관리업무를 위탁하게 되는데 기술, 전문성, 재정 측면에서 신뢰받을 수 있는 관리용역회사의 수가 그리 많지 않은 것이 관리용역회사의 현실적 문제점으로 지적되고 있다.

뿐만 아니라, 건물소유자 역시 위탁계약을 체결하고 선임한 건물관리용역회사를 평등관계가 아니라 불평등 甲乙관계로 인식하여 일방적으로 의무만을 강요하고 있는 것도 오늘날 건물관리현장의 현실인 것으로 인식된다.

이와 같은 현실이 건물보존관리나 유지관리에 지장을 초래하여 건물의 조기노후화를 촉진하고 있으며 안전사고예방에도 부정적으로 작용하고 있다.

현행 우리나라 상업용건물관리용역제도는 관계법령에 의하여 확립된 법정관리제도가 아닌 임의관리제도로서 건물의 유지관리에 관계되는 시설관리용역계약, 주차시설관리용역계약, 청소위생관리용역계약, 경비보안관리용역계약, 안전관리용역계약, 조경시설물관리용역계약, 보수정비관리용역계약 등 계약에 의하여 구축되고 활용되고 있다.

그러나 아직은 건물관리기본법의 법제도적 뒷받침을 못 받는 관계로 용역절차, 용역입찰방법, 용역단가, 용역설계기준, 용역업자의 자격, 용역업자의 의무 등이 건물소유자에 의하여 임의 결정되므로 건물관리현장마다 상이한 제도의 틀을 보여주고 있다.

하루 빨리 건물관리기본법의 제정과 뒷받침으로 효율적인 법정 건물관리용역제도가 정착되어지길 진심으로 희망해 마지않는다.

(3) 건물관리서비스제도

건물관리서비스제도란 [그림 13]에서 보는 바와 같이 건물자산관리이해당사자 조직체계 상호관계에 있는 건물관리주체와 건물사용주체(임차인) 상호 간에 적용되는 건물관리제도이다. 건물관리서비스의 시작은 관리주체와 사용주체(임차인 또는 소유자가 직접 사용할 때의 소유자) 간 또는 건물소유주체와 건물사용주체 간의 관리위임(또는 대행) 계약체결로 시작되고 계약내용에 따라 일정한 관리서비스 공급이 시작된다.

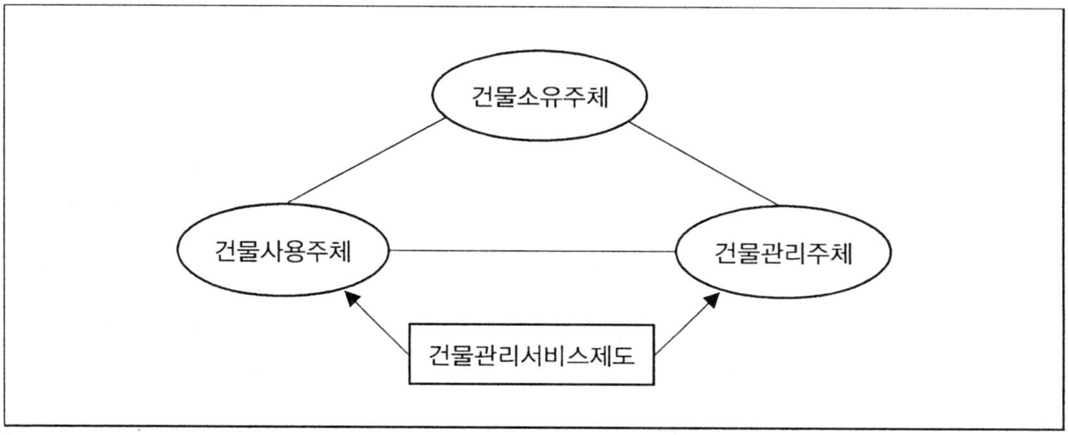

[그림 13] 건물관리서비스제도와 적용범위

건물관리(대행)계약은 임대건물에 있어서 건물소유주체가 사용주체인 임차인과 임대차계약을 체결할 때 관리계약을 동시에 체결하여 후에 선임된 관리주체에 위임되는 경우도 있으나 일반적으로 관리주체인 관리회사(관리소장) 소유주체를 대리해서 건물소유주체와 사용주체 간의 임대차계약을 대행하면서 건물관리(대행)계약을 건물관리주체와 사용주체 간에 별도로 맺어 임대차업무와 별개의 관리서비스업무로 관리주체에 의해서 수행된다.

건물관리(대행)계약이 체결되고 입주가 완료되면 마침내 관리계약에 따라 관리주체는 사용주체의 건물 사용수익에 필요한 건물의 유익이나 양질의 관리서비스를 제공해야하는바 두 주체 간에 자연스럽게 건물관리서비스제도가 수립되고 작동되기 시작한다.

문제는 사용주체가 급부하는 관리비에 비하여 더 많은 반대급부(관리서비스)를 요구하거나 또는 관리주체가 비싼 관리비에 비하여 수준 이하의 관리서비스를 반대급부(제공)할 때 양당사자 간에는 분쟁이 야기된다는 점이다.

임대건물의 임차인은 어떤 사업이나 업무 등을 위하여 필요한 건물사용을 위해서는 소유주체에 의해 일방적으로 정해진 임대료와 관리비를 지급하는 조건으로 건물을 임차하는 것이므로 건물 임차목적물에 대한 최유효 사용수익을 당연히 예상하고 있으며 주관적이긴 하지만 본인의 건물 최유효 사용수익을 위한 공급서비스의 기준이 설정되어 있는 데 반하여 건물관리서비스를 공급하는 관리주체는 통상적이고 일반적이며 상식수준의 관리서비스를 일방적으로 입주자(임차인)에게 동일한 기준에 따라 공급함으로써 양당사자 간의 상이한 서비스기준이 상호충돌하거나 불만으로 이어져 분쟁을 야기하게 된다.

특히 임차인이 외국인이 있는 경우, 임차인 자국의 관리서비스는 일정한 서비스 품질기준에 따라 공급받음으로써 임차건물의 사용수익에 전혀 문제가 없었으나 우리나라의 경우, 시설관리서비스 KS인증제도의 서비스 품질 기준과 건축물클리닝서비스 KS인증제도의 환경위생서비스 기준 및 경비서비스 KS인증제도의 경비서비스 기준을 제외하고는 일정한 관리서비스 품질 제도나 규격이 없어 무척 당황하고 불만을 노정하고 있다.

또한 건물관리주체와 사용주체 간에 체결되는 관리위임계약서 역시 관리주체가 일방적으로 유리하게 작성하고 미리 인쇄하여 준비한 계약서를 사용하여 계약 체결시 임차인의 수정이나 특약사항 약정도 전혀 허용 없이 서명 날인하도록 강요하고 있어 건물사용주체는 불이익을 감수하도록 현실적으로 예정되어 있다.

그러나 다행스럽게도 지식경제부(전, 산업자원부) 기술표준원이 시설관리서비스 표준규격을 KS화하고 10,000㎡ 이상의 건물을 대상으로 임의조건이긴 하나 매년 시설관리서비스 KS심사를 한국표준협회로 하여금 시설관리서비스 KS인증을 시행하게 함으로써 2011년도 하반기부터 건물시설관리서비스 품질이 다소 개선될 것으로 판단된다.

(4) 건물임대차제도

임대건물의 관리에 있어서 임대관리는 건물운영관리업무에 있어서 중심이 되는 관리업무이므로 건물임대차제도는 매우 중요한 제도라 할 수 있다.

건물임대차제도는 [그림 14]에서 보는 바와 같이 건물소유주체와 건물사용주체 상호관계에 작용하는 계약관련제도로서 건물의 사용수익에 대한 임대료 지급조건의 급부와 건물 사용수익의 임차권 수여라는 반대급부조건인 임대차계약이 체결됨으로써 임대인(건물소유주체)과 임차인(건물사용주체) 양당사자와 그 상호 간의 당사자들을 구속하고 상호 간의 권리의무를 강제하게 된다.

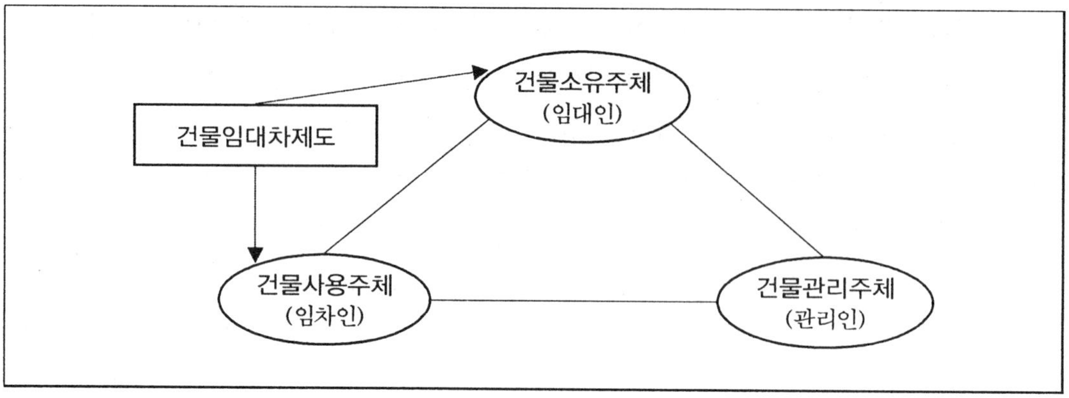

[그림 14] 건물임대차제도와 적용범위

건물 사용수익에 관한 법정임대차제도에는 주택임대차보호법에 의한 주택임대차제도, 상가건물임대차보호법에 의한 상가건물임대차제도, 농지법에 의한 농지임대차제도, 임대주택법에 의한 임대주택임대차제도, 그리고 민법(계약법)에 의한 일반임대차제도 등이 있다.

일반건물임대차는 민법전 중 제3편, 채권 제2장의 계약규정과 제7절 임대차관련조항(민법 제618조 내지 제 654조)에 근거를 두고 있다. 이와 같이 건물소유주체와 사용주체 간의 관계를 구속하고 상호권리의무를 성실히 이행하도록 하면서 양당사자 중 일방이 의무를 해태하는 경우, 해제, 해지 또는 금전적 손해배상 책임을 지도록 하고 있다.

특히, 수익성 건물자산관리에 있어서 자산의 운용수단 중 임대차관리는 대단히 중요한 수익창출의 방법 중 하나이고 건물자산운영관리의 중심업무로서 대단히 중요한 건물자산관리업무인 동시에 계약당사자를 구속하고 의무를 강제한다는 측면에서 상호 간에 이익과 권리가 보호되도록 공평성과 평등관계가 보장되는 건물임대차제도가 필요하다.

건물임대차제도는 건물 보유기간 동안 효율적 보유와 운영관리로 직접 임대소득을 발생시켜 수익을 극대화하는 매우 중요한 건물자산운영방법이다. 건물임대는 자산가치를 증가시키고 투자목적달성에 있어서 양도차익의 실현과 함께 투자수익을 극대화하는 방안이므로 전략적으로 운영관리역량을 집중해야 한다.

(5) 건물(부동산)등기제도

건물자산운영관리에 있어서 또 하나의 법정제도에는 부동산등기법에 의한 부동산(건물)등기제도가 있다. 건물을 원시 취득하는 경우 보존등기를 해야 하며 매매 등의 원인으로 이전하는 경우(승계 취득하는 경우) 소유권 이전등기를 해야 한다. 경매, 상속 등과 같이 법률의 규정에 의한 부동산(건물) 소유권의 취득인 경우에도 처분(거래)하기 위해서는 소유권 이전등기를 경료 해야 한다.

우리나라 부동산(건물)등기는 공시효력만 있고 공신력은 없다.

그러나 소유권은 물권으로서 해당 부동산(건물)의 재산권이므로 부동산(건물) 소유권 등기 없는 건물은 자산으로서의 가치가 없다. 왜냐하면 사용, 수익, 처분에 법적으로 문제가 있기 때문이다.

(6) 건물리모델링제도

건물자산운영관리자는 건물의 재산가치를 높이기 위하여 Renovation, Remodelling, Repositioning 등의 시설개량을 필요한 시기에 실시해야 한다. 아파트 리모델링은 주택법에 구체적으로 명시하고 있으며 기타 건물의 리모델링은 건축법과 도시및주거환경정비법 등에서 규정하고 있다.

건물자산운영관리자는 건물의 자산가치 증식을 위하여 리모델링에 대한 이해와 실무를 익혀야 한다.

(7) 건물(부동산)조세제도와 부담금제도

건물은 부동산 자산이므로 토지, 건물 재산세 등 각종 조세와 부담금이 있다.

건물자산의 운영관리에 있어서 〈표 1〉과 같은 건물조세와 〈표 2〉와 같은 부담금관리를 체계적으로 해야 하며 운영계획(관리예산 포함)과 현금흐름표상에 조세납부 후, 현금수지를 최종 산출해야 한다.

건물자산(부동산)관련 조세의 내역은 〈표 1〉과 같고, 건물자산(부동산)관련 부담금의 내역은 〈표 2〉와 같다.

조세와 부담금은 사회적 환경이나 경제적 사정에 따라 그리고 정부조세정책에 따라 변동될 수 있음을 참고하기 바란다.

〈표 1〉 건물자산(부동산)관련 조세

구 분	근거법과 부과기준	부담주체
종합토지세	지방세법 194조에 의거 토지가액의 0.2~5%를 부과	토지소유자
재산세	지방세법 182조에 의거 소유재산의 시가표준액의 0.3% 해당가액을 과세	건물소유자
도시계획세	지방세법 238조에 의거 도시계획사업에 필요한 비용을 충당하기 위하여 재산세 및 종합토지세 납부의무자에게 소유재산 시가표준액의 0.2% 과세	건물소유자
재산할 사업소세	지방세법 244조에 의거 환경개선/정비에 필요한 비용충당을 위하여 지역에 사업소를 둔 자에게 과세 (사업소 연면적 1㎡당 250원)	매년 7/1일 현재 사업소세 관리대장 등재 사업주
공동시설세	지방세법 239조에 의거 소방시설의 필요경비 충당을 위해 소유재산 시가표준액의 0.03% 과세	건물소유자
지역개발세	지방세법 253조에 의거 지하수를 이용하기 위해 채수된 물의 1㎥당 20원 과세	건물소유자
교육세	재산세/종합토지세액의 20%	건물소유자
인지세	재산의 권리 창설, 이전, 변경에 관한 문서작성시 부과되는 과세	문서작성자
간주임대부가세	부가세법 시행령에 의거 임대보증금에 일정 이자율을 곱해 계산한 간주임대료를 기준으로 부과	건물임대인

주) 정부조세정책에 따라 부과기준이 고정되지 아니하고 변경될 수 있음

〈표 2〉 건물자산(부동산)관련 부담금

구 분	근거법과 부과기준	부담주체
환경개선부담금 (대기/수질)	환경개선비용부담법에 따라 유통/소비과정에서 환경오염물질을 다량으로 배출하는 건물에 오염시킨 만큼의 복구비용 해당액을 부과	부과기준일 현재 시설물 소유자
과밀부담금	특정도시 과밀억제권역에 새로 들어선 일정규모 이상 업무/판매시설에 대해 사업비의 일정액에 대해 부과 (신/증축/용도변경 건축비의 10%)	건축주
교통유발부담금	국토해양부장관이 도시교통의 원활한 소통과 교통편의 증진을 위하여 도시교통정비지역 안에서 교통유발의 원인이 되는 시설물에 부과	부과기준일 현재 시설물 소유자

주) 정부정책에 따라 부과기준이 달라질 수 있음

(8) 재개발제도와 재건축제도 및 주거환경정비제도

건물의 경과연수로 노후화가 되거나 경제적 용도나 사용상의 문제가 있는 경우 건물의 재건축은 불가피하다. 건물의 재건축은 집합건물의소유및관리에관한법률에서 구체적으로 명시하고 있으며 도시및주거환경정비법에서 주거환경정비제도를 운영하여 재건축과 재개발의 운영상 문제를 보완하고 있다.

건물자산운영관리자는 관리대상 건물의 수익성이 악화되어 비경제적 운영구조를 갖는 경우, 지체 없이 관련 사정을 고려하고 관계법령을 검토하여 재개발 또는 재건축을 결정해야 한다.

(9) 시설관리 및 건축물클리닝 KS서비스 인증제도

KS서비스 인증제도는 국가(지식경제부, 기술표준원)가 제정한 산업합리화법에 따라 시설관리서비스와 건축물클리닝서비스를 KS규격에 따라 일정한 심사기준을 거쳐 국가인증제도로서 서비스의 품질향상과 생산성 제고, 소비자보호 및 공공의 안전성 확보로 기업의 가치를 높여주는 제도이다.

제10절 건물자산운영관리자의 직업윤리와 윤리적 자세

1. 운영관리자의 직업윤리

1) 직업윤리의 개념

일반적으로 윤리라 함은 사람이 지켜야 할 도리나 규범을 의미한다. 또한 윤리의 다른 의미는 옳은 행동과 옳지 않은 행동의 기준이라 할 수 있다. 건물자산운영관리는 타인의 자산에 대한 운영관리이므로 고도의 윤리성이 요구되는 직업이다.

따라서 건물자산운영관리자는 이와 같은 고도의 윤리성을 갖추고 건물자산운영관리에 임해야 한다. 즉, 건물자산운영관리자는 운영관리자 이전에 사람으로서 지켜야 할 도리나 규범을 반드시 지켜야 한다.

건물자산운영관리 대상물은 고가의 부동산이므로 운영관리자는 물론 임대인과 임차인 또는 매도인과 매수인에게도 윤리성이 요구된다. 건물자산운영관리자가 준수해야 할 윤리를 건물자산운영관리자 직업윤리라 하며, 평가사에게는 평가사 직업윤리, 중개업자에게는 중개업자윤리가 있다.

건물자산운영관리자에게 고도의 운영관리자윤리가 강조되는 것은 건물자산운영관리는 부동산관리의 일종으로서 사회성과 공공성이 크게 요구되기 때문이다. 뿐만 아니라 건물자산운영관리자는 전문직업인이므로 전문직업인으로서의 지켜야 할 규범이나 도리까지 준수해야 한다.

모든 전문직업인에게는 직업윤리가 있다. PM직업도 전문직업의 하나이고, 그 직업이 다루는 건물자산이나 건물자산운영관리활동은 높은 사회성 · 공공성(公共性)이 강조되고 있어서 운영관리업자에 대한 직업윤리도 매우 중요시되고 있다.

2) 건물자산운영관리 윤리의 유형

(1) 고용윤리

경영관리자가 그의 종업원으로 하여금 법률규정과 해당되는 윤리규정을 준수하도록 충분한 감독을 하여야 한다. 최고경영자 스스로도 윤리규정을 준수하여야 하는 것은 물론, 종업원의 건물자산운영관리 윤리 면에 관한 지식 및 일반적 교양지식을 향상시키기 위한 교육을 게을리하면 안 된다.

(2) 조직윤리

조직윤리란 동업자 또는 동업자단체가 지켜야 할 도리를 말한다.

① 동업자와의 관계

건물자산운영관리업자는 건물자산운영관리 윤리를 준수하지 않음으로써 동업자에게 불리한 결과를 입히지 않도록 노력하여야 한다.

② 동업자단체와의 관계

건물자산운영관리업자는 해당되는 동업자단체에 가입하여 동업자단체의 일원으로 단체의 목적 · 기능 · 지시사항에 성실하게 협력하여야 한다.

(3) 서비스윤리

서비스윤리는 건물자산운영관리 윤리의 중심을 이루는 것으로 운영관리업자와 의뢰인과의 관계를 규정한다. 주로 운영관리업자의 양심적이고 성실한 업무수행을 요구하는 것이 그 내용이 된다.

① 의뢰인의 이익옹호

의뢰인은 PM업자에게 서비스를 요구한 사람이므로 PM업자는 그의 이익옹호를 위해 선량한 관리자의 주의로서 업무를 처리해야 한다. 그 이익에는 금전적인 것은 물론, 비금전적인 것도 포함된다.

② 비의뢰인의 이익옹호

운영관리업자에게 직접 서비스를 의뢰하지는 않았으나 운영관리업자의 서비스에 따라서 어떤 건물자산운영관리 결정을 하려는 위치에 있는 사람의 이익도 사회적으로 옹호되어야 한다.

③ 운영관리업자의 사적 이해관계의 배제

운영관리업자가 이해관계를 갖는 건물자산운영관리가 업무의 대상이 되는 경우가 종종 있을 수 있다. 그러한 경우에 운영관리업자는 직접 · 간접의 사정을 불문하고 스스로의 이해관계를 배제하여 공정하게 그 업무를 취급하거나 업무의 수임을 거절해야 한다.

(4) 공중윤리

운영관리업자와 직접적인 의뢰관계 등의 업무관계가 없는 공중에 대해서도 전문직업인으로서의 직업윤리가 요구된다.

3) 규제방법

건물자산관리의 윤리적 수준향상을 위하여 행하는 윤리규제에는 다음 세 가지 유형이 있다.

(1) 법률적 규제

윤리규제는 원래 업자단체를 통해서 업자들 스스로가 행하는 것이 통상적인 방법이다. 그러나 정부기관이 법률의 규정을 통해서 직접 규제업무를 담당하는 경우도 있다. 이는 비교적 단기간에 윤리적 수준향상의 효과가 있다.

(2) 자율적 규제

업자의 비윤리적 행위를 업자단체의 손으로 규제하는 방법이다. 이 방법은 법률적 규제방법에서 살핀 단점이 배제되는 것 외에 상당히 세밀한 사항에 이르기까지도 규제를 행할 수 있다. 그러나 업자단체의 조직력 · 전문성 · 공공성 · 신뢰성 등 권위 면에서 우수한 단체가 육성되기까지에는 상당한 시일이 요구된다.

(3) 절충적 규제

법률적 규제와 자율적 규제에는 각각 장 · 단점이 있기 때문에 일정한 사항은 법률적 규제로, 다른 사항은 자율적 규제로 행하는 식의 절충식 방법을 쓸 수밖에 없는 경우도 있다. 이 경우에는 쌍방 간의 유기적인 협동이 필요하다.

2. 운영관리자의 윤리적 자세

건물자산운영관리자는 타인의 건물자산을 관리하는 사람이므로 전문직업인으로서 지켜야 할 도리나 규범을 성실히 이행하여야 한다.

건물자산운영관리자가 취해야 할 직업상의 윤리적 자세는 다음과 같아야 한다.

1) 성실하고 정직한 마음으로 타인의 건물자산운영관리업무에 충실해야 한다

건물자산운영관리는 타인의 자산관리이므로 건물자산소유자의 운영관리지침에 따라 성실한 태도와 정직한 마음으로 자산관리업무에 임해야 한다. 건물자산운영관리자가 임대에 관한 직무수행에 있어서 자기를 위한 업무집행이 되지 않도록 해야 하며, 감독자가 있을 때만 성실하게 업무를 수행하다가 감독관리자가 사라지면 불성실한 태도로 변하는 업무자세는 지양되어야 할 직업인의 자세라 판단된다.

다시 말하면 건물자산운영관리자는 전문직업인으로서 건물의 소유자를 속이거나 기만하지 말아야 하며 건물자산소유자의 유익을 위하여 자기 직업에 언제나 충실해야 한다.

2) 업무상 지득한 기밀이나 정보를 절대 누설 또는 악용하지 말아야 한다

건물자산과 같은 자산관리를 함에 있어서 업무상의 비밀을 알게 되는 경우에 건물자산운영관리자는 업무상 지득한 회사 기밀을 어떠한 경우에도 누설하거나 악용해서는 안 된다. 운영관리자는 한사람의 전문직업인으로서 의리가 있어야 하고, 불의하지 말아야 하기 때문이다.

3) 회사의 자산과 금전을 자신을 위하여 사용하지 말아야 한다

건물자산운영관리자가 자기의 직책과 업무를 이용하여 사리사욕을 채우거나 회사의 자산이나 금전을 사적인 용도로 활용하거나 이용하는 것은 직업인으로서 윤리에 반하는 행동이 된다. 직업윤리는 전문직업인으로서 지켜야 할 도리의 의미와 함께 옳은 행동과 잘못된 행동에 대한 도덕적 기준이기 때문에 회사의 자산이나 금전은 회사를 위하여 사용되어야 하고, 개인을 위하여 유용하는 것은 옳지 않은 행동이기 때문이다. 그러므로 건물자산운영관리자는 어떠한 경우라도 회사의 자산과 금전을 개인적 용도로 사용하거나 사취하지 말아야 한다.

4) 회사의 규칙이나 지침에 따라야 하며 옳지 않는 행동을 삼가야 한다

하나의 직업인은 직업을 수행하는 조직의 구성원이므로 소속된 조직의 규칙이나 지침에 순응하는 태도를 견지해야 한다.

회사가 제정한 규정이나 지침 등에서 요구하고 있는 것이 비록 사소한 것이라 하더라도 하나의 질서유지와 발전을 위해서, 그리고 경비절약을 위해서 반드시 따라야 하고, 요구하고 있는 규정을 실천하고 금지사항을 부작위 함으로써 조직구성원으로서의 책임을 다해야 한다.

예컨대, 회사의 규정에서 요구하고 있는 내용 중 정시간 출 · 퇴근, 지각조퇴 금지, 점심시간 엄수, 잦은 핑계로 결근하지 말 것 등은 반드시 지켜야 하며, 근무시간 중 개인적인 용무를 본다든지, 또는 회사전화를 개인적으로 사용하는 행동이나 회사비품을 집으로 가져가는 행위, 그리고 개인적인 식대나 경비를 회사비용으로 처리한 다든지, 출장 후 허위로 경비를 청구하는 행위 등도 마땅히 삼가야 할 비윤리적인 행동이라 판단된다.

비윤리적인 행동은 윤리의 기준으로 볼 때 옳지 않은 행위 등의 기준에 해당되므로 건물임대관리자는 윤리적인 행동(옳은 행동)만을 행해야 한다.

5) 고객으로부터 선물과 향응으로 인하여 회사의 정보를 제공하거나 손해를 끼치지 말아야 한다

건물자산운영관리자는 회사에 소속되어 회사를 위하여 회사업무를 담당하고 있으므로 언제나 회사의 이익을 위하여 노력하여야 한다.

거래 고객으로부터 선물을 받거나 고객이 베푸는 향응에 응하여 회사에 손해나 누를 끼치는 행위는 지극히 옳지 않은 행동에 해당되므로 매우 조심하고 삼가야 할 행위이다. 특히 건물자산운영관리자는 건물소유자와 임차인 사이에서 임차인 또는 매수인으로부터 여러 가지 형태로 유혹을 받는 경우가 있을 수 있으므로 언제나 건물자산소유자를 위하여 유혹에 넘어가지 않도록 마음가짐을 바르게 해야 한다.

6) 건물자산운영관리자는 신뢰받는 대리인으로 행동해야 한다

건물자산운영관리자는 건물자산소유자를 대신해서 건물자산을 관리하고 있으므로 주인의 입장에 서서 공정하고 정직하며 성실하게 임대업무를 처리함으로써 신뢰 있는 언행과 모습을 견지해야 한다. 건물자산운영관리자가 건물자산이해관계자로부터 신뢰를 잃으면 더 이상 건물자산운영관리자가 될 수 없기 때문이다.

건물자산운영관리자는 건물자산을 관리함에 있어서 전문적인 지식과 경험을 최대로 활용하고 문제를 스스로 해결하여 건물자산운영관리목적이 조기에 경제적인 방법으로 달성되도록 최선의 노력을 다해야 한다.

제 2 장

건물자산운영관리의 주체와 객체

제 1 절 건물자산운영관리 주체

건물자산운영관리란 건물자산운영관리주체와 운영관리조직이 건물자산운영관리 객체(건물자산)에 대하여 주어진 건물자산운영관리 수단(인적자원, 물적자원, 재무적 자원, 기술적 자원, 정보적 자원)을 효과적으로 배분, 활용하고 외부 건물자산운영관리 환경을 능동적으로 극복하여 경영성과와 관리성과 즉, 건물자산관리 효과를 최유효하게 창출(생산)하는 경영관리활동을 의미한다.

건물자산운영관리주체는 건물자산관리활동 3요소 중 하나로서 운영주체와 관리주체 및 그 하부조직인 운영관리조직과 그 조직의 구성원으로 결합되어 있다.

본 절에서는 운영관리주체 만을 설명하고 관리조직의 구성원은 다음 장인 제3장 건물자산의 운영관리수단(직접관리수단의 인적자원)편에서 후술하기로 한다.

1. 운영관리주체의 의의

건물자산운영관리주체라 함은 경영대상 또는 운영관리대상에 대하여 운영 관리할 수 있는 소유권이나 운영권 또는 관리권과 관리권한 있는 자로서 개인 · 단체 · 법인(국가 포함 등)을 의미한다. 즉, 관리대상건물의 소유권이나 경영권 또는 운영관리권을 가지고 경영객체와 관리객체를 법적으로 운영관리가 가능하고, 현실적으로 운영관리대상을 전면 지배하는 자를 말한다. 다시 말하면, 운영관리객체 전반에 걸쳐 건물자산운영관리를 위한 운영의사와 관리의사를 결정 · 지휘 · 감독 · 조정 · 통제 · 위임 · 계약 등 소유권이나 관리권을 직접 또는 간접적으로 행사할 수 있는 자를 의미한다.

건물자산운영관리주체는 건물자산관리객체, 건물자산관리수단 등의 건물자산관리활동 3요소 중 첫 번째에 해당하는 요소로서 인적 조직 중심으로 운영행위나 관리행위 및 운영관리작용을 하는 자를 말한다.

관리주체는 건물자산관리를 수행하기 위하여 하부조직인 건물자산운영조직과 관리조직을 두고 운영목표와 관리목표에 대한 운영관리계획에 따라 지휘 조정, 통제 등의 방법으로 운영관리하고 양질의 건물자산관리효과 창출의 중심위치에 있으며 종국적으로 운영관리결과에 대하여 책임을 지는 자이다.

2. 운영관리주체의 법적 근거

건물자산운영관리주체가 운영관리객체를 운영관리할 수 있는 법률적 바탕이나 권원을 운영관리주체의 법적 근거라 하는바 이와 같은 운영관리주체의 법적 근거에는 다음과 같은 다양한 근거들이 있다.

① 소유권(민법)
② 법률의 규정(국유재산법, 임대주택법, 건축법, 집합건물소유및관리에관한법률, 주택법 등)
③ 운영관리계약(민법, 채권법, 국가를당사자로하는계약에관한법률)
④ 운영권과 관리권위임(민법, 국유재산법)
⑤ 운영권 또는 관리 대리권 수여(민법)
⑥ 고용(근로기준법, 노동법)
⑦ 법원의 선임(민법)
⑧ 행정기관의 위탁(국유재산법)
⑨ 행정기관(총괄청 또는 관리청)의 지정(국유재산법, 시설물의안전관리에관한특별법)
⑩ 재산신탁계약 또는 재산위탁관리계약 등

3. 관리주체의 의무와 권한

건물자산운영관리주체는 건물자산운영관리를 위탁한 투자자나 건물소유자, 경영자 등에 대하여 다음과 같은 의무를 지며, 운영활동과 관리활동을 위하여 다음의 운영권한과 관리권한을 행사하게 된다.

1) 운영관리주체의 의무

건물운영관리주체의 의무란 관리대상 건물자산을 관리하고 있는 운영관리주체가 건물자산투자자나 건물소유자, 사용자에 대한 법적 또는 도의적 강제를 의미하며 의무내용은 대체로 다음과 같다.

그러나 다음의 의무는 소유자, 투자자 이외의 자가 관리주체가 되는 경우의 의무임을 참고하기 바란다.

① 양질의 건물관리서비스 창출의무
② 건물자산의 기능보전의무, 일상 점검 · 정비 의무, 원상회복의무, 보수 · 보강 · 개량 의무
③ 화재예방, 안전사고방지 등 재해방지의무
④ 투자자, 소유자 및 입주자 등의 생명 · 건강 · 재산 보호의무
⑤ 선량한 관리자의 주의의무
⑥ 건물자산의 사용, 수익, 이용에 관한 협조의무
⑦ 건물사용수익 방해 배제의무
⑧ 건물자산 수선의무
⑨ 건물자산운영관리에 관한 비밀유지의무
⑩ 업무상비밀 유지의무
⑪ 보고의무와 복종의무
⑫ 자기계약 금지의무
⑬ 쌍방대리 금지의무
⑭ 통지의 의무
⑮ 법정 이행의무 등

2) 운영관리주체의 권한

건물자산운영관리주체는 다음과 같은 3종류의 건물자산 관리권한을 가지고 있다.

① 무제한적 건물자산의 보존권
② 제한적 건물자산의 이용권
③ 제한적 건물자산의 개량권

보존권은 운영관리주체의 권한으로서 자유롭게 무제한적으로 행사가 가능하나 이용권과 개량권은 권리나 건물자산 상태의 변경이 없는 범위 내에서 제한적으로만 행사할 수 있다.

4. 건물자산운영관리주체의 종류와 특성

1) 건물자산운영관리주체의 종류

운영관리대상건물의 종류 · 성격 · 소유권 및 법률의 규정 등에 의하여 건물자산운영관리주체는 다음과 같이 분류된다.

(1) 공동주택의 운영관리주체

의무관리대상 공동주택은 주택법에 의하여 공동주택운영관리주체의 종류는 다음과 같이 분류된다.

① 자치관리기구의 대표자인 공동주택 관리소장
② 관리업무를 인계하기 전의 사업주체
③ 법 제43조 제1항에 의한 주택관리업체
④ 임대주택법 제2조 제4호에 의한 임대사업자

(2) 국유재산의 운영관리주체

국유재산관리기본법인 국유재산법에 따르면 국유재산의 운영관리주체는 다음과 같이 분류된다.

① 총괄청(기획재정부 장관)
② 고유관리청(중앙관서의 장) 또는 지정관리청(총괄청에 의하여 지정된 관리청)
③ 재산관리관 : 총괄청에 의해 재산관리를 위탁받은 관리청의 소속공무원
④ 분임재산관리관, 관리청으로부터 관리를 위탁받은 지방자치단체의 장 또는 소속공무원
⑤ 관리청에 의한 국유재산(보존재산, 행정재산)을 관리위탁 받은 국가기관 외의 자(위탁관리계약에 의한 한국자산관리공사 또는 한국토지공사와 건물자산관리전문회사)

(3) 1종시설물과 2종시설물의 운영관리주체

시설물의안전관리에관한특별법에 의하면 1종시설물과 2종시설물의 운영관리주체는 다음과 같다.

1종시설물과 2종시설물의 운영관리주체라 함은 관계법령에 의하여 해당 시설물의 관리자로 지정된 자 또는 시설물의 소유자를 의미한다. 또한 해당 시설물의 소유자와 관리계약을 체결하고 관리책임을 진 자도 관리주체로 본다. 1종시설물과 2종시설물의 관리주체에는 공공관리주체와 민간관리주체가 있다.

① 공공관리주체

- 국 가
- 지방자치단체
- 정부투자기관
- 지방공기업
- 한국공항공단
- 부산교통공단
- 한국콘테이너부두공단
- 농지개량조합(국토해양부)

② 민간관리주체

- 재산소유자(개인 · 단체 · 법인)
- 상기 ①항 재산소유자로부터 관리권을 위임받았거나 관리계약을 체결한 관리자(개인 · 단체 · 법인 · 조합)
- 공공관리주체로부터 관리위탁계약을 체결한 관리자(개인 · 단체 · 법인 · 조합)

(4) 집합건물의 운영관리주체

집합건물의소유및관리에관한법률에 의한 집합건물의 운영관리주체는 다음과 같다.

① 관리단

② 관리인

③ 상기 ①항과 ②항으로부터 관리계약 또는 관리위탁 받은 자(개인 · 단체 · 법인)

(5) 임대주택의 운영관리주체

임대주택법 적용 대상 임대주택의 운영관리주체는 다음과 같다.

① 임대주택사업자

② 상기 ①항으로부터 관리권을 계약 또는 위탁받은 주택관리업자

(6) 일반건물의 운영관리주체

건축법과 민법의 적용을 받는 민간소유 일반건물의 운영관리주체는 다음과 같다.

① 건물소유자
② 건물소유자로부터 관리권을 위임 또는 관리대리권을 수여받은 자(관리자, 경영자 대리인 등)
③ 상기 ①항과 ②항으로부터 관리 계약한 법인, 단체, 개인 또는 조합

2) 건물자산운영관리주체의 특성

건물자산운영관리주체의 특성이라 함은 건물자산운영관리주체가 가지고 있는 성질로서 고유하고 특별한 성질을 의미하는바 이에는 다음과 같은 특성이 있다.

① 운영관리주체가 되는 법적 근거에는 소유권, 위임, 법률의 규정, 관리계약, 위탁, 지정, 법원의 선임, 고용, 대리권 수여 등 관리권원 다양성의 특성이 있다.
② 운영관리주체는 건축법에 의한 건물의 용도분류(28가지 건축물용도)에 의한 건물의 성질이나 법률의 규정에 의하여 관리주체에는 법정관리주체와 임의관리주체 등의 상이성의 특성이 있다.
③ 운영관리주체의 종류에는 개인 · 조직 · 법인 · 회사 · 조합 · 단체 · 국가 등 관리 주체의 개별성과 단체성이 있다.
④ 법률의 규정이나 소유권 · 권한 등 권리능력이 없는 자는 관리의 주체가 될 수 없다. 따라서 권리능력 필요성의 특성이 있다.
⑤ 운영관리주체의 법적 지위의 취득은 소유권의 취득, 관리계약의 체결, 위임의 시기, 법률의 공포와 발효, 근로계약해결, 대리권 수여 등의 원인에 의하고 소유권의 이전, 관리계약기간 만료, 위임의 종기, 법률의 개정 또는 지위의 변동, 해고, 대리권 소멸 등으로 관리주체의 지위가 변동되는 특성이 있다.
⑥ 운영관리의 지위 취득은 권리와 권한으로 성립되고 권리는 소유권에 근거하나 권한은 법률의 규정, 위임, 계약, 고용, 대리권 지정, 위탁, 선임 등 권리와 권한의 양면성이 있다.

⑦ 운영관리주체의 지위는 항구적이 아니며 언제든지 변동될 수 있는 관리지위 한시성의 특성이 있다.

⑧ 의사능력(개인은 민법상 의사능력, 법인은 정관의 규정)과 행위능력이 없는 자(개인 · 단체 · 법인)는 관리주체가 될 수 없다. 따라서 의사능력이나 행위능력 필요성의 특성이 있다.

⑨ 관리규정, 관리법규, 관리계약 등에 의한 관리권 및 관리권 행사의 한계성이 있다. 따라서 관리권과 관리권한 한계성의 특성이 있다.

제 2 절 건물자산운영관리 객체

1. 운영관리객체의 의의

건물자산운영관리의 객체라 함은 건물자산운영관리의 대상을 의미하며 건물자산운영관리의 대상이란 건물자산관리의 목적물인 취득 중인 건물자산이나 보유 중인 건물자산 및 처분단계의 건물자산을 말한다. 따라서 건물자산운영관리자는 건물자산관리의 객체인 건물자산의 개념을 구체적으로 이해할 필요가 있다.

2. 건물자산의 의미와 용어적 개념

1) 건물자산의 의미

건물자산관리의 개념을 명료하고 확실하게 이해하기 위해서는 건물자산관리의 중심이 되는 건물자산(Building Asset)의 의미를 정확히 살펴볼 필요가 있다.

왜냐하면, 건물자산의 개념을 정확히 이해하지 않은 상태에서 자산을 운용하거나 운영관리할 경우 자칫 수리적 경제이익에만 편중될 우를 범할 수 있기 때문이다.

건물자산의 사전적 의미는 개인이나 단체가 소유하고 있는 유형, 무형의 경제적 가치가 있는 재산(Valued Property)을 의미하며 돈과 같이 값이 나가는 재화와 경제가치가 있는 권리 등을 의미한다. 따라서 건물자산이란 개인이나 단체가 소유하고 있는 건물로서 경제적 가치가 있는 유형, 무형의 재물이나 재화 또는 권리(재산권)를 의미한다.

건물을 건물자산으로 호칭하는 이유는 건물의 형태를 갖추고 있으나 권리상의 하자나 물건상의 하자 또는 행정상의 문제로 사용수익이 불가능하여 경제적 가치가 없어 재산으로서의 가치가 없는 건물이 존재하기 때문에 경제적 가치가 있는 재산으로서의 건물자산과 경제적 가치가 없는 건물자산과의 혼동을 피하기 위함이며 국내 자산시장에서 자산의 개념을 일반적으로 금융자산 또는 재무자산으로 이해하여 실물자산의 중심에 있는 건물을 자산의 범주에서 제외하는 모순을 더 이상 방치할 수 없을 뿐만 아니라 자산으로서 독립적 영역을 설정해둘 필요가 있기 때문이다.

건물자산의 호칭을 학문적으로 사용하는 또 다른 이유에는 건물의 유체적 물건성 때문에 건물을 오직 유지관리의 대상으로만 인식하고자 하는 건축공학적 인식의 오류가 아직도 일부의 건축학자와 시설관리업자 중심으로 팽배되어 있어 자산으로서의 건물의 위치를 공고히 할 필요가 있기 때문이다.

그러므로 경제적 측면에서 건물은 자산, 자본, 생산요소, 소비재, 상품, 자본재 등으로 인식하고 있으며 자산가치가 없는 건물은 건물자산으로서 평가할 수 없다.

따라서 건물자산 최유효 사용수익화의 과제를 안고 있는 건물자산관리학에서는 건물 뒤에 자산의 용어를 접미시켜 건물자산으로 호칭함으로써 자산개념의 건물로 인식하고 있으며 연구대상으로서의 건물을 물건성과 재산성 양면을 모두 경영관리의 개념으로 접근하여 사용가치와 교환가치를 함께 보존, 유지 및 극대화하는 이론체계와 경영관리 시스템으로 발전시키고 있다.

그러나 건물이 건물자산이 되기 위해서는 다음과 같은 건물자산의 요건을 충족해야 한다.

첫째, 공부상에 소유권이 등기, 등록된 것으로 개인이나 단체가 소유한 건물일 것

둘째, 경제적 가치가 있는 것으로서 경제적 자원성격의 건물일 것

셋째, 돈과 같이 값이 나가는 재화적 성격의 건물이고 현재 또는 미래에 효익제공이 가능한 건물일 것

넷째, 유형성과 무형성 재산의 총체로서 유체물과 무체물로 일체화된 건물일 것

다섯째, 독립되고 관리가 가능한 건물일 것

여섯째, 일정한 용도가 있는 건물로서 내구성과 안전성 및 편리성이 어느 정도 확보되어 사용수익이 가능한 건물일 것

일곱째, 권리상의 하자나 물건 상의 하자가 없어 사용 수익 상에 지장이 없는 건물이어야 하고 행정상 또는 관계법상 문제가 없는 건물일 것

여덟째, 화폐단위로 측정이 가능하고 화폐와 교환이 가능한 건물일 것

2) 건물자산의 용어적 개념

건물자산이라는 용어는 일반적으로 국내 학계에서 사용되는 용어는 아니었으나 저자가 건물자산관리의 학문적 체계화 연구를 시작하면서 연구대상 건물을 사람이 들어 살거나 일을 하거나 물건을 넣어두기 위하여 지은 집을 통틀어 이르는 말인 건축물에 개인이나 단체가 소유한 유형·무형의 경제적 가치가 있는 총체의 의미를 가지면서, 토지, 건물, 금전 따위 등 재산의 의미를 합하여 사용가치, 수익가치 그리고 교환가치를 복합적으로 가지고 있는 건물을 「건물자산」이라 1999년 처음으로 호칭하기 시작하였다.

법학에서는 자본이 될 수 있거나 채무의 담보가 될 수 있는 재산을 자산으로 정의하고 있으며 경제학에서는 부동산의 일종인 건물을 자산(資産), 자본, 생산요소, 소비재, 상품 등으로 설명하고 있다.

또한 건물자산의 의미는 복합부동산으로서 눈에 보이는 유체물인 협의의 건물개념에다 눈에 보이지 않는 재산권의 개념이 접목된 복합용어로서 경제적 가치가 있는 건물재산의 의미와 같으나 광의의 자산의미를 가지는 신조어라 할 수 있다.

건물자산 용어의 의미를 명확히 하고 확실히 이해하고자 하는 목적은 건물자산이 갖는 의미가 건물자산관리학 연구관점에 있어서나 우리의 삶과 생활과 일의 영위의 현장에서 그리고 건물자산관리의 실무 측면에서 연구의 중심이자 경제생활과 삶과 일의 터전이고 기반이며 자원이기 때문이다.

특히, 건물자산용어개념에 대한 정확한 인식과 이해는 건물자산운영관리의 연구범위와 내용 그리고 건물자산운영관리활동의 방향과 범위는 물론 내용을 결정하는 데 직접 영향을 주기 때문에 건물자산은 무엇이며 우리의 삶과 생활과 일에 어떤 관계와 영향을 주게 되며 이를 위한 건물자산운영관리활동은 어떻게 수행되고 이로 인한 양질의 건물자산운영관리서비스와 건물유익의 제공은 어떻게 이루어지는지 그리고 건물자산과 우리 인간과의 관계는 어떤 관계로서 상호작용하고 있는지와 건물자산을 합리적으로 관리하는 데 영향을 주는 외부환경과 법제도 및 내부자원들을 살펴봄으로써 건물자산운영관리 본래의 기능과 역할을 도모하는 데 유익하게 작용하게 된다.

결론적으로, 건물자산의 용어적 의미는 기술적 산물로서 물건개념의 재화적 성격에다 경제적 성격의 재산적 개념이 접목되어 건물자산이라는 새로운 의미를 갖는 신조어로서 건물자산관리학의 연구대상의 실체이고 건물자산운영관리의 중심으로서 경제적 기능과 사회적 역할을 담당하는 건물을 의미한다.

뿐만 아니라, 건물자산관리의 중심인 건물은 재화적 성격과 재산적 성격으로 인하여 물건성(재화성)과 재산성의 속성을 지니는 양면성의 재화이므로 사용측면에서는 내구소비재이나 수익측면에서는 경제재이자 생산재이고 삶과 생활 일의 생존 측면에서는 보금자리이자 터전이고 기반이며 인프라로서 경제적 가치가 있는 재산이라 할 수 있다. 따라서 건물은 금융자산의 상대적 개념인 실물자산의 일종이다.

건물 다음에 자산의 용어를 접목한 이유는 첫째, 자산의 개념을 일반적으로 금융자산으로 인식하고 있어 금융자산과 혼동을 피할 필요가 있고, 둘째, 건물이 비록 재화성(물건성)의 속성이 있는 물건이나 부동산의 일종으로서 교환가치와 사용가치만 있는 물건이 아닌 가치측면에서 그리고 용도측면과 문화측면에서 부동산의 속성과 혼동을 불식시킬 필요가 있어, 건물의 사회성과 공공성측면, 문화예술측면, 경제법률측면, 그리고 건축공학과 부동산학 측면 등을 모두 고려하여 건물자산으로 호칭하고 있다.

따라서 건물자산관리학은 부동산학의 일부가 아니며 건축 관련 공학의 인접 학문도 아닌 독자 연구 영역을 지닌 실용학문이자 종합응용과학의 성격을 가지고 있다.

다시 말하면, 건물자산관리학은 건물자산을 대상으로 건물자산관리의 문제와 활동, 현상을 연구하여 문제를 도출하고 문제개선의 대안의 추출을 학문적으로 연구하기 위하여 인접 학문인 부동산학, 법학, 경제학, 행정학, 재무학, 경영학, 건축 관련 공학 등의 이론을 차용하여 시스템화함으로써 이론체계를 구축하고 있다.

따라서 건물자산의 물건(부동산)속성과 재산속성을 자산개념에 용해하여 사용가치와 교환가치를 최대화하고 경제가치를 추구하면서 인간의 삶과 생활과 일의 영위에 건물의 사회성과 공공성, 문화성과 예술성의 가치를 더 높게 부여하고 있다.

전술한 건물자산의 개념을 바탕으로 건물자산의 개념을 보다 구체적으로 설명하면 다음과 같다.

건물자산은 첫째 건물은 건축물, 건축대지, 건축설비, 기타부대시설 등을 물리적 측면에서 부동산의 일종인 유체물로 인식하고 물적 실체(物的實體)로서 사용가치를 지니는 물건의 속성의 시설물로 파악하고 있으며 둘째, 건물 위에는 재산권의 일종인 소유권이 존재하여 사용, 수익, 처분 권능과 함께 사용가치와 교환가치 등을 지니고 있으므로 거래의 객체가 되거나 담보 기능도 함께 담당하고 있어 경제적 가치가 있는 재산으로 인식되고 있다.

이와 같이, 건물은 시설물로서의 일면과 재산으로서의 일면 등의 양면성이 존재하므로 경제적 가치가 있는 물건(부동산)으로서 특성을 지니고 있다.

건물자산운영관리는 건물자산을 운영관리대상으로 설정하고 사용가치와 교환가치를 높여 건물관리이해당사자 모두를 최유효 사용수익하도록 과학적으로 안내하는 실용영역이므로 시설물(물건) 속성의 완성된 건물은 물건운영관리대상으로 설정하고 운영관리개념으로 접근하여 최소의 유지관리비용으로 최대의 운영관리효용을 얻어 건물자산 최유효 사용화를 목적으로 설정하고 있다.

그러나 재산 속성의 건물은 건물자산으로 인식하고 운영 대상으로서 최적 건물자산의 취득, 합리적 처분을 통한 양도차익 실현과 건물임대소득 극대화를 경영목적으로 설정하고 건물자산 최유효 수익화를 목적으로 하고 있다.

이와 같은 물건 속성의 시설물과 재산 속성의 건물재산은 사용가치와 교환가치 및 사용권능, 수익권능, 처분권능을 가지는 이른바 경제가치를 지닌 재산이므로 건물자산관리학은 경제학과 부동산학 등의 이론을 차용하고 시스템화하여 건물을 건물자산으로 재해석하고 있다.

특히, 건물자산관리학은 건물자산의 현상과 문제 및 문제개선을 위한 활동 등을 연구하는 종합응용과학으로서 건물자산관리의 현상을 관찰하고 문제를 분석하여 학문적 방법으로 문제의 원인을 찾아내어 건물자산관리활동을 통하여 최적대안(optimal solution)을 제시함으로써 건물자산관리학의 주제인 건물자산으로 하여금 최유효 사용수익화하는 이론이자 실무이므로 실용학문인 동시에 응용과학이라 할 수 있다.

뿐만 아니라, 건물자산은 건물자산의 취득, 보유 및 운영관리, 처분 등 전체 단계를 건물자산관리 연구 범위에 포함하고 있으므로 건물자산관리의 개념화에 가장 중요한 요소로서 작용하고 기여하고 있는 핵심어라 할 수 있다.

건물자산관리학이 연구대상으로 상정하고 있는 건물자산의 범주에는 주거용 건물, 상업용 건물, 공업용 건물(산업용 건물 포함), 문교사회용 건물, 기타 용도건물 등으로서 구체적인 내용은 후술하는 건물자산의 분류, 건물자산의 현황과 자산가치 편에서 설명하고자 한다.

이상과 같은 자산개념의 인식을 바탕으로 바람직한 건물자산운영관리 활동을 통하여 건물자산운영관리의 목표와 목적을 가장 합리적 방법으로 달성하려면 건물자산을 개념화하고 정의하여 명확하게 이해할 필요가 있다.

따라서 건물자산의 개념을 여러 각도에서 다시 접근하여 다시 조명하면 다음과 같은 의미로 이해할 수 있다.

첫째, 건물자산은 부동산으로서 건물만의 개념이 아니면서 또한 재산의미만의 건물개념이 아닌 독립된 개념으로서 건물자산의 의미만 가지고 있다.

둘째, 건물자산은 금융자산에 대한 상대적 자산개념으로서 경제적 가치에 무게를 두되 사용가치에 더 큰 무게를 두어 수익가치보다 사용가치에 더 큰 비중을 두고 경제적 만족에 앞서 생활의 만족을 강력히 추구하는 이른바 경제보다 인간생활 중심의 자산개념을 담고 있다.

셋째, 건물자산은 부동산의 일종이긴 한 토지의 정착물의 개념이 아닌 제3의 부동산 개념을 가지고 있으며 건물자산의 건축에 사용된 토지(건축대지)는 완성된 건물자산의 일부로서 복합부동산의 의미를 가지며 전체적으로 건물자산의 개념에 통합되어 건물자산은 토지나 건물개념 위에 존재하는 상위개념으로서 인식되고 있다.

넷째, 건물자산은 복합부동산(Compound property)을 의미하나 주물개념의 건물과 종부개념의 건축대지를 합한 제3의 부동산 자산개념을 가지고 있다. 따라서 건물자산은 신개념의 부동산자산개념이라 할 수 있다. 향후 토지 중심의 부동산학보다 건물자산 중심의 건물자산관리학이 보다 실용학문으로서 학문적 가치가 높게 평가될 것으로 전망된다.

3) 건물자산의 복합개념

건물은 복합개념 측면의 건물자산으로 이해해야 한다. 왜냐하면 건물자산의 특성이나 업무와 관리의 대상에는 기술성, 법률성, 행정성, 경제성, 환경성, 위험성 등의 제요인들이 건물자산에 내재되어 있거나 에워싸고 있으며 건물자산은 이와 같은 요인과 직간접적으로 밀접한 관련을 맺고 있기 때문이다. 따라서 건물자산은 복수요인에 의한 복합개념의 실물자산이라 할 수 있다.

따라서 건물자산을 기술적 개념, 법률적 개념, 경제적 개념, 행정적 개념, 환경적 개념 그리고 위험적 개념 등의 복합개념을 가지고 있다. 따라서 건물자산관리는 최광의 관리개념을 바탕으로 관리해야 한다.

그러므로 건물자산은 토지부동산과 달리 기술, 법률, 경제 개념과 함께 행정, 환경,

위험개념이 추가적 요인으로 존재하므로 건물자산의 개념은 기술, 법률, 경제, 행정, 환경, 위험 등의 6대 측면에서 설명하고 이해하여 운영관리함이 타당하다.

저자는 이를 건물자산 복합개념의 6 측면으로 호칭하고 건물자산을 6대 복합성의 실체로 인식하고 있다.

건물자산의 복합개념을 구체적으로 도식화하면 [그림 15]와 같다.

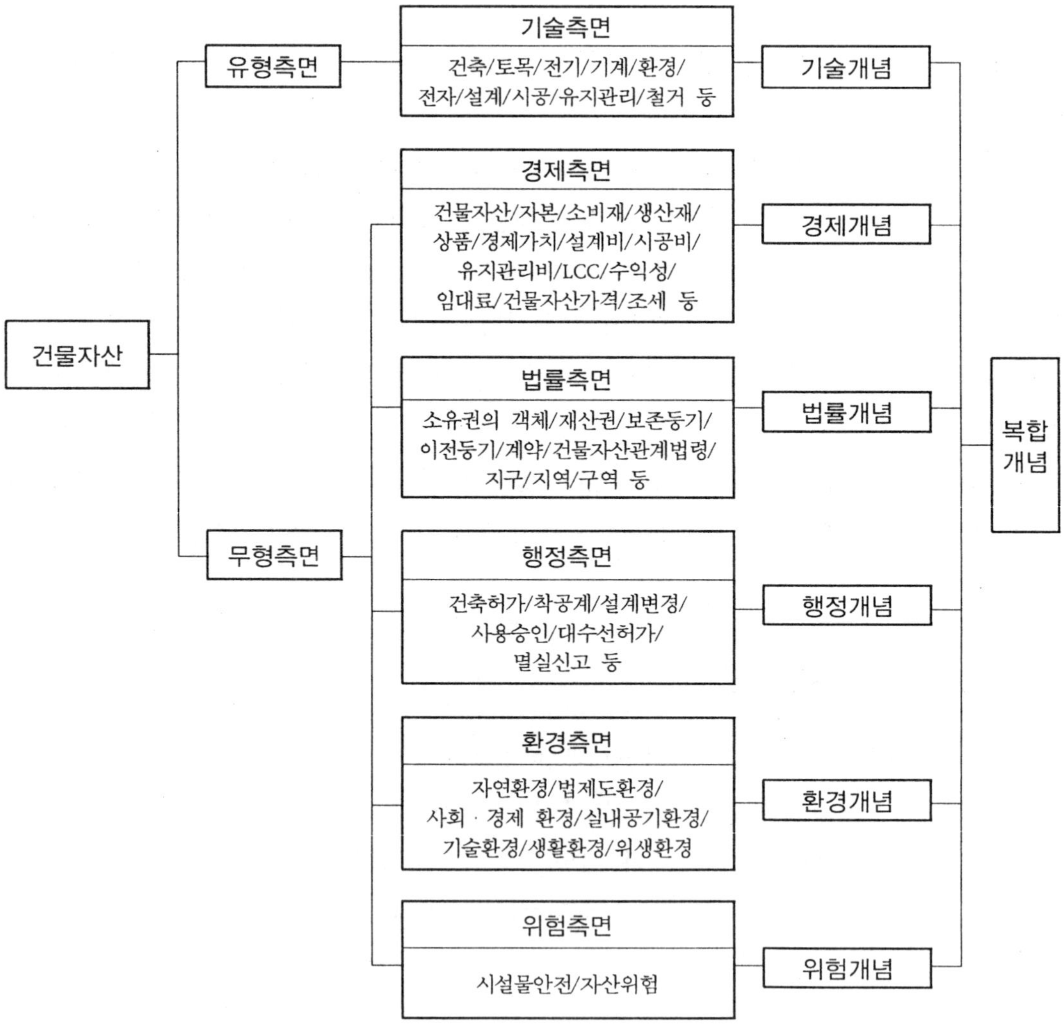

[그림 15] 건물자산의 복합개념

(1) 기술측면의 건물자산개념

건물은 기술과 자본과 노동력의 결합으로 생산된 건설물이다. 따라서 건축학, 토목공학, 기계공학, 전기공학, 환경공학, 전자공학, 통신공학 등의 건축학과 건축 관련공학의 결과물이자 기술과 종합과학의 생산물이다.

따라서 건물은 기술적 유체물로서 공간을 구축하고 위치를 가지며 기능과 성능을 통하여 사용되고 수익되는 건축물이다.

설계/시공/관리/철거라는 건물의 일생 전체가 기술성이 지배하고 있다. 따라서 기술측면에서 건물을 이해하는 것이 건물자산 이해의 첫 관문이 된다.

(2) 경제측면의 건물자산개념

건물의 경제학적 개념은 자산, 자본, 소비재, 상품, 자본재의 의미로 해석되며 자본과 기술과 노동력의 결합으로 생산된 건설물이다.

따라서 경제측면에서 설계비, 시공비, 유지관리비, 공시지가, 건축기준가, 수익성, 효율성 등과 건물자산의 수요와 공급, 건물자산관리시장, LCC, 건물자산의 가치와 가격 등의 경제성이 건물전체의 운영관리 요인으로 작용하고 있으며 영향을 미치고 있다.

(3) 법률측면의 건물자산개념

소유권의 객체로서 재산권, 보존등기, 이전등기, 계약, 건축법, 주택법, 도시계획법, 시설물안전관리에관한특별법 등의 적용되는 대상이며, 건물자산공법의 지역지구제, 제한용도, 사용제한 등의 요인들이 건물자산전체에 작용하고 있다.

따라서 건물자산의 개념은 법률개념 없이는 이해가 어렵다. 그러므로 법률측면에서 건물자산을 이해함이 필요하다.

(4) 행정측면의 건물자산개념

건물의 일생 동안 건축허가, 착공계, 설계변경, 중간검사, 사용승인, 대수선허가, 멸실신고 등 크고 작은 행정개념이 접목되어 착공되고 시공되어 사용수익이 가능한 건물자산으로 탄생된다.

따라서 행정측면에서 건물자산을 파악하고 이해해야 한다. 왜냐하면 건물은 행정의 산물이기 때문이다.

(5) 환경측면의 건물자산개념

건물자산은 외부환경과 내부환경을 가지고 있다. 따라서 자연환경, 법 · 제도환경, 생활환경, 사회 · 경제환경, 기술환경, 위생환경, 실내공기환경 등을 설계 시에 고려하여 설계하고 있으며 시공과 유지관리 등에 환경개념이 반영되고 있다.

특히, 자연환경 중 토지, 지질, 지형, 지반, 지대, 기상조건, 기후조건, 공기상태, 바람의 세기 등에 의하여 건물자산은 자연환경의 영향을 크게 받게 되므로 결국 건물은 환경개념 측면에서 건물자산개념을 이해할 필요가 있다.

(6) 위험측면의 건물자산개념

건축물의 설계 시 건물 안전을 충분히 고려하여 구조를 계산하고 시설물의 위험을 최소화하기 위하여 방화구조, 하중계산, 구조안전계산의 기초 위에 건축설계와 시공을 하게 된다.

따라서 건축물은 시설물의 안전성 고려가 충분히 반영된 시설물이라 할 수 있다. 뿐만 아니라, 건물은 자산이므로 자산위험이 항상 잠재하고 있다.

따라서 시설물의 안전과 자산위험(Facilities Safety and Asset Risk)의 개념 없이는 건물자산을 이해할 수 없다.

또한 건물 내에 장착된 설비 중에는 보일러, 엘리베이터, 고압수변전 전기설비, 가스사용시설 등의 위험시설이 있으며 화재, 안전사고 예방과 관리를 위한 방재실장과 안전관리자, 방화관리자가 24시간 교대로 근무하고 있을 뿐만 아니라 운영관리 예산에 별도의 안전관리비가 책정되어 운영관리실행예산에 반영되고 있다.

따라서 건물자산을 위험측면에서 파악하지 않는 한 건물자산의 기능과 역할은 기대할 수 없다. 그러므로 건물자산운영관리의 목표는 위험의 최소화와 수익의 극대화를 최고의 운영관리 목표로 설정하고 있다. 따라서 건물자산을 정확히 이해하기 위해서는 건물자산을 에워싸고 있는 전체 복합개념을 토대로 이해함이 현명하다.

다시 말하면, 하나의 단순 개념만으로 건물자산을 이해하는 경우 건물자산 실체의 전부를 이해하기란 불가능하며 제 요인들을 복합적으로 고려하여 전체 복합개념을 토대로 건물자산을 인식함이 타당하다.

이를 건물자산의 복합개념이라 한다. 건물자산은 눈에 보이는 유형측면과 눈에 보이지 않는 무형측면이 있으며 무형측면은 주로 자산위험으로서 관념성이 강하고 유형측면은 시설물위험으로서 구체성이 강하다. 부동산학을 학문으로 개척한 김영진 교수는 건물을 포함한 토지 부동산을 기술, 경제, 법률의 복합개념측면에서 설명하고 있으며 이를 복합개념 3대 측면으로 호칭하고 있다.

3. 운영관리객체 건물자산의 분류

건물자산의 분류는 크게 건축법에 의한 28종의 용도분류와 국토해양부 건설교통통계연보의 용도분류기준에 의하여 5종의 용도로 건물자산을 분류할 수 있다.

건물자산 운영관리객체인 건물자산은 건설통계교통연보에 의한 용도분류기준을 채택하고 있으므로 이에 따라 운영관리객체 건물자산을 대분류하면 [그림 16]과 같다.

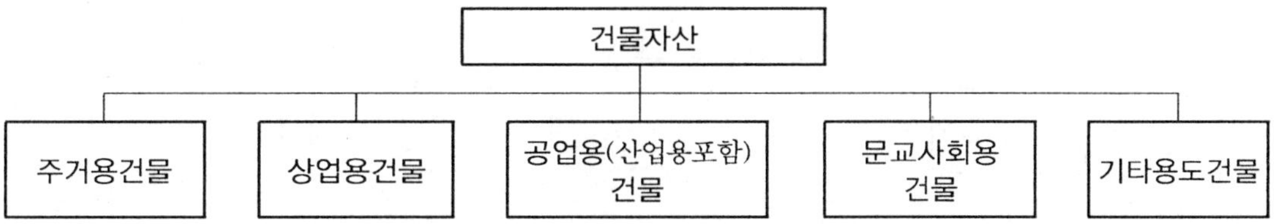

[그림 16] 관리객체 건물자산의 대분류

1) 주거용건물

주거용건물이란 주거를 목적으로 건축되고 사용 수익되는 건물을 의미한다. 다시 말하면 인간이 삶과 생활을 영위하기 위한 공간을 의미하며, 이를 위한 주택이나 비주거용 건물 내의 주거용도로 개조되었거나 주거용도로 사용되고 있는 건물을 말한다.

여기서 의미하는 주택의 개념을 주택법상의 용어 정의에 따라 설명하면 다음과 같다. 주택이란 세대의 세대원이 장기간 독립된 주거생활을 영위할 수 있는 구조로 된 건축물의 전부나 일부 및 그 부속 토지를 의미한다. 이에는 단독주택과 공동주택 등이 있다(주택법 제2조 제2항). 또한 주택이란 한 가구가 살 수 있도록 지어진 집으로서 일정한 요건을 갖춘 단독주택, 아파트, 연립주택, 비주거용 건물 내에서의 주택을 말한다(인구 및 주택센서스 보고서). 그러므로 주거용건물이란 자연적 피해(더위나 추위, 비나 눈, 바람, 천둥 등)와 외부의 침입위험으로부터 안전하게 삶을 유지할 수 있는 거처로서 독립된 생활을 할 수 있도록 건축된 건축물을 의미한다.

(1) 단독주택

주택의 분류 중 단독주택의 의미는 한 가구의 세대가 한 건물에 독립적으로 살 수 있도록 건축된 주택을 의미한다. 독립주택이라고도 하며, 주거용건물의 기본형태라 할 수 있다. 이에는 단독주택, 다가구주택, 다중주택 등이 있다(건축법시행령 제 3조의4).

이에 반하여 공동주택은 건축물의 벽 · 복도 · 계단 그 밖의 설비 등의 전부 또는 일부를 공동으로 사용하는 각 세대가 하나의 건축물 안에서 각각 독립된 주거생활을 할 수 있는 구조로 된 주택을 말한다(주택법 제2조 제2항). 집단건물이라고도 한다. 이에는 아파트, 연립주택, 다세대주택, 기숙사 등이 있다.

건축법과 동시행령 및 주택법시행령(제2조)에서 분류한 단독주택과 공동주택을 세분하면 [그림 17]과 같다.

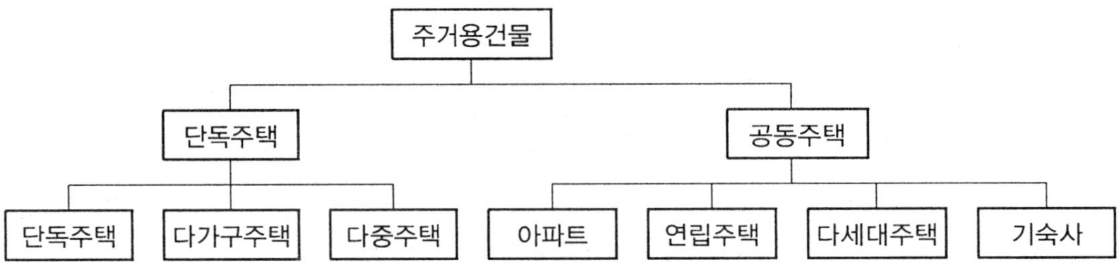

[그림 17] 주거용건물의 소분류

이상에서 분류한 주택의 개념을 요약하면 다음과 같다.

① 단독주택

한 세대가 한 건물에 독립적으로 살도록 건축된 주택을 말한다.

② 다가구주택

한 동의 건물 안에 여러 세대가 주거생활을 할 수 있도록 건축된 건물로서 기능적으로 독립되고 구조적으로 공동주택이나 관계법상 단독주택으로 분류된 주택을 의미한다.

연면적이 660㎡ 이하의 도시형 주택으로서 주택정책에 의하여 개발되고 보급된 공동주거 형태의 주택이다.

건축법시행령의 유권해석에 의하면 다가구주택이란 다음의 주택을 의미한다.

즉, 다가구주택이란 다음의 요건 모두를 갖춘 주택으로서 공동주택에 해당하지 않는 주택을 의미한다.

- 주택으로 쓰이는 층수가 3층 이하일 것(지하층 제외 및 1층은 피로티 구조로 주차장으로 사용하는 경우, 피로티 부분은 층수에서 제외)
- 1개층의 주거면적의 합계가 660㎡ 이하일 것 (지하주차장 면적 제외)
- 19세대 이하가 거주할 수 있을 것

③ 다중주택

대학의 기숙사와 같이 다중이 한 건물에 모여 살 수 있도록 건축된 건물을 말한다. 즉, 학생·직장인 등 다수인이 장기간 거주할 수 있는 구조로 되어 있는 것으로서 독립된 주거의 형태가 아닌 주택으로 연면적이 330㎡ 이하 3층 주택을 말한다.

(2) 공동주택

① 아파트

아파트란 Apartment House의 준말로 공동주택의 대표적 집합건물이다. 1동의 주택건물에 여러 세대가 기능적으로, 그리고 구조적으로 독립해서 주거가 가능한 공동주택의 일종이다. 공동주택으로서 5층 이상의 집합건물을 의미한다. 구분소유권이 인정되는 주택이다.

② 연립주택

공동주택의 일종으로서 연면적이 660㎡를 초과하고 4층 이하인 주택으로서 2세대 이상이 거주할 수 있는 공동주택을 말한다. 구분소유자 건물로 각 세대가 독립적으로 소유권 등기가 가능하다.

③ 다세대주택

주택으로 쓰이는 1개 동의 연면적(지하주차장 제외)이 660㎡ 이하이고 층수가 4개층 이하인 공동주택을 말한다.

2) 상업용건물

상업용건물이란 판매나 서비스 제공을 통하여 수익이 발생되는 건물을 말한다. 상업용건물을 대별하면 사무실용도 건물과 판매용도 건물로 분류되며 상용건물을 그림으로 정리하면 [그림 18]과 같다.

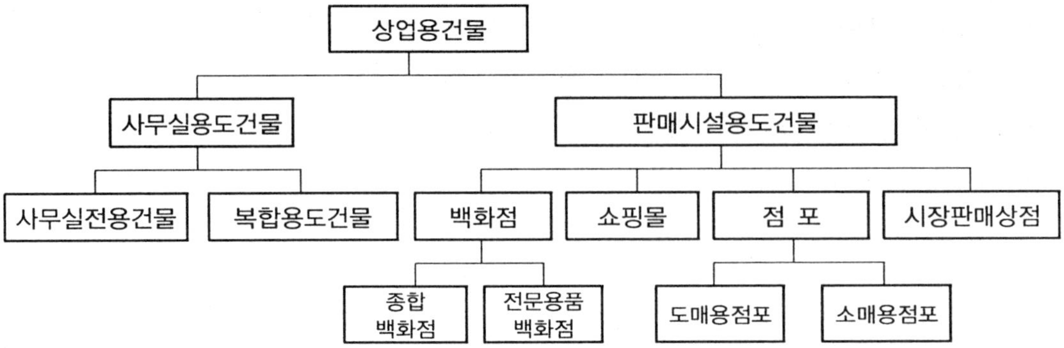

[그림 18] 상업용건물의 소분류

3) 공업(산업)용건물

공업(산업)용건물이란 생산 · 유통 · 보관 등에 사용되는 건물로서 이를 분류하면 [그림 19]와 같다.

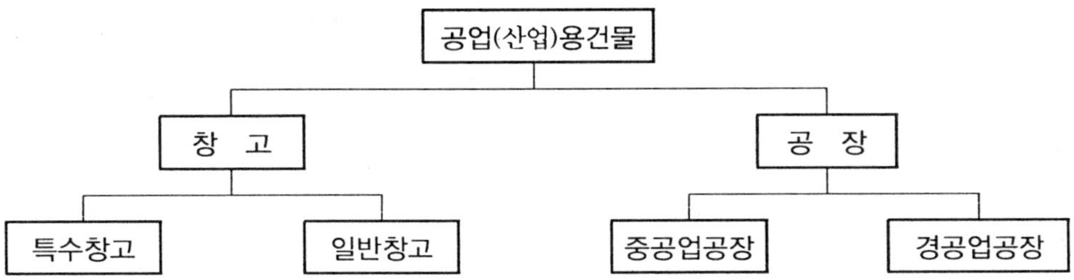

[그림 19] 공업용(산업용포함)건물의 소분류

4) 문교사회용건물

문교사회용 건물은 학교, 연구소, 복지, 병원, 공공건물 등 교육과 연구, 사회치료, 공공등의 용도로 사용되는 건물들을 의미하며 이를 분류하면 [그림 20]과 같다.

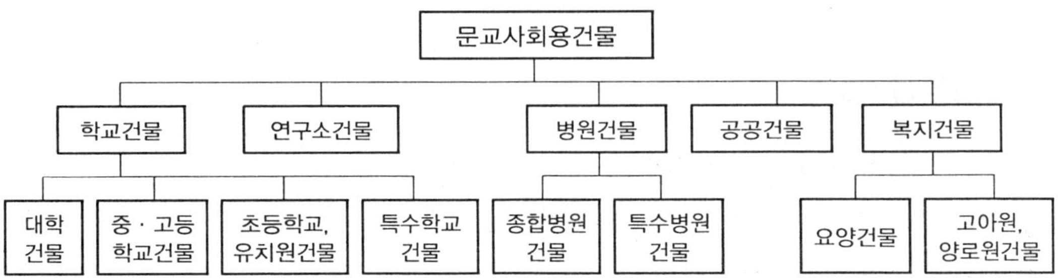

[그림 20] 문교사회용건물의 소분류

5) 기타 용도건물

기타 특수한 용도에 사용하기 위하여 건축된 건물로서 호텔, 콘도미니엄, 오피스텔, 전시실 건물, 농수산 건물 등을 말하며 이를 분류하면 [그림 21]과 같다.

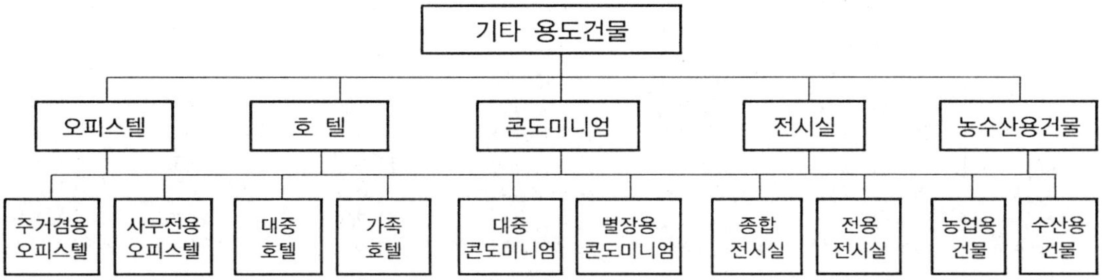

[그림 21] 기타 용도건물의 소분류

4. 건물자산의 분포현황

2010년도 12월 31일 현재 전국의 국토해양부 통계자료에 따라 용도별/면적별/층수별/소유구분별 건물자산 분포현황을 살펴보면 〈표 3〉, 〈표 4〉, 〈표 5〉, 그리고 〈표 6〉과 같다.

전국의 건물자산 용도별 동수(Status of Buildings by use)는 2010년 12월 31일 현재 6,676,518동으로 나타나고 있으며 전국 용도별 건물자산 동수 현황은 다음과 같다.

1) 용도별 전국 건물자산의 분포현황

단독주택과 공동주택으로 구성된 주거용 건물(dwellings)의 동수는 무려 4,485,849동으로서 전체 동수 대비 67.2%를 점하고 있다.

상업용 건물(commercial)은 주거용 건물 다음의 1,129,302동으로 집계되고 있어 전체 건물 동수 대비 16.9%를 차지하고 있다. 그리고 주거용 건물과 상업용 건물 다음으로 가장 많은 동수를 보유하고 있는 기타용도 건물(others)은 637,034동으로 조사되고 있으며 공업용 건물(factory)은 전체 대비 3.8%에 불과한 250,416동의 분포를 보이고 있다. 또한 문교사회용 건물(educational social)은 173,917동으로서 겨우 2.6%를 차지하고 있다.

이상에서 설명한 용도별 전국 건물자산 현황을 표로 정리하면 〈표 3〉과 같다.

〈표 3〉 용도별 전국 건물자산의 분포현황

(단위 : 동)

구 분	계 Total	주거용 Dwellings	상업용 Commercial	공업용 Factory	문교사회용 Eudcational Social	기타 Others
합 계 Total	6,676,518 100.0%	4,485,849 67.2%	1,129,302 16.9%	250,416 3.8%	173,917 2.6%	637,034 9.5%
서 울 Seoul	656,931 549,707,138	494,604 339,426,237	140,987 151,745,097	3,224 9,600,746	14,418 43,951,278	3,698 4,983,780
부 산 Busan	384,263 211,167,498	278,043 127,236,858	66,494 44,421,915	13,337 15,019,646	8,469 16,148,501	17,920 8,340,578
대 구 Daegu	252,832 153,650,737	178,321 88,696,186	49,462 26,968,409	11,686 15,100,642	5,856 19,351,896	7,507 3,533,605
인 천 Incheon	211,494 149,461,969	137,628 82,526,643	47,354 33,357,528	12,268 17,521,994	5,279 11,435,990	8,965 4,619,814
광 주 Gwangju	138,220 91,434,644	100,207 57,914,420	28,906 17,281,011	2,887 6,183,056	3,336 8,520,564	2,884 1,535,593
대 전 Daejeon	129,955 100,680,318	94,420 54,089,569	24,999 18,415,707	2,451 6,728,490	4,266 19,186,393	3,819 2,260,159
울 산 Ulsan	126,268 79,213,548	75,139 35,522,754	26,395 13,021,456	12,324 22,325,402	3,612 5,135,149	8,798 3,208,786
경 기 Gyeonggi	1,012,975 731,117,760	579,863 388,545,149	203,659 128,670,480	79,089 98,005,301	29,888 65,677,439	120,476 50,219,391
강 원 Gangwon	366,761 117,343,414	247,618 53,351,905	61,091 23,171,505	5,496 5,503,808	11,833 11,325,865	40,723 23,990,330
충 북 Chungbuk	348,788 158,891,233	231,362 57,120,841	53,106 19,440,618	13,396 22,348,943	9,587 48,276,300	41,337 11,704,530
충 남 Chungnam	498,011 160,166,152	322,216 71,904,603	72,767 25,781,408	18,318 25,161,278	13,641 14,547,678	71,069 22,771,185
전 북 Jeonbuk	409,254 144,977,532	266,638 62,102,170	67,046 24,131,446	9,999 27,580,600	12,778 14,616,895	52,793 16,546,420
전 남 Jeonnam	593,863 140,655,115	418,769 69,115,940	78,573 21,770,801	14,975 14,646,888	14,244 12,386,024	67,302 22,735,462
경 북 Gyeongbuk	740,652 202,433,298	508,514 90,060,572	96,309 29,652,230	26,691 39,167,845	19,815 17,531,371	89,323 26,021,281
경 남 Gyeongnam	660,422 238,407,940	471,196 125,946,015	94,268 41,768,400	23,398 34,939,561	13,690 17,654,385	57,870 18,099,579
제 주 Jeju	145,829 33,776,196	81,311 13,820,894	17,886 7,508,440	877 756,550	3,205 3,853,993	42,550 7,836,320

주) 수록된 수치는 '10. 12월말 기준으로 '11년에 조사한 자료임. 기타용도는 공공용, 농수산용 등임.
(자료출처 : 국토해양부, 국토정책국, 도시정책관, 건축기획과, 2010.)

2) 면적별 전국 건물자산의 분포현황

전국 건물자산 현황 중 100㎡ 미만의 건물 동수가 무려 3,232,586동으로서 전체 대비 48.4%를 점하고 있어 전국 건물 동수 중 약 2분지 1이 소규모 건물임을 알 수 있다.

〈표 4〉 면적별 전국 건물자산의 분포현황

(단위 : 동)

구 분	계	1백m^2미만	1백m^2~ 2백m^2미만	2백m^2~ 3백m^2미만	3백m^2~ 5백m^2미만	5백m^2~ 1천m^2미만	1천m^2~ 3천m^2미만	3천m^2~ 1만m^2미만	1만m^2 이상
합 계 Total	6,676,518 100.0%	3,232,586 48.4%	1,547,111 23.2%	495,640 7.4%	611,430 9.2%	407,811 6.1%	218,836 3.3%	120,011 1.8%	43,093 0.6%
서 울 Seoul	656,931	150,584	167,706	111,097	92,537	75,462	33,124	18,004	8,417
부 산 Busan	384,263	184,801	103,717	21,076	28,223	23,062	13,094	6,808	3,482
대 구 Daegu	252,832	85,891	78,658	21,970	31,476	17,896	9,336	5,234	2,371
인 천 Incheon	211,494	73,336	42,713	20,672	31,095	23,846	10,733	6,807	2,292
광 주 Gwangju	138,220	53,612	46,216	7,897	12,792	7,133	5,071	3,695	1,804
대 전 Daejeon	129,955	44,091	36,894	9,460	18,013	10,756	5,322	3,811	1,608
울 산 Ulsan	126,268	50,691	33,315	9,681	14,054	9,149	5,234	2,869	1,275
경 기 Gyeonggi	1,012,975	307,687	274,624	100,728	144,020	96,621	45,988	32,661	10,646
강 원 Gangwon	366,761	218,660	75,199	20,833	25,375	13,114	8,578	3,975	1,027
충 북 Chungbuk	348,788	187,814	82,873	21,760	26,709	14,489	9,401	4,546	1,196
충 남 Chungnam	498,011	291,449	105,111	25,867	33,163	21,948	12,830	6,000	1,643
전 북 Jeonbuk	409,254	240,102	86,618	20,879	27,638	16,832	11,193	4,420	1,572
전 남 Jeonnam	593,863	397,184	111,551	23,545	28,432	16,554	11,377	4,075	1,145
경 북 Gyeongbuk	740,652	460,392	141,973	35,915	46,782	30,083	16,949	6,556	2,002
경 남 Gyeongnam	660,422	396,791	130,426	36,922	42,270	24,886	17,390	9,283	2,454
제 주 Jeju	145,829	89,501	29,517	7,338	8,851	5,980	3,216	1,267	159

주) 수록된 수치는 '10. 06월말 기준으로 '10년에 조사한 자료임. 기타는 세움터 상 연면적란이 미기록 혹은 기록오기임.

(자료출처 : 국토해양부, 국토정책국, 도시정책관, 건축기획과, 2010.)

이와는 대조적으로 1만m^2 이상의 중대형 건물의 수는 불과 43,093동으로서 전체 대비 0.6%에 불과하다.

면적별 전국 건물자산 현황(Status of Buildings by Dimension)은 〈표 4〉와 같다.

3) 층수별 전국 건물자산의 분포현황

층수별 전국 건물자산의 현황(Status of Buildings by Floor) 중 1층 규모의 건물이 무려 4,265,431동으로서 전체 대비 무려 63.9%로 집계되고 있어 우리나라 총 건물 동수 중 대종을 이루고 있으며 2층에서 4층 사이의 건물 동수는 2,113,762동으로서 31.7%를 점하고 있어 4층 이하의 건물 동수가 무려 95.6%를 차지하고 있다.

전문적 관리를 요하는 5층 건물의 동수는 125,642(1.9%), 6층에서 10층 규모의 건물 동수는 58,471(0.9%), 11층에서 20층 사이의 건물 동수는 70,049(1.0%) 그리고 21층에서 30층 규모의 건물은 불과 12,285(0.2%)에 지나지 않으며 초고층에 해당되는 31층

〈표 5〉 층수별 전국 건물자산의 분포현황

(단위 : 동)

구분	계(Total)	1층	2~4층	5층	6~10층	11~20층	21~30층	31층 이상	기타
합 계 Total	6,676,518 100.0%	4,265,431 63.9%	2,113,762 31.7%	125,642 1.9%	58,471 0.9%	70,049 1.0%	12,285 0.2%	753 0.0%	30,125 0.5%
서 울 Seoul	656,931	151,902	424,150	45,434	19,034	12,571	2,849	217	774
부 산 Busan	384,263	172,053	188,756	10,953	5,786	3,498	1,894	163	1,160
대 구 Daegu	252,832	96,818	143,592	5,538	1,944	3,312	576	57	995
인 천 Incheon	211,494	91,660	102,514	9,189	3,326	3,422	891	69	423
광 주 Gwangju	138,220	62,856	67,479	2,872	1,397	2,841	275	-	500
대 전 Daejeon	129,955	53,987	68,180	2,532	1,738	2,516	422	17	563
울 산 Ulsan	126,268	65,894	53,720	2,339	1,676	1,512	323	14	790
경 기 Gyeonggi	1,012,975	553,838	393,439	21,845	10,239	20,553	3,690	145	9,226
강 원 Gangwon	366,761	278,849	80,013	2,960	1,445	2,298	60	-	1,136
충 북 Chungbuk	348,788	266,156	75,622	2,410	1,322	2,279	90	13	896
충 남 Chungnam	498,011	406,695	79,706	3,052	1,640	3,051	207	14	3,646
전 북 Jeonbuk	409,254	334,226	66,548	2,725	1,182	2,601	47	-	1,925
전 남 Jeonnam	593,863	516,359	68,957	2,177	1,372	2,111	81	2	2,804
경 북 Gyeongbuk	740,652	608,154	120,951	4,461	1,878	2,672	281	30	2,225
경 남 Gyeongnam	660,422	494,574	148,598	6,073	3,567	4,594	599	12	2,405
제 주 Jeju	145,829	111,410	31,537	1,082	925	218	-	-	657

주) 수록된 수치는 '10. 12월말 기준으로 '11년에 조사한 자료임.
(자료출처 : 국토해양부, 국토정책국, 도시정책관, 건축기획과, 2010.)

이상의 건물의 수는 753동으로서 전국 건물 동수 대비 0.1%로도 되지 않는 0.0%를 기록하고 있어 층수기준 전문적 관리 대상에 해당되는 건물자산의 동수는 겨우 267,200동으로 집계되고 있어 전체 대비 4%에 불과하다.

층수별 전국 건물자산의 현황을 표로 정리하면 〈표 5〉와 같다.

4) 소유구분별 전국 건물자산의 분포현황

〈표 6〉 소유구분별 전국 건물자산의 분포현황

(단위 : 동)

구 분	계 Total	국공유 National&Public	개인 Private	법인 Corporation	기타 Others
합 계 Total	6,676,518	147,696 166,239,903	5,258,826 985,948,283	315,552 502,729,472	954,444 1,608,166,831
서 울 Seoul	656,931	10,380 19,540,994	467,367 123,104,971	19,315 50,329,118	159,869 356,732,055
부 산 Busan	384,263	6,959 9,549,942	309,195 50,330,498	17,055 28,949,976	51,054 122,337,082
대 구 Daegu	252,832	3,529 6,151,290	203,724 47,048,206	10,015 23,419,116	35,564 77,032,125
인 천 Incheon	211,494	5,248 6,493,673	140,823 33,340,887	12,270 19,430,333	53,153 90,197,075
광 주 Gwangju	138,220 91,434,644	1,922 3,859,233	114,061 21,931,591	6,359 12,551,141	15,878 53,092,678
대 전 Daejeon	129,955	3,346 14,008,743	104,065 23,862,725	6,655 16,397,073	15,889 46,411,777
울 산 Ulsan	126,268 79,213,548	2,881 2,902,678	91,775 20,811,760	16,050 24,953,077	15,562 30,546,033
경 기 Gyeonggi	1,012,975	19,957 35,446,211	737,128 180,953,926	59,592 102,871,792	196,298 411,845,831
강 원 Gangwon	366,761	14,636 8,525,347	303,046 54,005,324	14,912 13,663,606	34,167 41,149,137
충 북 Chungbuk	348,788	9,771 7,049,668	284,231 82,674,319	19,686 25,807,972	35,100 43,359,274
충 남 Chungnam	498,011	12,717 8,999,198	412,247 60,806,490	25,864 31,226,122	47,183 59,134,342
전 북 Jeonbuk	409,254	9,762 11,098,681	334,096 49,897,205	19,132 34,072,087	46,264 49,909,560
전 남 Jeonnam	593,863	16,874 9,861,059	495,951 60,756,337	26,728 23,466,783	54,310 46,570,936
경 북 Gyeongbuk	740,652	13,546 8,674,050	622,516 84,719,810	32,010 40,351,091	72,580 68,688,347
경 남 Gyeongnam	660,422	13,319 11,865,469	560,556 79,703,537	25,480 50,871,494	61,067 95,967,440
제 주 Jeju	145,829 33,776,196	2,849 2,213,668	78,045 12,000,697	4,429 4,368,692	60,506 15,193,139

주) 수록된 수치는 '10. 12월말 기준으로 '11년에 조사한 자료임. 동수가 소수점으로 표기된 이유는 공동소유 건축물이 존재하기 때문임.

공유 건축물의 경우, 전체 소유자의 소유구분 비율에 따라 산정(예 : 건축물 1동을 개인, 법인이 공유 시 개인에 0.5동, 법인에 0.5동 부여

(자료출처 : 국토해양부, 국토정책국, 도시정책관, 건축기획과, 2010.)

소유주체의 구분에 따라 개인 소유건물, 법인 소유건물, 국공유 건물, 기타 소유의 건물 등으로 분류되는바 이 중 개인소유 건물이 무려 5,258,826동으로서 가장 많은 분포를 보이고 있으며 국공유 건물자산은 겨우 147,696동으로서 가장 적은 분포를 보이고 있어 건물자산 측면에서 볼 때 개인이 국가보다 부유함을 알 수 있다.

소유구분별 전국 건물 현황(Status of Building by Owner)은 〈표 6〉과 같다.

5) 건축대지 분포현황

건물은 토지의 정착물이므로 건물의 건축에 사용된 건축대지 현황(Status of Residential Land)을 살펴볼 필요가 있다.

2009년도 통계청, 한국통계연감에 의하면 전국 토지 총면적은 99,828㎢로 조사되고 있으며 이 중 건축대지 분포현황은 전국토지대비 2.7%에 상당하는 2,659㎢에 불과하며 이를 그림으로 정리하면 다음의 [그림 22]와 같다.

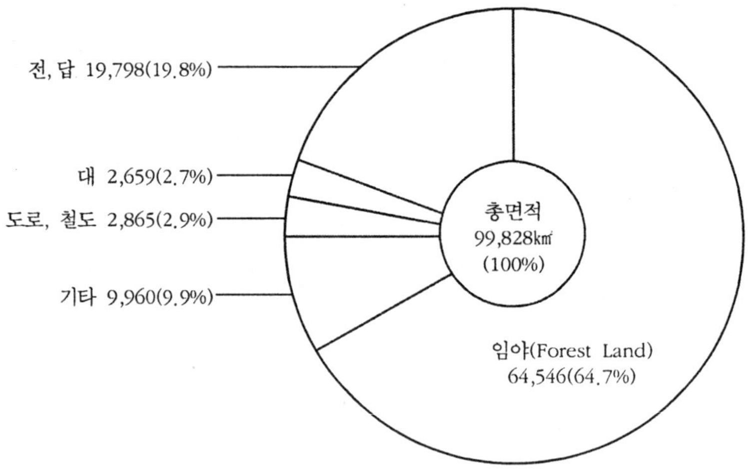

(자료출처 : 통계청, 한국통계연감, 2009)

[그림 22] 건축대지 분포현황

5. 전국 건물자산의 경제적 가치분석과 평가

국내 건물자산의 경제적 가치에 대하여 공식적 통계나 연구자료에 의하여 밝혀진 자료는 없으나 2007년 민주노동당 심상정 국회의원이 당시 재경부로부터 제출 받은 자료에 의하면 2007년 1월 1일 기준 전국의 유형 별 부동산 공시가액은 3,825조원에 달하고 있는 것으로 밝혀지고 있다.

그러나 이는 전국 부동산 공시가액으로서 주택가액 1,569조원, 토지가액 2,034조원, 상가 등 건물 222조원 등을 합계한 총액이므로 실제 전국 건물자산의 공시가액기준 경제적 가치는 1,791조원으로 분석된다. 그러나 실제 건물자산의 가치(Present Value)는

〈표 7〉 전국 부동산 유형별 가액현황

(단위 : 조원)

부동산유형		2005.1.1 기준	2007.1.1 기준	증가액
〈주택①〉		1,083조원	1,569조원	486(44.9%)
	아파트	711	1,131	420(59.1%)
	단독주택	302	327	25(8.3%)
	연립 · 다세대	70	111	41(58.6%)
〈토지②〉		1,571조원	2,034조원	463(29.5%)
	전체공시지가	2,176	2,911	735(33.8%)
	주택 부속토지	(△605)	(△877)	272(45.0%)
〈상가 등 건물③〉		192조원	222조원	30(15.6%)
합계(①+②+③)		2,846조원	3,825조원	979(34.4%)

주1) 아파트는 국세청(2005.5.2)과 건교부(2007.04.30)공시가격 통계 기준.

주2) 단독주택은 건교부(2005.04.30)와 시 · 군 · 구(2007.04.30)의 공시가격 통계 기준.

주3) 연립 · 다세대는 건교부(2005.04.30, 2007.0430) 공시가격 통계 기준

주4) 전체 공시지가는 건교부(2005.04.31)와 시 · 군 · 구(2007.05.31) 공시가격 통계 기준.

주5) 2005.1.1 기준 주택 부속토지는 재경부가 '건교부 추정' 통계로 제출한 것임. 이는 2005년 주택 공시가격 총액의 55.8%에 해당함. 2007.1.1 기준 주택 부속 토지 가격은 별도 제출되지 않아 2007년 주택 공시 가격 총액 1,569조원의 55.8%에 해당하는 가격으로 추정한 것임

주6) 상가 등 건물은 현재 공시가격이 없으므로 행자부 재산세 과세표준액으로 계산, 다만 2006년 과세표준액은 발표되지 않아 2005.1.1은 2004년, 2007.1.1은 2005년 과세표준액으로 계산

(자료출처 : 심상정, 민주노동당 국회의원, 2007. 10. 16 보도자료)

20% 정도를 더한 경제적 가치로 평가된다. 왜냐하면, 주거용 건물과 상업용도 등의 건물가액은 정부 당국에 의하여 고시된 공시가격 또는 기준가액이기 때문이다. 그러므로 실제 전국의 건물자산의 경제적 가치는 2,149조원으로 추정된다.

전국 건물자산의 경제적 가치를 나타내는 전국 부동산자산(건물자산과 토지자산) 유형별 가액 현황은 상기한 〈표 7〉과 같다.

6. 건물자산의 중요성과 특성

1) 건물자산의 중요성

「사람이 건물을 지으나 지어진 건물은 사람을 다시 만든다」는 영국의 속담과 같이 건물은 인간의 삶과 생활과 일의 영위에 있어서 어느 재화보다 중요하다. 그러므로 인간이 삶과 생활과 일의 영위를 통하여 정상적으로 생존해가려면 적어도 衣·食·住로 표상되는 생활환경 조건에 적합해야 한다. 특히, 현대와 같이 시간과 공간의 이동이 심하고 복잡한 사회구조 속에서 삶과 생활과 일을 정상적으로 영위하기 위해서는 건물의 공간과 기능, 조화, 질서와 미 등 건물(住환경)의 도움이 절대적으로 필요하다. 왜냐하면, 인간은 농업사회에서 산업사회로 진입하면서 작업공간이 장외에서 실내로 이동하면서부터 1년 365일, 하루 24시간 대부분의 세월과 시간을 광의의 건물 및 협의의 건물과 밀접한 관계를 유지하는 가운데 살아가고 있으며, 특히 지식경제사회로 진입한 오늘날과 같이 컴퓨터를 도구로 살아가는 현대사회의 경우, 최첨단 정보, 통신 전자시설들이 위치하고 있는 건물의 도움을 받아 삶과 생활과 일을 영위할 수밖에 없기 때문이다. 그러므로 인간생존 측면에서 볼 때 건물은 다른 어떤 재화보다 매우 중요한 자산이라 할 수 있다.

예컨대, 사람들의 일상을 살펴보아도 광의의 건물(건축물, 시설물, 구축물, 구조물, 각종 건설물 등)과 함께 협의의 건물(건축물)과의 관계유지 속에 건물로부터 도움을 받아 살아가고 있음을 알 수 있다.

건물의 생애(Building Life Cycle) 측면에서 건물의 기능과 역할을 살펴보면, 인간의 요구나 목적 또는 필요에 의하여 기획·설계되고 시공됨으로써, 건물의 일생이 시작되고 유지관리됨으로써 사용가치와 수익가치(교환가치) 등을 유지 또는 증가시켜 사용수익의 유익을 제공하다가 스스로 붕괴되거나 인위적으로 철거되어 건물의 일생이 끝나게 됨으로써 마침내 인간과의 상호관계가 종료하게 된다.

그러나 건물의 기능과 역할에 있어서 중요한 점은 건물의 완성 즉시, 소유권이 누구의 소유와는 관계없이 그리고 소유자의 신분이나 의도와는 전혀 무관하게 한 도시의 구성요소가 되고 기반시설이 되며 사회적 인프라로서 기능과 역할은 물론 사회적 기능과 문화적 기능 및 재화와 자산으로서 기능과 역할을 하게 된다.

이와 같은 관점에서 볼 때 도시의 구성요소와 기반시설 및 인프라, 국부의 상징, 국부의 척도, 한 나라 한 도시의 얼굴, 재화와 재산개념의 건물은 매우 중요한 개인적 · 사회적 · 국가적 · 경제적 기능과 사회적 기능과 역할을 담당하고 재화적 기능과 역할 및 재산적 기능과 역할을 동시에 수행하고 있다.

경제측면에서도 건물은 대단히 중요한 기능과 역할을 담당하고 있다.

경제개념의 건물은 재화이자 상품이며 재산의미의 자산개념을 가지고 있으면서 건물재화의 생산과 소비를 통하여 부가적 경제가치를 창출하며 건물사용에 필요한 서비스 역시 생산, 분배(제공), 소비하게 됨으로써 건물의 공급활동과 거래활동 및 서비스활동을 통하여 경제적 부가가치를 재창출하여 건물의 생산자, 유통업자, 건물의 소비자와 건물의 소유자, 사용자, 이용자, 관리자 등 이른바 건물자산관리 이해당사자나 건물자산관리 이해 관계자 모두에게 경제적 이익을 제공하여 일상의 사회생활과 경제생활을 함께 지원하고 있다.

또한, 경제측면의 건물은 경제적 강자인 자본가의 투자로 건축된 건물공간을 경제적 약자인 소자본의 입주자가 경제적 비용으로 임차하여 사용수익하게 함으로써 자본투자 이익을 간접적으로 누리게 하는 사회 분배 효과도 함께 가지고 있다. 건축공학측면의 건물은 인간의 안전한 생활을 보호하는 쉼터(Shelter)의 기능과 역할을 하고 있다.

종전의 건축개념은 공간, 미(美), 기능, 안전개념을 바탕으로 건물을 설계, 시공하였으나 현대건물의 설계개념은 종전의 공간, 미, 기능, 안전개념과 함께 환경과 에너지 개념을 추가적으로 접목하여 보다 안전하고 쾌적하며 편리한 건물로서 효율적으로 사용수익하도록 설계, 시공되고 있다. 따라서 현대 건물은 이와 같은 현대 설계개념의 설계와 시공을 통하여 편리하고 안전하며 쾌적하게 효율적으로 건물의 사용과 수익이 가능하도록 건축물을 완성하여 인간생활을 지원해주고 있다.

따라서 건물자산관리학 측면에서도 건물개념을 자산개념으로 인식하고 건물자산에 보존 · 이용 · 개량개념을 접목함으로써 건물자산의 경제적 가치 보존과 이용과 개량을 통한 경제가치 창출을 도모함으로써 건물자산의 소유자와 사용자 모두에게 경제적 측면에서 상호 기여하도록 하고 있다.

또한 건물의 기능과 역할을 통하여 편리한 인간의 주생활(住生活)과 정서 및 정신건강과 육체적 건강에도 적지 않은 영향을 주고 있다. 왜냐하면 건물은 사람에 의하여 지어지나 지어진 건물을 사람을 다시 만들기 때문이다. 또한 건물은 인간의 주생활에 필요한 안전성 · 경제성 · 편리성 · 쾌적성 외에 보건성 · 내구성 · 미관성 · 청결성 등을 함께 제공하여 건물환경을 생활에 적합하게 조성하고 건강 환경을 확보해줌으로써 인간의 주거생활과 경제생활을 함께 지원하고 있다.

이상에서 설명한 건물 자산의 중요성을 요약정리하면 다음과 같다.

첫째, 건물은 인간의 삶과 생활과 일과의 관계에서 1년 365일, 하루 24시간 대부분의 세월과 시간 동안 인간과 상호 밀접한 관계를 유지하면서 건물의 기능과 역할을 통하여 주(住)환경측면에서 인간의 삶과 생활과 일(생산과 서비스활동)을 직접 또는 간접으로 지원하고 있는 생존필수자산이므로 중요하다.

둘째, 건물은 소유자의 신분이나 의도와 상관없이 완성 즉시 한 도시의 구성요소가 되고 기반시설이 되며 인프라의 기능과 역할을 한다. 따라서 편리한 사회생활이 가능하게 하는 사회적 자산이므로 중요하다.

셋째, 국가적으로도 건물은 부의 척도가 되며 국가적 시설로서 국가존립의 기반이 되며 사회적 기능과 역할을 도모하는 국가적 자산이므로 중요하다.

넷째, 경제측면에서도 건물은 경제생활에 필요한 재화와 서비스의 원천으로서 현금을 매개로 상품이 되어 건물재화의 생산, 분배, 소비와 건물서비스의 생산, 분배, 소비과정을 통하여 사용가치와 교환가치를 높여 경제가치와 이익을 창출하게 함으로써 국민경제생활을 지원하는 경제적 자산이므로 중요하다.

다섯째, 건축공학측면의 건물은 비 · 바람이나 눈 · 태풍 등 자연재해와 여러 가지 위험으로부터 사람을 보호하는 Shelter 역할과 기능을 하고 있는 생명 · 건강 · 보호자산이므로 중요하다.

여섯째, 건물은 공간 · 미 · 안전 · 기능 · 환경 · 에너지 등 건물의 요소적 기능과 역할을 통하여 안전하고 편리하며, 건강하고 쾌적하게 건물의 사용과 수익이 가능하도록 지원하고 있는 사용수익자산이므로 중요하다.

일곱째, 건물자산관리학 측면의 건물은 연구의 중심으로서 자산으로 인식하고 사용가치와 수익가치를 함께 높여 최유효 건물 사용수익화함으로써 사회적 만족과 경제적 만족을 함께 제공하여 국민의 사회생활과 경제생활을 지원하고 있는 사회경제적 복합자산이므로 중요하다.

결론적으로, 건물은 생존 필수자산으로서 주(住)환경측면의 생존지원기능과 역할과 사회적 자산으로서 도시의 구성요소이자 기반시설이며, 인프라로서 국부의 상징이자 척도의 기능과 역할, 국가적 자산으로서 사회생활과 경제생활에 필요한 재화 등의 기능과 역할, 보호적 기능과 역할, 경제적 자산으로서 사용수익 지원 등의 기능과 역할 등을 통하여 인간의 삶과 생활과 일을 직접 또는 간접으로 지원하고 생존보호자산으로서 인간을 보호하는 Shelter 기능과 역할, 사용수익자산으로서 사용수익지원 기능과 역할, 사회경제복합자산으로서 사회생활과 경제생활을 지원하는 기능과 역할 등으로 건물은 인간에 있어서 매우 중요한 재화이고 자산으로서 인간의 사회생활과 경제생활의 영위를 위한 매우 중요한 자산이라 할 수 있다.

2) 건물자산의 특성

건물은 경제생활과 사회생활에 반드시 필요한 자산으로서 특별하고 고유한 성질이 있는 바 이를 건물자산의 특성이라 한다.

건물자산의 특성은 다음과 같다.

(1) 토지의 정착성과 비이동성

건물은 토지의 정착물이므로 이동이 어려운 재화이다. 이동이 어렵다 함은 이동에 큰 비용이 소요되거나 장시간 소요의 어려움 등으로 쉽게 이동할 수 없음을 의미한다.

미국, 유럽 등의 Mobil Home 또는 Mobil House 등은 이동이 가능하도록 설계되어 있으나 사용수익하기 위해서는 일정한 토지면에 정착하고 정착할 토지 상하에 미리 설치해둔 전화선, 가스선, 전기선, Cable TV, 상하수도 시설 등과 연결이 이루어져야 하므로 결국, 건물은 토지의 정착물로서 정착성과 비이동성의 특성이 있다. 그러나 일부 부동산학 학자가 건물의 이동성을 주장하고 있으나 건물이동의 대상은 부동산 본래의 성질을 충족하지 못하는 가건물, 비닐하우스, Mobil Home정도의 예외적 경우에 국한되고 있으므로 건물자산은 본질적으로 토지의 정착성과 비이동성의 특성이 있다 하겠다.

(2) 토지개별용도의 의존성과 토지공법의 제약성

건물은 토지개별용도에 따라 건축여부가 결정되며 따라서 건물은 건축 가능한 용도에 의존하여 건축하게 되며 건축법, 주거환경정비법 등 토지공법의 규정에 따라 건폐율과 용적률 등의 제약을 받는 성질이 있다. 따라서 건물은 토지개별용도의 의존성과 토지공법 상의 제약성이 있다.

(3) 생산 가능성과 용도의 다양성

건물은 인간의 자본과 노동력과 기술의 결합에 의한 건설물이므로 생산(건축) 조건이 충족되는 경우, 언제든지 생산이 가능하다. 또한 건물은 건축법에 따라 28종의 다양한 용도성을 자기고 있으므로 용도다양성의 성질이 있다.

(4) 물리적 비영속성과 경제적 감가상각성

건물은 물리적으로 일정한 내구연한을 가지는 내구소비재이며 경제측면에서도 매년 실시되는 감가상각으로 경제적 내용연수가 점차 경감됨으로써 물리적 또는 경제적으로 내구소비재의 성질이 있다. 따라서 토지의 자연적 특성의 하나인 영속성과는 반대의 비영속성의 특성을 가지고 있다. 이는 인간에 의하여 생산된 창조물의 물건한계성에 전적으로 기인하고 있기 때문이다. 그러므로 건물은 물리적 비영속성과 경제적 감가상각성을 동시에 가지고 있다.

(5) 재화성과 재산성

건물자산은 물건이므로 재화적 성격을 가지고 있으며 동시에 경제적 가치로 인한 재산적 성격을 가지고 있어 재화성과 재산성 등의 양면성이 있다.

이와 같은 건물의 양면성이 건물로 하여금 자산성을 가지게 하고 있다. 따라서 건물은 자산의 일종이므로 건물자산관리학에서는 건물을 건물자산으로 호칭하고 있다.

7. 건물자산의 생애주기와 총생애비용

1) 건물자산의 생애주기

건물은 일반적으로 기획설계단계를 시작으로 신축단계와 유지관리단계를 거쳐 특별한 재해나 안전사고가 없는 경우 일반적으로 노후화 과정을 거쳐 폐물이 되거나 철거되는 단계를 거치게 된다. 이와 같이 건물의 단계별 일생을 생애주기(Building Life Cycle)라 하며, 크게 건축학 측면의 건물생애주기와 부동산학 측면의 건물생애주기 그리고 건물자산관리학 측면의 생애주기로 대별된다.

(1) 건축학 측면의 건물생애주기

건물의 생애주기(Building Life Cycle)는 일반적으로 건물의 생애단계로 표현하고 있는 것으로 종래에는 부동산학에서 그 진행단계를 인간 생태학적 측면에서 신생단계, 안정단계, 노후단계, 폐물단계 등 4단계로 분류하여 왔으나 건물자산관리의 성질상 건물 진행단계를 정확히 할 필요가 있다. 건축공학 측면에서 건물생애주기를 구분하면 다음과 같다.

① 제1단계 : 건물신축 준비단계

건물소유자가 신축하고자 하는 건물의 기획, 경제성과 기술성의 타당성 검토를 거쳐 신축계획안을 확정하고 부지의 구입 또는 준비, 설계, 건축허가, 시공자 선정, 자재, 장비, 자금의 준비, 착공계 제출 등 착공 전까지의 모든 준비단계를 건물신축 준비단계라 한다.

② 제2단계 : 시공단계

착공하여 완공한 건물은 사용승인을 받은 후 보존등기하고, 설비의 작동시험(커미셔닝)과 TBA(테스트, 밸런스, 조정)와 시설의 운전점검 및 안전점검 후 건축주에게 인계하기까지를 시공단계로 본다. 소유자에 의한 관리 준비는 건물의 종류에 따라 다소 차이는 있으나 건물완공 6개월 전에 착수하지 않으면 안 된다. 건물이 대형이고, 고층건물이거나 건물의 설비 위험 정도가 클수록 완공 6개월 전에 운영관리조직을 구성하고 관리자를 사전에 선발하여 교육 및 훈련을 실시하는 등 운영관리를 시작할 만반의 준비를 진행하지 않으면 안 된다. 따라서 시공단계부터 관리의 사전준비 작업을 시작하고 인수준비를 하는 것이 현명하다.

③ 제3단계 : 유지관리단계

완공 후부터 철거될 때까지의 단계를 말한다. 건물 총 생애비용(BLCC : Building Life Cycle Cost) 중 약 80% 이상이 소요되는 단계이며, 건물의 일생 중 가장 긴 단계이다. 이 단계에 건축주는 건물투자비의 회수와 투자이익 극대화 및 사용목적과 수익목적을 달성하게 된다. 즉, 사용수익을 최대화하여 경제적 만족을 극대화하게 된다. 유지관리단계 중에는 건물이 성장하고(성장단계), 노후 되며(노후화단계), 폐물 되는(폐물단계) 내부적 단계를 거치게 된다.

유지관리 단계에서는 후술하는 [그림 23]과 같이 건물의 초기성능이 경과시간이나 사용 잘못 등으로 인하여 초기기능이 점차 후퇴하게 되므로 초기성능을 계속 유지하거나 증가시키기 위해서는 점검/보수, 진단/교체의 유지관리 활동이 지속적으로 요구된다.

④ 제4단계 : 철거단계

건물의 생애 중 최종단계로서 인위적으로 토지의 재사용을 위하여 또는 물리적으로 수명이 다하여 철거하게 된다. 철거단계에서 반드시 검토해야 할 사항은 토지 재사용을 위한 철거의 경우, 철거하여 재건축하였을 때 소요되는 비용과 기존 건물을 리모델링하는 경우의 비용을 각각 산출하여 경제성 검토를 해야 한다. 또한 이 단계에서는 유지관리비의 지출을 최대한 억제해야 한다.

(2) 부동산학 측면의 건물생애주기

부동산학 측면의 건물생애주기는 전술한 바와 같이 인간 생태학적 측면에서 신축단계, 안정단계, 노후단계, 폐물단계로 구분하고 있다.

① 신축단계

건물이 기획, 설계, 건축허가, 시공과 완공을 거쳐 물리적으로 완공되고 권리상 보존등기가 경료될 때 즉, 새롭게 태어날 때를 신축단계라 한다.

건물 외관의 미관은 완공시 가장 완벽하게 나타나며 물리적 기능은 신축단계 1년 후부터 가장 높게 나타나기 시작한다.

수익성 임대 신축건물의 경우 완공 6개월 전부터 임대관리 업무가 시작되어야 하며 완공시 약 70% 이상의 임대가 완료되어야만 임대수익의 극대화가 효율적으로 달성될 수 있다.

특히, 건물의 신축단계에서 경기후퇴국면에 있는 경우 수요가 감퇴하여 건물자산임대가 계획대로 진행될 수 없으므로 특단의 공격적 임대마케팅이 필요하며 임대전략의 구사가 크게 요구된다.

신축건물이 공실상태로 겨울철을 지나는 경우 건물소유자의 관리비부담이 늘어나 건물의 경영에 손실이 크게 발생할 수 있으므로 유의해야 한다.

따라서 신축 전 건물수요분석과 사업타당성 조사 및 시장분석을 철저히 하여 미리 대비하여야 한다.

② 안정단계

신축건물이 정상적 기능발휘와 공실이 전혀 없이 임대 완료된 상태에서 본격적으로 운영되는 단계로서 중년단계라 호칭하기도 한다.

건물관리가 정상적으로 이루어지면 안정단계는 정기적으로 유지되나 부실한 경우 안정단계가 단축되는 특징이 있다.

안정단계의 관리요령은 일상적 점검과 유지보수가 이루어지며 예방관리에 중점을 두고 노후화방지에 최선을 다해야 하며 조기 대수선을 미리 예방하여 경제적 관리를 해야 한다.

이 시기에는 자산재평가와 함께 임대관리가 효과적으로 수행되도록 하여 임대소득이 장기적으로 안정될 수 있도록 정기적 평가와 조정의 노력을 해야 한다.

③ 노후단계

안정단계 다음의 단계로서 건물의 물리적 상태가 급격히 악화되고 임대소득이 점차 줄어드는 상태를 말한다.

노후단계의 악화현상은 외관의 악화, 기능의 저하, 잦은 고장, 자산가치의 하락, 임대소득의 저감 등으로 나타난다.

노후단계에서부터 유지관리비의 급상승이 나타나므로 소극적 경제관리에 크게 신경써야 한다. 또한 대수선 또는 매각을 결정해야 하는 단계이다.

④ 폐물단계

폐물단계는 노후단계 다음의 마지막 단계로서 물리적으로 외관의 악화와 설비의 노후화로 쓸모없는 정도의 악화된 상태를 의미한다. 또한 건물의 자산가치가 크게 떨어져 토지(대지)가격만이 자산가치로 평가받는 단계이다.

이 단계에서는 철거와 재개발을 검토해야 한다. 폐물단계의 건물은 물리 · 경제(재화와 재산가치) 양면 모두를 판단해야 한다.

(3) 건물자산관리학 측면의 건물자산 생애주기

건물자산관리학 측면의 건물자산 생애주기는 건물자산 생애과정을 지준으로 다음과 같이 3단계로 이루어진다.

① 취득단계

② 보유 및 운영관리 단계
③ 처분단계

취득단계란 금융자산을 운용하여 건물자산을 매입하거나 신규개발 또는 재개발 등을 통하여 건물자산의 소유권과 점유권을 확보하여 법률적 또는 사실상 점유하는 단계를 의미하며 보유 및 운영관리 단계란 취득건물자산을 보유한 상태에서 사용가치와 수익가치를 증가 또는 극대화하는 단계를 말한다. 그리고 마지막 처분단계란 보유 및 운영관리 중인 건물자산을 법률적 처분을 통하여 양도하거나 담보 등의 이유로 권리설정하거나 보수, 개량, 증축, 개축, Renovation 등 물리적 처분 또는 사실적 처분 등의 단계를 의미한다.

생애주기를 정확히 읽고 이해해야 하는 목적은 시설관리 측면에서 생애주기(생애단계)별 시설관리 업무의 성격이 다소 상이하고 유지관리 비용의 증감이 일어나며 일정한 시기(예 점검시기, 보수시기, 진단시기, 교체시기, 대수선시기, 매입시기, 매각시기 등)를 놓치는 경우 삽으로 막을 수 있는 것을 쟁기로 막아야 하는 이른바 유지관리 요소인 비용과 시간 및 노력의 대가를 크게 지불해야 하기 때문이다.

자산운용 측면에서도 적정 시기에 최적자산의 매입을 놓치거나 전략적 매각 타이밍을 놓치는 경우 자산관리의 성패가 손실 쪽으로 결과가 나게 된다.

따라서 생애주기별 필요로 하는 점검보수, 진단교체나 대수선, 매입과 매각 등의 단계별(생애주기별) 업무를 적절히 처리하여 시설관리 측면에서 완성된 시설물의 구조적, 기능, 또는 미관상 건물의 기능과 성능을 장기적으로 유지하며 소극적 경제관리를 통하여 유지관리 비용의 최소화와 관리효용의 극대화가 이룩되고 적극적 경제관리를 통하여 자산운용 측면에도 자산위험의 최소화(Asset Risk-Minimum)와 자산이익의 최대화(Asest Return-Maximum)가 달성되도록 건물자산의 생애주기를 체계적으로 관리해야 한다.

큰 틀의 건물자산관리에 있어서 자산운용은 건물자산관리학의 생애주기(취득단계, 보유 및 운영관리단계/처분단계)에 따라 단계별 특성과 처리 업무를 효율적으로 처리하여 자산을 운용해야 하며 시설관리는 부동산학 측면의 생애단계(신축단계/안정단계/노후단계/폐물단계)에 따라 체계적으로 관리(점검보수, 진단, 교체)하여 건물 완공 초기의 기능과 성능이 정상적으로 유지되어 최유효건물 사용화 상태가 장기적으로 유지되도록 해야 한다.

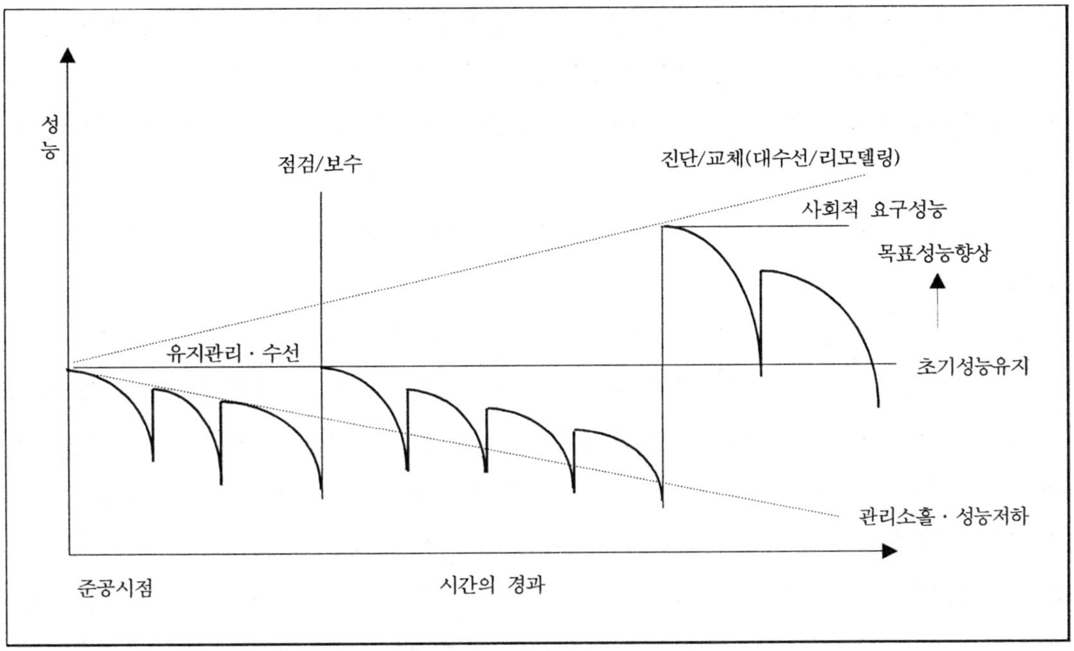

[그림 23] 건물생애단계별 유지관리와 성능향상 개념도

시설관리 측면의 생애단계별 건물의 기능과 유지관리의 필요성, 점거보수 시기와 진단교체시기 그리고 사회적 변화와 변화에 따른 입주자의 요구들에 의한 사회적 기능 등의 종합적 내용을 도식화하면 [그림 23]과 같다.

2) 건물자산의 총생애주기비용

건물의 총생애주기비용(BLCC : Building Life Cycle Cost)이란 건물의 기획, 설계, 시공, 유지관리 및 철거 등 건물의 일생 동안 소요되는 총비용을 의미한다. 즉, 기획 · 설계비용, 건설비용, 유지관리비용 및 폐기처분비용 등의 합계비용을 의미한다.

건물총생애주기비용은 건물의 유용성보다 적어야 유리하며 건물 생애주기총비용은 자산관리 측면에서 보면 건물자산의 초기 매입, 운용, 유지관리, 처분에 소요되는 총비용을 지칭한다.

총생애비용의 분석 목적은 건물자산의 경영관리에 있어서 가장 경제적 방법으로 자산을 운용하는 데 있으며 가장 경제적 관리모델이나 대안을 얻는 데 있다.

건물자산관리학 측면의 총생애주기비용은 통상 취득(매입) 20%, 보유 및 운영관리 70%, 그리고 처분(매각)이 10%의 단계적 비중을 가지고 있다.

따라서 효과적인 건물시설관리는 유지관리비용의 경제화에 관건이 있다 하겠다.

이를 위해서 기획 · 설계 때부터 경제적 방법으로 유지관리가 될 수 있도록 설계되어야 하고 건축되어야 하며 완공 후 체계적인 관리로 조기노후화 방지와 조기대수선 공사를 방지해야 하고 재난, 재해 등을 예방하여 인적 · 물적 손실을 방지해야 한다.

BLCC란 Building Life Cycle Cost의 약자로서 전술한 바와 같이 건물 총생애비용을 말한다.

시설관리에 있어서 BLCC관리의 목적은 총생애비용 중 약 80% 이상을 점하는 유지관리단계의 운영관리비를 사전점검과 보수, 진단과 교체 등으로 조기 대수선 공사를 방지하고 조기 노후화를 예방하여 완공 초기의 건물의 기능과 성능을 장기적으로 보전하고 이용자의 안전과 편의를 높이기 위하여 일상점검, 정비하고 손상된 부분은 원상복구하며 시간의 경과에 따라 요구되는 보수 · 보강 개량하여 점차 기능과 성능을 개선하여 향상시킴으로써 시간의 경과나 사회적 변화, 자재 장비의 발달, 입주자의 요구 증대, 시스템의 향상에서 요구되는 건물의 기능과 성능을 높이는 데 필요한 유지관리비를 통제하여 가장 경제적 방법으로 운영관리가 이루어지도록 처리하는 데 목적이 있다.

건물 총생애비용의 비중은 일본능률협회가 건축학측면에서 조사한 연구자료에 의하면 기획설계비용 0.4%, 건설시공비용 16.0%, 운영관리비용 83.2%, 폐기처분비용 0.4% 등으로 조사되고 있다.

이상과 같은 Building Life Cycle Cost의 관리는 가장 큰 비용이 요구되는 유지관리단계에서 운영관리비용을 최소화하고 관리효용은 극대화하여 운영수익을 최대화하고 정상기능과 성능의 장기적 유지와 내용연수 연장 그리고 최유효 건물사용화가 가장 경제적 방법으로, 안전하게 그리고 효율적으로 적합하게 달성하는 데 그 목적이 있다.

8. 건물의 구성요소와 주요 구조부

1) 건물의 구성요소

건물은 토지에 정착된 유체물로서 건축물(건축시설)과 건축설비 및 건축대지와 부대시설 등으로 구성되어 있다. 즉, 건축대지, 건축물(건축시설), 건축설비와 부대시설로 구성되어 공간과 함께 건물의 기능 등을 제공하고 있다.

건물 주요구성 부분의 내용은 다음과 같다.

(1) 건축대지

건축대지란 건물의 건축에 사용된 토지를 의미하고, 건물 바닥면적과 수평투영면적을 포함한다. 건축대지에 건축된 바닥면적 외에 건축대지와 부지 및 상하에 설치된 옥외주차장 시설, 조경물, 맨홀, 상 · 하수도 배수관, 전기통신 인입배선 등이 관리의 대상이 된다.

(2) 건축물

건축물(건축시설)이란 기초, 기둥, 벽, 보, 바닥(슬래브), 지붕, 주계단 등 구조체의 뼈대부분과 수장(치장), 마감 등의 중요 구성부분과 부속시설 및 건축부재를 의미한다.

(3) 건축설비

건축설비란 건물의 주요 구성부분으로서 건축물에 장착되어 설비기능을 나타내기 위한 전기 · 통신 · 기계 등의 설비들을 의미한다. 즉, 건축설비란 건축물에 부착되거나 장착된 것으로 전기설비, 전화설비, 가스설비, 급수(給水) 및 배수(配水)와 배수(排水)설비, 환기설비, 냉난방설비, 소화설비, 배연설비 및 오물처리설비, 굴뚝, 승강기, 피뢰침, 국기게양대, 공청시설 안테나, 유선방송 수신시설, 우편물 수취함 등의 설비를 의미한다.

설비의 구체적 내용과 설비의 운전정비 및 보수, 기타 기술관리 내용은 이 책의 각론인 《건물자산기술관리론》 에서 자세히 설명하고 있으므로 이를 참고하기 바란다.

(4) 기타 부대시설

건물의 부대시설이란 담당, 대문, 조경시설물과 옥외의 가스 · 유류 저장시설과 관리용 창고, 관리사무실, 경비실, 옥외주차장, 냉각탑 등을 의미한다.

기타 부대시설은 종물로서 주물인 건물자산이 매매되는 경우 종물은 특약이 없는 한 함께 소유권이 이전된다.

2) 건물의 주요 구조부

건축물(건축시설)을 형성하는 주요 구조부에는 구조체와 구성부분이 있다.

뼈대를 구조체라 하는데 구조체란 ① 벽(내력벽), ②기둥, ③ 보, ④ 바닥, ⑤ 지붕, ⑥ 주계단을 말한다. 구조체를 통상 골조라 부르기도 한다.

구조체의 하자보수는 원칙적으로 소유자(임대인)의 책임과 비용으로 처리해야 한다. 건축물 구조체는 뼈대와 외피 및 실내공간으로 구성되어 있다. 시설관리대상건물의 구조체는 어떤 형태와 내용인지, 설계와 시공상의 차이점은 없는지 확인해두어야 한다.

건축물의 주요 구성부분의 종류와 역할은 대체로 다음과 같다.

관리대상건물(실체관리대상)의 주요 구성부분을 준공도면을 보고 현황을 확인하고 파악해두는 것이 실체건물관리에 도움이 된다.

(1) 기 초

기초(Foundation, Footing)란 건물 상부하중을 지반에 전달하여 안전하게 지지할 수 있게 지정을 포함한 하부구조를 의미한다.

(2) 기 둥

기둥(Column)이란 바닥판 · 지붕 등의 하중을 부담하는 수직재를 말한다.

(3) 벽 체

벽체(Wall)란 수직공간을 차단시킨 구조를 말한다. 외벽과 내벽이 있으며, 상부의 하중을 지지하는 벽체를 내력벽(Bearing Wall)이라 한다.

(4) 바 닥

바닥(Slab, Floor)이란 건물의 수평체 부분으로서 사람이나 물건을 적재하는 공간으로 적재하중을 기둥 또는 내력벽에 전달한다.

(5) 지 붕

지붕(Roof)이란 건물의 최상부를 덮어씌운 부분으로 비나 눈을 막는 구체를 말한다. 경사진 지붕과 수평지붕이 있다.

(6) 천 장

천장(Ceiling)이란 지붕이나 상층부의 밑을 막아 열 차단, 음향방지 및 장식을 겸한 것을 말한다. 일반적으로 천정과 같은 의미로 사용되나 천정은 보통 반자널이 없는 상층부의 바닥을 말한다.

(7) 계 단

계단(Stairs)이란 고저 차이가 있는 상부와 하부를 연결시키는 통로를 말한다.

(8) 수 장

수장(Fixture)이란 바닥이나 벽면 천장에 방음 · 단열 등의 차단효과와 장식을 목적으로 본 구체에 붙여진 부재를 말한다.

(9) 창 호

창호(Door and Window)란 물건과 사람의 출입, 통풍, 채광, 기타 목적으로 벽채 · 지붕 · 천장 등에 개구부를 설치한 것을 말한다. 창은 채광 통풍의 통로이고, 문은 사람이나 물품의 통로이다. 창과 문을 합하여 창호 또는 문틀이라 한다.

(10) 마무리

마무리(Finishing)란 건축물의 마감재로서 건축물의 본 구조체를 덮어씌운 건물의 내구성을 증대시키고, 장식을 목적으로 시행하는 것을 말한다. 수장공사보다 나중에 하거나 같이 작업한다.

9. 건물의 내용연수

건물의 내용연수의 의미는 인간에 있어서 수명에 해당되는 것으로서 물리적 내용연수를 의미한다.

건물이 신축되어 철거에 이르는 과정은 건축설계능력, 시공기술, 사용조건, 관리상태 등에 따라 다소 다르지만 일반적으로 그 본래의 용도나 용법에 따라 예정한 이용효과를 올릴 수 있는 연수 즉, 물리적 내용연수인 유용성 지속연수를 건물의 내용연수라 한다.

내용연수에는 ① 물리적 내용연수, ② 기능적 내용연수, ③ 경제적 내용연수, ④ 행정적 내용연수, ⑤ 법정 내용연수 등 5가지 종류의 연수 개념이 있다. 이를 설명하면 다음과 같다.

1) 물리적 내용연수

건물을 구성하는 주요 설비나 부재가 물리적으로 그 수명을 다하여 기술적으로 그 이상 사용이 불가능하게 되어 폐기할 때까지의 연수를 물리적 내용연수라고 한다. 건물의 사용으로 생기는 마멸, 경과연수, 파손과 훼손시간의 경과, 온도나 습도의 변화, 풍우 등의 자연현상으로 생기는 노후화, 지진, 화재 등 우발적 사고로 생기는 손상의 원인으로 사용이 불가능하게 될 때까지 견디는 연수를 의미한다.

건물은 사무용도의 건물을 기준하여 철근콘크리트조의 경우에는 80년, 연와조의 경우 60년, 시멘트 벽돌 PC조의 경우 50년, 시멘트 블록조의 경우 50년, 목조인 경우 역시 50년의 물리적 내용연수(Physical Life)를 가지고 있다.

(1) 구조별 물리적 내용연수

건축물의 구조별 내용연수는 〈표 8〉과 같다.

〈표 8〉 건물의 구조별 내용연수

구조	주거용건물	사무용건물	숙박시설	점 포	창고공장
철근콘크리트조	80	80	80	80	70
연와조	60	60	60	60	50
벽돌조	50	50	50	50	50
브록조	50	50	50	50	40
목조	50	50	50	50	40

(2) 건축물 주요시설의 수선주기

건축물의 주요시설의 범위와 내용연수는 〈표 9〉와 같다.

〈표 9〉 주요시설의 범위 및 내용연수

구 분	주요시설	내용연수
전 기	변압기	15년
	수전반	15~20년
	발전기(배연기관)	20년
	승강기 및 인양기	15년
기 계	보일러	15년
	급수탱크	15년
	보일러수관	9년
	순환 펌프	10년
	가스 배관	15년
	유류 탱크	20년
	난방관	15년

(자료출처 : 한국감정원, 유형고정자산내용년수표, 1999, 일부인용)

2) 기능적 내용연수

건물이 기능적으로 유효한 기간을 기능적 내용연수(Functional Life)라 한다. 부지와 건물의 부적응, 설계의 부실 그리고 부실 시공설비의 불량과 용량의 부족, 건물 외관의 부적절한 자재선택과 시공 등이 기능연수와 상관관계를 가진다. 즉, 건물의 기능이 한계점에 도달하여 더 이상 건물로서 사용할 수 없게 될 때 기능적 내용연수가 종료하게 된다.

3) 경제적 내용연수

경제적 내용연수(Economic Life)라 함은 경제적 수명이 다하기까지의 한계연수를 말한다. 동일생활권의 변화, 인근 환경과 건물의 부적합, 동일생활권의 다른 건물과 비교한 시장성의 감퇴 등에 의하여 나타난다. 동일생활권은 사회적 · 경제적 · 행정적 요인에 의하여 항상 변화한다. 상업용 건물은 상업권의 중심이 타지역으로 이동함으로써 업무용 건물은 업무지구가 이동함으로써 수요가 감퇴하고, 임대조건이 나빠지는 것이 일반적 현상이다.

건물의 경제적 내용연수에 대한 법정규정은 없으나 다행스럽게도 한국감정원의 유형고정자산내용년수표에 의하면 다음과 같다.

철근콘크리트조와 철골철근콘크리트조 건물의 경제적 내용연수는 다음과 같다.

- 단독주택, 공동주택, 점포, 호텔, 여관, 극장 등 : 50년
- 청사, 사무실, 은행, 오피스텔, 방송국, 체육관 등 : 55년
- 정비공장, 주차장, 작업장, 식물원 등 : 45년

4) 행정적 내용연수

행정적 내용연수(Administrative Life)는 법 · 제도나 행정조건에 의해 건물의 수명이 다하기까지의 기간을 말한다.

5) 법정 내용연수

법정내용연수(法定耐用年數)란 평가 · 감정 · 과세 또는 감가상각을 목적으로 우리나라 법인세법에서 규정하고 있는 내용연수를 의미한다. 우리나라 관계법에 의하여 규정하고 있는 연수는 법정내용연수밖에 없다. 법정내용연수는 주로 감가상각, 건물의 잔존가 평가, 감정평가 등에 활용된다. 법정내용연수는 건물의 구조 · 재료 등에 따라 상이하다.

우리나라 법인세법에서 규정하고 있는 건물의 법정내용연수는 〈표 10〉과 같다.

〈표 10〉 건물 법정내용연수

구 분	내용연수
연와조, 블록조, 콘크리트조, 토조, 토벽조, 목조, 목골모르타르조, 기타 조의 모든 건물(부속설비 포함)과 구축물	20년 (최소 15년~최대 25년)
철골 · 콘크리트조, 석조, 연와석조, 철골조의 모든 건물(부속설비 포함)과 구축물	40년 (최소 30년~최대 50년)

(자료출처 : 법인세법 시행규칙 제5조 제3항 별표5)

제 3 장

건물자산 운영관리수단

제 1 절 운영관리수단의 의의

건물자산운영관리수단이라 함은 건물자산의 운영활동과 건물시설 관리활동에 필요하거나 준비되어야 하는 직접관리수단과 간접관리수단을 의미하는 것으로서 건물자산운영관리주체와 건물자산운영관리객체, 건물자산운영관리수단 등으로 구성되는 건물자산운영관리활동 3요소 중 세 번째에 해당하는 요소이다.

또한 건물자산운영관리 수단은 건물자산 관리효과를 창출하는 데 결정적으로 필요로 하는 인적자원과 물적자원 그리고 재무적 자원과 기술적 자원 및 정보적 자원 등을 말한다. 다시 말하면, 운영관리주체와 운영관리조직이 건물자산운영관리활동을 함에 있어서 직접 또는 간접으로 소요되거나 필요한 관리방도를 건물자산운영관리수단이라 하며 건물자산운영관리자원이라고도 한다.

건물자산운영관리에 직접 사용 또는 소요되는 방도를 직접운영관리수단이라 하고, 간접적으로 사용 또는 소요되는 방도를 간접운영관리수단이라 한다.

직접운영관리수단에는 인적자원과 물적자원 등이 있다.

인적자원은 건물시설관리활동을 직접 담당하는 관리자, 관리감독자, 그리고 관리근무자 등의 관리종사자 즉, 건물자산운영관리조직의 협의의 인적 구성원을 의미하며 건물재산의 경영과 관계되는 인적자원에는 Portfolio Manager, Analyst, Investment Manager, Asset Manager, Property Manager, Facility Manager와 운영관리종사자 등이 있으며 시설관리와 관계되는 인적자원에는 관리소장, 관리책임자인 Facilities Manager(Building Manager)와 시설관리팀장, 청소관리팀장, 경비보안관리팀장, 방재실장 등의 Supervisor(감독자)와 청소원, 경비원, 관리기사, 기계기사, 건축기사 등의 Field man(근무자) 등이 있다.

물적자원은 시설관리활동에 직접 소요되는 원료, 에너지, 부품, 자재, 공구와 도구, 장비, 설비, 시스템, 소모비품, 사무용품 등과 자산운용이나 운영에 소요되는 사무실, 집기비품, 사무기기, 사무용품 등을 말한다.

간접운영관리수단이란 간접적으로 건물자산운영관리에 필요한 수단으로서 재무적 자원(투자자본, 펀드, 관리예산, 장기수선충당금 등), 기술적 자원(기술매뉴얼, 장비사용설명서, 기술관리기준) 그리고 정보자원(건물구성요소별 건물시설관리정보, 관리과업지시서, 관리관계법령, 부동산시장정보, 금융정보, 기술정보, 건물자산관리정책, 관리계약, 지침, 관리계획) 등을 의미한다.

제2절 운영관리수단의 중요성

건물자산운영관리효과는 운영관리활동을 통화여 양질의 건물관리서비스와 건물의 경제적 수익 등으로 나타나며, 관리활동은 관리자가 직접운영관리수단과 간접운영관리수단을 효과적으로 배분하거나 활용하여 운영관리효과를 창출하게 된다. 또한 양질의 관리서비스나 건물의 경제적 수익을 얻으려면 유능한 인적자원인 건물시설관리종사자와 경영관리자 그리고 편리하고 용법에 맞는 물적자원이 필요하며, 투자자본, 운영관리예산, 관리방침, 과업지시서, 관리관계법령, 관리계획, 관리예산, 관리기준과 규정 등과 같은 재무적 자원, 기술적 자원 그리고 정보적 자원 등의 간접운영관리수단이 필요하다.

결론적으로, 인적자원의 전문화로 인적자원이 잘 준비되고 훈련되어 전문성과 기술이 확보되고 나아가 각종 물적자원의 사전준비화로 물적자원이 양호한 상태로 준비되고 확보되어 관리수단이 최적화되어 있을 때 비로소 관리효과는 최상의 상태로 나타나게 된다. 다시 말하면 건물자산관리효과는 관리수단의 양과 질에 비례하여 나타난다 해도 과언이 아니다. 그러므로 건물자산의 경영관리활동에 있어서 관리수단은 매우 중요하고 필요한 필수적 건물자산관리활동 3요소 중 하나이다.

제3절 운영관리수단의 종류

건물자산운영관리수단에는 전술한 바와 같이 건물자산의 운영활동과 건물시설의 관리활동에 필요하거나 요구되는 직접운영관리수단과 간접운영관리수단으로 분류된다.

직접운영관리수단은 다시 인적자원과 물적자원으로 세분되고 간접운영관리수단은 재무적자원, 기술적자원, 정보적 자원 등으로 세분된다. 이를 분설하면 다음과 같다.

1. 직접운영관리수단

건물자산운영관리에 직접 소요되는 방도를 의미하며, 직접운영관리수단에는 전술한 바와 같이 인적자원과 물적자원 등이 있다. 인적자원에는 다시 시설관리 인적자원과 재산경영(운용과 운영) 인적자원으로 구분된다.

1) 인적자원

(1) 건물시설관리 인적자원

직접운영관리수단의 시설관리 인적자원이란 시설관리조직의 구성원을 의미하며, 관리수단 중 가장 중요한 수단이 된다. 시설관리 인적자원은 다음과 같은 직책의 관리종사자로 구성된다.

- 건물시설관리자(총괄시설관리자 · 시설관리소장 · 시설관리팀장 등)
- 건물시설관리감독자(관리과장 · 시설과장 · 기술과장 · 설비과장 · 업무과장 · 지원팀장 · 방재실장중앙관재실장 · 을측소장 · 경비반장 · 청소반장 등)
- 건물시설관리근무자(환경미화원 · 경비원 · 방화관리자 · 주차관리자 · 기술직기사 · 임대담당자 · 경리담당자 · 행정업무담당자 등)

(2) 건물자산운영 인적자원

건물자산운영 인적자원이란 자산의 운용자와 건물자산 운영자를 의미한다.

건물자산의 업무범위는 자산운용, 재무관리, 임대관리, 시설관리이나 시설관리를 제외한 자산운용자, 재무관리자, 임대관리자 등이 건물재산경영의 인적자원에 해당된다. 이에는 자산의 취득과 처분 및 개별자산 또는 portfolio를 구성하는 전 자산에 대한 위험관리와 수익기반 구축 및 수익모델과 수익창출을 담당하는 Portfolio Manager와 자산을 실제적으로 운용하여 자산가치를 높이고 자산관리팀들을 통제, 감독하며 재무관리와, 원가관리, 예산관리를 담당하는 Asset Manager 그리고 Asset Manager와 전략적 제휴와 파트너십을 가지고 건물재산을 임대중심으로 운영하는 Property Manager 등이 이 범주에 해당된다.

2) 물적자원

물적자원이란 직접관리수단에 해당되는 것으로써 관리활동에 직접 소요되는 에너지나 물건, 원료, 자재, 장비나 도구 등을 의미한다. 즉, 건물자산관리 직접수단의 물적자원에는 시설관리에 소요되는 에너지, 원료, 재료, 부품, 공구, 기기, 장비, 설비, 소모품 등과 재산경영에 소요되는 사무실, 집기비품, 컴퓨터 등의 사무기기, 사무용품 등이 있다.

2. 간접운영관리수단

간접운영관리수단이란 건물자산관리활동에 간접적으로 소요되는 방도로서 재무적 자원이나 기술적 자원 그리고 정보적 자원 등을 의미하는 것으로 건물자산관리에 있어서 직접운영관리수단 못지않게 대단히 중요한 수단이라 할 수 있다. 주요 간접운영관리수단의 종류에는 다음과 같은 것이 있다.

1) 재무적 자원

건물자산관리 간접수단에 해당하는 재무적 자원에는 투자자본, 투자펀드, 금융자산, 현금흐름표상의 수지, 관리예산, 장기수선충당금, 관리비, 임대료, 임대보증금 등이 있다.

2) 기술적 자원

간접운영관리수단의 기술적 자원에는 설비운전정비매뉴얼, 장비사용설명서, 준공설계도서, 장비시설보수이력서, 기타 기술적 자원 등이 있다.

3) 정보적 자원

건물자산관리의 간접운영관리수단에 해당하는 정보적 자원에는 전산관리시스템, 건물자산관리 전산프로그램, Data, Records, 조사분석 자료, 매뉴얼, 사용설명서, 통계자료, 관찰정보, 관리관계법령정보, 관리관계규정정보, 관리관계계약정보, 건물시설정보, 임대시장정보, 소요비품구매정보, 부동산시장정보, Deal Source정보, 경제환경정보, 기술정보 등이 있다.

제4절 운영관리수단의 체계

1. 직접운영관리수단의 인적자원체계

1) 시설관리 인적자원의 의의

시설관리 인적자원이란 건물시설관리활동을 함에 있어서 건물시설관리자, 시설관리감독자, 시설관리근무자와 같은 공식적인 건물시설관리조직의 구성원을 의미하며, 직접관리수단의 하나로서 가장 중요한 관리수단의 기능과 역할을 하는 관리수단이다. 건물시설은 건물의 타율성에 의하여 반드시 관리종사자로 구성된 인적자원에 의하여 관리될 때 비로소 건물의 기능과 성능을 얻을 수 있다.

따라서 건물시설은 반드시 건물시설관리종사자에 의해서 관리되어야 하므로 인적자원은 대단히 중요한 직접관리수단이 된다. 뿐만 아니라 인적자원의 능력을 판단하는 유능과 무능의 차이는 시설관리활동에 있어서 100% 시설관리효과 창출과 0%의 시설관리효과 창출과 같은 큰 차이로 나타나게 된다.

그러므로 시설관리자와 시설관리종사자 모두는 반드시 건물관리자 유능 조건을 충족한 후에 건물시설관리활동에 임해야 한다.

2) 시설관리 인적자원 구성체계

건물자산운영관리에 있어서 시설관리 인적자원 구성체계란 시설관리조직 내의 구성원의 체계를 의미한다. 인적자원의 구성체계는 협의 시설인적 구성체계와 광의 시설인적 구성체계로 분류된다.

(1) 협의 시설관리 인적자원 구성체계

협의 시설인적자원 구성체계는 좁은 의미의 인적자원 구성체계로서 다음과 같이 구성된다. 협의 시설인적자원 구성체계는 협의 시설관리조직의 조직체계와 유사하나 다소 상이하다. 왜냐하면 협의 시설관리조직의 조직체계는 인적자원을 담고 있는 조직의 틀이기 때문이다.

협의 시설관리 인적자원 구성체계는 공식적인 인적자원의 구성체계로서 라인체계이며 노동법의 적용을 직접 받는 임금근로자의 구성체계이나 현장의 사정에 따라 직영관리조직 외에 위탁관리조직의 구성원으로 이루어지고 있다. 협의 시설관리 인적자원 구성체계는 [그림 24]와 같다.

[그림 24] 협의 시설관리 인적자원 구성체계(예)

(2) 광의 시설관리 인적자원 구성체계

광의 시설관리 인적자원 구성체계는 임금근로자의 협의 시설관리 인적자원 구성체계에 관리관계법과 계약 등에 의하여 상호관계가 성립된 자로서 건물시설관리에 필요한 공적 서비스를 제공하는 건물시설관리관계자와 사적 서비스를 제공하는 건물시설관리협력자를 포함한 넓은 의미의 시설관리 인적자원 구성체계를 의미한다.

광의 시설관리 인적자원 구성체계 역시 광의 시설관리조직의 조직체계와 유사하나 다소 상이하다. 왜냐하면 광의 시설관리 인적 구성체계는 인적자원 중심의 구성체계이기 때문이다. 광의 시설관리조직 조직체계는 조직 그 자체에 비중을 두고 있는 조직의 틀이기 때문이다. 광의 시설관리 인적자원 구성체계는 [그림 25]와 같다.

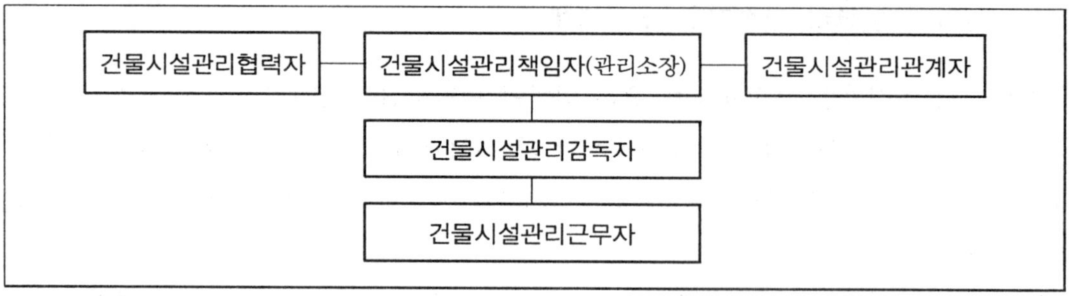

[그림 25] 광의 시설관리 인적자원 구성체계(예)

3) 건물자산경영 인적자원 구성체계

(1) 의 의

건물자산의 경영 인적자원 구성체계란 건물자산의 투자나 매입, 매각, 기타 건물자산 운용에 관한 중대 사안에 대한 의사결정을 담당하는 Top Management조직의 구성원들을 의미하며 광의의 인적자원 구성체계 구성원에는 투자자, 소유자, 경영자, Portfolio Manager, Asset Manager, Property Manager 등이 포함된다.

(2) 건물자산경영 인적자원 구성체계의 내용

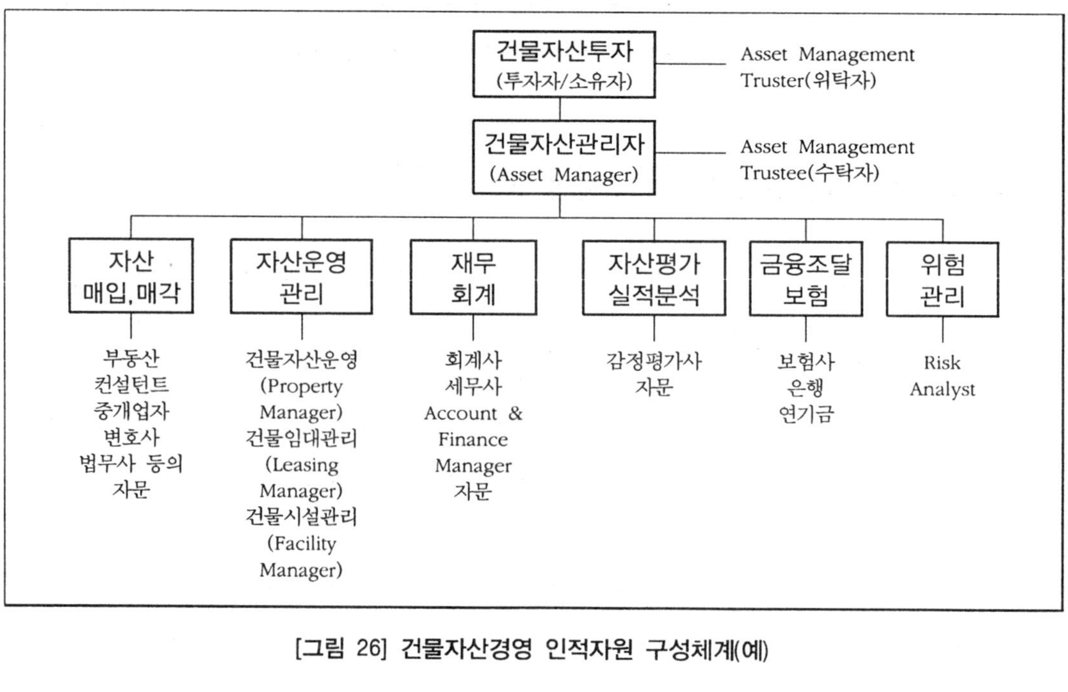

[그림 26] 건물자산경영 인적자원 구성체계(예)

건물자산의 경영은 건물자산의 취득, 보유, 매각 등의 건물자산관리 전 과정을 통하여 건물자산의 가치를 증대하고 경제이익을 최대화하는 일련의 경영활동과 자산경영과정의 프로세스 업무가 여러 가지가 있어 상호 유기적인 관계 속에 협조가 체계적으로 진행되어야 한다.

건물자산에 대한 투자를 중심으로 건물자산경영 인적자원의 구성체계는 [그림 26]과 같다.

(3) 건물자산경영 관리인적자원의 조건

건물자산관리자(건물자산관리 총괄책임자) 중 Asset Management를 총괄 담당하는 Asset Manager는 건물자산 위험분석과 함께 건물자산 매입과 매각에 대한 지식, 금융과 부동산조세, 재무 · 예산 · 원가관리에 관한 전문가 수준의 지식을 확보하고 있어야 하며, 보유하고 있는 건물자산의 경제가치 유지와 제고 및 임대수익의 극대화를 위한 거시경제와 미시경제분석, 부동산시장과 부동산조세분석, 건물자산평가투자분석에 관한 지식 역시 폭넓게 확보하고 있어야 한다.

또한 PM을 담당하는 Property Manager는 건물자산관리에 관한 임대차관리, 입주자관리, 시설관리, 예산관리, 원가관리, 부동산조세관리, 재무관리, 인사노무관리, 조세회계관리, 구매보험관리, 공사관리(Construction Management) 등에 대한 전문적 지식이 필요하다.

4) 건물시설관리 조직구성원의 조건

(1) 건물시설관리종사자의 법정자격 및 법정면허 선임기준

자격이란 어떤 업무 또는 활동을 하는 데 있어서, 행위자에게 반드시 갖추어야 할 조건 또는 자격을 의미한다.

건물관리활동에 있어서는 일정 부분의 관리업무를 담당하는 자는 반드시 건물자산관리관계법령에 따라 갖추어야 할 자격(법정자격)이 규정되고 있는바 해당 직종의 관리종사자는 원칙적으로 법정자격을 반드시 갖추어야만 취업이 가능하고, 관리종사자가 될 수 있다.

우리나라 건물관리관계법령에서 규정하고 있는 건물시설관리종사자의 법정자격과 법정면허 선임기준은 〈표 11〉과 같다.

〈표 11〉 건물시설관리종사자의 법정자격 및 법정면허 선임기준

관리영역	선임직종	관련분야	법정자격	관련법규	관리처	법정면허 선임기준
공동주택(아파트) 관리분야	관리책임자(소장)	공동주택 총괄관리	주택관리사(보)	주택법시행령 제72조	국토해양부	500세대 이상－주택관리사 1인 500세대 미만－주택관리사 또는 주택관리사보 1인
시설 경비 분야	경비지도사	경비지도 및 감독	경비지도사	경비업법 제12조	경찰청	경비원 200명까지 경비지도사 1인, 초과 100인당 1인씩 추가배치, 경비원배치 근무하고 있는 지방경찰청 관할구역별 1인
산업 안전 보건 분야	안전관리자	산업안전	산업안전지도사 산업안전기사 산업안전산업기사 이상 건설안전산업기사 이상 등	산업안전보건법 제15조 동 시행령 제12, 14조	노동부	상시근로자 1,000인 이상 : 2인 상시근로자 50~1000인 미만 : 1인 상시근로자 50~500인 미만 : 2인
	보건관리자	보건위생	의사, 간호사 산업위생관리산업기사 이상 환경기사, 환경산업기사 산업보건환경위생관리학과를 졸업한 자 등	산업안전보건법 제16조 동 시행령 제16조	노동부	상시근로자 1,000인 이상 : 3명(의사 1인 포함) 상시근로자 300~1,000인 미만 : 2명(의사, 간호사 중 1인 포함)
소방 안전 가스 분야	방화관리자	소방 시설물	- 1급방화관리대상 소방시설관리사, 소방시설산업기사 이상, 산업안전기사	소방시설설치유지및안전관리에관한법률 제20호	소방서	1급대상 : 연면적 10,000㎡ 이상 1인
			- 2급방화관리대상 1급대상 자격자, 건축기사, 전기기사, 방화관리자 강습 과정 수료자			2급대상 : 연면적 2,000㎡ 이상 판매시설 : 1,000㎡ 이상 자탐 시설 설치대상 1인
	위험물안전관리자	유류설비(탱크) 위험물 소비	위험물취급기능장 위험물취급기능사 2급 이상 위험물취급자	위험물안전관리법 제15조	소방서	- 위험물 취급주임 : 지정수량의 10배 이상 - 위험물 취급자 : 지정수량의 10배 미만 난방용으로 사용시 수량에 관계없이 취급자로 선임가능(호텔제외) 각각의 지정수량을 더하여 지정수량 결정 1인
소방 안전 가스 분야	안전 관리자	LPG사용 신고시설	• 가스산업기사 이상 • 고압가스급기능사 이상 • 고압가스기계기능사 이상 • 고압가스화학기능사 이상 • 안전관리원 양성교육 자이수자	액화석유가스의안전관리및사업법 제14조 동법시행령 제7조	구청 산업과	- 저장량 250kg 이상 안전관리 총괄자 1인, 안전관리책임자 1인 - 저장량 250kg 미만 안전관리총괄자 1인 · 총괄자 : 당해 사업운영의 최고 상급책임자 · 책임자 : 해당기술자격자 중 1인 선임

관리 영역	선임 직종	관련 분야	자격증	관련법규	관리처	법정면허 선임기준
소방 안전 가스 분야	안전 관리자	도시가스 (LNG) (특정가스 사용시설)	• 가스산업기사 이상 • 고압가스취급기능사 이상 • 고압가스화학기능사 이상 • 고압가스기계기능사 이상 • 안전관리원 양성교육이수자	도시가스사 업법 제29조 동법시행령 제5조, 제6조	구청 산업과	- 단일건물 4,000㎥/월 초과 안전관리총괄자 1인 안전관리책임자 1인 - 단일건물 4,000㎥/월 이하 안전관리총괄자 1인 · 총괄자 : 당해 사업운영의 최고 상급책임자 · 책임자 : 해당기술자격자 중 1인 선임
에 너 지 분 야	에너지 관리자	열분야	열관리기능사 이상 보일러기능사 이상	에너지이용 합리화법 제2조 제4항	에너지 관리공 단 각지부	열관리사 : 석유환산 250톤/년 이상 (사용량) 1인 선임 전기관리사 : 1백만 kW/년 이상 (사용량) 1인 선임
		전기분야	전기산업기사 이상			
	검색대상 기기 조종자	보일러 열교환기 압력용기 취급	열관리기능사 이상 원동기취급기능사 안전검사기기조종자	에너지이용 합리화법 제59조	에너지 관리공 단 각지부	검사대상기기 : 강철 및 주철제 보일러 1,2종 압력기기, 안전검사대상기기 조장자로 선임 가능범위 - 관류보일러 : 전열면적 10㎡ 이하 - 증기보일러 : 7kg/㎠, 5㎡ 이하 - 보일러출력 : 50만kcal/h 미만 가스버너 부착 시는 고압가스 자격 포함한 동일인이어야 함 · 안전검사 : 연1회 · 성능검사 : 3년 경과 후 1년에 1회(난방용 5톤 이상) 해당기술자격중 1인 선임
냉 동 공 조 분 야	안전 관리자	냉동제조 산업 고압가스 왕복동 냉동기	공기조화 및 냉동기계기사 이상 고압가스 냉동기계기능사 이상 안전관리원 양성교육이수자(프레온 100톤 이하 해당)	고압가스 안전관리법 제15조 동법시행령 제12조, 제13조	구청 산업과	- 냉동능력 50톤 이하 (프레온 100톤 이하) 안전관리책임자 : 1명 - 냉동능력 50~100톤 (프레온 100~250톤) 안전관리총괄자 : 1명 안전관리책임자 : 1명 안전관리원 : 1명 - 냉동능력 100~300톤 (프레온 200~600톤) 안전관리총괄자 : 1인 안전관리책임자 : 1인 안전관리원 : 1인 · 자체검사 : 1회/6개월 · 정기검사 : 1회/2년

관리영역	선임직종	관련분야	자격증	관련법규	관리처	법정면허 선임기준
환경위생분야	환경기술인	대기분야	1종 : 환경기사 2종 : 환경산업기사(실무 5년) 4, 5종 : 업무종사자	대기환경보전법 제24조	환경지청, 구청 산업과	- 1종사업장 : 고체환산연료 10,000톤/1년 - 2종사업장 : 고체환산연료 2,000~10,000톤/1년 - 3종사업장 : 고체환산연료 1,000~3,000톤/1년 - 4종사업장 : 고체환산연료 200~1,000톤/1년 1인
		수질분야(폐수)	1, 2종 : 환경기사 3종 : 환경산업기사 이상 4, 5종 : 업무종사자	수질환경보전법 제23조	구청 청소과	- 1종사업장 : 폐수배출량 3,000톤/일 이상 - 2종사업장 : 폐수배출량 1,000톤~3,000톤/일 - 3종사업장 : 폐수배출량 500~1,000톤/일 - 4종사업장 : 폐수배출량 50~500톤/일 1인
		소음진동분야	환경산업기사 이상 업무종사자	소음, 진동규제법 제21조	구청 산업과	국토계획및이용관리에관한법률상 공업지역 업무종사자, 도시계획법 규정의 일반 및 전용 공업지역 : 업무종사자 상기내용 이외의 5,000HP 미만인 사업장 : 업무종사자 상기내용 이외의 5,000HP 이상인 사업장 : 환경기사산업 이상 1인
	공중위생감시원 명예공중위생감시원	공중이용시설	위생사, 위생시험사, 환경산업기사 이상, 화공산업기사 이상, 수의학, 약학, 화학, 위생학 전공(대졸 및 전문대졸 경력 1년)	공중위생관리법 제15조 동법시행령제8조	구청 청소행정과 건축지도과	- 연면적 3,000㎡ 이상의 사무용 건물 - 연면적 2,000㎡ 이상의 복합동 건물 - 연면적 3,000㎡ 이상의 지하상가 *해당 기술자격증 1인 선임
전기통신분야	전기안전관리자 (전기안전관리사) 전기안전관리 보조원 (전기안전관리원)	수변전설비	수전용량 2,000kW 이상 (안전관리사) - 기사 취득 후 실무 3년 이상 - 산업기사 취득 후 실무 5년 이상(안전관리원) - 전기기능사 이상 수전용량 2,000kW 미만 (안전관리사) - 기사 취득 후 실무 2년 이상 (안전관리원) - 기능사 이상	전기사업법제73조	전기기사협회 경유 구청 산업과 시 · 도 산업과	· 수전용량 50kW~2,000kW 미만 : 안전관리사 1인 2,000kW~10,000kW : 안전관리사 1인, 안전관리원 2인 10,000kW 이상 : 안전관리사 1인, 안전관리원 3인 * 수전 1,000kW 이상(발전기 포함) : 법정선임자 상주 * 수전 1,000kW 미만(발전기 포함) : 선임대행 가능
	무선종사자	무선설비	무선설비산업기사 이상 전파통신기능사 이상	전파법 제71조	정통부 무선국	무선설비의 통신조작 : 전파통신산업기사 이상 1인

건물자산관리(빌딩관리)자에 관한 민간자격에는 건물종합관리사, 시설관리사 등 여러 가지가 있으나 아직은 법적으로 또는 관련 산업계에서 인정받지 못하고 있다. 향후 건물자산관리에 관한 민간자격 역시 국가 또는 관련업계에 의하여 인정될 것으로 전망되나 반드시 주택관리분야의 주택관리사와 같은 건물자산관리사가 국가자격(국토해양부)으로 제도화되어야 한다.

건물시설관리종사자의 기술자격에 관하여 건설기술관리법, 소방법관계법 등에서 규정하고 있는 법정자격은 기술관리분야와 안전, 위생, 보건, 환경 등에 관해서 주로 규정하고 있으며, 예외적으로 의무관리대상 공동주택 관리소장의 주택관리사(보)와 경비원 지도 · 감독을 위한 경비지도사 자격 정도를 규정하고 있을 뿐이다.

(2) 건물시설관리 조직책임자의 지식조건

건물시설관리 지식이란 시설관리종사자 등이 관리대상인 건물시설을 관리함에 있어서 반드시 알고 있거나 알아야 할 직무상의 범위를 말한다.

또한 지식이란 사물에 대한 명료한 의식과 그것에 대한 판단을 의미하며, 배우거나 연구해서 알고 있는 내용 또는 범위를 의미한다. 따라서 건물시설관리의 지식이란 건물시설을 관리함에 있어서 필요한 것을 학습하고 공부해서 알고 있는 내용과 그 범위를 의미한다. 다시 말하면, 건물시설관리 실무에 대하여 명료하게 알고 판단할 수 있는 힘을 의미한다.

그러므로 건물시설관리자는 건물시설관리를 하기 위하여 적어도 관리대상건물을 명료하게 이해하고, 건물자산관리 6개 관리영역(경제관리, 법률관리, 행정관리, 기술관리, 환경관리, 위험관리영역)에 해당하는 관리대상의 범위와 구체적인 관리항목에 대하여 관리이론과 관리방법 및 실무절차를 알고 있어야 한다. 즉, 건물시설관리업무의 지식개념은 완전지식 개념으로서 건물자산관리의 개념을 아는 지식의 사실지식(事實知識)과 그 관리업무를 어떻게 수행하는지의 지식인 방법지식(方法知識) 그리고 관리업무를 직접 수행할 수 있는 지식 즉, 행동지식(行動知識)까지 알고 있어야 한다.

(3) 건물시설관리 조직구성원의 정보조건

정보라 함은 사물의 내용이나 형편에 관한 소식이나 자료를 의미하는 것, 또는 어떤 정황이나 그것에 대한 지식이나 보고 등을 의미한다(안보, 군사면). 건물시설관리정보라 함은 관리대상건물의 실체를 세세히 알고 건물을 관리하기 위한 지식과 자료 등을 의미한다. 예컨대 콘크리트 부분을 보수하는 데 필요한 보수방법이나 재료 등을 아는 지식을 의미한다.

건물시설관리를 위해서는 수많은 종류의 관리정보가 필요하다. 따라서 건물자산관리 종사자, 특히 건물시설관리자(관리소장)는 반드시 건물시설관리에 필요한 정보를 충분히 확보하고 있어야 한다. 예컨대, 건물자산관리객체의 건물시설관리정보가 이 범주에 해당된다.

(4) 건물시설관리 조직구성원의 경험조건

경험이란 실제로 보고 듣고 겪은 일을 의미하는 것 외에 겪은 과정에서 얻은 기능이나 지식을 의미한다. 경험에는 직접경험과 간접경험이 있으나 건물시설관리에는 전자가 후자보다 훨씬 더 유용하다.

건물시설관리소장(책임관리자)은 적어도 일정규모 이상의 건물에 대하여 5년 이상의 종합관리경험(관리경력)이 필요하다.

건물자산관리 경험조건은 〈표 12〉와 같다.

〈표 12〉 건물시설관리 조직구성원의 직책별 업무범위와 요구경력

직 책	업무범위	요구경력
건물시설관리책임자 (관리소장)	① 대외적 관리사무소 대표 ② 대내적 관리업무의 총괄과 지원 ③ 건물자산소유자 및 경영자 보좌 ④ 안전관리업무 총괄	① 건물자산종합관리 : 10년 이상의 근무경력자 ② 건물자산관리 장기교육(1년 이상)이수자나 대학에서 건물자산관리학 전공자로서 5년 이상의 건물자산관리분야 관리 경력자 ③ 공동주택의 경우 : 주택관리사(보)의 자격소지자로서 5년 이상의 공동주택관리 근무경력자
시설과장 기술과장 설비과장 (기술관리감독자)	① 관리소장 기술관리분야 보좌 ② 전기설비, 냉난방설비, 이동설비, 위생설비, 소방설비, 통신설비의 운전과 유지관리 및 정비보수와 시설의 영선 ③ 위험설비 안전관리 ④ 기술작업감독 ⑤ 시설설비 중앙관제 등	① 기술관련분야 : 해당시설 5년 이상 근무경력자 ② 기술관리분야 : 대학에서 기술관리분야 전공자로서 3년 이상 유경험자

직 책	업무범위	요구경력
지원팀장 업무과장 관리과장 (행정관리업무감독자)	① 행정관리분야 소장 보좌 ② 회계, 세무, 임대, 구매, 보험, 인사, 노무, 사무문서, 입주자 관리 및 용역관리 등	① 경영(행정)관리분야 : 해당업무 5년 이상 근무경력 유경험자 ② 건물행정관리분야 : 대학에서 법률, 행정, 경영 또는 건물자산관리학 전공 또는 교육 이수자 또는 전공자로 3년 이상 유사분야 경력자
경리 담당자 및 행정담당근무자	① 관리과장과 관리소장 보좌 ② 문서수발, 회계, 행정지원, 전산업무, 기타 서무업무 등	① 관련분야 1년 이상 근무경력자 ② PC 및 경리실무 자격 소지자
기계설비관리근무자, 기술직 근무자	각종 기계 운전관리, 점검보수, 자동제어, 고압가스, 환경관리, 방화·관제업무수행, 정비 보수 등	① 해당시설관리분야 유자격자 ② 실무경력 1년 이상
전기설비관리근무자	전기시설 운전감시, 방송설비, 통신설비, 승강설비관리 전기관리 업무수행, 정비, 보수 등	① 해당시설관리분야 유자격자 ② 실무경력 1년 이상
시설경비원 및 주차관리자	출입자 차량 통제, 건물 내 보안, 경비관리, 순찰업무, 차량정리 및 주차장 안내업무 등	① 운전면허소지자 ② 만 25~60세 ③ 경비보안관리분야 1년 이상 경력자 ④ 일정한 경우 경비지도사 자격소지자 ⑤ 정신적·육체적으로 건강한 자 ⑥ 신원이 확실한 자
환경미화원	내외부 일반청소, 대청소 및 왁스 등 세척작업, 특별 청소 쓰레기 배출, 정리정돈 등	① 환경미화분야 1년 이상 경력자 ② 신체건강한 자 ③ 만 20세~60세 ④ 용모단정한 자 ⑤ 신원이 확실한 자

(5) 건물시설관리 조직구성원의 품성조건

품성이란 사람됨의 바탕이나 성격을 의미하는 것으로 충분조건에 해당된다.

건물시설관리종사자는 대물관리와 대인관리를 담당하는 자이므로 성격이 원만해야 할 뿐 아니라 사람다운 사람의 바탕을 가지고 있는 자이어야 한다. 왜냐하면 건물시설관리자는 타인의 귀중한 재산과 인명을 보호하는 자이기 때문이다. 사람다운 사람의 조건에 관한 판단기준은 여러 가지 기준이 있을 수 있으나 본서에서는 공자의 제자들이 스승인 공자에 관하여 저술한 《논어》에 제시하고 있는 사람다운 사람의 조건기준을 원용하고 있다. 이를 인용하면 사람다운 사람의 조건기준은 다음과 같다.

- 약속행인(約束行人) : 약속하면 반드시 지키는 사람
- 은혜행인(恩惠行人) : 은혜를 입으면 반드시 갚는 사람
- 의리행인(義理行人) : 불의하지 아니하고 의리를 지키는 사람
- 축하행인(祝賀行人) : 남이 잘되면 축하할 줄 아는 사람
- 문상행인(問喪行人) : 남이 슬픔을 당하면 애도하고 위로할 줄 아는 사람
- 재산정용행인(財産正用行人) : 타인의 재산을 잘 관리해주고 자기 재산 역시 바르게 사용할 줄 아는 사람

또한 관리종사자는 건물자산관리를 위하여 다양한 계층의 사람들을 상대해야 하므로 사람다운 사람의 조건 외에 다음과 같은 마음의 바탕과 덕목의 품성조건을 견지해야 한다.

관리종사자가 갖추어야 할 마음의 바탕과 덕목은 신뢰성, 정직성, 책임성, 성실성, 인내성 등을 들 수 있다.

(6) 건물시설관리 조직구성원의 건강조건

건물시설관리종사자는 관리활동을 함에 있어서 다음과 같은 육체적 건강 · 정신적 건강 및 사회적 건강 조건을 모두 유지하고 있는 자라야 한다.

① 육체적 건강

육체적으로 질병이 없고 아무 탈 없이 튼튼해야 한다. 육체의 건강이 유지되지 아니하면 정신적 건강도 나빠지게 되어 관리상의 여러 가지 문제를 야기할 수 있기 때문이다.

② 정신적 건강

정신적 건강이란 정신적 의식이나 사상이 바르고 건실함을 의미한다.

사물을 바르게 보고 사람과 일을 긍정적으로 보며, 종사자에게 적극적 사고와 옳고 그름을 바르게 판단하고 처리하는 정신적 건강은 건물관리종사자에게 매우 중요한 건강조건에 해당된다.

③ 사회적 건강

사회적 건강이란 가정이나 사회적 관계에서 순리적이며 사람과의 원만한 관계를 의미한다. 특히 사회적 건강은 대인관리에 있어서 매우 중요한 건강조건이 된다. 건물자

산관리와 관계되는 사람과의 관계가 원만하지 않거나 불편하게 되면 건물자산관리는 실패하기 마련이다.

따라서 건물자산관리종사자는 육체적 건강과 정신적 건강 및 사회적 건강 조건을 모두 충족해야 한다.

(7) 건물시설관리 조직구성원의 정신자세 조건

건물관리자, 관리감독자, 관리근무자 등은 건물관리의 중요성과 필요성을 인식하고 바람직한 건물시설관리가 되도록 그에 합당한 행동을 스스로 하는 정신적 자세와 태도를 견지해야 한다.

뿐만 아니라 관리조직의 구성원으로서 해당 직분에 맞는 정신적 자세가 갖추어져야 한다. 또한 건물시설관리자는 수행하고 있는 건물시설관리업무가 크게는 인간의 생존을 돕는 일이며, 인간에게 건물의 유익을 창출 · 제공하여 그들의 삶과 생활과 일을 돕고, 작게는 소유자 목적, 사용자 목적, 이용자 목적을 달성하게 하여 그들 모두를 경제적 또는 사회적으로 만족시키는 봉사자임을 확신하고 자부심을 느끼며, 건물시설관리의 숭고한 이념을 실천하는 높은 정신적 자세와 태도를 확립하고 견지해야 한다.

5) 건물시설관리관계자 협조체계

건물관리의 직접수단의 하나인 인적자원은 전술한 바와 같이 협의의 시설관리 인적자원 구성체계와 광의의 시설관리 인적자원 구성체계로 분류된다.

전자는 건물시설관리에 직접 종사하는 관리종사자들로서 본래 의미의 시설관리 인적자원이다. 그러나 건물은 협의의 시설관리 인적자원에 의한 관리활동 그 자체만으로는 시설관리목표를 달성할 수 없으므로 광의의 시설관리 인적자원 구성체계를 이루고 있는 시설관리관계자와 시설관리협력자의 도움과 협력이 필요하다. 따라서 건물시설관리관계자와 시설관리협력자에 대한 내용을 차례대로 고찰해보고자 한다.

건물시설관리관계자란 관리에 직접 종사하지 아니하나 건물에 필요한 에너지를 공급하거나 행정서비스 제공, 지도, 감독 또는 정책의 수립과 집행, 조정, 통제하는 행정기관과 공적 서비스를 제공하는 유관기관(대외기관)을 의미한다.

건물시설관리 유관기관에는 중앙 시설관리 유관기관과 지방 시설관리 유관기관 그리고 기타 시설관리 유관기관 등이 있다.

(1) 중앙 시설관리 유관기관

건물관리업무 중앙 시설관리 유관기관으로는 국토해양부, 지식경제부, 환경청, 보건복지부 등이 있으며, 국토해양부 주거환경팀(종전 주택관리과)의 업무는 다음과 같다.

- 주택관리에 관한 기준정책 및 지도감독
- 주택에 관한 조사 및 통계
- 주택사업승인 및 분석
- 주택분양가격 및 임대료의 승인
- 주거환경정화 연구
- 주택건설자료에 대한 운영관리
- 부대시설과 복리시설의 기준제정

공동주택을 제외한 일반건축물의 관리를 위한 중앙 시설관리 유관기관으로는 도시국의 건축기획과 · 도시관리과가 각각 연관을 가지고 있으며, 일반건축물의 관리에 관한 기본법이 없는 관계로 그 역할은 미미한 편이다. 다만 건축법 제35조와 동법 시행령 제23조에 따라 중앙유관기관으로서의 지위와 역할을 하고 있다. 그러나 집합건물의 경우 집합건물의소유및관리에관한법률에서 유지관리에 관한 규정을 두고 있으나 완벽한 집합건물의 유지관리법으로서는 여러 가지 미흡한 면이 있다.

(2) 지방 시설관리 유관기관

지방 시설관리 유관기관에는 시 · 군 · 구가 있으며 건물시설관리에 있어서 지방 시설관리 유관기관인 시 · 군 · 구가 중앙 시설관리 유관기관보다 지대한 영향을 주고 있는 시설관리 유관기관이다. 지방 시설관리 유관기관들이 건물시설관리업무에 관계되는 업무는 일정하지 아니하나 건물관리현장과 관계되는 지방유관기관별 업무는 대체로 다음과 같다.

① 청소행정과

- 소독업무 대행
- 오물수거
- 공동주택의 경우 청소확인
- 정화조청소 통지 및 단속

- 사업장폐기물 배출신고 및 단속
- 오수정화조 청소
- 오수처리시설 점검 등

② 방역과

- 전염병 발생시 입주자 홍보
- 전염병 확산 방지 협력

③ 수도사업소

- 수돗물 공급
- 단수 통지 및 협조
- 하수관 연결작업시 협조
- 상수도관 인입시 협조
- 수돗물 저수압시 통지 및 협력

④ 산업과

- 산업폐기물 관리
- 산업공해 단속

⑤ 도시과

- 공동주택 수선충당금 사용신고
- 공동주택단지 내 부대시설 용도변경에 대한 조사시 협력

⑥ 재해대책본부

- 수해나 가타 재해 발생시 신고 및 협조
- 재해발생시 수습 협조

⑦ 건축과

- 증 · 개축시 신고 · 허가 · 사용승인
- 시설물 안전 및 유지관리계획 제출(상반기 · 하반기)
- 시설물 정기점검(1종시설물 및 2종시설물)

⑧ 위생과

- 건축물 위생검사 및 단속
- 위생검사 위반시(위생관계법령 위반시) 과태료 처분

(3) 기타 시설관리 유관기관

기타 시설관리 유관기관과 시설관리 협조업무 내용은 다음과 같다.

① 소방청, 소방본부, 소방서

- 화재발생시 신고 및 진화 협조
- 소방시설의 정기점검 및 시정조치
- 소방훈련시 자위(자체)소방대 훈련 참여
- 방화관리자 지도 · 감독, 자체검사 협조

② 경찰서, 지구대, 파출소

- 방범협력
- 입주자 분쟁시 신고 · 조정
- 단지내 또는 건물내 교통사고, 재해발생, 사건발생 등 신고접수 및 처리
- 형사사건 · 도난사고 등 빌딩 범죄 사건사고 신고 처리
- 단지내, 건물내 인명사고 신고 및 수사 협조

③ 보건소

- 단지내 또는 건물내 전염병예방 홍보 및 협조
- 냉방장치(냉각탑 · 저수탱크 · 에어컨) 청소안내 홍보
- 다중이용시설 금연구역 지정 및 단속

④ 화재보험협회 및 손해보험사

- 화재보험 가입 및 관리(해당건물)
- 건물화재 안전점검 실시

⑤ 에너지관리공단

- 에너지 검사대상 기기 검사 및 관리
- 에너지 절감 정책 · 기기 · 절약방법 등 협조

⑥ 승강기안전관리원

- 승강기 정기검사
- 승강기 사고시 조사 및 협조

⑦ 전력공사

- 전원공급
- 정전 · 누전시 신고수리 접수 및 처리
- 전기계량기 검침 및 협조
- 단전시 협력

⑧ 통신공사

- 전화 등 통신서비스 제공
- 통신장애 및 두절시 신고 및 수리

⑨ 세무서

- 관리직원 갑근세 납부
- 건물관리 관련 부가가치세 납부
- 부동산 제세 납부
- 원천징수대행

⑩ 도시가스공사

- 가스공급
- 가스시설 안전점검 및 조치
- 가스누출 등 사고시 협조

⑪ 인 · 허가 업무 유관기관

- 건축물 용도 외 사용 등 허가 : 관할 시 · 군 · 구를 경유 서울특별시장, 광역시장, 또는 도지사
- 공동주택 관리규약 제정 : 서울특별시장 · 광역시장 · 도지사
- 공동주택 관리기구 인가 : 해당 시장 · 군수 · 구청장
- 공동주택 관리방법 신고 : 해당 시장 · 군수 · 구청장
- 공동주택 관리소장 회계직원 재정보증서 제출 : 해당 시장 · 군수 · 구청장

6) 건물시설관리협력자 협조체계

건물시설관리협력자란 건물시설관리에 직접 종사하지 아니하면서 시설관리업무에 협조하는 자를 말한다. 즉, 광의의 건물시설관리 인적자원을 구성하고 있는 자로서 일정한 급부를 받고 반대급부로 건물시설관리에 필요한 사적 서비스(용역)를 제공하는 자를 말한다.

건물시설관리협력자의 종류와 관련 업무는 대체로 다음과 같다.

(1) 설계사무소

- 건물의 용도변경 접수처리 협력
- 증 · 개축시 협력
- 용도외의 용도 변경시 협력
- 하자 원인분석 및 협력
- 준공도서의 제출 및 공사변경사항 통보 및 협력
- 건물 전용률과 공용률 계산 · 확인 협력
- 사용자재 정보제공 및 구입에 대한 협력
- 인근지역 심굴, 지반침하, 하중 관계 업무 협조

(2) 시공사(건설사)

- 하자책임 및 하자보수 협력
- 관리정보 제공 및 설치 · 설비 · 장비 · 시설 · 사용절차 설명안내 및 협력

(3) 원료 · 자재 · 약품 등 건물시설관리용품 납품업자

- 건물시설관리에 소요되는 원료 · 자재 · 약품 · 공구 · 부품 · 소모품 등의 정기 또는 적시 납품 협력
- 사용법 안내 및 교육 협력

(4) 안전검사 진단회사

- 안전진단, 정밀안전진단 등의 협력
- 안전진단 · 검사 등의 이상 유무 통지 및 처리에 관한 협력

(5) 특수시설물관리 용역회사

- 조경시설물, 가스시설, 위험시설물, 환경폐기물 처리 등의 관리 협력
- 특수시설물 처리신고 대행 및 허가 처리 협력

(6) 건물시설관리 용역회사

- 청소 · 경비 · 시설관리 등의 용역서비스 제공
- 건물관리대행 · 위탁관리
- 관리인력 파견

(7) 건물관리직원 교육훈련기관

- 관리종사자들에 대한 전문성 · 기술성 보수교육, 향상교육
- 관리종사자 직무교육 및 정신교육

(8) 거래은행

- 관리비 수납
- 특별수선충당금 및 보관 관리
- 하자보수보증금 관리
- 관리사무소 직원 봉급, 퇴직금 관리

(9) 공인중개사무소

- 임차인 소개 및 임대차 중개
- 임대사업 협력

(10) 전문건설업자 · 종합건설사

- 건물정비, 보수보강공사 협력
- 증 · 개축 및 리모델링 협력

(11) 세무사 · 회계사 · 법무사 · 변호사

- 세무처리 신고

- 회계처리 신고
- 법무대리
- 소송대리
- 임대중개
- 등기 · 법무처리 기타

2. 직접운영관리수단의 물적자원체계

1) 물적자원의 의의

물적자원이란 인적자원과 함께 직접관리수단에 해당되는 것으로서 건물시설관리활동에 직접 소요되는 전기 · 가스 · 유류 등의 에너지와 수돗물(지하수 포함), 재료 · 원료 · 부품 · 공구 · 장비 및 설비 등과 건물시설물의 운영관리활동에 소요되는 사무실, 집기비품, 사무기기, 사무용품, 사무장표, 각종서식 등을 의미한다. 다시 말하면 건물시설관리의 물적자원이란 인적자원에 대한 상대적 개념으로서 건물시설관리 소요물품, 기계 · 전기의 운전과 정비 · 청소 · 경비 · 소독 · 조경 · 보수작업과 재산경영을 위하여 사용되거나 준비해두어야 하는 시설이나 용품 등을 의미한다.

건물시설관리업무는 인적자원과 함께 적합하고 규격에 맞으며 편리하고 필요한 건물시설관리와 건물시설관리에 필요한 물적자원이 준비될 때 비로소 운영관리효과가 정상적으로 나타나며, 또한 관리의 품질이 양호하게 나타난다. 각 분야별 시설관리 물적자원은 대체로 다음과 같다.

본 절에서 소개하는 시설관리의 물적자원의 종류는 최소한의 sample에 지나지 않으므로 건물시설관리현장의 실정과 여건에 따라 시설관리 물적자원을 준비하고 보관 또는 최적화해야 한다.

다음에서 청소관리분야, 경비관리분야, 전기설비관리분야, 기계설비관리분야, 사무관리분야 그리고 기타 관리분야 등의 순서로 필요한 물적자원의 종류를 소개하면 다음과 같다.

2) 물적자원의 종류

직접관리수단의 물적자원에는 직접시설관리 물적자원과 간접 물적자원 등이 있다.

(1) 시설관리 직접 물적자원

시설관리 물적자원에는 청소, 위생, 경비, 설비, 기타 물적자원 등이 있다.

① 청소관리분야 물적자원

청소관리분야의 물적자원에는 청소도구와 청소자재 및 청소소모품 등이 있다.

– **청소도구**

빗자루, 자동빗자루, 걸레, 마포걸레, 젖은 마포, 젖은 걸레, 총채, 깃털총채, 브러시, 덱키브러시, 바닥브러시, 전기브러시, 수세미, 배기 진공청소기, 흡수진공청소기, 바흐바트, 스치웰, 샌드페이퍼, 가죽 자르는 칼, 다스트크로스, 자동마루세척기, 왁스머신기, 펌프카, 초고압세정기, 양수기, 수중모터, 잔수처리기, PH측정기, 탁도 · 색도 측정기, 잔류염소측정기, 로프, 물흡진기, 대형송풍기, 걸레짜게, 유리세척기, 소형 청소기, 알루미늄사다리, 세탁기, 스비스카트 등

– **청소자재 및 소모품**

물, 세제, 합성세제, 산 · 알칼리 표백제, 비누, 왁스, 톱밥 등

② 시설경비분야 물적자원

시설경비분야 물적자원에는 CCTV, 연속촬영카메라, 분할영상카메라, 가스분사기, 무전기, 호루라기, 곤봉, 플래시, 망원경, 가스총, 무선이어폰, 비상약품 등이 있다.

③ 전기설비관리분야 물적자원

전기설비관리 물적자원은 전기재료와 전기공구와 계기 등으로 분류된다. 전기설비관리 물적 설비 역시 관리대상 건물의 용도 · 규모 · 성격, 시설의 종류, 용량 등에 따라 가감됨을 유의하기 바란다.

– **전기재료**

건물관리현장에서 전기설비의 유지나 관리 및 운용 · 정비 등을 위하여 자주 사용되는 재료를 전기재료라 하는데 일반적으로 자주 사용되고 필요한 전기재료의 종류에는 전선, 퓨즈, 코드, 스위치, 기타 재료 등이 있다.

– **전기공구와 계기**

건물관리에 있어 전기설비의 운전점검 및 보수정비 등을 위하여 소용되는 공

구나 계기 등을 전기공구 또는 계기라 한다. 전기실에서 항상 준비해두고 활용하는 전기공구와 계기의 종류에는 전기계기, 전기공구 등이 있다.

④ 기계설비관리분야 물적자원

건물관리현장 기계실에서 기계설비의 운전과 정비보수를 위하여 항상 준비해두고 사용되는 공구와 재료를 기계공구 및 재료로 분류하는데 주요 기계공구에는 소형용접기, 드릴링머신 등이 있으며 주요재료에는 밸브, 콕, 패킹 등이 있으며 주요부품에는 나사, 와셔, 클립 등이 있다.

⑤ 기타 관리분야 물적자원

기타 관리분야 물적자원에는 에너지, 운반차량, 기타 설비 등이 필요하다.

(2) 시설관리 간접 물적자원

건물시설운영관리에 필요한 간접 물적자원에는 사무실, 전산시스템, 집기비품, 사무자동화설비, 사무기기, 사무서식, 프로그램, 사무용품 등이 있다.

3. 간접운영관리수단의 체계

1) 간접운영관리수단의 의의

간접운영관리수단이란 직접운영관리수단에 대한 상대적 개념으로서 건물시설운영관리활동에 있어서 간접적으로 필요로 하는 운영관리방도로서 재무적 자원, 기술적 자원, 기타 정보적 자원 등을 의미한다.

간접운영관리수단은 직접운영관리수단 못지않게 매우 중요한 운영관리수단이라 할 수 있다.

왜냐하면 관리에 절대적으로 필요한 건물자산경영자의 관리방침과 관리계획(관리예산 포함) 그리고 각종 관리활동에 준거가 되거나 기준이 되는 관리관계법령, 관리계약, 관리규정, 관리기준 등이 이에 해당되기 때문이다.

간접운영관리수단의 체계는 재무적 자원, 기술적 자원 그리고 정보적 자원으로 구성되어 있다.

2) 간접운영관리수단의 종류와 내용

(1) 재무적 자원

재무적 자원이란 건물시설운영관리의 간접수단의 일종이나 건물자산관리에 있어서 가장 중요한 자원으로서 건물자산의 매입 · 신축 · 운영 · 수선 · 관리 · 임대 등에 소요되는 자금, 펀드, 예금, 관리예산, 관리비, 운영준비금, 장기수선충당금 등을 총칭하는 금융자원을 의미한다.

(2) 기술적 자원

기술적 자원은 간접운영관리수단으로서 건물시설관리에 없어서는 안 될 장비사용설명서, 설비운전정비매뉴얼, 기술시방서, 설계도면, 보수이력서 등을 말한다.

(3) 정보적 자원

전산프로그램, 관리관계법령, 매뉴얼, 절차서, 지침 등이 이 범주에 해당된다.

제 4 장

건물자산관리시장과 건물자산관리업

제 1 절 건물자산관리시장

건물자산관리시장이란 건물자산의 재화와 건물자산관리의 서비스를 경제원리에 따라 거래하는 장소를 의미하며 이에는 건물자산투자시장(직접투자시장/간접투자시장), 매매시장(주택매매시장/빌딩매매시장), 임대시장(주택임대시장/오피스빌딩임대시장) 그리고 건물자산관리용역시장 등이 있다. 건물자산관리용역시장은 건물자산시설관리용역시장과 건물자산관리전문서비스시장으로 다시 세분된다.

건물자산관리업분야의 하나인 시설운영관리용역업의 본격적인 효시는 1963년 서울을지로 소재 삼성빌딩의 시설관리를 중앙개발에 의하여 운영관리를 시작하면서부터라 할 수 있다. 그 후 현대건물의 특징을 가지고 신축된 삼성본관 신축과 대우센터빌딩의 신축은 체계적 관리의 필요성을 요구하게 하였으며 1980년대 경제 고도경제성장과 '86 아시안게임, '88올림픽게임과 2002년 한일월드컵대회 국내개최 등은 국내 대형빌딩 건축붐의 촉매제가 되어 건물자산관리시장을 성장시키는 기회를 제공하였다.

특히 1990년대부터 본격적으로 도입이 시작된 자동화설비 BAS(Building Automation System)와 첨단지능형 건물인 IBS(Intelligent Building System)의 등장은 외국 선진 시설관리기술의 도입의 계기와 함께 본격적인 기술관리 중심의 건물자산관리시장을 태동케 함으로써 건물자산관리용역업은 고도성장과 양적성장의 혜택을 잠시 누렸다. 그러나 1997년 IMF외환위기로 대대적인 구조조정의 시련을 겪었으며 1998년 부동산시장개방에 따라 해외 건물자산관리업체의 국내 진출로 우리나라 건물자산관리시장은 무한경쟁시대를 맞아 생존차원의 각축을 벌이고 있다.

본 절에서는 우리나라의 건물자산관리시장의 발달배경과 시장의 환경변화에 대하여 구체적으로 살펴보기로 한다.

1. 건물자산관리시장의 발달배경과 시장환경의 변화

1) 건물자산관리시장의 발달배경

오늘날 선진 외국과 우리나라의 건물자산관리시장의 발달은 우연하게 이루어진 것이 아니었다. 다시 말하면, 건물자산의 소유와 경영이 분리된 가운데 건물자산관리의 3측면인 AM과 PM 및 FM으로 건물자산관리 전문화와 분업화 체계를 가지고 과학적 관리법을 접목시켜 효율적이고 체계적이며 조사와 분석을 토대로 건물자산의 경제적 가치인 사용가치와 수익가치를 극대화하여 건물자산의 소유자(투자자 포함)와 사용자 및 이용자 모두를 경제적으로 그리고 사회적으로 만족하게 하는 이른바 선진 건물자산관리제도는 우연하게 태동하여 발달한 것은 아니었다.

미국의 경우, 현재와 같은 건물자산관리제도는 1930년대 경제대공황으로 인하여 수많은 기업이 도산에 직면함에 따라 기업소유 부실기업자산이 대거 거래은행이나 보험회사 등 채권단에 인수되는 초유의 사태가 발생하자 채권자인 은행, 보험회사 등이 부실채권으로 취득한 부실기업자산을 효과적으로 관리하고자 은행과 보험회사 자체조직 내부에 별도의 부동산자산관리부서를 두고 협의의 자산관리개념으로 소극적으로 자산의 보존과 유지의 실무차원에서 건물자산관리업무를 시작하였다.

그 후 1970년대에 접어들면서 은행, 보험회사, 연기금, 신탁회사의 자금에 의한 수익창출을 목적으로 보유 부동산과 함께 타인의 건물자산을 전략적으로 매입하고 운용하여 매각함으로써 오늘날 같은 전문 건물자산관리업이 태동하게 되었다.

또한 민간 기업에 의한 건물자산관리업의 본격적 태동은 1980년대 미국 경제 불황으로 부실부동산에 대한 관리와 처리가 민간자산관리기업에 위탁됨에 따라 결정적으로 미국 건물자산관리업 발달의 계기가 되었다.

다시 말하면, 미국 건물자산관리제도의 경우, 1930년대 대공황과 1980년대 극심한 경제 불황의 여파로 건물자산관리제도가 태동하고 결정적으로 발전하는 계기가 되었다.

우리나라의 경우, 1960년대와 같이 전문 관리대상 건물자산이 많지 않은 가운데 수익성 목적의 건물자산 취득보다 소유(보유)중심의 건물자산 취득 사고체계가 팽배한 가운데 소유와 경영이 분리된 건물자산관리시장의 부재로 건물자산전문관리업의 태동은 기대하기 어려웠다. 그러나 1980년대 이후 대기업중심으로 자사 보유 건물자산을 자체 회사 내에 관리부서를 두고 보존 · 유지중심의 유지관리차원에서 관리해왔다.

그러나 우리나라 건물자산관리제도와 건물자산관리시장의 결정적인 태동과 본격적인 출발은 아이러니컬하게도 1997년 외환위기가 계기가 되어 부실기업의 구조조정과 해외투자펀드의 국내 상륙 및 부동산간접투자 활성화정책에 힘입어 시설관리업 중심으로 전문 건물자산관리업이 본격적으로 태동하여 최근에는 810개사의 시설관리회사와 소수의 대기업의 자회사가 PM형태와 FM형태로 건물자산관리업을 영위하고 있다.

따라서 현재 우리나라 건물자산관리업의 중심은 시설관리업이며 임대관리업무를 병행하는 PM형태의 건물자산관리업을 부분적으로 수행하고 있다. 또한 2001년부터 은행, 증권, 토지개발공사, 건설회사들이 자본을 투자하여 코람코, 코리츠, 리얼티 어드바이저 코리아, 맥쿼리 인터내셔널 자산관리, 한국토지신탁 명의로 코크랩 1~7호, 케이원, 리얼티코리아 1호 등의 자산을 운영하고 이를 건물자산(부동산)에 투자하여 투자수익을 창출하는 건물자산 투자시장이 형성되어 가고 있다.

이를 계기로, 국토해양부와 지식경제부 중심으로 건물자산관리의 중요성과 필요성이 정책적 차원에서 인식되기 시작하였으며 민간 건물자산관리회사와 건물자산관리종사자 및 건물자산의 소유자와 기관투자자에 이르기까지 건물자산관리의 중요성과 필요성을 인식하기 시작하면서 건물 사용목적의 보유중심에서 수익중심의 보유목적으로 바뀌고 있으며, 특히 건물자산의 관리방식 역시 건물자산의 소유자들이 고수하여 왔던 종래의 전통적인 직영관리방식에서 위탁관리방식으로의 전환을 시작하면서부터 건물자산위탁관리 수요가 크게 늘어나 건물자산관리시장의 활성화가 가시화되기 시작하였다.

학계에서도, 부동산학, 건축학, 법학, 경제학 전공 석 · 박사과정의 연구자와 부동산학 교수중심의 학자들에 의하여 토지중심의 부동산자산문제관련 논문이 다수 발표되어 건물자산관리학분야에 대한 학문적 관심을 보여주고 있다.

특히, 극동대학교에서는 2003년부터 저자에 의하여 개척이 시작된 건물자산관리학을 응용과학의 학문으로 인정하고 일반 대학원 정규과정에 건물자산관리학 전공 석 · 박사과정을 설치하여 건물자산관리학의 교육과 연구에 총력을 경주하고 있으며 국토해양부에서도 때를 맞추어 건물자산관리학을 학문적으로 지원하기 위하여 2005년에 사단법인 건물관리학회를 허가해줌으로써 건물자산관리학의 연구를 토대로 학문적으로 건물자산관리업을 지원하고 있다.

이와 같은 학문적 노력으로 건물자산관리문제에 대한 11편의 박사학위논문과 55편의 석사학위논문이 2011년 5월 현재 발표되었으며 사단법인 건물관리학회와 극동대학교 부설 건물관리연구소와 공동으로 협력하여 건물자산관리 문제개선과 정책개발에 관한 연구에 착수함으로써 우리나라 건물자산관리산업 발전에 필요한 제도, 정책, 시스템, 이론, 실무방법론, 기술매뉴얼 등을 개발하고 전문인력을 양성하여 마침내 국내 건물자산관리시장의 활성화에 대한 대비와 해외 건물자산관리시장 진출을 위한 고용창출과 건물자산관리 산업측면에서 국가경제발전 지원을 현실화시켜 가고 있다.

이와 같은 건물자산관리학은 건물자산관리의 연구와 교육의 후진성을 가지고 있는 우리나라 건물자산관리기술과 전문성을 업그레이드시켜 우리나라 건물자산관리기업이 불원장래에 선진국 자산관리기업과 경쟁하여 건물자산 시장에서 경쟁우위에 설 수 있도록 지원하는 데 기여할 것으로 판단된다.

현재 우리나라 건물자산관리업은 건물시설관리업 중심으로 편제되어 건물자산 경영업과 건물자산서비스업은 다소 부진한 형편에 있으며 전술한 바와 같이 시설관리업 중심의 소수대기업만이 자회사에 의한 Property Management 수준에서 건물임대관리업과 시설관리업에 머물고 있는 현황을 보여주고 있다.

또한 국내에 진출한 외국 자산관리회사에 의한 건물자산관리의 전문성과 기술 및 시스템, 매뉴얼, 기법 등의 차별성으로 인하여 대부분의 시설관리전문업이 시설관리분야 외국 자산관리회사의 협력회사로 점차 종속되어가는 추세에 있어 국내 건물자산관리업계의 연구개발의 노력의 요구와 경영개선과 함께 분발이 크게 요구되고 있다.

2) 건물자산관리시장과 환경변화

(1) 건물자산관리시장의 개념

건물자산관리시장이란 전술한 바와 같이 건물자산의 재화와 건물자산관리서비스를 경제원리에 따라 거래하는 장소를 의미하며 건물자산관리시장의 종류에는 건물자산 매매 · 투자 중심의 건물자산매매시장, 건물자산투자시장 그리고 건물자산임대시장 및 건물자산관리관련 용역과 서비스를 제공하는 건물자산관리용역시장 등이 있다.

다시 말하면, 건물자산관리시장이란 매도자와 매수자, 임대인과 임차인, 도급인과 수급인, 위탁자와 수탁자 상호 간에 상품과 서비스가 교환되는 장소로서 건물자산의 권리교환, 가액의 결정, 공간배분 또는 공간이용 방법 등의 결정과 수급조절을 지원하는 의도된 상업활동 장소를 의미한다.

따라서 건물자산관리시장의 종류에는 건물자산의 투자시장과 매매시장, 임대시장 및 건물자산관리용역시장 등으로 분류되며 건물자산관리용역시장은 다시 건물자산시설관리용역시장과 건물자산관리전문용역시장으로 세분된다.

건물자산투자시장에는 직접투자시장과 간접투자시장이 있으며 건물자산매매시장은 매도자와 매수자 사이에 매매계약에 의하여 소유권과 매매대금이 교환되는 시장을 의미한다. 건물자산임대시장은 임대인과 임차인 사이에 건물 사용수익의 임차권을 임대계약에 따라 이전하고 반대급부로 임대료를 받음으로써 일정한 임차수익을 발생하게 하는 시장을 말한다.

건물자산관리용역시장 중 하나인 건물자산시설관리용역시장은 의뢰자의 요청에 따라 서비스(용역)계약에 의하여 서비스와 용역비가 교환되는 시장으로서 시설운영관리용역, 시설관리용역, 청소위생관리용역, 경비보안관리용역 등의 시설운영관리용역시장을 의미하며 건물자산관리전문서비스시장이란 경영관리컨설팅, 투자 및 금융컨설팅, 임대차컨설팅, 매입 · 매각 자문 · 대행 · 중개 등의 건물자산 경영상담서비스와 관리용품의 공급서비스 및 검사 · 진단 등의 안전검사서비스, 정비 · 보수 등의 기술서비스, 건물자산의 중개서비스나 임대대행서비스, 건물조사서비스 등을 제공하는 전문서비스시장을 의미한다.

이와 같은 건물자산관리시장은 종류가 매우 다양한 시장형태로서 건물자산관리시장의 특성상 추상적 시장으로 운영되고 있다.

(2) 건물자산관리시장의 환경변화

1997년 외환위기 이전까지만 하더라도 국내의 경우 건물자산의 소유와 경영의 미분리로 건물자산관리시장다운 시장은 전무하였다. 뿐만 아니라 외환위기 이전의 건물자산은 자산시장에서 증권이나 채권수준의 투자대상 상품이 아니었다.

그러나, 미국의 건물자산관리시장 형성과 발달이 전술한 바와 같이 1930년대 경제공황과 1980년대의 극심한 경제 불황의 여파로 부실화된 기업건물자산의 효율적 관리의 필요성과 수익목적의 전문적 관리의 수요 등으로 채권단의 위치에 있던 은행, 보험사 등이 보유건물자산을 자사소속 관리부서로 하여금 1930년대에는 소극적 관리대응을 해오다가 1980년대에 진입하면서 본격적인 민간위탁관리의 전환으로 수익중심의 자산전문관리시대와 분업화관리시대를 열어 오늘날과 같은 건물자산관리시장의 태동과 발달을 가져왔다. 그러나 우리나라 건물자산시장의 본격적인 태동과 발달은 1997년 IMF 외환위기 후부터 시작되었다고 볼 수 있다.

이와 같이 태동한 국내 건물자산관리시장의 환경 역시 크게 변화하였다. 전술한 바와 같이 IMF 이전까지만 하더라도 건물자산은 보유대상으로서 사용에 목적을 두고 취득(매입)하였으며 소유자의 물리적 시설관리의 품질에만 주력함으로써 수익목적의 건물자산 취득은 소수의 사례에 불과하였다. 다시 말하면, 1997년 이전에는 건물자산은 보유의 대상으로서 사용에 목적을 두었으나 수익은 고려대상이 아니었다.

그러나 오늘날의 건물자산은 투자대상상품으로서 수익에 목적을 두고 취득하는 이른바 수익목적의 투자대상으로 인식하고 있다. 즉, 오늘날의 건물자산은 투자의 대상이며 수익이 건물자산 취득의 핵심목적이 되고 있다.

투자목적의 건물자산은 단순한 물리적 공간이나 시설만으로는 투자의 대상이 될 수 없으며, 투자대상 건물자산은 친환경적이어야 하고 사람의 건강에 필요한 쾌적한 시설과 환경이 전제되어야만 매매나 임대의 목적물이 될 수 있는 것으로서 건물자산 취득자의 인식과 목적이 크게 변화하였다. 특히 건물자산시장의 구조 측면에서도 크게 변화하였다.

종전의 건물자산시장은 공급자 중심의 시장이었으나 현재의 건물자산시장 구조는 수요자중심의 시장으로 변화하였다. 또한 종전의 건물자산시장에서 거래되는 건물자산은 보유대상으로서 사용가치에 무게를 두었으나 현재의 건물자산은 투자대상으로 수익가치에 비중을 두고 있다. 뿐만 아니라, 건물자산관리체계는 건물소유자나 소유자에 의하여 구성된 자회사가 용역위주로 품질중심의 시설관리에 주력하였으나 현재의 건물자산관리체계는 수직적 분업체계로서 건물자산관리전문회사에게 공개경쟁으로 아웃소싱하여 효율을 크게 강조하고 있다.

따라서 종전의 협의의 건물자산관리개념인 시설관리는 단순한 시설관리 능력만 요구되었으나 현재 건물자산전문경영은 수직적 분업체계의 효율성 중심의 자산관리에 있어서는 건물자산관리의 정보력과 마케팅능력 및 글로벌 스탠더드의 품질규격에 맞는 One Stop Service의 종합건물자산관리 능력이 요구되고 있다.

최근 건축기술의 급속한 발달로 도시건물 등은 대형화, 초고층화, 다목적화, 과밀화, 첨단화의 경향을 보이고 있으며 이와 같은 현대 건물의 특징은 전문성과 기술에 의한 전문적 관리의 필요성을 요구하고 있어 국내에서 다수의 건물자산관리회사가 창업되었으며 대기업에서도 자사보유 건물자산에 대한 전문적 관리를 위하여 자회사를 설립하여 직접 관리하는 모습을 보이고 있다.

또한 IMF 이후 외국자본이 국내시장에 상륙하면서부터 외국계 건물자산관리 전문 관리회사들이 선진기술과 글로벌 스탠더드 매뉴얼, 전문인력, 전문 관리시스템으로 국내 건물자산관리용역시장과 전문서비스시장에 진출하여 국내 건물자산 관리회사들과 차별적 관리와 전문적 관리 및 전문적 PM업무로 외국계가 건물자산관리시장을 선점하고 점차 전체 건물자산관리시장을 잠식하고 있는 실정이다.

이와 같은 건물자산관리시장의 상황 속에 국내 대기업들 중 일부는 외국 전문 건물자산관리회사와 라이센스 계약을 체결하고 외국 선진기술과 전문인력 및 시스템의 도입을 시도하여 건물자산관리용역시장과 서비스시장에서 점유율을 점차 높이거나 건물자산관리시장 서비스 방어에 노력하고 있으나 대부분의 영세시설관리업체들은 재정의 악화와 기술력 부족 등으로 고전하고 있는 실정에 있다. 또한 국내 건물자산관리시장에는 시설관리용역시장인 FM시장은 물론 PM시장과 건물자산전문서비스시장의 하나인 AM시장 등의 중요성이 크게 강조되고 있으며 전략적 제휴가 느린 속도로 이어지고 있다.

우리나라 건물자산관리시장의 형태는 주로 매매시장과 임대시장, 투자시장과 건물자산관리용역시장 등으로 4분되어 추상적 시장형태로 운영되고 있으며 건물자산관리용역시장의 하나인 시설관리용역시장은 공동주택관리와 빌딩관리로 양분되어 점차 전문화되어 가는 양상을 띠고 있다.

법 · 제도 측면의 건물자산관리실태를 살펴보면 집합건물이나 국유재산 또는 공동주택은 법정관리제도에 의하여 관리되나 개인 또는 기업소유 건물의 경우에는 임의관리제도가 주로 활용되고 있다. 왜냐하면, 전자는 주택법이나 집합건물의소유및관리에관한 법률 및 국유재산법 등 관리기본법 등이 입법화되어 관리의무, 관리방법 등을 명문화하여 뒷받침하고 있기 때문이나 후자의 경우에는 관리기본법이 없어 제도적으로 관리지원을 체계적으로 하지 못하고 있기 때문이다. 따라서 비주거용 빌딩관리의 경우, 소수의 빌딩현장을 제외하고는 건물의 소유자나 기업에 의해서 자체관리방법과 관리관행에 의하여 임의적으로 관리되고 있는 실정이다.

건물자산시장은 전술한 바와 같이 건물자산관리시장의 일종인 FM시장(시설관리용역시장)과 임대차시장의 PM시장, 투자시장 성격과 건물자산전문서비스시장 성격을 가진 AM시장으로 나뉘어 시장이 형성되면서 거래가 점차 확장되어 가는 추세에 있다. CR-REITs의 경우, 구조조정대상 부동산 매입을 중심으로 한시적 명목회사의 특성으로 반드시 고용이 요구되는 자산관리회사인 AMC(Asset Management Company)를 고용하여 AMC로 하여금 투자관리와 AMC나 건물소유자의 의뢰에 의한 PMC(Property Management Company)의 수익관리 중심의 재산관리 그리고 FMC(Facilities Management Compay)에 의한 건물시설관리 등으로 구분되어 업 형태로 운영되고 있으나 CR-REITs의 AMC의 투자관리는 한시적이고 명목상으로 이루어져 아직은 규모면에서 주목받지 못하고 있으며 PMC에 의한 수익관리 중심의 건물자산관리는 외국 PMC에 의해서 주도되고 있으나 국내 몇몇 회사들도 PM시장을 스스로 개척하여 참여하고 있다.

그러나 소수의 외국 부동산투자회사가 자국에서 부동산투자 또는 개발용도의 펀드를 조성, 국내에 상륙하여 여의도와 테헤란로 또는 서울 중심지역에 문제가 있거나 투자가치가 있는 건물을 싼 값에 매입한 후 약간의 Renovation 또는 Re-positioning, 건물의 임대구조를 개선하여 자산가치를 높여 한국의 PM회사나 FM회사에게 임대관리나 시설관리 등을 위탁관리하게 한 후 일정한 시점에 유리한 조건으로 전략적으로 매각함으로써 엄청난 양도차익을 실현시키고 있어 건물자산투자시장의 성공사례가 되고 있으나 엄청난 양도차익의 실현은 사회적 문제가 되고 있다.

그러나 국내 대부분의 건물자산관리실태는 FMC에 의한 시설관리 중심의 자산관리시장이 형성되어 영위되고 있다. 즉, 자산경영과 시설관리가 이원화되어 각각 시설관리주체와 자산경영주체가 중심이 되어 별도의 관리시스템을 운용하고 있다.

그러나 관리대상이 개인자산인 경우에 자산경영주체와 시설관리주체가 동일하여 건물소유자의 비용과 책임으로 자산경영과 시설관리가 일원화구조를 가지고 관리되고 있다. 관리대상 건물이 기업소유인 경우에 자산관리는 회사조직에서 직접 전담하나 건물자산의 시설관리는 주로 관리회사에 위탁관리하게 하는 이원화 관리시스템을 운용하고 있다.

또한 국유재산관리는 조달청 또는 관리청별로 경쟁입찰방식으로 시설관리만을 위탁관리하거나 한국자산관리공사 또는 한국토지신탁 등에게 국유건물 또는 토지 등을 보관 또는 위임관리하게 하고 국유재산관리는 국유재산법에 따라 총괄청인 기획재정부장관 중심으로 각부 장관의 관리청과 재산관리관 또는 분임재산관리관 등에게 각각 위임하여 관리해오고 있다.

〈표 13〉 건물자산관리시장 환경변화의 추이

구 분	종 전	현 재
건물자산의 소유목적	· 보유목적 · 사용목적	· 투자목적 · 수익목적
건물자산시장의 성격	· 공급자중심 시장 (소유자/임대인 중심) · 물리적 시설(공간)에 대한 임대시장 중심	사용자(매수인/임차인)중심 시장 · 친환경 Needs, Well-Being 욕구, 편의에 부합한 IBS건물 · 매각/임대 복합시장중심
건물자산관리구조와 목표	건물주/자회사/소속부서 · 용역위탁구조 · 품질우선목표	· 공개경쟁, 아웃소싱 관리구조 · 건물자산전문경영구조와 분업화구조 AM－PM－FM · 효율성지향목표
건물자산관리자 요구능력	시설관리기술능력	· 자산운용 능력 및 건물자산운영 능력 · 건물자산 정보수집능력 및 분석능력과 마케팅능력 · Global Standard 적응능력

(자료출처 : 한국생산성본부, 기업부동산 자산관리실무, 2006. 참조, 재구성)

다시 말하면, 건물자산관리시장은 시설관리용역업 중심으로 편제되어 간접 관리되고 있으며 자산관리부문은 소극적 방법으로 체계화되지 못한 가운데 소유자 개인 또는 기업에 의하여 직접 관리되고 있다.

건물자산시장은 종전과는 달리 많은 변화를 보이고 있는 바 이를 요약하면 〈표 13〉과 같다.

3) 건물자산관리시장의 거래규모와 변동요인

(1) 건물자산관리시장의 거래규모

국내 건물자산관리시장 규모에 관한 정확한 통계나 자료를 거의 찾아볼 수 없으며 소수의 연구 문헌에서조차 각기 다른 시장규모를 추상적으로 주장하고 있다. 그러나, 다행스럽게도 한국생산성본부의 기업부동산자산관리실무 교재에서 오피스빌딩의 자산시장 규모와 시설관리시장 규모를 다음과 같이 기술하고 있다.

먼저 국내 오피스빌딩의 PM시장 규모는 850억원으로 추계하고 있으며 오피스빌딩의 시설관리규모는 약 8,500억원으로 추정하고 있다.

그러나, 각종 시설물(호텔, 극장, 학교, 병원, 백화점, 컨벤션, 주상복합, 오피스텔, 콘도미니엄 등)까지 포함한 시설관리용역시장(FM시장)의 규모는 3배 내지 5배까지 확대될 것으로 추정되어 약 6조원에서 10조원의 시장규모인 것으로 추정된다.

(2) 건물자산관리시장의 변동요인

건물자산시장은 전술한 바와 같이 매도자와 매수자, 임대인과 임차인, 용역위탁자와 수탁자, 도급인과 수급인 사이에 이루어지는 가격에 의하여 상품과 서비스가 교환되는 장소이므로 교환가격과 수요공급, 자산가치 등은 여러가지 변수나 요인에 의하여 변화를 받게 된다.

따라서 건물자산운영관리자는 건물자산운영관리활동을 함에 있어서 건물자산관리시장의 변동요인을 면밀히 살피고 분석하여 미리 예측함으로써 경제적 변화가 나타나기 전에 필요한 조치를 적절히 취해야 한다.

건물자산관리시장의 주요 변동요인으로는 크게 경기순환적 변동요인과 계절적 변동요인, 무작위적 변동요인과 장기적 변동요인 그리고 정부정책적 변동요인 등이 있다.

① 경기순환적 변동요인

일반경기와 건물자산(부동산)경기는 상호밀접한 영향을 미치고 있다. 일반경기순환은 상승운동과 하강운동을 반복적 순환이라고 할 수 있으며 일반적으로 확장기(Expansion), 후퇴기(Recession), 수축기(Contraction) 그리고 회복기(Revival) 등 4가지 국면으로 변화된다. 이를 그림으로 구성하면 [그림 27]과 같다.

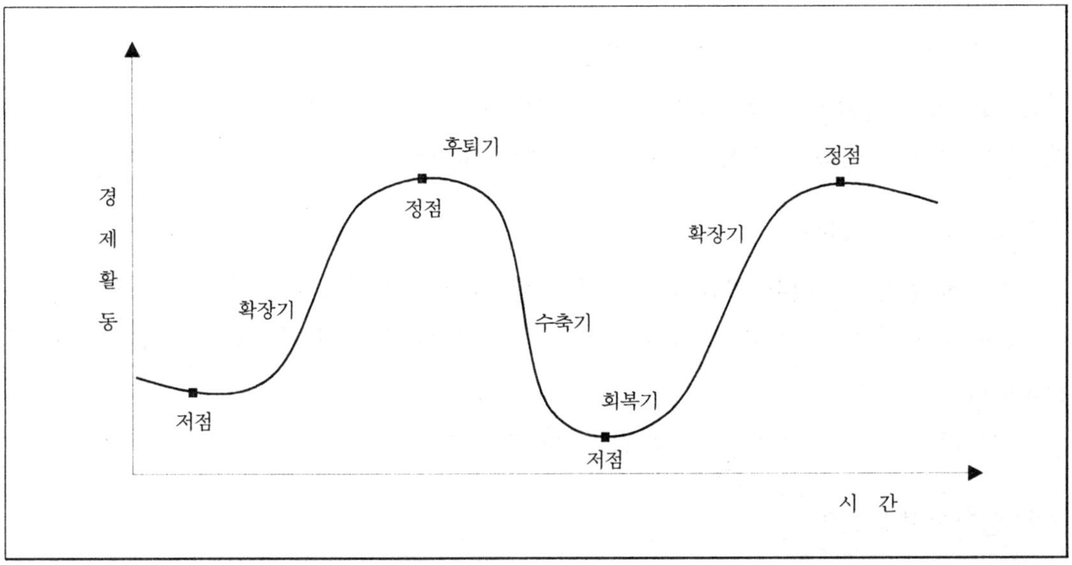

[그림 27] 경기순환주기변화

또한 경기순환주기 4국면의 경제적 현상과 특징은 다음의 〈표 14〉와 같다.

〈표 14〉 경기순환 4국면의 경제적 현상과 특징

국면	경제적 현상과 특징
확장기 (Expansion)	생산 및 공급 증가, 완전고용, 임금상승, 고용증대, 구매력상승, 수요증가, 가격상승, 화폐가치하락, 생산설비 확장, 임대료상승, 임차수요증가, 건축활동 활발, 관리비 상승, 공실률 최저
후퇴기 (Recession)	제품서비스 과잉공급, 건축공실과잉공급, 침체초기현황, 임대율 하강, 공실률 증가 조짐, 순환정점 신호
수축기 (Contraction)	제품서비스 수요감소, 공급감소, 고용감소, 상업률 급상승, 수축기 초기현상, 가격하락, 화폐가치 상승, 의 · 식 · 주 생활 보통수준 유지, 임대차유지, 건물자산가격 유지
회복기 (Revival)	초과공급소비, 구매현상, 생상증가, 공실률 감소, 경기최소 상승, 고용증대 초기현상, 생산설비 완만한 증가, 건축활동 증가, 확장국면 초기 신호

경기순환적 변동요인 관리방법으로는 경기변동 주기변화의 현상을 분석하고 신호를 읽어 사전에 적절히 대응하는 것이 현명하다.

② 계절적 변동요인

봄, 여름, 가을, 겨울과 같이 자연 계절에 따라 일정한 기간 동안 정기적으로 나타나는 요인으로서 이를 계절적 변동요인이라 하고 건물자산관리시장에서 가격변동 요인으로 작용한다.

예컨대, 대학촌의 경우 여름방학, 겨울방학으로 임대주택 공실률의 증가와 임대료 하락은 계절적 변동요인의 영향 때문으로 풀이된다. 계절적 변동요인을 완전히 관리하기란 쉽지 않으나 미리 예측하여 사전에 적절히 대처해야 한다.

③ 무작위적 변동요인

무작위적 변동요인이란 인간의 작위적 노력 없이 자연재해나 변화, 개혁, 폐지, 정치적 상황, 근로자파업, 전쟁 등에 의하여 건물자산관리시장에 영향을 미치는 변수들을 의미한다.

무작위적 변수의 관리방법은 경계와 대처를 통하여 어느 정도 대응할 수 있다.

④ 장기적 변동요인

20년 또는 30년의 세월이 흐르는 동안 인구의 증가, 기술의 변화, 수요자 변화, 신규산업의 태동, 최유효 이용의 균형, 성장패턴의 변화 등이 장기적 변수로 작용하여 건물자산관리시장에 영향을 미치게 하는 변수를 말한다. 예측으로 대처가 요구된다.

⑤ 정부정책적 변동요인

건물자산시장은 정부정책에 따라 크게 영향을 받는다. 예컨대, 부동산개발정책, 조세제도개혁정책, 금융정책, 제도의 신설과 입법 등으로 건물자산관리시장의 가격의 상승과 하락에 영향을 미치게 된다. 이와 같은 변수를 정부정책적 변동요인이라 한다.

2. 건물자산관리업업체의 수와 종사자 현황

건물자산관리업체에는 건물자산관리업종에 따라 건물자산 시설관리업체와 건물자산경영업체 그리고 건물자산관리 전문서비스업체 등으로 분류되며 시설관리 업체가 대종을 이루는 가운데 건물자산관리시장을 주도하고 있다.

〈표 15〉 전국 건물자산관리업 조직형태별 사업체의 수와 종사자수 현황

시도별	산업별	조직형태별	2006년	
			사업체수(개)	종사자수(명)
전국	건물자산관리업 (부동산관리업)	계	21,265	185,350
		개인사업체	2,195	8,490
		회사법인	3,705	54,528
		회사 이외의 법인	665	8,107
		비법인단체	14,700	115,225
	주거용 건물자산관리업 (주거용 부동산관리업)	계	15,164	136,216
		개인사업체	296	1,569
		회사법인	1,761	25,000
		회사 이외의 법인	467	5,946
		비법인단체	12,640	103,701
	비주거용 건물자산관리업 (비주거용 부동산관리업)	계	6,101	5,0134
		개인사업체	1,899	6,921
		회사법인	1,944	29,528
		회사 이외의 법인	198	2,161
		비법인단체	2,060	11,524

(자료출처 : 통계청 국가통계포털 서비스업 총조사, 2006 참조, 재구성)

2006년도 통계청이 조사하여 발표한 자료에 의하면 건물자산관리업체의 현황은 위의 〈표 15〉와 같다.

통계청 자료에 따르면 국내 건물자산관리업체의 수는 21,265개 업체이고 이에 종사하는 종사자의 수는 186,350명에 달하나 이는 환경미화나 경비보안관리자를 제외한 건물자산관리업체(임대포함)의 수치이므로 실제로는 더 많은 건물관리종사자가 근무하고 있을 것으로 추정된다. 주거용 건물자산 관리업체가 비주거용 건물자산 관리업체의 수보다 월등히 많으며 관리회사형태 역시 법인이 개인사업체 또는 단체의 수보다 많음을 알 수가 있다.

그러나 시설관리업을 영위하고 있는 국내 시설관리회사의 경우 그룹회사에 관계되는 대형시설관리회사들을 제외하고는 재무구조가 건실한 편이 못되며 용역단가의 수익성 악화구조로 관리용역종사자의 경제적 대우는 매우 열악하고 건물자산관리용역의 직업

에 대한 사회적 인정 역시 크게 높지 못하여 양질의 건물재화와 서비스 생산에 장애요인이 되고 있다.

또한 덤핑수주관행과 1년 단위의 계약조건은 기술개발이나 교육훈련투자에 여력과 관심이 없도록 하고 있으며 재무구조를 취약하게 하고 기업이익을 점차 악화시키는 원인이 되고 있다. 따라서 현재와 같은 시설관리입찰방식과 시설관리회사의 재무구조 및 형편과 사정은 더 이상 양질의 관리서비스와 건물재화의 경제적 이익 창출에 많은 문제점을 제공할 것으로 예측된다.

건물시설관리종사자의 임금은 아래의 〈표 16〉과 같이 산업근로자의 평균임금의 62%에 불과하여 사기를 크게 떨어지게 하고 있으며 이는 양질의 건물관리서비스 생산에 결정적으로 지장을 초래하고 있다. 크게 개선이 요구되는 부분으로서 관계기관의 노력으로 개선작업이 요구되고 있다.

〈표 16〉 전체산업 평균임금과 시설관리서비스업의 임금 현황

구 분	월평균 임금	이직률	근무일수
전체산업	2,352,840(원)	3.09(%)	24/월
건물관리/임대업	1,468,596(원)	2.34(%)	20.8/월

(자료출처 : 노동부 기획관리실 노동경제담당관실, 2005, 통계자료)

3. 건물자산관리시장의 현황

1) 건물자산시설관리자 생산성

우리나라 건물자산시설관리업체에 의한 건물자산시설관리서비스 생산실태와 고객만족도, 평당 관리비실태, 건물자산관리 이해당사자 만족도 실태 등은 바람직한 건물자산관리를 위하여 매우 중요한 자료로써 지표가 된다. 따라서 이에 관한 자료를 참고문헌을 통하여 살펴보면 다음과 같다.

참고문헌을 토대로 시설관리 인당관리 관리면적은 우리나라와 미국과 일본의 생산성 지표를 비교하여 살펴보면 다음과 같이 나타나고 있다.

• 한국 1025 평/인

- 일본 2259 평/인
- 미국 2245 평/인

이상과 같은 인당관리면적 생산성 비교에서 알 수 있듯이 우리나라 건물자산시설관리자의 인당관리면적은 일본과 미국 시설관리자에 비하여 약 45% 정도의 낮은 생산성을 보여주고 있다. 이는 저임금과 저수준의 기술력과 비효율적 관리 시스템으로 인한 고비용 저효율 관리구조에서 기인되고 있음을 시사하고 있다.

2) 시설관리서비스 만족도

참고문헌을 토대로 건물 사용자(임차인)의 시설관리분야별 입주자 고객만족도 조사를 실시한 결과 다음과 같은 만족지수를 나타내고 있다.

- 시설관리서비스 75.0%
- 미화관리서비스 78.74%
- 보안관리서비스 79.10%

따라서 자체 시설관리서비스 만족지수는 평균 77.6%로 100% 만족지수에 훨씬 미달되고 있어 건물 사용자(임차인)의 불만이 존재하고 있음을 알 수 있다. 그리고 기타 건물사용서비스 항목에 대한 만족지수 역시 다음과 같이 매우 낮게 나타나고 있다.

- 고객 불편사항 조치 만족도 84.22%
- 사무환경 만족도 57.89%
- 실내온도 / 습도 만족도 57.5%
- 실내조명 만족도 72.2%
- 승강기 이용 만족도 70.2%

기타 건물사용 서비스 항목의 서비스 만족지수는 평균 64.4%로 나타나고 있어 건물사용자 대부분이 불만족 상태에 있는 것으로 분석되고 있다. 따라서 분야별 시설관리서비스와 기타 건물사용서비스 항목 모두의 개선이 요구되고 있다.

3) 평당 직접 관리비

평당 직접 관리비를 문헌 중심으로 살펴보면 우리나라의 경우 평당 7,951(원)으로 조사되고 있다. 따라서 일본의 평당 관리비 6,924(원)에 비하면 23%가 우리나라 관리비가 매우 비싼 편으로서 개선이 요구되고 있다.

4) 건물자산운영관리 매뉴얼 보유 실태

참고문헌을 토대로 그리고 건물유지관리 지침의 기능과 업무효율화의 역할을 담당하는 건물시설운영관리 매뉴얼 보유 실태를 설문조사해본 결과 조사대상 현장의 28%만이 운영관리 매뉴얼을 보유하고 있는 것으로 조사되고 있어 무려 72% 이상의 국내시설관리 현장들이 운영관리 매뉴얼 없이 운영관리자의 상식과 경험에 의한 주먹구구식 관리 행태가 존재하고 있는 것으로 밝혀지고 있다. 이는 효율화를 지향하는 건물자산운영관리활동에 있어서 큰 문제점이 아닐 수 없다.

5) 전문인력 보유 현황

참고문헌을 통하여 운영관리 현장의 전문인력 보유 실태를 조사한 결과 38% 이상의 현장에서 전문인력 부족을 호소하고 있어 문제점으로 지적되고 있다.

건물자산운영관리는 전문성을 가진 전문인력과 기술인력에 의하여 관리되는 전문·관리분야이므로 반드시 전문인력이 현장에 존재하여야 한다. 그러나 조사 대상 현장의 38%가 전문인력의 부족으로 건물자산운영관리 업무에 지장이 있음을 호소하고 충원을 희망하고 있어 전문인력 부족 문제 또한 개선이 시급히 요구되고 있다.

제2절 건물자산관리업

1. 건물자산관리업의 개념

건물자산관리업이란 일정한 투자 또는 임대나 관리의 목적물인 건물자산을 경영계획과 타당성조사 및 경영분석에 따라 신축 또는 매입 등의 방법으로 취득하여 임대 또는 운영관리하다가 법률적 처분(양도)나 물리적 처분 또는 사실적 처분(개축, 증축,

Renovation) 등의 처분으로 수익을 창출하는 건물자산경영업과 타인의 건물자산을 소유자 또는 권리자의 요구나 목적을 가장 경제적 방법으로 안전하게 효율적으로 충족시킬 수 있는 관리효과(양질의 건물관리서비스)와 건물의 재산의 경제적 이익을 창출(양질의 경영서비스)하여 의뢰자에 제공함으로써 일정한 용역대가를 받아 계속적으로 영위하는 건물자산시설관리용역업, 건물자산관리전문서비스업 등을 말한다.

결론적으로 건물자산관리업이란 건물자산의 투자, 개발, 분양, 임대 사업 성격의 건물자산경영업과 일정한 용역대가를 받는 조건으로 일정한 관리용역을 제공하여 계속하여 경제행위를 영위하는 건물시설관리용역업 그리고 건물자산관리 상에 요구되는 특정 전문서비스를 제공하여 경제행위를 영위하는 건물자산관리서비스업 등을 의미한다.

다시 말하면 건물자산을 투자대상으로 상정하고 투자자산의 운용, 재무적 관리 및 임대관리나 시설관리를 대상으로 영리를 목적으로 계획을 세워 조직화하고 지휘 · 통제하여 능률적으로 서비스를 창출하여 지속적으로 영위하는 경제활동 및 건물자산관리에 소요되는 각종 전문적 서비스를 제공하여 경제활동을 영위하는 업 등을 건물자산관리업이라 통칭하고 있다.

건물자산관리업은 경영의 특성상 건물자산이 위치한 장소를 중심으로 전개되는 사업으로서 경영의 3요소(장소, 자금, 사람) 중 장소적 요소가 중요한 역할을 하는 사업활동이라 할 수 있다.

건물자산관리업에 관한 문제와 현상을 설명할 수 있는 이론체계는 아직은 체계화과정에 있으나 불원장래에 건물자산관리학의 인접과학인 경영학, 경제학 그리고 법학, 부동산학 등의 지원을 받아 이를 연구하고 이론을 더욱 체계화하여 건물자산관리업에 대한 이론지원을 해야 할 필요성이 있다.

왜냐하면 건물자산관리업의 경제화, 안전화, 효율화와 적합화는 건물자산관리학으로부터 이론지원이 적절히 이루어질 때 비로소 가능하기 때문이다.

건물자산관리는 경영활동과 관리활동을 통하여 완성된다. 따라서 건물자산관리에 있어서 경영활동은 매우 중요하다. 특히 건물자산관리업의 모든 영역에 있어서 경영조직과 관리조직이 병존하며 경영조직에 의하여 정책적 또는 거시적으로 의사결정된 것을 관리조직이 넘겨받아 기계적, 미시적 또는 실천적으로 관리함으로써 경영의 목표가 효과적으로 달성된다.

따라서 건물자산관리업종인 건물자산경영업, 건물자산시설관리용역업, 건물자산관리전문서비스업 모두는 경영개념과 관리개념의 접목이 반드시 필요하다. 왜냐하면 모든 건물자산관리는 경영관리조직에 의하여 조직의 목표에 대한 의사가 결정이 되고 조직의 항구적인 유지 발전과 번영을 추구하게 되며 경영조직의 최대 목표인 경영이익의 최대화는 경영층(Top Management)이 외부경영환경을 능동적으로 극복하고 내부의 경영자원인 인적자원, 물적자원, 재무적 자원, 기술적 자원 그리고 정보적 자원을 효과적으로 배분 활용하여 가장 경제적 방법으로 안전하게 효율적으로 적합하게 달성하게 하기 때문이다.

따라서 본 절에서는 건물자산관리업을 분류하고 건물자산경영업, 건물시설관리용역업, 건물자산관리전문서비스업의 창업요건과 설립요건들의 창업정보를 설명하여 건물자산관리업에 대한 경영활동의 기반구축에 필요한 정보를 제공하고자 한다.

2. 건물자산관리업의 분류

건물자산관리업의 역사가 매우 짧은 관계로 이 분야의 업종이 관계법령에 의하여 법제도적으로 완전히 확립된 것은 아니나 대형건물의 대거 등장과 건물자산을 직·간접투자대상으로 상정하고 투자활동을 지속적으로 수행하여 경제적 이익을 창출하고 있는 외국 부동산투자회사를 중심으로 국내 소수의 PMC와 FMC 등이 상호 협력함으로써 자연스럽게 건물자산관리업은 건물자산경영업과 건물자산시설관리용역업 및 건물자산관리전문서비스업으로 그 영역을 구축하여 자리를 잡아가고 있다.

건물자산경영회사에는 직접투자회사와 간접투자회사 등이 있으며 간접투자회사에는 REITs와 CR-REITs 및 Fund, 프로젝트 시행사와 파이낸싱 공급은행 등이 있다. 또한 REITs와 CR-REITs의 관련 회사인 AMC는 건물자산 투자를 위한 매입·매각 운용중심의 자산관리회사라 하며 투자건물자산의 수익극대화를 위한 임대중심의 투자건물자산의 운영회사를 PMC라 한다. 또한 건물자산관리용역업을 영위하는 회사를 FMC라 하며 기타 건물자산관리전문서비스 제공자를 건물자산관리서비스전문기업이라 한다.

PMC는 CR-REITs의 특성상 자동적으로 자산관리를 담당하는 AMC의 위임 또는 PM계약에 따라 AMC나 건물소유자가 투자대상건물을 매입하거나 신축한 건물자산에 대하여 임대활동과 시설관리활동(광의의 PM)을 통하여 일정한 목표수익을 확보하는 임대관리를 하며 이와 같은 임대관리를 원활히 수행하기 위해서 건물시설관리는 여러 업종(시설경비업, 청소업, 소독업, 시설관리업, 주차시설관리업 등)의 협력사를 고용하여 시설(물)을 관리하게 함으로써 건물자산소유자는 본연의 사업에 전념할 수 있게 하고 있다.

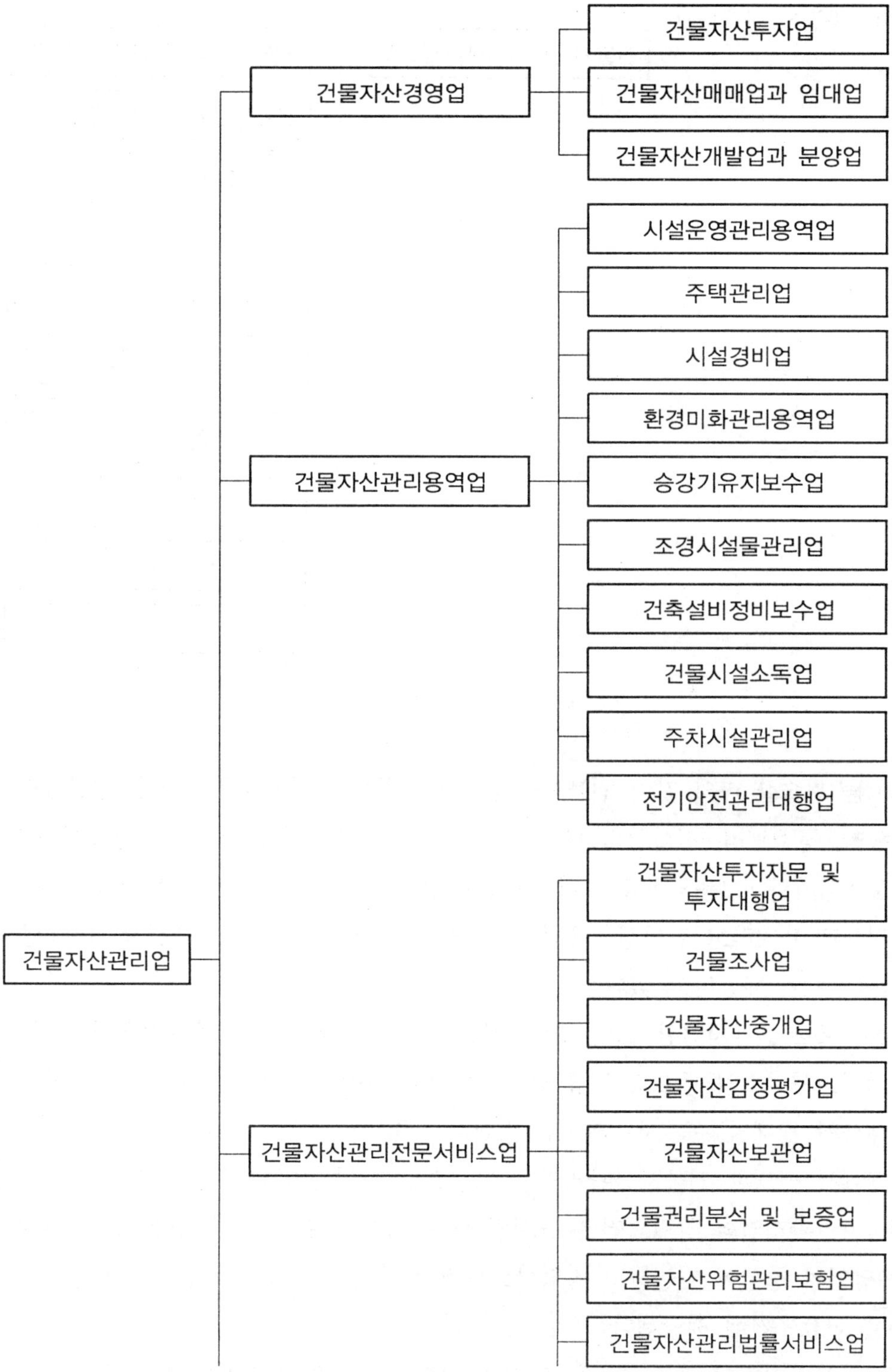

[그림 28] 건물자산관리업의 분류(계속)

(p.158에서 계속)

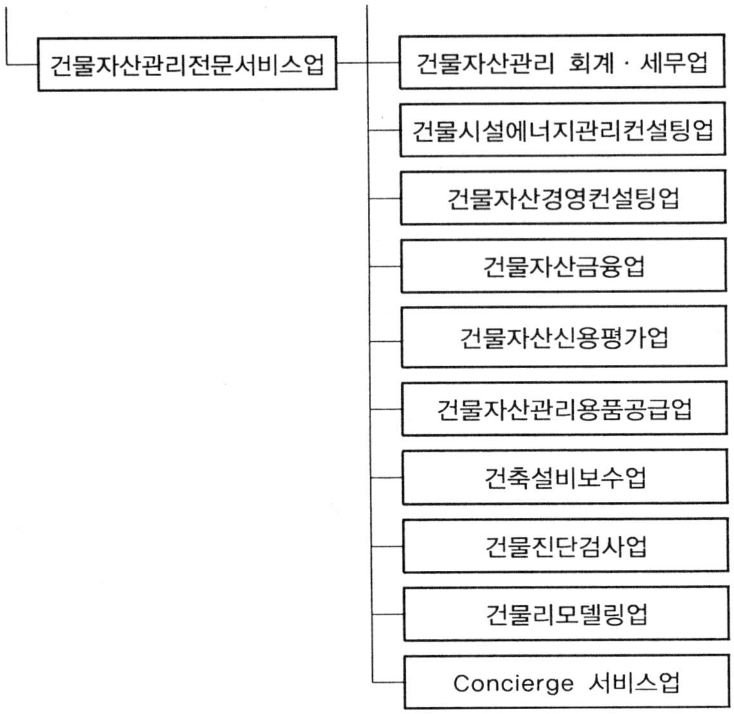

[그림 28] 건물자산관리업의 분류

FMC는 전술한 바와 같이 건물자산을 시설측면에서 시설물유지관리, 영선관리, 정비보수관리, 청소관리, 시설경비보안관리, 주차관리, 조경시설물관리, 위생소독관리 등을 전문용역업자와 FM용역계약을 체결하고 수행하게 함으로써 대상건물의 기능과 성능을 정상적으로 유지하고 편리성 · 쾌적성 · 보건성 청결성 · 기능성 · 안전성 · 미관성 · 경제성 등을 생산, 제공하고 있다.

결론적으로 건물자산관리업은 크게 건물자산경영업과 건물자산관리용역업 및 건물자산관리전문서비스업 등으로 분류되며 3종류의 업종에 바탕을 두고 각각의 전문회사가 나름대로의 경제활동을 지속적으로 수행하고 있다.

이상에서 설명한 건물자산관리업을 그림으로 정리하면 위의 그림 [그림 28]과 같다.

건물자산관리업의 창립요건은 관계법 상 반드시 갖추어야 할 조건으로서 요건 충족시 해당업의 창업이 가능하고 창업함으로써 시장에 참여할 수 있게 된다. 따라서 창업요건은 필요조건에 해당된다.

건물자산관리업의 종류 중 주요업의 창업요건에 대하여 관계법령을 토대로 설명하면 다음과 같다.

3. 건물자산경영업의 창업정보

건물자산경영업은 건물자산관리업종 중의 하나로서 경영조직에 의하여 정책적 의사결정과 경영전략에 따라 재무적 자원을 효과적으로 배분 활용하여 경영이익을 극대화하고자 하는 업종으로 이에는 건물자산투자업, 건물자산개발 및 분양업 그리고 건물자산임대업 등이 있다.

건물자산경영업 중 투자업은 자기자본이나 타인의 자본의 재무적 자원을 운용하여 투자이익을 극대화하는 경영업종이며 건물자산개발 및 분양업은 건물자산의 신축, 증축, 개축 및 재개발 등의 방법으로 공간의 질과 양을 개량하여 새로운 공간과 기능 및 용도를 바람직하게 하여 매매 등의 방법으로 개발 이익을 최대화하는 경영업종이며, 건물자산임대업은 타인에게 보유 건물자산을 점유이전하고 건물의 사용수익의 대가로 일정한 금원을 받기로 약정함으로써 임대소득을 극대화하는 경영업종이다.

이상과 같은 건물자산경영업에 대하여 차례대로 살펴 필요한 창업정보를 이해할 경우 건물자산관리에 유용하게 활용할 수 있다.

1) 건물자산투자업

(1) 개 요

건물자산투자업은 개인, 단체, 기업, 국가 등의 공 · 사적 투자 주체에 의하여 행해질 수 있으나 투자의 특성상 상법상의 기업이 주로 담당하는 영역이므로 부동산 투자회사를 중심으로 살펴보고자 한다.

외국기업에 의한 건물자산투자 사례를 살펴보면 1997년 외환위기 이후 1999년에서 2001년의 약 3년간 투자 1세대라 할 수 있는 골드만삭스, 론스타, 모건스탠리, 리만브라더스, 랜드리스 등에 의한 초기 외국자본의 국내 상륙으로 부실화된 건물자산을 단기투자 목적으로 헐값으로 매입하여 무려 20% 이상의 고수익(High Risk-High Return 투자수익모델)을 얻어 막대한 투자이익을 창출하였다.

그 후 2002년에서 2003년 사이의 약 2년간 투자 1.5세대에 해당하는 로담코, 맥쿼리, GIC, 칼라힐, 도이취뱅크 등이 국내 건물자산시장에 진출하여 초기 국내에 진출한 외국보유건물자산을 매입하거나 오피스빌딩중심으로 건물자산 신규 매입에 투자하여 Medium Risk-Medium Return 투자수익모델로 10%대의 투자수익을 얻었으나 2004년부터 최근까지는 투자 2세대에 해당하는 유럽계의 연기금 펀드로 무장한 DIFA, DECA, DEGI 등이 Low Risk-Low Return 투자수익모델로 10% 이하의 투자수익을 목적으로 장기투자에 진출하고 있다.

우리나라의 경우에도 외국 투자회사의 국내 건물자산투자활동에 크게 영향을 받아 IMF 이후 부동산투자회사법과 간접투자자산운용업법 등을 제정하여 부동산투자회사(REITs)와 부동산투자신탁회사(Fund)를 각각 설립하고 건물자산의 투자시장에 진출하여 투자수익을 창출하고 있으며 은행이나 보험사에 의한 프로젝트 파이낸싱 형태로 건물자산에 투자하고 있다.

따라서 건물자산투자기업의 대표적 성격을 가지고 있는 부동산투자회사와 부동산투자신탁회사를 중심으로 설립조건과 현황을 간략하게 살펴 창립정보를 설명하고자 한다.

(2) 부동산투자회사의 설립조건과 현황

① 설립근거법

부동산투자회사 설립의 근거법은 부동산투자회사법으로서 2001년 4월 7일 법률 제6471호로 제정하여 3번의 개정을 거쳐 오늘에 이르고 있다.

부동산투자회사법의 제정목적은 부동산투자회사의 설립과 자산운용방법 및 투자보호 등에 관한 사항을 정함으로써 일반 국민이 부동산에 투자할 수 있는 기회를 확대하고 부동산에 대한 건전한 투자를 활성화하여 국민경제발전에 이바지함을 목적으로 하고 있다.

② 부동산투자회사의 개념

부동산투자회사(REITs : Real Estate Investment Trusts)는 부동산투자를 목적으로 하는 상법상의 주식회사로서 주식을 발행하여 조성된 자금을 부동산에 집중투자하고 운용하여 창출한 수익을 투자자에게 배당하는 부동산투자회사이다.

부동산투자회사에는 위탁관리 부동산투자회사와 자기관리 부동산투자회사 및 기업구조조정 부동산투자회사 등이 있으나 우리나라의 경우에는 부동산투자회사법이 규정하고 있는 회사의 형태에는 일반 부동산투자회사와 기업구조조정 부동산투자회사(CR-REITs) 등이 있다.

기업구조조정 부동산투자회사(CR-REITs : Corporate Restructuring REITs)는 기업구조조정 부동산투자회사법에 근거하여 설립된 회사로 투자자로부터 투자자금을 받아 기업구조조정을 위하여 매각하는 부동산에만 투자하고 관리와 운용을 통하여 투자수익을 창출하고 이를 다시 투자자에게 투자이익을 분배하는 뮤추얼 펀드(Mutual Fund) 형태의 부동산투자회사이다.

③ REITs의 현황

우리나라 REITs의 제도는 2001년 7월에 제정된 부동산투자회사법에 근거하며 일반 REITs와 기업구조조정리츠(CR-REITs)로 구분된다.

일반리츠는 투자회사법 제정후에 순조롭게 진행되지 못하였으나 CR-REITs는 자금모집에 성공하여 2003년말 공모사모형태로 7개가 설립되고 2005년 말에는 11개 REITs가 운영되어 오다가 2006년 6월 현재 리츠회사는 위탁관리, 부동산투자회사 2개사, 기업구조조정부동산투자회사 12개사 등 14개 회사가 영업 중에 있으며 총자산 규모는 2조 452억에 달하고 있다. 2006년 6월 현재의 REITs의 현황은 〈표 17〉과 같다.

〈표 17〉 REITs의 현황

(2006. 6 현재) (단위: 억원)

회사명	모집	인가일자	자본금	주요주주	자산관리회사	주요 투자부동산
교보메리츠 퍼스트	공모	02.1.9	840	교보생명, 동양화재	코리츠	대한항공 등촌동 연수원, 사원아파트
코크랩제1호	공모	05.5.23	1,330	한화석유화학, 산업 · 우리은행	코람코	한화빌딩 · 대아빌딩
케이원	사모	02.10.7	309	GE캐피탈	한국토지신탁	디오센터 · 신송센터
코크랩제2호	공모	02.10.30	560	산업 · 우리은행 삼성 · LG화재	코람코	명동빌딩
리얼티코리아 제1호	공모	03.4.29	660	교보생명, LG화재	리얼티어드바이저코리아	로지데일빌딩 · 엠바이빌딩
유레스메리츠 제1호	공모	03.8.20	500	대한생명, 동양화재	코리츠	세이브존강남점 · 세이브존 노원점
코크랩제3호	공모	03.8.20	680	우리 · 산업은행	코람코	한화증권빌딩 · 아이빌힐타운
맥쿼리센트럴 오피스	공모	03.12.24	763	맥쿼리, 삼성생명	맥쿼리프로퍼티 어드바이저스	극동빌딩
코크랩제4호	사모	04.4.8	760	YTN, 교원공제	코람코	YTN타워, 한솔엠닷컴
코트랩제5호	사모	04.12.15	500	국민연금, 교보 · 삼성 · 대한생명	코람코	데이콤빌딩
코크랩제6호	사모	05.7.26	1,310	우리은행, 대한지방행정공제회, 삼성생명	코람코	뉴코아아울렛 4개점

회사명	모집	인가일자	자본금	주요주주	자산관리회사	주요 투자부동산
코크랩제7호	공모	05.10.26	600	우리은행, 대한지방행정공제회, 삼성생명 등	코람코	LG화재다동빌딩 · 코오롱빌딩별관
씨나인 Infinity	사모	06.4.7	357	외환은행 · 농협	씨나인	하이브랜드빌딩
코크랩8호	공모	06.5.17	460	삼성교보대한새명	코람코	거양빌딩
코크랩NPS 제1호	사모	06.9.20	837	국민연금	코람코	시그마타워
코크랩NPS 제2호	사모	06.12.21	2,255	국민연금	코람코	홈에버10개점포
코크랩11호	사모	07.4.23	250	STX	코람코	STX남산타워
맥쿼리NPS	사모	07.9.21	1,070	국민연금 · 맥쿼리은행	맥쿼리	ING빌딩, 르노삼성빌딩
코크랩ARIEF	사모	07.10.25	859	ARIEF펀드 · 우리은행	코람코	아바타쇼핑몰
케이원	사모	07.10.25	3,329	AHI홀딩스 · 경찰공제회	케이리츠앤파트너스	대우센터빌딩
펨코리테일1호	사모	07.11.15	250	칼버스트리펀드 · 퍼시픽	퍼시픽	키즈맘 평촌센터
오스타라 씨나인	사모	07.11.29	730	오스타라펀드 · 대한생명	씨나인	팬택계열 R&D센터

주) 청산(4개) : 교보메리츠퍼스트, 코크랩1호, K-1, 코크랩2호
위탁리츠(4개) : 코크랩7호 · 8호 · NPS1호, 맥쿼리NPS, CR리츠(14개)
(자료 출처: 김범석, 유한수, 부동산금융론, 청목출판사, 2008. p. 193)

④ CR-REITs의 특성

CR-REITs는 다음과 같은 특성을 가지고 있는 명목회사이다.

- 실체가 없는 명목회사이다.
- 한시적이다.
- 자산의 투자와 운용업무는 자산관리회사(AMC)에게 위탁하고 자산보관은 자산보관회사에게 위탁하며 운영사무, 주식발행 및 명의개서, 법령공시업무, 결산사무 등은 해당되는 전문기관에 사무위탁에 의하여 처리한다.

⑤ REITs와 CR-REITs의 비교

일반 REITs와 기업구조조정투자 상품의 CR-REITs를 비교하면 〈표 18〉과 같다.

〈표 18〉 REITs와 CR-REITs의 비교

구분	부동산투자회사(REITs)	기업구조조정부동산투자회사 (CR-REITs)
근거법	· 부동산투자회사법	· 기업구조조정투자회사법
담당업무	· 부동산취득 · 개발 · 관리, 개량, 매매,임대차 및 처분	· 보유자산 · 운용 · 관리 및 처분
표방증권	· 주식	· 주식
자본금규모	· 100억 이상 (현물출자 : 자본금의 50%이내)	· 100억원 이상 (현물출자 : 자본금의 50%이내)
자본금조달	· 공모	· 공모 및 사보
자산관리 · 운영	· 자기관리 또는 위탁관리	· 위탁관리
사업비조달	· 자기자본금 · 차입 및 사채발행	· 자기자본금 · 차입 및 사채발행
수익금배분	· 주주에게 90% 이상 배당	· 주주에게 배당
영속성 여부	· 자기관리형리츠(영속회사) · 위탁관리형리츠(한시적 명복회사)	· 한시적 명목회사(Paper Company)
감 독	· 국토해양부 인가 · 국토해양부 감독	· 금감위 등록 · 금감위 감독

(자료출처 : 김범석, 유한수, 부동산금융론, 청목출판사. 2008. p.188)

⑥ REITs의 기본구조와 CR-REITs의 운용구조

REITs의 기본구조는 [그림 29]와 같다.

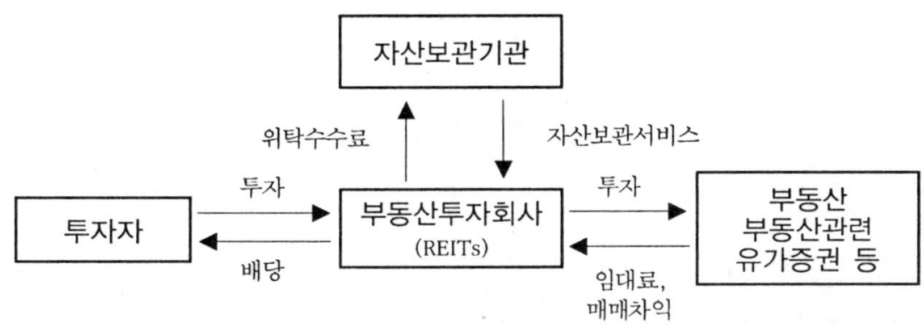

(자료출처 : 정군호, 유한수, 금융시장입문, 대경, 2004, p.104.)

[그림 29] REITs의 기본구조

CR-REITs의 운영기본구조는 [그림 30]과 같다.

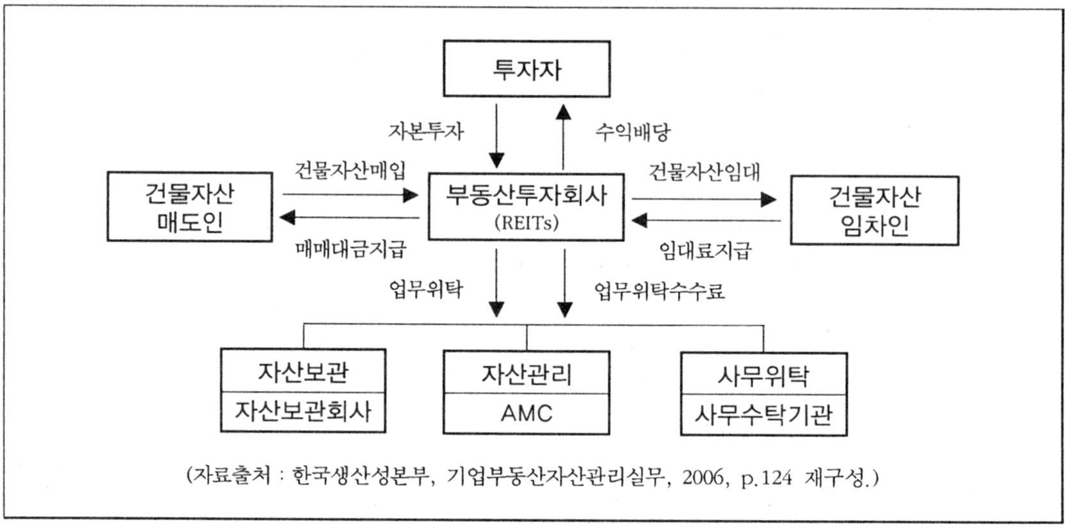

[그림 30] CR-REITs의 운영기본구조

CR-REITs의 운영기본구조를 그림으로 표시하면 [그림 30]과 같으나 CR-REITs는 특성상 [그림 31]과 같은 운영세부구조를 갖는다.

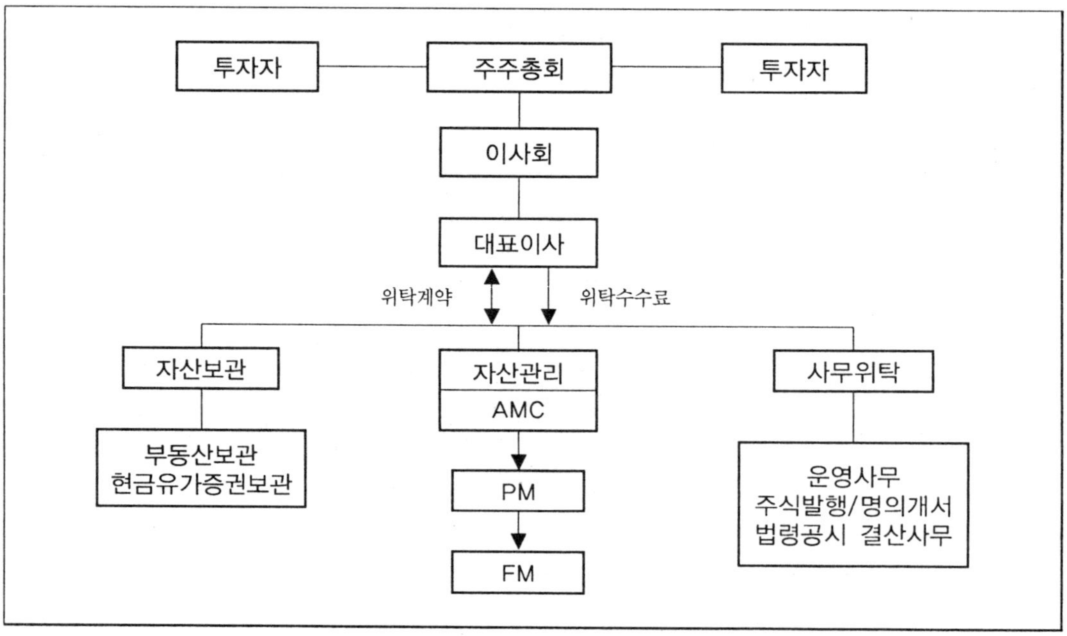

[그림 31] CR-REITs의 운영세부구조

⑦ 자산관리회사

CR-REITs의 특성상 실제 자산의 투자운영은 자산관리회사(AMC : Asset Management Company)에 의하여 운영관리되므로 CR-REITs의 운영구조상 AMC의 역할과 기능은 대단히 중요하다.

자산관리회사는 자산운용관리에 대하여 수수료를 받는 조건으로 Asset Management Agreement를 체결함으로써 자산관리의 권한을 얻게 되나 수익에 대해서는 권리는 없다. 자산관리회사는 투자자 보호 차원에서 인가기준이 엄격할 뿐 아니라 겸업이 금지되고 있다.

자산관리회사의 최저 자본금은 70억원이며 자기관리형 REITs의 경우 자산운용 전문인력 3명의 채용이 요구되고 위탁관리형 REITs의 경우 자산운용 전문인력 5명의 채용이 요구된다. 국내 최초 자산관리회사는 교보생명, 교보증권, 하나은행, 정우부동산투자운용이 공동으로 출자하여 설립한 JW Asset으로 기록되고 있다.

2007년 9월 현재의 자산관리회사의 현황은 〈표 19〉와 같다.

〈표 19〉 자산관리회사의 현황

회사명	인가일	회사명	인가일
① (주)한국토지신탁	2001.9.28	⑥ 씨나인자산관리(주)	2005.9.30
② (주)코람코자산신탁	2001.11.17	⑦ KB부동산신탁(주)	2006.5.1
③ (주)리얼티어드바이저스코리아	2002.1.9	⑧ (주)케이리트앤파트너스	2007.5.2
④ (주)코리츠	2002.6.27	⑨ 퍼스픽자산관리(주)	2007.8.24
⑤ (주)맥쿼리프로퍼티어어드바이저스코리아	2003.6.30		

(자료출처 : 건설교통부(현, 국토해양부) www.moct.go.kr)

⑧ 자산보관회사

부동산투자회사법 제35조(자산보관의 위탁)에 의하면 대통령령이 정하는 바에 의하여 REITs가 관리하는 투자자산(부동산, 유가증권, 현금 등)은 자산보관회사에 보관위탁하도록 명시하고 있다. 자산보관회사에는 신탁업에 의한 신탁회사, 대한주택공사법에 의한 대한주택공사, 한국토지공사법에 의한 한국토지공사, 한국자산관리공사설립에 관한 법률에 의한 한국자산관리공사 등이다.

⑨ 부동산투자자문회사

부동산투자회사는 자산의 투자, 운용에 대한 자문과 평가를 부동산투자자문회사에 위탁하여 수행한다. 설립요건은 자본금 최저 10억원 이상, 자산운용 전문인력 3인 이상 확보하여 국토해양부에 등록해야 한다. 투자자문회사는 자산의 투자운용에 대한 자문과 평가 외에 겸업이 가능하며 부동산투자자문회사의 현황은 〈표 20〉과 같다.

〈표 20〉 부동산투자자문회사 현황

회사명	등록일	회사명	등록일
(주)한국감정원	2001.9.11	(주)신영에셋	2002.5.4
(주)하나글로벌감정평가법인	2001.9.11	포유부동산투자자문(주)	2002.5.13
(주)SAMS	2001.9.11	(주)가온감정평가법인	2002.7.26
(주)디지털태인	2001.10.5	저스트알(주)	2004.4.30
알투코리아부동산투자자문(주)	2001.10.25	유니에셋(주)	2004.11.25
(주)나라감정평가법인	2001.12.12	(주)램코부동산투자자문	2006.5.29
코리아에셋인베스트먼트(주)	2002.2.14	삼성에버랜드(주)	2006.9.4
휘닉스개발투자(주)	2002.2.23		

(자료출처: 김범석, 유한수, 부동산금융론, 청목출판사, 2008. p.196)

⑩ CR-REITs의 설립절차와 요건

CR-REITs는 기업구조조정을 위하여 매각하는 부실기업 부동산 투자를 목적으로 5년 기간의 한시적 명목회사이나 전술한 바와 같이 투자자가 AMC를 위탁계약에 의하여 자산의 투자와 운용을 위임하므로 AMC의 Asset Manager가 구조조정대상 부실기업의 자산의 실질적 투자와 운용이 진행되나 구조조정 부동산투자회사의 성립절차는 승인 및 자산투자 ① 양해각서(MOU) 체결 → ② 자산매매계약 체결 → ③ 발기인 총회 → ④ 예비인가 신청(건교부) → ⑤ 예비인가 승인 → ⑥ 자산인수계약 체결 → ⑦ 일반 공모 → ⑧ 본인가 신청(건교부) → ⑨ 본인가 승인과 매매대금 지불 순으로 진행된다.

그러나 구조조정 부동산투자회사(CR-REITs)의 설립은 다음의 〈표 21〉과 같은 CR-REITs의 설립요건을 충족해야 한다.

〈표 21〉 CR-REITs 설립요건

구 분	설 립 조 건
감독기관 및 인가	금융감독위원회 등록·감독
자본금	최저 100억원 이상
투자자산관리대상	기업구조조정 부동산
자산관리범위	외부 위탁
차입금	LTV 66% 이내
부동산투자비율	부동산 70% 이상
현물출자	자본금의 50% 이내
자금대여	불 가
개발사업범위	총자산의 30% 이내
주식공모	제한 있으며 사모가능
취득세와 등록세	50% 감면
법인세	90% 이상 배당 시 공제됨
1인당 보유지분	무제한

⑪ REITs 투자자 현황

리츠의 초기 투자자는 보험회사와 은행 등이 투자를 주도하였으나 현재는 연기금, 국내기업이나 해외기업, 증권사, AMC, 일반공모와 기타 주주들이 참여하고 있다.

이들에 의한 투자규모는 9,417억원에 달하고 있으며 12개의 펀드별 투자자의 투자범위는 〈표 22〉와 같다.

〈표 22〉 투자자 투자지분 현황

투자자	투자지분	투자자	투자지분
일반공모	23%	화재보험	9%
생명보험	18%	국내기업	8%
은 행	14%	기타주주	2%
연 기 금	13%	AMC	1%
해외기업	12%	9개 투자자군	100%

⑫ REITs의 투자유형

국내 REITs의 투자대상은 주로 사무실건물자산(오피스빌딩) 중심으로 주거용 건물자산, 소매용 건물자산(판매시설) 순으로 투자유형이 분포되고 있다.

그중 사무용 건물자산이 70%로 가장 중요한 높은 투자대상이 되고 다음이 소매용 건물자산(27%)이며 주거용 건물자산(3%) 순으로 분석되고 있다.

⑬ REITs의 운영실무

REITs에 의한 부동산 투자실무는 매물인 건물자산을 찾아내고 가치를 분석하며 매입전략을 수립함으로써 시작된다.

다시 말하면, 투자대상 건물자산의 미래임대료의 수준과 예상임차인, 자산가치 개량의 가능성 등에 대한 시장조사와 차입금리, 요구수익률 등의 재무구조 분석을 통한 자산가치 분석과 매입전략에 타당성이 있는 경우 투자를 위한 위원회를 구성하고 투자위원회로 하여금 건물, 법률, 재무 등의 실사와 감정평가를 통한 가치분석을 실시하고 투자대상 건물자산을 Nego과정을 거쳐 매매계약을 체결하고 발기인을 구성하고 이를 토대로 건교부 인허가를 신청하고 펀드를 설립하여 이를 자산관리회사(AMC)에 위탁계약에 의하여 투자와 운용업무를 진행하게 된다.

⑭ REITs관련 회사

REITs의 특성상 실체가 없는 한시적 명목회사이므로 자산의 투자운영은 자산관리회사(AMC : Asset Management Company)에게 위탁하고 투자자문은 부동산투자 자문회사에게 위탁하며 자산보관은 자산보관회사에 각각 위탁한다.

AMC는 관리운용수수료를 얻는 업을 영위하며 투자수익에 대한 직접 권리는 없다. 인가조건이 까다로우며 자본금 70억과 자산전문운용인력 5인 이상을 갖추어야 한다.

우리나라 제1호 자산관리회사는 JW ASSET을 비롯하여 코람코(KORAMCO ; 한국기업구조조정 부동산투자회사), 생보부동산신탁, 한국토지공사 등이 있다.

부동산투자자문회사는 위탁받은 자산의 투자운용에 대한 자문, 평가업무를 수행하는 REITs관련 회사로서 이에는 한국감정원, SAMS, 글로벌감정평가법인, 디지털태인, 키파에셋, 알투코리아 부동산투자자문, 프라임감정평가법인, 나라감정평가법인 등 2003년 현재 16개사가 있다.

자산관리회사와 투자자문회사를 비교하면 〈표 2-23〉과 같다.

〈표 23〉 자산관리회사와 투자자문회사 비교

구 분	자산관리회사	투자자문회사
감독기관	국토해양부	국토해양부
업 무	부동산 투자, 관리, 운용	부동산 투자, 자문, 평가
최저자본금	70억원	10억원
전문인력	5인	3인

자산보관회사 역시 REITs관련 회사로서 리츠가 관리하는 투자대상(부동산, 현금, 유가증권 등)을 수수료를 받는 조건으로 수탁 보관한다.

자산보관회사에는 신탁법에 의한 신탁회사, 대한주택공사법에 의한 대한주택공사, 한국토지공사법에 의한 한국토지공사, 금융기관 자산 등의 효율적 처리 및 한국자산관리공사성립에관한법률에 의한 한국자산관리공사 등이 있다.

(2) 부동산투자신탁회사의 설립요건과 현황

① 근거 법률

부동산투자신탁회사의 창업의 근거 법률은 간접투자자산운용업법이다.

간접투자자산운용업법은 간접투자기구의 구성과 자산운용 및 투자자 보호에 필요한 사항을 규정함으로써 자본시장의 간접투자를 활성화하여 국민경제발전에 이바지하는 것을 목적으로 2003년 10월 4일 법률 제6987호로 제정, 공포되었다.

간접투자라 함은 투자자로부터 자금 등을 모아 투자증권, 부동산, 실물자산 등에 운용하고 그 결과를 투자자에게 귀속시키는 것으로 이에는 투자신탁과 투자회사가 있다.

② 부동산투자회사의 개념

투자자로부터 자금을 조성, 부동산에 투자, 운용하여 얻어진 수익을 다시 투자자에게 귀속(배당)하는 상법상의 간접투자회사(기구)이다. 이를 부동산펀드라고도 한다.

③ 부동산펀드의 운영기본구조

부동산펀드는 신탁형과 회사형이 있으며 기본운영구조는 [그림 32]와 같다.

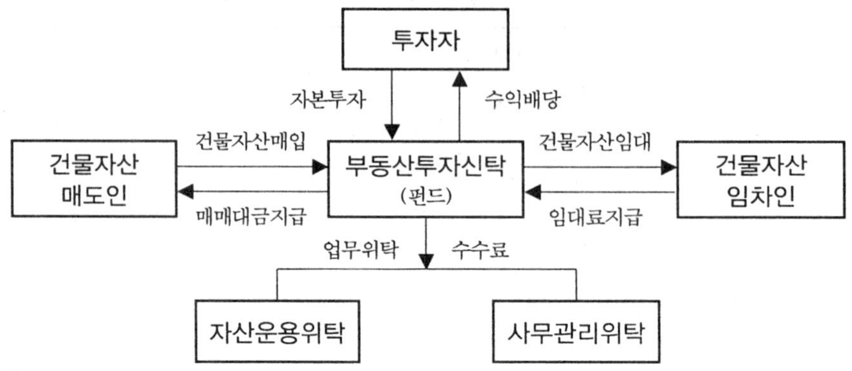

(자료출처 : 한국생산성본부, 기업부동산자산관리실무, 2006, p.125 재구성.)

[그림 32] 부동산투자펀드 운영기본구조

④ 부동산펀드 설립절차와 설립요건

부동산펀드의 설립절차는 양해각서를 체결한 후 금감원에 신탁약관을 제출하여 신탁약관이 승인되면 수익증권투자자에게 판매하여 조성된 자본(Fund)으로 매매계약을 체결하고 그 매매잔금을 지급하는 순으로 진행된다.

즉 부동산펀드의 설립절차는 ① 양해각서 체결 → ② 금감원 신탁약관 제출 → ③ 신탁약관 승인 → ④ 수익증권 판매 → ⑤ 매매계약 체결 → ⑥ 매매잔금 지급 순으로 진행된다.

또한 부동산펀드의 설립은 회사형과 신탁형에 따라 다음의 〈표 24〉와 같은 요건을 충족해야 한다.

〈표 24〉 부동산펀드 설립요건

구 분	신탁형 부동산펀드	회사형 부동산펀드
감독기관 및 설립방법	금감위 약관심사	금감위 등록
자본금	제한 없음	최저 10억 이상
자산관리범위	외부 위탁	외부 위탁
부동산 투자비율	제한 없음	부동산 70% 이상
자금대여	순자산 총액의 100% 이내	순자산 총액의 100% 이내
현물출자	사모의 경우 가능	사모의 경우 가능
개발사업	총자산의 30% 이내	총자산의 30% 이내

구 분	신탁형 부동산펀드	회사형 부동산펀드
법인세	과세대상 아님	90% 이상 배당 시 공제
취득세와 등록세	50% 감면	50% 감면
주식공모	제한 없이 사모가능	제한 없이 사모가능
1인당 보유지분	제한 없음	제한 없음
차입금	LTV 66% 이내	LTV 66% 이내

⑤ 부동산투자신탁의 현황

2003년 현재의 우리나라 부동산 투자신탁의 현황은 〈표 25〉와 같다.

〈표 25〉 부동산투자신탁 현황

(단위 : 연%)

구 분	상품명	판매시점	현재 배당률
국민은행	부동산투자신탁 16호	2002.1.23	7.29
	부동산투자신탁 17~20호	2002.7.9	7.03~8.02
	부동산투자신탁 21~24호	2002.11.22	6.1~7.4
하나은행	부동산투자신탁 7호	2002.2.8	7.50
	부동산투자신탁 8호	2002.2.18	6.50~7.20
	부동산투자신탁 9호	2002.4.22	7.70~10.20
	부동산투자신탁 10호	2002.11.28	6.00
우리은행	부동산투자신탁 10~11호	2002.2.4	6.78~7.44
	부동산투자신탁 12~13호	2002.5.27	7.08~7.38
	부동산투자신탁 14호	2002.4.8	8.48
	부동산투자신탁 15~16호	2002.3.25	6.58~9.03
	부동산투자신탁 17~19호	2002.4.2	7.44~7.72
	부동산투자신탁 20호	2002.7.18	7.82
	부동산투자신탁 21~23호	2002.8.13	6.66~8.16
산업은행	부동산투자신탁 2~8차	2002.3~2002.12	정기예금 금리 +2.5% 이상
외환은행	부동산투자신탁 2호	2002.4	7.81
	부동산투자신탁 3호	2002.8	6.57
	부동산투자신탁 4~5호	2002.10	6.75~6.95
	부동산투자신탁 6호	2002.12	6.9

(자료출처 : 조선일보, 2003.3.5)

⑥ 부동산 간접투자상품 비교

우리나라 부동산 간접투자상품에는 전술한 바와 같이 부동산투자회사에 의한 REITs와 기업구조조정 부동산투자회사에 의한 CR-REITs 그리고 은행신탁에 의한 Fund 등이 있는바 이를 비교하면 〈표 26〉과 같다.

〈표 26〉 부동산 간접투자상품 비교

구 분	부동산투자회사(REITs)	기업구조조정 부동산투자회사	은행신탁
근거법	부동산투자회사법	기업구조조정투자회사법	신탁법 및 신탁업법
담당업무	부동산 매입 · 개발 · 관리 및 처분	보유자산 · 운용 · 관리 및 처분	신탁자금으로 부동산 매입 및 개발
표방증권	주식	주식	수익증권
자본금 규모	100억원 이상 (사업인가 후 현물출자 가능)	100억원 이상 (현물출자는 자본금의 30% 이내)	없음
자본금 조달	공모	공모 및 사모	없음
자산관리 · 운영	자기 관리	위탁 관리	은행 또는 위탁 관리
사업비 조달	자기자본금	· 자기자본금 · 차입 및 사채발행	투자자에게 수익증권 발행
수익금 배분	주주에게 90% 이상 배당	주주에게 배당	위탁자에게 배당
영속성 여부	영속회사(자기관리형 리츠) (상법상 실체회사)	한시적 명목회사 (Paper Company)	한시적 금전신탁상품
감 독	· 건교부 (현, 국토해양부) 인가 · 건교부 (현, 국토해양부) 감독	· 금감위 등록 · 금감위 감독	금감위 감독

(자료출처 : 재정경제부, 기업구조조정부동산투자회사 도입추진, 보도자료, 2001.4.)

2) 건물자산임대업

(1) 개 요

건물자산임대업은 보유건물자산을 타인에게 사용수익하도록 약정하고 사용수익의 대가로 일정한 임료를 받기로 약정함으로써 임대 소득을 창출하는 건물자산경영업이다.

건물자산임대업은 개인, 단체, 기업 또는 국가도 임대가 가능하나 영리적 목적으로 계속해서 행하는 업의 형태이므로 주로 개인 임대 사업자와 기업 임대 사업자에 의하여 주도되고 있다. 그리고 주택의 임대와 상업용도 및 기타용도 건물의 임대 사업자는 관계법령에 따라 다소 상이하므로 주택임대와 상업용도 건물들의 임대로 나누어 살펴봄이 타당하나 본 절에서는 주택임대업 중심으로 설명하고자 한다.

(2) 주택임대사업자 등록요건

건물자산의 임대를 업으로 계속하고자 하는 자는 임대주택법 제6조, 동시행령 제7조 등에 의하여 임대사업자 등록을 하여야 한다.

임대사업자란 국가, 지방자치단체, 대한주택공사, 지방공기업법 제49조 규정에 의하여 주택임대사업을 목적으로 설립된 지방공사 등이 임대주택법 제6조 규정에 의하여 등록된 자 또는 법제 6조 규정에 의하여 설립된 임대주택 조합을 말한다. 임대사업자 등록 요건은 다음과 같다.

① 대통령령이 정하는 호수(단독주택 2호 이상 공동주택 2세대 이상) 이상의 주택을 임대하고자 하는 자는 주소지 관할 시장, 군수, 구청장(자치구의 구청장)에게 등록을 신청할 수 있다(정부 임대정책에 따라 요건은 변동될 수 있다).
② 등록사항을 변경하고자 할 때도 시장, 군수, 구청장에게 신고하여야 한다.
③ 등록신청서, 개인인 경우 주민등록증 사본, 법인인 경우 법인등기부등본, 재외국민인 경우 재외군민등록증 사본 및 여권사본, 외국인일 경우에는 외국인 등록사실 증명서, 등록증명서, 국내등기소 법인등기부등본 중 1통을 제출해야 한다.

3) 건물자산개발 및 분양업

(1) 개 요

건물자산개발 및 분양업은 토지개발 중심의 부동산개발 개념과는 매우 상이하다. 건물자산 개발 및 분양업은 신규 개발 또는 재개발 및 개량 개발 형태로 진행되며 신규 개발은 나대지를 이용하여 신축하고 새로운 공간을 창조함으로써 이루어지는 개발형태이나 재개발은 기존 건물을 철거한 후 새로운 용도의 건물을 건축하는 개발 형태이고 개량 개발은 기존건물의 용도의 변경이나 공간 평수의 증가 또는 외형의 변경 등을

Renovation, Remodeling, Repositioning등을 통하여 자산가치를 증가시키는 개발형태를 의미하며 매매 중심의 마케팅을 통하여 분양을 실행함으로써 개발 이익을 극대화하는 경영업은 말하며 건물자산경영업 중 하나이다. 또한 건물자산개발은 분류기준에 따라 신개발과 재개발로 나누어지기도 한다.

(2) 개발 및 분양업의 창업요건

건물자산의 개발과 분양 주체가 상법상 회사형태의 기업인 경우, 상법상의 회사 정관상 건물자산(부동산)개발과 분양사업이 명시되어 법인 설립과 사업자 등록을 필함으로써 창업 요건을 충족하게 된다.

그러나, 개발 및 분양 주체가 국가, 지방자치단체, 대한주택공사, 지방공기업 지방공사 등인 경우 관련법의 요건을 별도로 충족해야 한다.

4. 건물자산시설관리용역업의 창업정보

건물자산시설관리용역업 중 주요 시설관리업종에 해당하는 시설관리용역업, 시설경비업, 주택관리업, 전기안전관리대행업, 위생관리용역업, 승강기보수업, 시설물유지관리업, 소독업 등을 소개하면 다음과 같다.

1) 시설경비업

(1) 개 요

시설경비업은 경비업법에 따라 소정의 조건을 갖추어 법인의 주된 주소지를 관할하는 경찰서장을 경유하여 지방경찰청장으로부터 허가를 받아야 창업할 수 있다.

우리나라의 허가받은 경비업체 수는 2010년 12월 31일 현재 전국적으로 3,473개 업체로서 경비원으로 근무하고 있는 시설경비종사자의 수는 무려 125,385명에 이르고 있다(한국경비협회, 2011, 일반경비, pp14-15).

경비업은 경비업법에 의한 허가업종으로서 시설경비, 기계경비, 호송경비, 신변보호, 특수경비 등의 업무로 분류되며 경비용역(서비스)을 제공하고 일정한 대가(용역비)를 받아 영위하는 건물자산시설관리업(건물관리업)의 일종이라 할 수 있다. 또한 시설경비업은 경비대상에 대하여 안전과 서비스 등을 제공하는 안전서비스산업이라 할 수 있다.

국내 경비수요증가로 계속 발전의 여지가 많은 업종이라 판단된다.

(2) 시설경비업의 허가조건

시설경비업의 허가조건은 다음과 같다(경비업 제4조).

시설경비업을 하고자 하는 자는 업무별 허가기준을 갖추어 그 법인의 주사무소 소재지를 관할하는 지방경찰청장의 허가를 받아야 한다(경비업 제4조).

시설경비업의 허가조건은 다음과 같다(경비업법 시행령 제3조 제2항).

① 경비인력

경비회사를 창업하기 위해서는 최소 20명 이상의 경비인력이 필요하다. 경비원 최초 배치시 경비지도사 1인을 선임 · 배치해야 한다.

② 자본금

경비회사 창업요건의 하나인 시설경비업의 최소 자본금은 5천만원 이상이어야 하며 기계경비업 자본금 역시 5천만원 이상이어야 한다.

③ 시설경비장비

시설경비업의 창업에는 행정안전부령이 정하는 제복, 장구 등을 기준 경비인력수분 이상을 갖추어야 창업할 수 있다.

④ 시설경비업 법인임원 중 결격사유

- 금치산자 또는 한정치산자
- 파산선고를 받고 복권되지 아니한 자
- 금고 이상의 형을 받고 그 형이 실효되지 아니한 자
- 경비업법 또는 대통령 경호실법에 위반하여 벌금형의 선고를 받고 그 형이 실효되지 아니한 자
- 경비업 또는 이 법의 명령에 위반하여 허가가 취소된 법인의 허가취소 당시의 임원이었던 자로서 그 취소 후 3년이 지나지 아니한 자

(3) 허가유효기간

허가유효기간은 허가받은 날로부터 5년간 유효하다. 유효기간이 지난 후 계속적으로

경비업을 하고자 하는 법인은 행정안전부령이 정하는 바에 의하여 갱신허가를 받아야 한다.

(4) 경비지도사 선임(경비업법 제12조)

경비업자는 대통령령이 정하는 바에 따라 경비지도사를 선임해야 한다. 경비원 200명까지 경비지도사 1인, 초과 100인당 1인씩 추가배치하고 경비원이 근무하고 있는 지역의 지방경찰청 관할구역별로 1인씩 선임해야 한다. 또한 경비원 최초 배치시 반드시 경비지도사 1인을 선임 · 배치해야 한다.

2) 주택관리업

(1) 개 요

2010년 12월 31일 현재 우리나라 전체 건물의 동수는 6,676,518동이며 이 중 주택수는 4,485,849동으로 집계되고 있다. 또한 주거용건축물의 증가는 매년 증가 추세에 있으므로 주택관리업의 진출은 매우 바람직해보인다. 특히 공동주택 중 의무관리대상 아파트가 계속 늘어감으로 이 분야의 사업은 크게 발전의 전망을 보이고 있다. 그러므로 주택관리업의 창업연구와 참여는 매우 바람직해보인다.

주택관리업은 주로 공동주택관리에 편중되어 있으며 의무관리대상 공동주택(아파트)의 경우 사업자의 자체관리, 주택관리기구 자치관리의 경우에는 반드시 전문주택관리업자가 전문 관리하도록 규정되어 있다.

참고로 의무관리대상 공동주택이란 의무적으로 전문주택관리업자의 전문적 관리를 요하는 공동주택(건축물의 벽, 복도, 계단, 그 밖의 설비 등의 전부 또는 일부를 공동으로 사용하는 각 세대가 하나의 건축물 안에서 각각 독립된 주거생활을 영위할 수 있는 구조로 된 주택을 말하며 그 종류는 대통령령으로 규정하고 있으며 아파트, 연립주택, 다세대주택 등이 공동주택에 해당된다) 등이 이에 해당되다. 의무관리대상 공동주택(아파트)의 종류는 다음과 같다.

- 300세대 이상의 공동주택
- 150세대 이상으로서 승강기가 설치된 공동주택
- 150세대 이상으로서 중앙집중식 난방방식을 채택하고 있는 공동주택

(2) 주택관리업의 등록조건

주택관리업을 하고자 하는 자는 주택법에서 규정하고 있는 등록기준을 갖추어 시장·군수·구청장에게 등록하여야 한다. 주택관리업의 등록기준은 다음과 같다.

① 자본금

자본금은 2억원 이상이어야 한다.

② 기술능력

다음과 같은 기술인력을 보유해야 한다.

- 전기분야 기술자 : 전기산업기사 이상의 기술자 1인 이상
- 연료기기취급관련 기술자 : 열관리산업기사 이상의 기술자, 보일러시공취급기능사 1인 이상
- 고압가스 기술자 : 가스기능사 자격을 가진 1인 이상
- 위험물취급관련 기술자 : 위험물관리기능사 이상의 기술자 1인 이상

③ 장 비

주택관리업의 창업요건 중 하나인 장비구비조건은 다음과 같다.

- 5마력 이상의 양수기 1대 이상
- 누전측정기(절연저항계) 1대 이상

④ 주택관리사(보)

주택관리사 또는 주택관리사(보) 1인 이상 확보해야 한다.

⑤ 기술인력 보완사항

주택관리업자가 등록을 필하고 주택관리현장에 투입되는 경우 또는 공동주택관리기구가 직접 관리하는 경우는 다음의 기술인력을 보완해야 한다.

- 기계산업기사 1인 이상의 기술자
- 승강기자체검사자격자 1인 이상
- 당해 공동주택의 건축설비의 종류 및 규모에 따라 전기사업법, 고압가스안전관리법, 액화석유가스의안전및사업관리법, 도시가스사업법, 에너지이용합리화법, 소방법 및 대기환경보전법에 의한 기준 이상의 기술자

- 비상용급수펌프(수중펌프) 1대 이상, 누전측정기 1대 이상

3) 시설물유지관리업

(1) 개 요

시설물유지관리업이란 1종시설물과 2종시설물에 대하여 안전점검(정기점검, 정밀점검, 긴급점검)을 실시하고 시설물의 안전유지를 목적으로 하는 안전진단업을 의미한다.

안전점검을 실시하고 일정한 안전진단 수수료를 받아 영위하는 업종이다. 시설물유지관리업은 건설산업기본법 제9조에 따라 시 · 도지사에게 등록해야 한다.

시설물유지관리업의 등록업체라야 원칙적으로 건축시설의 영선관리가 가능하다.

(2) 시설물유지관리업 등록기준

시설물의 유지관리업의 등록기준은 다음과 같다.

① 기술능력

기술능력은 건설기술관리법에 의한 토목분야, 건축분야 건설기술자 중 4인 이상이어야 한다.

② 자본금

자본금은 3억원 이상이어야 한다.

③ 사업주체

사업주체는 개인 또는 법인도 가능하다.

④ 시설장비

시설장비조건은 다음과 같다.

- 육안검사 : 돋보기, 망원경, 카메라, 비디오카메라, 균열측정현미경
- 비파괴시험 : 반발경도측정기, 음파측정장비, 망치, 체인, 초음파측정장비
- 자기감음검사 : 콘크리트 피복측정장비
- 전기에 의한 부식검사 : 콘크리트 저항측정기, 전위차 측정장치
- 사무실 : 전용면적 20㎡ 이상

4) 위생관리용역업

(1) 개 요

위생관리용역업이란 공중이 이용하는 건축물 또는 시설물 등의 청결유지와 실내공기 정화를 위한 청소대행을 하는 업을 말한다.

위생관리용역업은 보건복지부령이 정하는 바에 따라 시장 · 군수 · 구청장에게 신고해야 하는 업종으로서 공중이용시설의 건축물이나 시설에 대하여 청소 등 위생관리용역을 제공하고 그 대가인 용역비를 받아 업으로 영위하는 건물시설관리업의 일종이다.

공중이용시설로서 대통령령으로 정하는 건축물 또는 시설물의 소유자, 점유자, 관리자는 공중위생법에 따라 반드시 위생관리(청소 · 위생관리 등)를 해야 한다.

그러므로 위생관리용역시 전망이 매우 밝은 업종으로 보이며 신고업이므로 창업 역시 간편하다.

전국의 위생관리업종 중 청소관리 용역업체수는 2010년 12월 31일 현재 5,352개 사이고, 청소 · 위생관리종사자의 수는 약 800,000명으로 추정되고 있다.

(2) 위생관리용역업의 신고기준

시설물 및 건축물에 관한 위생관리용역업의 신고는 영업종류별 시설 및 설비기준에 적합한 시설을 갖춘 후 1호 서식 신고서에 다음 서류를 첨부하여 시장 · 군수 · 구청장(자치구 구청장)에게 제출해야 한다.

- 영업시설 및 설비개요서
- 교육필증((사)한국위생관리협회 교부)

5) 소독업

(1) 개 요

소독업은 전염병예방법에 따라 공동주택, 숙박업소 등 다수인이 거주 또는 이용하는 시설 중 대통령령이 정하는 시설을 관리 · 운영하는 자는 보건복지부령이 정하는 바에 따라 전염병예방을 위한 소독을 해야 하는 바 청소, 소독과 쥐, 벌레 등의 구서조치를 하고 그 대가인 용역비를 받아 업으로 영위하는 보건관리업의 일종이다.

(2) 소독업의 신고

소독업을 하고자 하는 자는 보건복지부령이 정하는 시설, 장비 및 인력을 갖추고 시 · 도지사에게 신고해야 한다.

(3) 소독의 실시

- 소독업자는 보건복지부령이 정하는 기준과 방법에 따라 소독을 실시해야 한다.
- 소독 후 보건복지부령이 정하는 바에 따라 그 실시사항을 기록 · 보고해야 한다.

6) 승강기보수업

(1) 개 요

승강기보수업의 등장은 건설기술의 발전과 함께 승강설비 등 건축기자재의 발달로 인하여 탄생된 업종으로서 승강기는 1920년대 미국에서 본격적으로 건축물에 활용되기 시작되었다.

6층 이상의 건물에는 의무적으로 승강기를 설치해야 하는 시설로서 건축물, 기타 공작물에 부착되어 일정한 승강로를 통하여 사람이나 화물을 운반하는 데 사용되는 시설로서 이에는 엘리베이터, 에스컬레이터, 휠체어리프트 등 산업자원부령(현, 지식경제부령)이 정하는 것을 말한다.

승강기보수업이란 건축물 등에 설치된 승강기에 고장이 발생할 경우 이를 수리하거나 고장을 예방하기 위한 점검, 유지, 보수, 정비 등의 용역을 제공하는 대가로 일정한 보수를 받고 계속해서 업으로 하는 것을 말한다.

(2) 승강기보수업의 등록

승강기보수를 업으로 하고자 하는 자는 시 · 도지사에게 등록하여야 한다.

승강기보수업의 등록을 하고자 하는 자는 대통령령이 정하는 기술인력 · 자본금(개인의 경우 자산평가액) 및 보수설비를 갖추어야 한다.

승강기보수업의 변경등록이나 폐지 · 휴지하거나 휴지한 사업을 재개하는 경우 그 날로부터 30일 이내 시 · 도지사에게 신고해야 한다.

금치산자, 한정치산자, 파산선고를 받고 복권되지 않은 자, 이법에 의한 징역 이상의 선고를 받고 그 집행이 종료되지 않은 자 등은 승강기보수업의 등록을 할 수 없다.

승강기보수업자는 고의과실로 인한 손해를 배상하기 위하여 산업자원부령(현, 지식경제부령)이 정하는 보험에 가입해야 한다.

7) 전기안전관리대행업

(1) 개 요

건축물에 설치된 전기설비에 대한 안전관리를 위하여 소유자 및 점유자는 지식경제부장관이 고시한 기술기준에 적합하도록 유지해야 한다.

또한 전기시설부착 건축물 등의 소유자나 점유자는 대통령령이 정하는 기술인력, 자본금 등 일정한 요건을 보유한 전기안전관리대행업자에게 안전관리업무를 대행시킬 수 있다.

이와 같이 일정한 요건을 갖춘 전기안전관리대행업자가 건축물 등의 전기설비에 대한 안전관리를 대행해주고 일정한 보수를 받고 계속해서 업으로 행하는 것을 전기안전관리대행업이라 한다.

(2) 전기안전관리대행업의 등록 또는 신고

전기안전관리대행을 업으로 하고자 하는 자는 지식경제부장관이 정하는 요건을 갖추어 다음과 같이 산업자원부장관 또는 시 · 도지사에게 등록 또는 신고해야 한다.

- 전기안전관리 업무를 위탁받고자 하는 자는 산업자원부장관에게 등록해야 한다.
- 전기안전관리 업무를 대행하고자 하는 자는 시 · 도지사에게 신고해야 한다.

8) 시설관리용역업

건물자산의 시설관리에 있어서 가장 위험하고 중요하며 중추적 관리업인 시설관리업은 허가, 신고 또는 등록업종이 아닌 상태로 방치되어 향후 큰 문제로 나타날 개연성을 가지고 있다. 왜냐하면, 시설관리는 건축설비의 운전과 정비, 건축물의 영선 등 건물관리의 기초관리업무이고 위험물의 관리업무임에도 불구하고 전기, 기계, 소방 등의 기술자격만을 규정하고 있기 때문이다. 따라서 건축시설물의 안전관리와 효율적 관리를 위해서는 허가업종으로의 전환이 시급히 요구되고 있다.

5. 건물자산관리전문서비스업의 창업정보

건물자산관리전문서비스업은 건물자산관리업종 중 하나로서 건물자산관리전문서비스를 제공하기 위한 업종으로서 주요 서비스업에는 건물자산 투자자문업, 건물자산경영관리컨설팅업, 건물자산법률서비스업, 건물자산관리업자 신용평가업, 건물자산(부동산)중개업, 건물자산감정평가업, 건물안전진단업 등이 있다.

관계법에 따라 신고, 등록, 인가, 허가되는 주요 건물자산관리전문서비스업의 창업요건을 설명하면 다음과 같다.

1) 건물자산 투자자문업

(1) 개 요

부동산 투자회사의 위탁으로 그 자산의 투자 운용에 관한 자문 및 평가 등의 서비스를 제공하고 일정한 서비스 Fee를 받음으로써 업을 계속해서 영위하는 건물자산관리서비스업종이다.

건물자산 투자자문업은 부동산투자회사법 제23조에 근거하며 부동산투자자문회사 설립은 국토해양부장관에게 등록하여야 한다.

(2) 창업요건

건물자산(부동산) 투자자문업을 영위하는 부동산 투자자문회사의 설립요건은 다음과 같다.

① 최소 자본금 10억원 이상으로서 대통령령이 정하는 자본금 이상 확보할 것
② 부동산투자회사법 제22조에 의한 자산운용 전문인력 3인 이상 확보할 것
③ 요건을 맞추어 국토해양부장관에게 등록할 것

자산운용 전문인력이란 다음 각 호의 어느 하나에 해당하는 자를 말한다.

① 부동산 투자회사, 자산관리회사, 이에 준하는 부동산관리회사나 기관 등에서 5년 이상 근무한 자로서 부동산(건물자산)의 취득, 처분, 관리, 개발, 자문 등의 업무에 3년 이상 종사한 경력이 있는 자

② 부동산자산의 투자, 운용업무를 수행하는 외국의 부동산회나 또는 이와 유사한 업무를 수행하는 기관에서 5년 이상 근무한 자로서 부동산(건물자산)의 취득, 처분, 관리, 개발, 자문 등의 업무에 3년 이상 종사한 경력이 있는 자
③ 자본시장과 금융업에 관한 법률 제28조 제 1항 제3호 다목에 해당되는 자

자산운용 전문인력은 다음의 교육 내용에 관한 교육과정을 이수해야 한다.

① 부동산자산의 투자, 운용에 관한 사항
② 부동산 관련 법률, 조세 및 회계 등 제도와 관련된 사항
③ 부동산관련 증권의 발행, 유통, 및 자본 시장에 관한 사항
④ 자산의 평가 및 분석에 관한 사항

자산전문인력의 교육과정을 통하여 교육내용을 교육하는 기관은 다음과 같다.

① 부동산, 금융관련 연구기관 및 단체
② 고등교육법 제22조 1호의 규정에 의한 대학
③ 국토해양부장관이 관계 중앙행정기관장과 협의하여 정하는 전문교육기관

(3) 부동산 투자자문업의 업무

부동산 투자자문회사의 주요업무는 부동산 투자회사로부터 위탁받은 업무로서 다음과 같다.

① 부동산자산의 투자 · 운용에 관한 주주총회 또는 이사회의 의결사항에 필요한 조사 · 분석 및 정보 제공
② 부동산 투자회사법 제21조의 규정에 의한 부동산자산의 투자 · 운용에 관한 자문 및 평가 업무

2) 자산관리업

(1) 개 요

자산관리업이란 위탁관리 부동산 투자회사 또는 기업구조조정 부동산 투자회사의 위탁을 받아 자산의 운용업무를 수행하는 것을 목적으로 부동산투자회사법 제22조의 3의 규정에 의하여 설립된 자산관리회사의 업으로서 Asset Management업과 취득 건물자산

에 대한 Property Management업을 의미한다.

(2) 창업요건

자산관리회사를 설립하고자 하는 자는 다음 각호의 요건을 갖추어 국토해양부장관의 설립인가를 받아야 하고 인가받은 사항을 변경하려는 경우에도 또한 같다. 본인가전 예비인가를 받아야 한다.

① 자본금이 70억원 이상일 것
② 부동산투자회사법 제22조 규정에 의한 자산운용 전문인력을 5인 이상 확보할 것
③ 자산관리회사와 투자자산, 특정 투자자와 다른 투자자 간의 이해상충을 방지하기 위한 체계를 갖출 것

(3) 법정 자산관리업과 임의 자산관리업

자산관리업에는 투자회사법에 의한 법정 자산관리업과 투자자의 위탁에 의하여 위탁자산을 AM과 PM방법으로 관리하는 임의 자산관리업 등이 있다.

3) 건물자산 감정평가업

(1) 개 요

건물자산감정평가업은 건물자산관리 서비스업의 일종으로서 부동산 가격공시 및 감정평가에 관한 법률에 근거하여 타인의 의뢰에 의하여 일정한 보수를 받고 토지 등의 감정 평가를 업으로 행하는 것을 말한다.

감정평가업은 부동산 가격 공시 및 감정평가에 관한 법률 제27조의 규정에 의하여 등록한 감정평가사와 동법 제28조의 규정에 의하여 인가를 받은 감정평가 법인이 행하는 업을 말한다.

감정평가법인의 경우 자산관리(AM)업을 영위할 수 있다.

(2) 감정평가사 등록

감정평가사가 감정평가업을 영위하고자 할 때는 감정평가협회를 경유하여 국토해양부장관에게 감정평가사 개설등록을 하고 등록증을 교부받아야 한다. 개설등록 신청서

에는 다음의 서류를 첨부해야 한다.

① 감정평가사를 증명하는 서류
② 사무실의 보유를 증명하는 서류

(3) 감정평가법인의 인가

감정평가법인을 설립하고자 할 때는 다음의 요건을 갖추어 국토해양부장관에게 제출하여 인가서를 교부받아야 한다.

① 10인 이상의 감정평가사 전원의 발기인 서명 날인하여 작성한 신청서
② 정관
③ 사원 및 소속 감정평가사의자격을 증명하는 서류
④ 사원 또는 이사 취임예정자의 가입동의서 또는 취임승낙서
⑤ 사무실의 보유를 증명하는 서류
⑥ 그 밖에 국토해양부령이 정하는 서류

(4) 감정평가사 및 감정평가법인의 업무

감정평가업을 영위하는 등록 감정평가사와 인가 감정평가법인의 감정평가 업무는 다음과 같다.

① 공시주택가격
② 보상
③ 토지거래 허가
④ 조세
⑤ 조성용지 분양
⑥ 관리처분
⑦ 자산관리
⑧ 경매 및 소송
⑨ 담보
⑩ 도시개발
⑪ 재건축, 재개발

⑫ 일반거래

(5) 감정평가의 대상 물건

감정평가의 대상 물건은 다음과 같다.

① 부동산(토지, 건물, 아파트, 임야(산림)), 과수원 등
② 기업체(공장, 자동차, 중기, 선박, 항공기, 도안 등)
③ 특수 물건(광산 및 상업권, 영업권, 어장 및 어업권, 상장주식, 비상주식, 유가증권 기타 무형 고정 자산 등)

4) 건물자산중개업

(1) 개 요

건물자산중개업이란 공인중개사의 업무 및 부동산 거래신고에 관한 법률에 의하여 공인중개사 자격을 취득한 자가 타인의 의뢰에 의하여 일정한 보수를 받고 중개의 업무를 행하는 자(개인중개사사무소 또는 중개 법인)의 업을 말한다.

공인중개사 또는 중개법인이 행하는 중개란 중개 대상물(토지, 건축물 그 밖의 토지의 장착물, 그 밖에 대통령령이 정하는 재산권(임목, 공장재단, 광업재단, 물건 등)에 대하여 거래당사자 간에 매매교환, 임대권, 그 밖의 권리득실 변경에 관한 행위를 알선하는 것을 의미한다. 중개법인인 경우 자산관리 측면의 PM업무 수행이 가능하다.

(2) 중개사무소의 개설등록

중개업을 영위하고자 하는 자는 국토해양부령이 하는 바에 따라 중개사무소(법인의 경우 주된 중개사무소)를 두고자 하는 지역을 관할하는 시장(구의 설치가 없는 시장), 군수 또는 구청장에게 중개사무소의 개설등록을 해야 한다.

공인중개사사 중개사무소를 개설하는 경우에는 다음 요건을 충족해야 한다.

① 중개사자격을 갖출 것
② 법제 34조 제1항에 따라 실무교육을 받았을 것
③ 건축물대장에 기재된 중개사무소를 소유, 전세, 임대차, 사용대차 등의 방법에 의하여 확보할 것

그러나 법인이 중개사무소를 개설하는 경우에는

① 상법상 회사로서 자본금이 5천만원 이상일 것
② 법제14조의 규정된 업무(상업용 건축물 및 주택의 임대관리 등 부동산의 관리대행, 부동산의 이용, 개발 및 거래에 관한 사항, 중개업자를 대상으로 한 중개업의 경영기법 및 경영정보의 제공, 대통령령이 정하는 주택 및 상가의 분양 대행)만을 영위할 목적으로 설립된 법인 일 것
③ 대표자는 공인중개사이어야 하고 사원(무한 책임사원)의 과반수는 공인중개사일 것
④ 임원 또는 사원 전원, 분사무소의 책임자는 법제 34조 제1항의 규정에 따른 실무교육을 받았을 것
⑤ 건축물대장에 기재된 건물에 중개사무소를 확보할 것

제 Ⅱ 편

건물자산운영관리 실무활동

제Ⅱ편 건물자산운영관리 실무활동편은 3개장을 두고 운영관리 실무활동의 기본개념과 운영관리 실무활동의 핵심내용인 PM실무와 FM실무를 연계하여 설명하고 있다.

제 5 장

건물자산운영관리 실무활동의 기본개념

제 1 절 건물자산운영관리 실무활동의 의의와 내용

1. 건물자산운영관리 실무활동의 의의

건물자산운영관리 실무활동이란 건물자산운영관리주체와 운영관리조직 및 그 구성원이 건물자산운영관리자원을 효율적으로 배분하고 운영관리수단을 효과적으로 배분활용하며 외부의 건물자산운영관리 환경을 능동적으로 극복하여 건물자산운영관리의 목표를 가장 경제적인 방법으로, 안전하게, 효율적으로 달성하기 위하여 힘쓰고 애쓰는 실천행위를 의미한다.

다시 말하면, 건물자산운영관리의 목표인 건물의 운영관리 목표(PM 목표)와 건물의 시설관리 목표 달성에 필요한 운영관리활동을 통하여 양질의 운영관리 효과(Service)를 효과적으로 창출하기 위한 노력이나 작업 또는 행위를 건물자산운영관리활동이라 한다.

건물자산운영관리활동을 통하여 얻어지는 건물자산운영관리효과는 후술하는 건물자산운영관리활동의 성립요소들이 복합적으로 서로 결합하고 상호작용하여 마침내 얻어지는 결과물로서 건물자산운영관리활동의 요소들을 중심으로 이루어지는 운영관리활동을 통하여 생산되고 공급되는 특징이 있다. 그러므로 건물자산운영관리활동이란 건물자산운영관리활동 요소들을 효과적으로 결합하고 조합하며 상호작용하게 하여 운영관리효과를 최종적으로 창출하는 과정이라 할 수 있다.

결론적으로, 건물자산운영관리활동이라 함은 건물자산운영관리주체와 운영관리조직이 운영관리대상건물에 대하여 주어진 운영관리수단을 효과적으로 배분활용하고 외부 건물자산운영관리환경을 능동적으로 극복하여 운영관리계획상의 운영관리목표를 가장 경제적인 방법으로, 안전하게 그리고 효율적으로 달성해가는 관리행위를 의미한다.

건물자산운영관리활동의 목표인 건물자산운영 목표(PM목표)와 건물시설관리 목표 달성에 필요한 양질의 운영관리효과(Service)와 건물의 재화적 유익은 결국 건물자산운영관리활동에 의하여 창출되므로 건물자산의 운영관리활동이야말로 건물자산관리에 있어서 대단히 중요한 역할임이 분명하다.

그러나 건물자산운영관리활동의 개념은 일반적으로 말하는 건물자산관리개념과는 차이가 있다. 왜냐하면, 건물자산 관리개념의 일반적 의미는 건물자산관리의 총체적이고 거시적이며 추상적 개념인데 반하여 건물자산운영관리활동은 지엽적이고 구체적이며 미시적, 실천적 행위이기 때문이다.

2. 건물자산운영관리활동의 내용

건물자산운영관리활동의 내용은 운영관리개념이나 운영관리목표, 운영관리방법, 운영관리성격 등에 따라 여러 가지 형태로 운영관리활동의 내용이 달라진다.

예컨대, 부동산 자산관리개념에 의하면 부동산자산의 취득활동(AM활동), 투자 부동산 자산의 보유기간 동안의 운영관리활동(PM활동)과 시설관리활동(FM활동) 그리고 취득자산의 양도활동 등을 자산관리의 주요내용으로 인식하고 있다. 그러나 최광의 관리개념에 바탕을 둔 건물자산운영관리활동의 내용에는 건물자산기술관리활동, 건물자산경제관리활동, 건물자산행정관리활동, 건물자산법률관리활동, 건물자산환경관리활동, 건물자산위험관리활동 등이 있다.

또한 건물자산운영관리업무의 성격에 바탕을 두는 경우에는 건물의 자산운영활동(PM활동)과 건물자산 시설관리활동(FM활동)이 주된 건물자산관리활동의 내용이 된다.

제 2 절 건물자산운영관리 실무활동의 분류

건물자산운영관리활동은 건물자산관리라는 추상적 관리개념에 근거하여 운영관리목표를 구체적이고 실천적으로 달성해가는 관리 행위를 말하는 것으로서 분류기준에 따라 다음과 같이 분류할 수 있다.

1. 전문성 수준에 의한 분류

건물자산운영관리의 전문성 수준에 따라 분류하면 1차수준의 운영관리활동, 2차수준의 운영관리활동, 3차수준의 운영관리활동 등으로 분류할 수 있다.

1) 1차수준의 운영관리활동

1차수준의 건물운영관리활동은 전문성의 수준이 매우 낮은 정도의 운영관리활동을 말한다.

예컨대, 운영관리활동을 함에 있어서 전문적 지식이나 경험 없이 상식에 의존하여 소규모 건물(단독주택, 2층 이하의 건물)을 관리대상으로 한명의 관리인이 일상적인 점검 · 보수 · 수선 · 청소 · 소액의 관리비를 징수처리하는 정도의 운영관리활동을 의미한다. 관리활동상의 주의의무도 크게 요하지 아니하는 운영관리활동이다. 그러나 규모있는 집합건물의 관리의 경우나 관리단이 선임하는 관리인에 의한 관리활동은 2차수준의 운영관리활동에 해당된다. 그러므로 1차수준의 운영관리활동이란 대상건물의 보존이나 유지보수 등을 위한 협의의 기술관리업무 중 일부 기술관리활동을 말한다.

2) 2차수준의 운영관리활동

1차수준의 운영관리활동보다 수준이 높고 3차수준의 운영관리활동보다 수준이 낮은 운영관리활동을 말한다. 주로 5층 정도의 건물에 대한 운영관리활동이 이 범주에 해당되는바 전문관리 수준이 아니면서 시설점검 · 정비 · 보수 · 보안 · 경비 · 임대 · 사무 · 청소관리 등을 관리인의 책임 하에 개인 또는 소규모 관리전문회사의 용역기술을 통하여 또는 고용된 소수의 직원에 의하여 실시되는 관리활동을 의미한다. 2차수준의 운영관리활동 역시 기술관리에 중점을 두고 보존 · 유지에 중심을 둔 운영관리활동을 말한다.

3) 3차수준의 운영관리활동

고도의 기술성과 전문성을 요하는 전문운영관리활동을 의미한다. 대형건물의 운영관리가 이에 해당되는 것으로 PM활동과 FM활동의 체계를 가지고 기술관리활동, 경제관리활동, 행정관리활동, 법률관리활동, 위험관리활동(안전관리활동), 환경관리활동 등의 체계적이고 종합적인 전문관리수준의 운영관리활동을 의미한다.

관리상 주의의무도 크게 요구되며(선량한 관리자 주의의무 수준), 기술성과 전문성이 고도로 요구되는 운영관리활동이다.

전문관리회사에 의한 위탁운영관리활동이 이 범주에 해당된다.

보존은 물론 이용 · 개량 모두를 위한 운영관리활동이다.

2. 건물자산시설관리업 업종에 의한 분류

건물자산관리업의 기준에 따라 관리활동을 분류하면 다음과 같다.

1) 시설유지관리활동

관리대상건물의 시설과 설비의 점검 · 운전 · 감시 · 기록 · 정비 · 보수 · 제어 등 주로 기술을 요하는 관리활동이 이 범주에 해당된다.

이를 세분하면 전기설비관리활동, 기계설비관리활동, 가스설비관리활동 및 건축물 영선작업활동 등이 이 범주에 해당된다.

2) 경비보안관리활동

방범관리, 위험시설물관리, 보안관리, 주차관리, 출입자관리 등이 이 범주에 해당된다.

3) 환경미화관리활동

먼지 · 오물 · 때 등의 제거 및 쓰레기 수거 등을 통한 건물의 청결성과 미관성을 위한 관리활동을 의미한다.

4) 위생소독관리활동

관리대상건물 내외의 구서 · 구충 · 전염병 예방을 위한 소독관리활동을 통한 건물의 보건성 관리활동을 의미한다.

5) 이동설비유지보수 관리활동

빌딩에 설치된 E/L, Auto Side Walk, 에스컬레이터와 카리프트 등 이동설비에 대하여 자체관리담당자나 E/L 안전관리원 등 전문관리회사가 용역계약에 의하여 정기적으로 수행되는 안전점검 및 보수관리활동을 말한다.

6) 전기설비운영대행 활동

전기설비의 관리를 용역계약에 의하여 전기전문관리회사가 운전 · 점검 · 보고 · 기록 · 보수 · 안전 등의 전기설비 관리를 대행하는 활동을 말한다.

7) 조경시설물 관리활동

건물 내외에 설치된 나무나 화초, 잔디 등 수목과 조경시설물을 용역계약에 의하여 조경업자가 건물의 미관성을 전문적으로 관리하는 활동을 말한다.

8) 주차시설관리활동

용역계약에 의하여 건물 내외의 주차관리를 주차장 전문관리회사가 수탁 관리하는 활동을 말한다.

9) 건물하자보수관리활동

건물의 법적하자나 물건(건물구조체 또는 주요부재 기타 마감부재)의 하자에 대하여 개선하는 전문업자의 활동을 말한다. 전문적인 하자보수활동을 의미한다.

10) 건물자산경영관리개선 컨설팅 활동

현재까지 우리나라에 정착되지 아니한 전문업종이나 향후 미국 등 선진국과 같이 의뢰자의 요청에 따라 일정한 금원을 받는 조건으로 건물경영관리 업무 전반에 대하여 관리상의 문제점을 점검하고 조사분석하여 이에 대한 개선대책을 의뢰자에게 보고서 형식으로 제출함으로써 하나의 전문업으로 이루어지는 건물경영관리개선 컨설팅 활동을 말한다.

11) 건물자산임대관리활동

의뢰자(건물의 소유자 등)의 의뢰에 의하여 임대관리업자가 건물의 공간을 임대하고 사후 관리해주는 전문관리활동이다.

12) 건물 설치미술품관리활동

관계법에 의하여 신축건물에 설치된 고가의 예술품들의 보존관리를 용역계약에 의하여 전문관리업자가 관리하는 활동을 말한다.

13) 건물 내외 광고물관리활동

건물 내외의 광고물의 설치 · 보존 · 변경 · 철거 등에 대하여 의뢰자의 계약에 따라 광고전문업자에 의하여 의뢰자로부터 일정한 수수료를 받고 체계적으로 관리하는 활동을 말한다.

이밖에도 전문업자에 의한 소방시설검사활동, 시설 안전점검 및 정밀안전진단활동, 기계정비활동, 관리자교육훈련활동 등이 있으며, 향후 건물의 규모, 성격, 건물환경의 변화 등에 의하여 관리활동의 종류가 늘어날 것으로 전망된다.

3. 최광의 관리개념에 의한 분류

건물 복합성에 의한 최광의 관리개념에 따라 건물자산관리활동을 분류하면 기술관리활동, 경제관리활동, 행정관리활동, 법률관리활동, 위험관리활동, 환경관리활동 등으로 분류된다.

1) 기술관리활동

건물자산관리에 있어서 기술관리활동이란 건물의 기술성을 관리하는 활동으로서 기술관리대상인 건축대지, 건축물, 건축설비 및 부대시설에 대한 기술적 관리활동을 의미하는바 주로 건축물의 보전, 건축설비의 운전과 정비, 기술작업과 기술위험의 관리 및 중앙통제실 설비의 감시와 통제제어와 긴급비상대응업무 등의 기술관리활동을 말한다.

기술관리자는 고도의 기술성을 요하며, 관계법령에 따라 일정한 기술 자격을 요구하고 있다.

2) 경제관리활동

건물자산관리에 있어서 경제관리활동이란 건물자산의 경제성 목표를 달성하기 위한 관리활동을 말한다. 종전의 건물경영관리활동에서 세분된 건물 복합개념 중 하나로서 건물소유자의 목적(최유효 사용 · 수익 · 처분 목적)을 경제적인 방법으로 달성하기 위한 활동이다.

건물자산소유자는 관리대상건물에 대하여 투자비의 조기회수와 수익극대화에 대한 요구와 목적이 있다. 따라서 건물자산운영관리자는 건물자산소유자의 요구 또는 목적을 잘 이해하고 인근지역 특성이나 나라 전체의 경제사정 등을 고려하여, 수익극대화와 투자비 조기회수에 관리역량을 집중해야 한다. 건물의 정상적인 유지와 보존은 경제활동의 기초이므로 건물유지관리업무 역시 철저하게 수행해야 한다. 또한 관리비의 흑자유지와 인적·물적 피해에 대한 최소화 대책에도 유의해야 한다.

관리활동항목 중 종전에 경영관리활동으로 분류된 경제목표관리·구매관리·보험관리·회계관리·세무관리·마케팅과 광고관리·자산운용·임대관리 등이 경제관리활동에 해당된다.

3) 행정관리활동

건물관리대상의 복합개념 중 행정성을 효율적으로 관리하기 위한 활동이다. 건물관리활동성격의 업무를 크게 대별하면 기술관리성격의 업무와 행정관리성격의 업무로 분류된다.

관리업무의 효율화를 목적으로 계획기능·조직화기능·통제기능·조정기능·명령기능 등에 해당되는 일체의 관리업무가 행정관리업무에 해당된다. 조직관리, 문서관리, 사무관리, 인사노무관리, 서무관리 역시 행정관리활동에 해당된다.

4) 법률관리활동

건물관리대상의 법률성을 관리하는 활동으로서 건물의 권리(소유권, 제한물권의 재산권 등), 관리관계계약, 자체규정(자치법규), 관리관계법령, 대외기관·입주자의 민원 등이 주된 관리대상이 되며, 이에 관한 관리활동이 법률관리활동이다. 고도의 전문성을 요하는 행정적 성격의 관리활동이다. 건물관리활동에 있어서 법적 안정성을 유지하는 활동이다.

5) 위험관리활동

건물자산의 위험, 즉 기술위험·경영위험·법률위험·환경위험·보안위험 등을 과학적 방법으로 관리하여 위험요인을 사전에 제거 또는 최소화하여 사고를 방지하거나 부득이한 경우의 사고발생시, 이를 조속히 그리고 경제적 방법으로 수습하여 조기에 관리현장을 정상화하고 원상회복하는 관리활동을 의미한다.

다시 말하면, 위험관리활동이란 건물의 위험을 관리하는 활동으로서 건물의 안전관리활동을 의미한다.

6) 환경관리활동

건물의 실내공기 · 청소 · 위생 · 소독 · 생활환경 · 수질 · 소음 · 공기진동 · 공해 · 악취 · 조경시설물 등을 관리하여 건물의 청결성과 보건성 쾌적성 및 미관성을 적절히 확보하는 관리활동을 말한다.

4. 건물관리활동 대상범위에 의한 분류

관리대상건물의 관리활동 대상범위에 따라 관리활동을 분류하면 최협의 관리활동, 협의 관리활동, 광의 관리활동, 최광의 관리활동 등으로 분류된다.

1) 최협의 관리활동

기술성의 관리대상인 건물 전체를 관리대상으로 보지 아니하고 건물기술관리대상의 일부만을 관리대상으로 상정하여 부정기적인 점검이나 전등교체 · 도색 · 손질 등의 작업과 정기적인 공과잡비의 수납 등만을 행하는 비전문적 관리활동을 의미한다.

2) 협의 관리활동

협의의 관리활동이란 건물관리를 기술관리 또는 FM(Facilities Management, 시설관리)으로 보고 건물에 존재하는 기술성(기술관리대상)의 관리만을 건물관리 전체의 관리대상으로 인식하는 관리활동을 말한다.

또한 협의의 관리활동이란 건축물의 기능을 보전하고 이용자의 편의와 안전을 높이기 위하여 일상적으로 점검 · 정비하고 손상된 부분은 원상복구하며 경과시간에 따라 요구되는 개량 · 보수 · 보강에 필요한 활동(건물의 유지관리개념)을 건물관리의 전부로 인식하는 관리활동을 의미한다.

종전에 일반적으로 인식되었던 건물관리개념이며, 이는 단순한 시설관리로서 건물의 기술성을 주로 관리하는 관리활동개념이다. 아직도 건물전문직종에 종사하는 사람들 중에는 기술관리(시설관리)를 건물관리의 전부로 오해하는 사람들이 많이 있다.

3) 광의 관리활동

부동산학에서 말하는 토지 중심의 부동산 관리개념으로 주로 토지에 내재하고 있는 기술성 · 경제성 · 법률성 등 3개 복합성을 관리대상으로 전개하는 관리활동을 말한다.

다시 말하면, 광의 관리활동이란 토지 중심의 부동산 관리개념이다. 이와 같은 활동개념은 고 김영진 교수에 의하여 개발된 부동산 관리개념에 기초한 관리활동을 의미한다.

4) 최광의 관리활동

저자에 의하여 새로 개발된 건물자산관리개념으로 건물 중심의 자산관리개념에 기초한 관리활동이다. 즉 FM자산관리개념과 PM자산관리개념을 합한 건물 중심의 건물자산관리개념이다.

건물의 복합성에는 기술성 외에 경제성 · 행정성 · 법률성 · 위험성 · 환경성 등이 있으며, 이와 같은 6개 복합성을 통합관리하는 종합관리활동을 최광의 관리활동이라 한다. 가장 넓은 의미의 관리활동이며, 현대 건물자산관리에는 최광의 관리개념이 채택되어 활용하는 것이 바람직한 건물자산관리방법이라 판단된다. 건물자산관리학 역시 최광의 관리개념에 기초하고 있다.

5. 건물자산관리업무의 성격에 의한 분류

건물자산관리업무의 성격을 기준으로 분류하면 건물시설관리활동, 건물재산관리활동으로 분류된다.

1) 건물의 시설관리활동

건물관리활동에 있어서 시설관리조직에 의한 기술성 관리활동을 의미한다. FM관리, 유지관리, 협의 관리활동이 이 범주에 해당된다.

기술관리(설비관리, 시설영선관리, 정비보수작업관리, 중앙관제센터의 운전 · 감시 · 조정 · 통제 · 제어 · 기록 등의 기술관련 업무 등)와 환경관리(청소, 위생, 소독, 조경시설물 관리) 및 위험관리 중 보안관리(경비보안관리) 등이 이 범주에 해당된다.

부동산자산관리개념 중 FM(Facilities Management)활동이 이 범주에 해당된다.

건물시설관리활동은 최광의 관리개념을 의미하는 것으로 기술관리활동과 환경관리활동이 이에 해당되며 이 책의 제3장에서 구체적으로 설명하고 있다.

2) 건물의 재산관리활동

건물관리활동에 있어서 경영조직에 의한 경제성 · 행정성 · 법률성 · 위험성 등에 대한 관리활동을 의미한다. 경제관리, 행정관리, 법률관리, 위험관리(경비보안 제외) 업무가 재산관리활동에 해당된다.

부동산자산관리개념인 AM과 PM 모두가 이 범주에 해당된다. 이 책의 중심내용인 건물자산관리활동을 건물자산관리 업무의 성격에 의한 관리활동 분류기준에 따라 건물의 재산관리활동과 건물의 시설관리활동으로 분류하고 설명하고 있다.

6. 건물자산관리방법에 의한 분류

관리대상건물을 관리주체와 관리조직이 관리하는 방법에 따라 관리활동을 분류하면 자치관리활동, 직영관리활동, 신탁관리활동, 위탁관리활동, 혼합관리활동, 시설운영위탁관리활동 등으로 분류된다.

1) 자치관리활동

공동주택(특히, 아파트)의 자치관리조직인 입주자 대표회의에 의하여 조직된 자치관리기구나 연립주택, 오피스텔 등의 집합건물 구분소유자에 의하여 구성된 관리단 등 자치관리조직의 책임과 비용으로 관리하는 관리활동을 말한다.

2) 직영관리활동

건물소유자 또는 관리권한자의 책임과 비용으로 조직한 직영관리조직에 의하여 직접 관리하는 형태의 관리활동을 말한다.

3) 신탁관리활동

관리대상건물이 위탁자의 사정으로 소유권과 자산을 함께 신탁회사에 신탁하고 이를 신탁회사의 책임과 비용으로 관리하는 것을 의미한다. 신탁에는 명의신탁, 관리신탁과 개발신탁 등이 있는바 관리신탁의 경우 수탁된 관리자산을 관리하는 활동이 신탁관리활동에 해당된다.

4) 위탁관리활동

소유권을 제외한 관리자산만을 수탁받은 관리전문회사가 관리주체가 되어 위탁관리회사의 비용과 수탁회사의 책임으로 관리하는 형태의 관리활동을 의미한다.

5) 혼합관리활동

건물관리활동 중 일부는 건물 소유자 또는 경영자, 즉 위탁자가 직접 관리하고 나머지 일부는 수탁관리회사가 관리하는 이른바 혼합관리조직이 관리주체가 되어 진행하는 관리활동을 의미한다.

6) 시설운영위탁관리활동

위탁자산(시설)과 위탁자산의 운영을 수탁자의 책임과 비용으로 시설의 운영과 관리를 함께하는 관리활동을 말한다.

7. 건물자산관리항목에 의한 분류

건물자산관리활동에 있어서 최광의 관리영역에 해당되면서 구체적 관리대상이 되는 관리항목에 따라 관리활동을 분류하면 다음과 같다.

① 건축물유지관리활동
② 건축설비운전정비활동
③ 기술작업활동
④ 기술위험물관리활동
⑤ 중앙관제활동
⑥ 경영관리조직(관리사무소 등) 관리활동
⑦ 경영목표관리활동
⑧ 인사노무관리활동
⑨ 회계관리활동
⑩ 세무관리활동
⑪ 사무문서관리활동

⑫ 건물보험관리활동
⑬ 임대관리활동
⑭ 구매관리활동
⑮ 마케팅관리활동
⑯ 건물자산운용활동
⑰ 서무관리활동
⑱ 권리(소유권) 보존활동
⑲ 계약관리활동
⑳ 관리관계법령 관리활동
㉑ 유관기관업무관리활동
㉒ 기술위험관리활동
㉓ 경영위험관리활동
㉔ 법률위험관리활동
㉕ 환경위험관리활동
㉖ 보안위험관리활동(경비보안관리활동)
㉗ 청소관리활동
㉘ 위생소독관리활동
㉙ 생활환경관리활동
㉚ 조경시설물관리활동
㉛ 주차시설관리활동
㉜ 입주자관리활동 등

8. 건물자산관리 3측면에 의한 분류

건물자산을 Asset 측면, Property 측면, Facility 측면 등 건물자산 3측면에 따라 관리활동을 분류하면 AM활동, PM활동, FM활동 등으로 분류된다.

1) AM활동

AM이란 Asset Management를 의미하는 것으로 건물자산관리방법 중 하나이다. AM은 투자자산의 소유와 경영 활동 중에서 주로 투자건물자산의 소유에 관계되는 투자 건물자산의 소유적 관리를 행하는 부동산관리개념으로 부동산투자 전략을 수립하여 건물자산의 매입이나 신축을 통한 신규투자와 물건의 처분을 집행함으로써 투자자산의 수익을 극대화하는 부동산자산의 포괄적 관리개념이다.

AM활동은 투자부동산의 소유자 입장에서 부동산리스크를 관리하기 위해서 부동산포트폴리오를 관리하고 투자부동산의 성장전략을 세워 투자자산의 자산가치를 증대시키는 책임을 지며, 소유자 입장에서 PM업무를 총괄하여 투자자산을 개별관리하거나 PM사를 선정하여 위탁관리하여 투자자산의 수익을 극대화하게 한다.

또한 AM은 종국적으로 출구전략을 세워 최유효매각을 단행하여 양도차익을 발생시켜 투자수익을 극대화시키는 이른바 신개념의 부동산투자관리기법이다.

즉 AM은 부동산투자의 흐름인 취득(또는 신축), 보유 · 양도 과정 중 매입과 매각에 중심을 둔 부동산투자관리 개념이라 할 수 있다. 또는 건물자산의 재무적 투자관리라고도 할 수 있다.

2) PM활동

(1) PM의 의의

PM이란 Property Management를 의미하는 것으로 건물의 소유자나 AM사 등으로부터 PM계약을 체결하고 일정한 PM Fee를 받는 조건으로 건물자산 AM사와 소유자를 대리하여 대상 건물자산을 위탁받아 보존 · 운영 · 관리하는 이른바 신부동산 관리개념으로 건물자산관리기법 중 하나이다.

PM은 PM대상 건물자산의 수익관리를 중심으로 임대수익을 극대화하고 관리 Cost를 경감시켜 부동산관리의 경제성을 높이고 부동산관리를 위한 기획운영을 통하여 건축주 또는 건물의 소유자(경영자)에게는 임대소득과 양도차익의 극대화를 지원하고 건물의 입주자에게는 양질의 건물서비스를 제공하여 양자 모두를 만족하게 하는 건물자산경영 업무를 수행한다.

PM은 신부동산관리개념의 하나로서 투자부동산의 운영이익을 극대화하는 경영 중심의 건물자산관리기법이라 할 수 있다.

PM의 개념에는 협의의 PM개념과 광의의 PM개념이 있는바 전자는 협의의 PM으로서 관리대상 건물자산에 대하여 청소 · 보안 · 일상점검 · 운전과 정비, 조경시설물관리, 유지 보수 등 일종의 시설관리개념으로서 관리대상 건물에 속하는 각종 시설에 대하여 주로 Operation & Maintenance, 즉 B/D Maintenance(유지관리)를 담당하는 건물시설관리를 의미하고 후자에 해당하는 광의의 PM이란 PM대상 건물자산에 대하여 소유자를 대리하여 건물 경영을 전담하여 협의의 PM업무를 포함 현금흐름(Cash Flow)을 증대시키고 경영위험과 시설위험을 함께 통제, 억제하며 계획을 세워 중장기적으로 PM대상 건물자산의 재산가치를 제고시키는 경영업무를 의미한다.

(2) PM의 주요업무

광의 PM의 주요업무를 기술하면 대체로 다음과 같다.

- 건물시설유지관리 업무(B/D Maintenance)
- PM대상 건물자산의 개량을 위한 공사작업업무(Construction Management)
- PM대상 건물자산의 임대관리업무(Leasing Management)
- AM 목표를 달성하기 위한 건물자산경영관리업무
- 매각출구전략업무와 PM의 일상업무

(3) PM의 일상업무

PM의 일상업무를 기술하면 대체로 다음과 같다.

- 임대계약과 임대료 수납관리
- 임차인 사후관리 및 관계유지
- 운영비의 통제 및 절감
- 기록유지 및 재무보고
- 대상 건물시설의 유지보수관리
- 위기관리
- 보안관리
- 대관업무처리 및 관리개선 홍보
- 시설협력업체의 관리자 관리 및 평가와 용역사관리

(4) PM의 5대 기능과 역할

PM기법은 PM활동을 통하여 건물자산소유자와 사용자(입주자/임차인) 모두에게 다음과 같은 기능과 역할을 하게 된다.

첫째, 건물소유자의 목적을 가장 경제적인 방법으로 가장 안전하게 그리고 효율적으로 달성하는 기능과 역할

둘째, 건물소유자의 이익 극대화를 창출하는 기능과 역할

셋째, 투자 건물자산의 재산가치를 보존하고 증대시키는 기능과 역할

넷째, 건물사용자의 사용수익에 대한 최유효만족 제공기능과 역할

다섯째, 건물이용자 최유효 이용만족제공 기능과 역할

(5) PM의 성공전략

PM 건물자산관리기법을 성공적으로 수행하여 건물소유자의 목적 달성 및 최대만족, 소유자 이익도모, 투자부동산의 재산가치 보존 또는 제고 등을 위해서는 다음과 같은 PM의 성공전략이 필요하다.

- PM대상 건물자산 인수 및 조기정상화 전략
- PM대상 건물 시설의 최정상 상태 장기유지 전략
- 임대수입극대화 전략
- 관리 Cost 절감 전략
- 정보화대응전산시스템 활용전략
- 자산관리 전문화 전략
- 대상 부동산(건물) 자산가치 제고 전략
- PM대상 부동산(건물) 최유효 매각을 위한 출구전략(최유효 매각 전략)

(6) PM의 현황과 전망

미국 등 선진국에서는 오래 전부터 부동산(건물)관리를 PM기법을 활용하여 경영관리하고 있으며 다수의 PM회사들이 대형 PM사로 성장하여 발전해오고 있다.

뿐만 아니라, 외국 PM사인 C&W, JLL 등 수십개 PM사가 국내에 이미 진출하여 PM기법으로 대한빌딩, 명동센트럴 빌딩, 거양빌딩 등 수많은 대형빌딩들을 관리하고 있다.

또한 우리나라 용역관리회사나 FM사 등이 PM으로의 변신을 이미 시작하였으며 그 영역을 넓혀가고 있다.

최근의 국내 PM사들은 건물자산 소유자나 AM사의 아웃소싱 확대로 그들이 소유한 건물자산을 전국적으로 일괄관리하게 되어 PM사의 업무영역이 전국 규모로 크게 확대

되어 가고 있는 경향을 보이고 있다. 뿐만 아니라, PM사는 점차 건물자산관리 컨설팅분야로의 진출을 다각도 모색하고 있어 건물자산관리 컨설팅업의 출현이 조만간 예견되고 있으며 국내 건물시설용역업체에서도 PM영역으로 발빠르게 변신하고 있다.

결론적으로 건물자산관리에 있어서 PM기법이 대종을 이루어 크게 발전하게 될 것으로 전망된다. 그러나 국내 PM사가 외국 PM사를 능가하기 위해서는 외국 PM사의 경영관리기법을 벤치마킹하는 외에 유능한 건물자산관리자나 PM컨설턴트 양성을 중요하게 다루어야 할 것으로 판단된다.

3) FM활동

FM이란 Facilities Management를 의미하는 것으로 건물시설의 물리적, 공학적 기술관리를 의미한다. 다시 말하면, 건물의 시설에 대하여 정상적으로 기능하도록 성능을 유지시켜 쾌적성 · 편리성 · 보건성 · 미관성 · 안전성 등을 도모하는 시설관리개념을 의미한다.

시설관리(FM)개념은 용어개념이 정형화되어 있지 아니하나 기업 · 단체 등의 각각 시설 및 시설의 환경을 경영적 관점에서 종합적으로 기획 · 관리 · 활용하는 경영관리활동이다(일본FM추진협의회 견해)라고 정의하고 있으나 이 정의 역시 정확한 개념의 정의라고는 볼 수 없다. 왜냐하면, 대상 부동산의 성격 · 규모 · 용도 등이 다르고 나라마다 부동산 관리기법과 내용이 다르기 때문이다.

FM업무는 전술한 협의의 PM업무가 주로 대상이 되며 건물을 시설로 보고 시설의 물리적 관리를 전담하고 있는 건물자산관리기법 중 하나이다. 다시 말하면, FM은 건축물의 보전, 설비의 운전과 정비, 청소 · 위생소독, 경비, 주차관리, 조경시설물관리, 경미한 보수 · 정비작업 등의 관리업무가 FM의 주요업무이다.

9. 건물자산 생애단계 기준

건물자산 생애단계를 기준으로 건물자산실무활동을 분류하면 다음과 같다.

① 건물자산 취득활동

② 건물자산 보유 및 운영관리활동

③ 건물자산 처분활동

이상에서 설명한 건물자산관리 실무활동의 분류내용을 정리하면 〈표 27〉과 같다.

〈표 27〉 건물자산관리 실무활동의 분류

기준	실무활동
관리전문성 수준기준	① 1차수준의 관리활동 ② 2차수준의 관리활동 ③ 3차수준의 관리활동
건물시설 관리업 업종기준	① 건물시설유지 관리활동 ② 경비보안관리활동 ③ 청소관리활동 ④ 위생소독관리활동 ⑤ 주차시설관리활동 ⑥ 건물경영관리개선컨설팅활동 ⑦ 건물임대관리활동 ⑧ 조경시설물관리활동 ⑨ 이동설비유지보수관리활동 ⑩ 전기설비운영대행활동 ⑪ 건물내외 광고물관리활동 ⑫ 건물내외 미술품관리활동 ⑬ 건물하자보수관리활동
건물자산관리 방법기준	① 자치관리활동 ② 직영관리활동 ③ 신탁관리활동 ④ 위탁관리활동 ⑤ 혼합관리활동 ⑥ 건물시설운영관리활동
건물자산관리 항목기준	① 건축물유지관리활동 ② 건축설비운전정비활동 ③ 기술작업활동 ④ 중앙관제활동 ⑤ 기술위험물관리활동 ⑥ 경영관리조직관리활동 ⑦ 경영목표관리활동 ⑧ 임대관리활동 ⑨ 입주자관리활동 ⑩ 인사노무관리활동 ⑪ 회계관리활동 ⑫ 세무관리활동 ⑬ 사무문서관리활동 ⑭ 건물보험관리활동 ⑮ 구매관리활동 ⑯ 마케팅 광고관리활동
건물자산 생애단계 기준	① 건물자산 취득활동 ② 건물자산 운영관리활동 ③ 건물자산 처분활동
최광의 관리개념기준	① 기술관리활동 ② 행정관리활동 ③ 경제관리활동 ④ 법률관리활동 ⑤ 위험관리활동 ⑥ 환경관리활동
건물자산관리 활동대상범위 기준	① 최협의 관리활동 ② 협의 관리활동 ③ 광의 관리활동 ④ 최광의 관리활동
건물자산 관리의 업무성격기준	① 건물자산기술관리활동 ② 건물자산행정관리활동
건물자산관리 항목기준	⑰ 건물자산운용활동 ⑱ 서무관리활동 ⑲ 주차시설관리활동 ⑳ 권리(소유권)보존활동 ㉑ 계약관리활동 ㉒ 관계법령관리활동 ㉓ 유관기관업무관리활동 ㉔ 기술위험관리활동 ㉕ 경영위험관리활동 ㉖ 법률위험관리활동 ㉗ 환경위험관리활동 ㉘ 보안위험관리활동 ㉙ 청소관리활동 ㉚ 위생소독관리활동 ㉛ 생활환경관리활동 ㉜ 조경시설물관리활동
건물자산관리 3측면 기준	① AM활동 (건물자산경영활동) ② PM활동 (건물자산의 운영관리활동) ③ FM활동 (건물자산 시설관리활동)

제3절 건물자산운영관리활동의 특성

1. 의 의

건물자산운영관리활동의 특성이라 함은 건물자산운영관리활동의 본질을 이루는 고유한 특징이나 성질을 의미한다. 건물자산운영관리활동 역시 다른 활동과 같이 고유한 특징과 성질이 있는바 건물자산운영관리활동을 효과적으로 달성하기 위하여 이를 이해해 둘 필요가 있다.

2. 건물자산운영관리활동 특성의 내용

건물자산운영관리활동 특성의 내용을 살펴보면 다음과 같은 특별한 성질이 있음을 알 수 있다.

1) 계속성과 수시성

건물자산운영관리활동에는 여러 가지가 있으나 기술관리활동이나 환경미화(청소관리)관리활동 등 매일같이 계속해서 규칙적으로 전개되는 유지관리업무가 대종을 이루고 있으며, 중단 없이 계속해야 하는 업무가 허다하다. 따라서 건물자산운영관리활동에는 계속성의 특성이 있다.

또한 건물자산운영관리활동의 실무 중에는 임차인의 입주나 퇴거, 긴급상황 처리 등 갑작스럽게 불규칙적으로 수시로 나타나는 업무가 있으므로 수시성의 특성도 함께 병존하고 있다.

2) 기술성과 전문성

건물자산운영관리활동은 기술성과 전문성의 성질을 가지고 있다. 운영관리업무 중 체계적인 지식을 요하는 관리활동과 실무적 관리활동에 적용하는 기능이나 숙련측면의 관리업무에는 기술성의 특성이 있다.

또한 회계 · 세무 · 인사 · 구매 · 임대와 같은 고도의 전문적 경험을 요하는 운영관리활동에는 전문성의 특성이 있다. 따라서 건물자산운영관리활동에는 기술성과 전문성의 특성이 함께 병존하고 있다.

3) 현장중심 활동성

건물자산운영관리활동은 운영관리대상 건물자산 중심의 현장관리활동이다. 건물자산운영관리 업무 중 대부분의 운영관리업무는 현장에서 주로 일어나고 처리되는 업무이다. 따라서 현장중심 활동성의 특성이 있다.

4) 대물활동성과 대인활동성

건물자산운영관리는 주로 대물관리활동이나 운영관리대상건물의 특성상 운영과 관리를 담당해야 할 사람이 필요하고, 건물 내에는 입주자를 포함해서 수많은 사용자 및 이용자가 활동 또는 재실하거나 출입하고 있다.

따라서 건물자산운영관리활동은 대물관리활동 외에 대인활동이 대단히 필요하다. 그러므로 건물자산운영관리활동은 대물활동성과 대인활동성의 두 성질이 함께 존재하고 있다.

5) 경험 중시성

건물자산운영관리활동 역시 부동산활동과 같이 경험을 중시하는 성질이 있다. 건물자산관리현상은 건물자산관리활동의 결과로서 문제와 현상을 설명하는 이론을 세우고 세워진 이론에 따라 다시 건물자산운영관리활동을 하게 되는 것은 건물자산운영관리활동의 행위, 즉 인간의 관리활동 경험을 중요시하기 때문이다. 즉 건물자산운영관리활동에도 경험법칙이 지배하고 있는 경우가 허다하다. 이론과 활동(행위)은 상호 밀접한 관계에 있으며, 건물자산운영관리를 더욱 효과적으로 수행하는 요령은 경험에 바탕을 둔 실행(행위)에 더 무게를 두고 있다.

따라서 건물자산운영관리활동의 현장에는 운영관리활동의 경험을 대단히 중요시하고 이를 존중해야 한다. 건물자산운영관리자의 채용에도 운영관리경험이 최우선적으로 고려되어야 한다.

6) 윤리성

건물자산운영관리는 주로 타인의 건물자산을 운영하고 관리하는 업무이므로 고도의 윤리성이 지배하는 특성이 있다. 윤리성은 건물자산 소유자는 물론 운영관리활동에 종사하는 자 모두에게 적용되는 특성이 있다. 건물자산운영관리자가 준수해야 할 규범이나 도리를 건물자산운영관리자 윤리라 한다. 건물자산운영관리자에 대한 윤리성을 강조한 말에는 자신의 재산은 바르게 사용하고 타인의 재산은 올바르게 관리해야 한다는 논어의 재산정용행인(財産正用行人)이 있다.

7) 공간 활동성

건물자산운영관리는 3차원의 공간에서 주로 이루어진다. 이를 공간 활동이라 한다. 따라서 건물자산운영관리활동은 공간 활동성의 특성이 있다.

8) 사회성과 공공성

건물자산에는 개인 소유의 개인소유건물자산 외에 국가가 소유하는 국유건물자산, 지방자치단체가 소유하는 공공건물자산, 기업소유건물자산 등이 있다. 개인소유 또는 기업소유 건물자산에는 사회성이, 국유자산과 공공자산에는 공공성이 지배한다.

그러므로 여러 종류의 법령에 의하여 규제 · 지도 · 감독을 받고 있다. 따라서 건물자산운영관리활동에는 사회성과 공공성의 특성이 있다.

9) 관리효과의 기술수준과 전문성 수준 비례성

건물자산운영관리활동의 목적은 운영관리비용을 최소화하고 운영수익 극대화의 창출에 있다. 운영관리활동은 건물의 타율성의 특성으로 인하여 운영관리자인 사람에 의해 관리되므로 관리효과와 건물유익 창출은 전적으로 관리자의 기술수준과 전문성 수준에 달려 있다. 운영관리자가 유능하면 100%의 운영관리효과와 건물유익이 나타나며, 무능한 경우에는 정반대로 나타나게 된다.

따라서 건물자산운영관리활동은 관리자의 기술수준과 전문성 수준에 비례하여 운영관리효과가 나타나는 특성이 있다.

10) 타율성과 관리자 의존성

건물은 타율성의 특성으로 인하여 아무리 첨단 IBS건물이라 할지라도 스스로 작동하지 못하고 운영관리자의 손에 의하여 운영되고 관리되어야 하는 특성이 있다.

따라서 건물자산운영관리활동에는 타율성과 운영관리자 의존성의 특성이 함께 존재한다.

11) 유형적 활동성과 무형적 활동성

건물자산운영관리활동의 성질 중에는 시설관리활동과 같이 눈에 보이는 관리활동과 수익관리활동과 같이 눈에 보이지 않는 운영관리활동이 있다.

따라서 건물자산운영관리활동에는 유형적 활동성과 무형적 활동성의 특성이 있다.

12) 관리방법의 다양성

건물자산운영관리활동은 운영관리방법에 따라 진행되는 실무상의 행위이므로 운영관리방법에 의하여 관리효과가 다르게 나타난다. 운영관리활동에는 여러 가지 방법이 사용될 수 있으므로 운영관리방법 다양성의 성질이 있다.

운영관리대상건물의 규모 · 용도 · 성격과 설비의 종류와 기능 등이 건물마다 모두 다르기 때문에 운영관리활동의 관리방법 역시 다양한 형태로 적용된다.

따라서 건물자산운영관리활동에는 운영관리방법의 다양성의 특성이 있으므로 최선의 운영관리 방법의 선택과 활용이 중요하다.

13) 건물환경의 지배성

건물자산운영관리활동은 건물자산운영관리대상을 둘러싸고 있는 내 · 외부의 건물환경에 절대적인 지배를 받는 특성이 있다.

건물자산운영관리가 여건을 뛰어넘는 운영관리활동이나 운영관리사정을 무시한 운영관리활동은 무리한 운영관리활동이 되기 쉽다. 뿐만 아니라, 정치환경 · 경제환경 및 사회적 환경이나 기술환경 또는 주변환경을 무시하거나 경시한 운영관리활동 역시 양질의 운영관리효과를 효과적으로 달성하기 어렵다.

따라서 건물자산운영관리활동은 건물자산운영관리대상의 내 · 외부의 환경에 절대적으로 지배를 받는 특성이 있다. 그러므로 건물자산운영관리활동을 함에 있어서 내외의 건물환경과 잘 조화되어야 한다.

14) 건물관리관계법령의 이행강제성

건물자산운영관리활동을 함에 있어서 건축법·소방관계법 등에서 법적 특정사항의 이행을 요구하고 있는 규정을 준수해야 하는 강제성이 있다.

따라서 건물자산운영관리활동에는 건물자산운영관리관계법령에 의한 강제성의 특성이 있다.

제 4 절 건물자산운영관리활동의 일반지침과 특별지침

1. 의 의

건물자산운영관리활동에 있어서도 지켜야 할 행동지침이나 준칙이 있다. 이와 같은 행동지침이나 준칙을 총칭해서 건물자산운영관리활동의 지침이라 한다.

건물자산운영관리활동에 적용되는 원칙에는 상위개념의 지침과 하위개념의 지침이 있다.

상위개념의 원칙에는 이 책 제 I 편의 운영관리원칙과 같은 건물자산관리학의 지도원리가 있고, 하위개념의 운영관리준칙에는 운영관리활동 전반에 적용되는 운영관리활동 일반지침과 특정 운영관리항목에만 적용되는 운영관리활동 특별지침이 있다.

이와 같은 지침들은 정상적 건물자산운영관리활동을 위해서 반드시 지켜져야 하고 준수되어야 한다. 왜냐하면, 운영관리활동의 궁극 목적은 운영관리비용의 최소화와 운영수익의 최대화를 통한 건물자산가치 극대화이므로 양질의 건물관리효과와 건물의 유익을 효과적으로 창출해야 하고, 이와 같은 효과와 유익 창출에는 운영관리기술·운영관리이론·운영관리기법 등과 함께 운영관리원칙이 반드시 지켜져야만 가능하기 때문이다.

계속해서 건물자산운영관리활동 일반지침과 특별지침에 대하여 설명하면 다음과 같다.

2. 건물자산운영관리활동의 일반지침

건물자산운영관리활동 전반에 걸쳐 적용되는 일반지침의 종류와 내용은 다음과 같다.

1) 안전성 우선

모든 건물자산운영관리활동에 있어서 안전성이 우선되어야 한다는 지침이다. 안전성 확보를 위한 안전관리는 어떤 관리업무나 원칙보다 우선 적용되어야 한다는 지침을 안전성 우선의 지침이라 한다.

2) 경제성 고려

경제성 원칙이란 최소의 비용으로 최대의 이익을 얻고자 하는 경제원칙으로서 경제 목적을 합리적으로 달성하고자 추구하는 것으로 관리활동을 할 때 언제나 경제적 이익이 고려되고, 또 높여나가야 한다는 원칙을 경제성 고려의 지침이라 한다.

또한 경제성 고려의 지침이란 건물자산운영관리활동을 함에 있어서 반드시 경제성을 고려하여 손실을 방지하고 경제적 이익을 높이거나 극대화되도록 해야 한다는 지침을 말한다.

따라서 운영관리활동에는 언제나 경제성이 고려되도록 활동해야 한다.

3) 효율성 제고

효율성이란 투입에 비하여 산출이 높은 것을 의미한다.

효율성 제고의 지침이란 운영관리활동의 비용(예산)이나 시간과 노력(운영관리활동)의 In-put(투입)보다 결과인 운영관리효과, 즉 Out-put(산출)이 언제나 높게 나타나도록 운영관리해야 한다는 지침을 말한다.

4) 작업의 능률화

능률이란 단위시간에 대한 작업량의 비율을 말한다. 건물자산운영관리활동에 있어서도 단위시간에 양적이나 질적으로 보다 많은 작업량 또는 양질의 서비스를 생산해서 고객(입주자 등)을 만족시키도록 노력해야 된다는 지침을 작업능률화의 지침이라 한다.

5) 기술성과 전문성 적용

기술성이란 어떤 일을 정확하고 능률적으로 처리하는 솜씨를 말하며, 과학과 지식을 생산 · 가공이나 일에 응용하는 방법이나 기술을 의미한다. 전문성이란 어떤 특정분야에 몰두 연구하여 그 분야의 지식과 경험 및 정보를 가지고 그 분야의 일을 쉽게 그리고 정확히 처리하는 능력을 의미한다.

기술성과 전문성 적용의 지침이란 건물자산운영관리활동을 함에 있어서 기술관리활동에는 기술성을, 행정 · 경제 · 법률 등의 경영관리활동에는 전문성을 반드시 적용하여 운영관리해야 한다는 지침을 말한다.

건물자산운영관리는 자기방식과 자기상식 및 자기경험만을 가지고 주먹구구식으로 운영관리해서는 안 된다는 지침이다.

6) 내구성 지향

건물자산의 경제적 · 물리적 수명이 법정 내용연수보다 연장 또는 오래 지속되도록 운영관리해야 한다는 지침이다. 내구성이 오래 지속되고 연장되도록 운영관리활동을 해야 한다는 지침을 내구성 지향의 지침이라 한다.

7) 선 계획, 후 관리

운영관리활동을 함에 있어서 먼저 계획 · 준비한 후 관리업무를 집행하도록 해야 한다는 지침이다.

8) 예방관리

문제가 발생되기 전에 사전에 문제의 원인을 제거하여 피해나 사고를 방지하도록 노력해야 한다는 지침이다.

건물자산운영관리에는 사후수습보다 예방관리가 우선되어야 한다는 지침이다.

9) 과학적 운영관리

과학이란 어떤 특정영역을 객관적 방법으로 체계적이고 계통적으로 연구하거나 활동하는 것으로 그 활동의 성과를 의미한다. 즉 타당성과 정확성이 있는 활동의 결과를 의미한다.

건물자산운영관리활동을 함에 있어서 주관적 · 비체계적 · 부정확성의 운영관리를 해서는 안 된다는 지침이다. 운영관리종사자가 자기방식 · 자기경험만으로 관리해서는 안 된다는 원칙을 과학적 운영관리의 원칙이라 한다. 즉, 타당하고 정확성이 있는 방법으로 관리해야 한다는 지침이다.

10) 신뢰성 확보

건물자산운영관리는 사람과 시설, 사람과 장소, 사람과 사람의 관계 속에서 이루어진다. 이와 같은 관계에서 신뢰가 무너지면 사고가 생기거나 운영관리효과는 저감되거나 상실된다. 따라서 건물자산운영관리활동에는 반드시 신뢰가 있어야 하고, 상호 믿음이 있어야 한다.

특히 조직의 상 · 하, 사람과 기계, 기술성 · 회계 · 구매 · 전문성 · 안전 · 환경 등 건물자산운영관리활동의 관계나 요소마다 신뢰가 있어야 한다는 지침을 신뢰성 확보의 지침이라 한다.

11) 책임관리

건물자산운영관리종사자가 시작하는 업무는 반드시 그 결과에 대하여 자신이 책임져야 한다는 지침이다.

12) 법정기준 적합성

건물자산운영관리는 관계법령 관리기준 · 관리규정 · 관리계약과 과업지시서 등의 기준에 적합하게 관리되어야 한다. 이를 법정기준 적합성 지침이라 한다.

13) 경영사고의 적용

경영사고(經營思考)란 조직의 목표를 달성하기 위하여 변화하는 환경에 능동적으로 대처하면서 계획수립 · 조직화 · 지휘 · 통제 등의 경영순환과정을 통하여 일을 진행하는 지적 체계와 행동의식을 가지고 대응하는 의식이나 태도를 의미한다. 건물자산을 운영관리함에 있어서나 어떤 종류의 운영관리업무를 진행함에 있어서도 운영관리자는 이와 같은 경영사고를 가지고 운영관리해야 한다는 지침을 경영사고 적용 지침이라 한다.

14) 관리업무 표준화

건물자산운영관리업무를 수행할 때 표준화 작업이 가능한 업무나 작업은 그 내용과 절차를 매뉴얼화하고 표준화하여 효율적으로 관리해야 한다는 지침을 말한다.

15) 최유효 운영관리

최유효 운영관리의 지침이란 최유효 관리법에 따라 운영관리효과를 창출해야 한다는 지침이다. 즉 운영관리효과의 창출은 가장 경제적 방법으로 안전하게 효율적으로 적합하게 생산하도록 노력해야 한다는 지침이다.

운영관리활동의 목적은 최상의 운영관리효과를 얻기 위하여 실시된다. 즉 최유효한 운영관리결과를 얻기 위하여 운영관리활동이 행해지는 것이다. 따라서 운영관리활동시 최상의 관리효과를 얻기 위하여 반드시 적용되어야 할 지침이다.

16) 현장중심 관리

건물자산운영관리는 현장을 중심으로 시작되고 종결되는 운영관리업무이다. 따라서 현장을 중심으로 관리되어야 한다는 지침을 말한다.

17) 고품질 서비스 생산

건물자산운영관리는 눈에 보이지 않는 서비스(용역)를 주로 창출하는 활동이므로 그 서비스의 품질을 최고의 것으로 창출해야 한다. 이와 같은 지침을 고품질 생산 지침이라 한다.

18) 관리활동 순기능

운영관리활동을 할 때 운영관리목적에 맞는 기능이 나타나도록 운영관리해야 한다는 지침이다. 즉 운영관리활동이 의도하는 기능이 나타나도록 운영관리해야 한다는 지침이다. 이와 같은 순기능이 나타나지 아니하고 반대로 역기능이 나타날 경우 운영관리상에 여러 가지 문제점이 발생하게 된다.

19) 계속적 관리

건물자산운영관리시 운영관리대상 항목을 관리할 때 일시적 일회용으로 처리하지 아니하고 중단 없이 관리해야 한다는 지침이다. 점검보수 일상화 원칙과 맥을 함께 하는 운영관리지침이다.

20) 사회공공성

완성된 건물은 소유의 대상을 떠나 사회의 기반시설이 되거나 마을과 도시의 구성단위가 된다. 따라서 사회성 또는 공공성의 기능을 갖거나 나타내게 된다.

따라서 건물자산운영관리활동시에 이와 같은 사회성과 공공성의 기능을 유지하거나 고려하여 관리해야 한다는 지침을 사회공공성 지침이라 한다.

21) 윤리성

모든 건물자산운영관리 종사자는 건물자산운영관리활동을 함에 있어서 사람과 사람, 사람과 물건, 사람과 장소에 필요한 도덕과 규범을 지켜 손해를 끼치지 않도록 해야 한다는 지침이다. 이와 같은 윤리성의 지침은 운영관리활동 전후 또는 활동 중에도 반드시 지켜져야 할 지침이다.

22) 점검보수 일상화

건물자산운영관리활동에 있어서 점검과 보수는 사소한 업무로 보이나 모든 안전사고와 관리상의 실수 및 시행착오 등은 점검·보수가 일상적으로 실시되지 않음으로써 시작된다. 따라서 모든 운영관리항목의 운영관리활동에 있어서 점검과 보수는 일상적으로 실시되어야 한다. 이와 같은 지침을 점검보수 일상화 지침이라 한다.

3. 건물자산운영관리활동의 특별지침

건물자산운영관리활동의 특별지침이란 운영관리영역에 해당되는 구체적 관리대상인 특정 관리항목에만 적용되는 지침을 말한다. 즉 특정 관리항목에만 개별적으로 적용되는 지침을 의미한다.

건물자산운영관리활동 특별지침의 종류와 내용은 대체로 다음과 같다.

1) 행정관리활동 특별지침

건물자산관리에 있어서 행정성에 관계되는 인사노무 · 문서사무 등에 관한 지침을 말한다.

(1) 인사노무관리 특별지침

가. 채용배치

① 능력본위로 채용할 것
② 정실인사 배제할 것
③ 자격우선 고려할 것
④ 적재적소 배치할 것
⑤ 채용인력 사후관리할 것

나. 임금지불

① 직접 지불할 것
② 통화불로 지급할 것
③ 전액 지급할 것
④ 일정기일 지불할 것
⑤ 매월 지급할 것

다. 인사후생복지

① 합리성
② 협력성
③ 적법성

라. 인간관계 커뮤니케이션

① 명확성
② 일관성
③ 적절성

④ 적기적시성
⑤ 분포성
⑥ 적응성과 통일성
⑦ 관심과 수용

(2) 문서관리 특별지침

가. 문서작성

① 하나로
② 정확성
③ 간결성
④ 신속성
⑤ 경제성의 원칙문서처리

나. 문서처리

① 즉일처리
② 책임처리
③ 집중처리
④ 정확성
⑤ 비용절감
⑥ 표준화
⑦ 전담처리
⑧ 신속처리
⑨ 능률처리
⑩ 점진처리

다. 문서분류

① 문서종합
② 문서일관성
③ 문서점검
④ 문서상호배제

⑤ 문서병치

라. 문서설계

① 신속성
② 정확성
③ 경제성

마. 문서관리

① 전원참가
② 문서관리지침 준수
③ 자료축적
④ 사물화 방지
⑤ 폐기습관화
⑥ 부수의 제한
⑦ 1건1매주의
⑧ 정위치
⑨ 서류주변 청결화

바. 문서수발

① 행정계통 발신
② 행정기관 직접발신
③ 상부기관 경유
④ 결재 후 발신
⑤ 문서수발 기록
⑥ 문서수발 사후관리

(3) 사무관리 특별지침

① 능률화
② 경제화
③ 정확화
④ 신속화

2) 경제관리활동 특별지침

건물자산운영관리에 있어서 경제성에 관계되는 특별지침으로서 회계 · 경영 · 광고 · 부동산가격관리 · 세무 · 보험 · 구매 등에 관한 지침이다.

(1) 회계관리 특별지침

가. 기업회계

① 진실성
② 정규부기
③ 확실성
④ 계속성
⑤ 잉여금 구분
⑥ 안전성
⑦ 명료성
⑧ 단일성
⑨ 중요성
⑩ 비교성
⑪ 연속성
⑫ 확실성
⑬ 신뢰성
⑭ 충분성
⑮ 실질성

나. 손익계산서작성

① 손익구분 표시
② 총액기준
③ 발생주의
④ 실현주의
⑤ 수익비용대응

(2) 세무관리 특별지침

가. 세무회계

① 권리의무확정

② 손익측정

나. 세금납부

① 기일 내 납부

② 납부세금 사후관리

③ 확인

④ 보고

(3) 광고관리활동 특별지침

① 광고계획수립

② 광고효과 설정

③ 최소비용

④ 유력광고매체 선택

⑤ 최유효 광고주목일 선택

⑥ 예산광고 일치

⑦ 저매출 광고촉진

⑧ 고매출 광고감소

(4) 부동산 가격관리 특별지침

① 수요공급

② 변동

③ 대체

④ 최유효이용

⑤ 수익 체증체감

⑥ 수익분배

⑦ 기여

⑧ 적합
⑨ 경쟁
⑩ 예측

(5) 구매관리 특별지침

가. 자재와 에너지구매

① 최유효구매
② 구매업무의 계획화
③ 구매업무의 전문화
④ 구매업무의 단순화

나. 용역구매

① 정실선정 배제
② 평가검정
③ 적격판단

(6) 건물임대관리

① 적격판단
② 임대계약 사후관리
③ 경쟁조건유지
④ 계약업무 전문화
⑤ 공실 제로베이스 유지

(7) 보험관리

① 보험범위 확대
② 경제손실 최소화
③ 가입보험 사후관리

3) 기술관리활동 특별지침

건물자산기술관리항목 운영관리활동시에 특별히 적용되어야 할 지침을 말한다.

① 경제성
② 내구성
③ 안전성
④ 거주성

4) 법률관리활동 특별지침

법률관리항목을 관리할 때 적용되는 지침으로서 다음과 같은 특별지침이 있다.

① 법령사고 예방
② 법적 안정성 확보
③ 계약 사후관리
④ 비밀유지

5) 위험관리활동 특별지침

건물안전관리활동 항목에 적용되는 원칙으로서 다음과 같은 특별지침이 있다.

① 365일 무재해
② 안전제일
③ 안전수칙 생활화
④ 선 구호 후 수습

6) 환경관리활동 특별지침

청소 · 위생 · 소독 · 조경시설물 관리활동시에 적용되는 지침을 말한다. 이에는 다음과 같은 특별지침이 있다.

① 보건성 확보
② 청결성 확보
③ 청소작업 계속성
④ 미관성 유지
⑤ 건강중심 관리
⑥ 실내쾌적화

제5절 건물자산운영관리활동의 목적

1. 의 의

건물자산운영관리활동의 목적이라 함은 운영관리활동을 통하여 궁극적으로 얻고자 하거나 달성하고자 하는 것을 말한다. 뿐만 아니라, 운영관리활동을 통하여 바라는 것을 최종적으로 이루는 것을 의미한다.

2. 건물자산운영관리활동 목적의 내용

건물운영관리활동을 통하여 달성하고자 하는 것과 이루고자 하는 운영관리활동의 목적에는 미시적 목적과 거시적 목적이 있다.

1) 미시적 목적

미시적 목적이라 함은 건물자산운영관리활동을 통하여 얻고자 하는 운영관리활동의 목적으로서 건물자산운영관리의 1차적 목적이라고도 한다. 건물자산운영관리활동을 통하여 결과로서 나타나는 목적을 의미한다.

건물자산운영관리의 미시적 목적은 양질의 운영관리서비스를 통하여 건물자산이해관계자로 하여금 만족하게 하는 데 있다. 양질의 운영관리서비스란 고품질의 운영관리서비스를 의미하는 것으로, 소유자 · 사용자 · 이용자, 즉 건물자산이해관계자 모두의 요구 또는 목적을 달성하게 하여 만족하게 하는 것을 의미한다.

건물자산이해관계자의 목적 내용은 각각 상이하므로 이를 분설하면 다음과 같다.

(1) 건물자산소유자 목적

① 최유효 사용(사용가치 극대화)

② 최유효 수익(임대수입 극대화 및 투자이익 극대화)

③ 최유효 처분(교환가치 극대화 및 자산가치 극대화)

(2) 건물자산사용자 목적

① 최유효 사용(사용가치 극대화)
② 최유효 수익(업무 및 영업이익 극대화)

(3) 건물자산이용자 목적

최유효 이용(최유효 이용효과 극대화)

2) 거시적 목적

거시적 목적이란 건물자산운영관리활동을 통하여 창출된 건물자산의 운영관리서비스를 통하여 주(住)환경 문제를 해결 또는 개선하여 궁극적으로 주(住)환경 측면에서 인간의 생존을 지원하는 목적과 이를 통한 국가경제 발전에 이바지하는 목적으로서 건물자산운영관리의 2차적 목적이라 한다.

인간이 현대생활을 영위하려면 생활환경조건 중 제일먼저 식(食)의 문제(식의 조건)를 해결해야 한다. 음식과 물과 공기를 일정하게 먹고 마셔야만 생물학적 생존이 가능하다. 뿐만 아니라 의(衣)의 문제를 해결해야 한다. 일정한 옷이나 이불 등을 통하여 몸을 보호하고 일정한 온도를 유지할 수 있어야 한다.

최종적인 생활환경 조건은 주(住)의 환경조건이다. 주의 문제는 건물의 설계, 건축(설계와 시공)과 건물의 유지관리활동을 통하여 해결된다. 특히 완성된 건물자산의 운영관리활동을 통하여 얻어진 운영관리서비스에 의하여 주(住)의 문제가 해결되고, 이를 통하여 생존지원이 가능하게 된다.

여기서 설명하는 생존지원의 요소인 건물자산운영관리서비스란 인간생존에 필요한 주(住)의 조건을 해결하는 요소로서 건물의 공간 · 기능 · 질서 · 조화 · 미 등의 서비스를 의미한다.

거시적 목적은 건물자산운영관리서비스를 통하여 인간의 구체적으로 삶과 생활과 일을 도와 행복한 삶, 건강한 생활, 성공적이고 생산적인 일이 되도록 의욕하는 바가 달성되고 이를 통하여 국가경제 발전에 이바지하는 목적을 의미한다.

3. 건물자산관리활동 목적의 특성

건물자산운영관리목적에는 고유한 성질이 있는 바 이를 건물자산운영관리목적의 특성이라 한다.

건물자산운영관리 목적의 특성의 내용은 대체로 다음과 같다.

① 건물자산운영관리의 목적에는 크게는 거시적 목적과 작게는 미시적 목적이 있다. 거시적 목적은 미시적 목적의 달성을 통하여 부차적으로 얻게 되는 특성이 있다.

② 하나의 건물자산운영관리를 통하여 얻고자 하는 목적은 건물자산의 소유자 · 사용자 · 이용자마다 각각 상이한 특성을 가지고 있다.

③ 건물자산운영관리의 목적달성은 운영관리종사자의 운영관리(기술 · 전문성)수준에 비례하여 나타나고 달성속도가 각각 다른 특성이 있다.

④ 운영관리목적은 소유자나 사용자가 상호요구하거나 바라는 것이 언제나 일치되지 않으며 상충되는 특성이 있다. 왜냐하면, 소유자와 사용자의 이해가 언제나 일치되지 않기 때문이다.

⑤ 건물자산이해관계자의 만족은 해당자의 주관적 판단에 근거하므로 언제나 만족스럽게 생각하지 않는다. 소유자나 사용자는 언제나 더 높은 만족을 바라는 경향과 특성이 있기 때문이다.

⑥ 소유자는 경제성의 원칙이 우선하나 사용자의 목적은 편리성, 안전성과 쾌적성의 원칙이 더 우선하는 특성이 있다.

⑦ 투입(In-put)되는 관리비에 비하여 얻어지는 것(Out-put)이 눈에 보이지 않는 서비스로 나타나므로 사용자는 언제나 손해 보는 느낌을 가지고 있는 특성이 있다.

⑧ 소유자의 목적이 사용자의 목적보다 최우선적으로 취급되는 경향이 있으므로 운영관리자의 관리활동에 여러 가지 형태로 소유자에 의한 제약이 따르게 되는 특성이 있다.

제6절 건물자산관리활동의 방식

1. 의 의

건물자산운영관리활동방식이란 일정한 운영관리방법이나 운영관리활동의 형식을 의미한다.

건물자산운영관리활동방식에는 건물자산관리업을 중심으로 건물자산경영관리방식과 운영관리방식 및 건물시설관리방식이 있다.

또한 건물자산경영관리방식에는 건물투자를 하나의 사업으로 상정하고 투자계획, 조사, 분석, 금융 조달, 투자대상건물의 취득(매입 또는 신축) 및 양도업무 중심의 AM(Assets Management)방식과 취득한 임대를 통한 수익관리 업무 중심의 운영관리방식인 PM(Property Management)방식이 있다. 그리고 투자자산건물의 시설관리 중심의 FM(Facilities Management)방식이 있다.

건물자산경영관리는 AM방식만을 사용하는 경우도 있으나 대개는 AM, PM, FM을 동시에 전략적으로 활용하고 있다.

또한 시설관리 FM방식에는 다음과 같은 방식이 있다.

① 건물자산소유자의 책임과 비용으로 직접관리 형태인 직영관리방식
② 구분소유자 전원으로 구성된 단체적 성격의 자치관리기구(집합건물의 관리단, 아파트의 입주자 대표회의)가 관계법령에 따라 관리하는 자치관리방식
③ 건물자산의 소유자가 소유건물자산의 시설관리업무 전체를 시설관리전문회사에 맡겨 관리하는 위탁관리방식
④ 건물자산의 소유자가 자치관리단체나 시설관리업무 중 일부는 소유자 또는 자치관리기구가 직영관리 또는 자치관리하고 기타관리 업무를 시설관리전문회사에 맡겨 위탁관리하는 이른바 직영관리(자치관리 포함)와 위탁관리가 통합하여 이루어지는 혼합관리방식
⑤ 또 하나의 시설관리방식에는 시설운영대행방식이 있다. 소유건물이나 시설을 위

탁운영업자에게 맡겨 시설관리와 운영을 함께 맡겨 관리하는 방식이다. 위탁관리방법과 다른 점은 위탁관리는 시설관리만을 위탁하고 있으나 시설운영대행관리방식은 건물자산의 시설은 물론 그 시설의 영업에 대한 운영까지 맡겨 관리하는 방식이다.

⑥ 또한 건물시설관리방법에는 신탁관리방법이 있다. 신탁관리방법이란 신탁회사가 신탁관리계약에 의하여 위탁자의 재산과 소유권을 넘겨받아 시설물 관리를 대행하고 그 수익금을 일정한 조건에 따라 위탁자에게 제공하는 관리형태이다.

이상에서 설명한 건물자산관리활동을 이해를 돕기 위하여 그림으로 정리하면 [그림 33]과 같다.

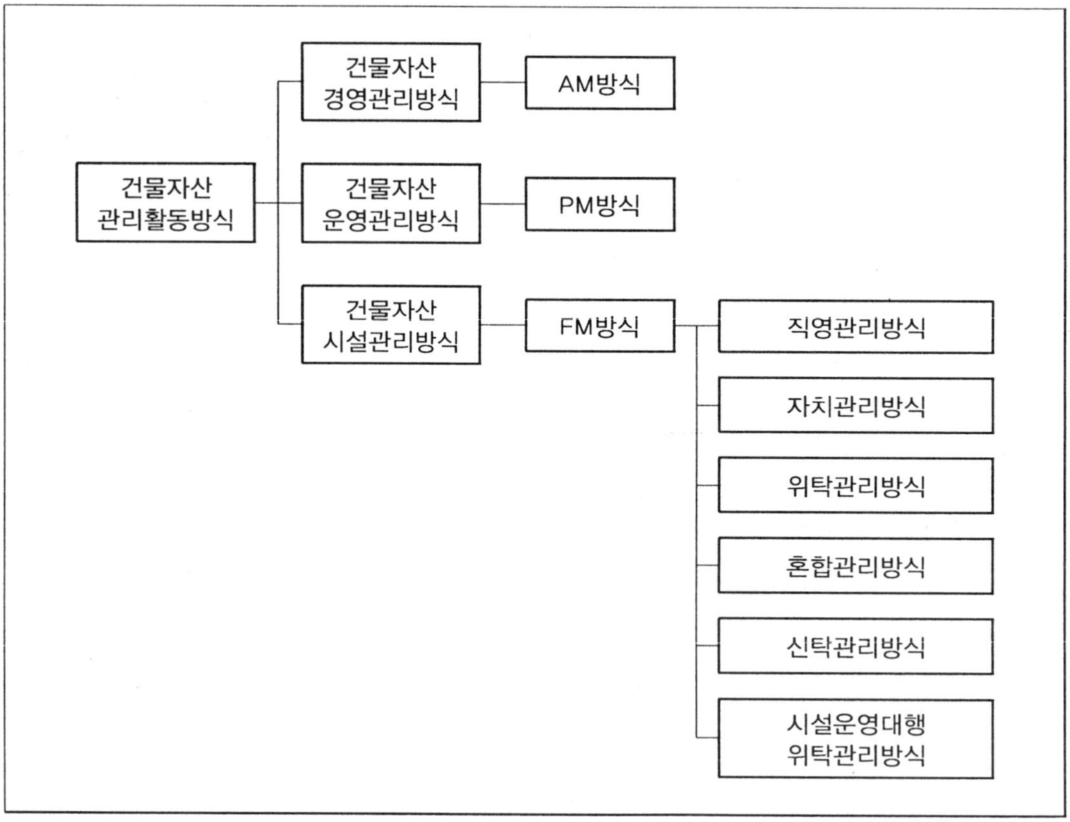

[그림 33] 건물자산관리활동의 방식

2. 건물시설관리방식의 종류와 장단점

1) 직영관리방식

(1) 의 의

직영관리방식이 적용되는 건물에는 수익성 임대건물이나 업무용도로 사용하고 있는 건물 중 사옥용으로 사용하고 남은 평수를 임대의 목적물로 정하는 경우 건물소유 회사 법인 또는 소유자 개인이 관리주체의 지위에서 관리주체의 책임과 비용으로 관리조직을 구성하고 관리종사자들을 모집 · 선발 · 훈련 · 배치하여 직접 관리하는 방식을 말한다.

이와 같은 직영관리방식은 자체관리방식, 직접관리방식, 자가관리방식, 자영관리방식과 유사하다. 구분소유건물의 자치관리방식과 임대 공동주택의 관리방식인 자체관리방식과는 관리주체의 성격 등에서 다소 차이가 있다.

(2) 직영관리방식의 장·단점

가. 장 점

① 비밀 유지 및 보안 관리에 유리하다.
② 직접 관리함으로써 관리대상건물에 애착을 가지고 관리에 최선을 다한다.
③ 고장 등의 수리나 보수 · 건의 · 불만사항 · 민원 등이 신속히 접수되고 해결된다.
④ 소유자가 관리비를 절약하므로 관리비의 낭비를 막을 수 있고 절약할 수 있다.
⑤ 건물 입주자 · 사용자에 대한 봉사를 최우선적으로 한다.
⑥ 건물 하자 발생의 예방과 효율적인 관리가 가능하다.
⑦ 관리의사 결정이 신속히 이루어진다.
⑧ 관리자의 협동과 정보교환이 잘 이루어진다.
⑨ 책임한계가 분명하다.

나. 단 점

① 인건비가 불합리하게 상승될 수 있다.
② 변화나 개혁에 비탄력적이다.
③ 관리업무가 무사안일하게 진행될 수 있다.

④ 관리의 전문성이 결여되기 쉽다.
⑤ 건물소유자가 본인의 본업에 전념할 수 없다.
⑥ 건물소유자가 관리비 절약을 지나치게 강조하게 되면 부실관리가 될 수 있고, 또한 만족스러운 관리서비스를 제공할 수 없게 된다.

2) 자치관리방식

(1) 의 의

자치관리방식이란 집합건물 중 구분소유건물인 아파트 · 복합건물 · 오피스텔 등에 주로 적용되는 관리방식으로 구분소유자에 의하여 선임된 대표기관(입주자 대표회의, 관리단 등)이 자치관리기구를 구성하고, 자치관리기구 관리소장이나, 관리단이 선임한 관리인으로 하여금 관리대상건물의 관리를 전담하게 하는 관리방식이다. 자치관리방식은 직영관리방식과 유사한 관리방식이나 관리주체의 구성이 여러 명의 구분소유자들에 의하여 구성된다는 점과 「주택법」과 「집합건물소유 및 관리에 관한 법률」 등에서 규정하고 있는 관리의 결정방법 등에서 직영관리방식과 차이가 있다.

다시 말하면, 관리과정에서 관리의사의 결정이나 감독, 사업자등록, 감사 등을 입주자 대표회의나 관리단에 의해서 행해지므로 직영관리방식의 건물소유자나 경영자에 의한 관리의사 결정이나 감독 등의 방법과는 차이가 있다.

(2) 자치관리방식의 장·단점

자치관리방식의 장 · 단점은 직영관리방식의 장단점과 매우 유사하다.

다만 관리의사 결정이 사정에 따라 신속히 이루어지지 아니하는 경우가 있으며, 관리활동이 지나치게 관리규정에 의하여 관리되는 관계로 관리활동의 융통성이 없다는 점이 자치관리방식의 단점으로 지적되고 있다.

3) 위탁관리방식

(1) 의 의

위탁관리방식이란 건물의 소유자 또는 관리권한자가 전체 관리업무를 관리전문회사에 위탁하여 관리하는 방식을 의미한다.

위탁하는 방법은 입찰 · 계약 · 위임 · 법령 등에 의하여 이루어지며, 외주관리방식 또는 아웃소싱 관리방식이라고도 한다.

위탁관리 대상건물의 유형에는 기술성과 전문성을 필요로 하는 IBS건물이나 특수건물(극장 · 학교 · 병원 · 공공청사 · 백화점 · 체육시설 등)에 적합한 관리방식이다. 신탁회사에 관리대상 자산과 그 자산의 소유권까지 이전하여 신탁자산을 관리하게 하고 일정한 수익과 재산보존을 꾀하는 신탁관리방법도 넓은 의미의 위탁관리방식에 포함된다.

(2) 위탁관리방식의 장·단점

가. 장 점

① 합리적이고 효율적인 관리가 가능하다.
② 기술성과 전문성을 가지고 체계적으로 관리하므로 관리비 등의 제비용이 경제적이다.
③ 건물소유자는 본인의 업무에 전념할 수 있다.
④ 관리종사자의 노무 · 인사 문제가 단순화되고 신경 쓰지 않아도 된다.
⑤ 건물소유자는 수익성과 안정성을 얻을 수 있다.
⑥ IBS건물이나 대형 건물의 관리에 적합한 관리방식이다.

나. 단 점

① 건물관리회사가 재정적으로 문제가 될 경우 곧바로 관리현장에 관리 부실을 초래하는 위험이 있다.
② 관리회사가 전문성 · 기술성에 신뢰성이 결여될 경우 복잡한 문제가 생길 수 있다.
③ 관리회사가 불성실한 관리활동을 할 경우 건물소유자가 오히려 신경 쓰게 된다.
④ 관리전문회사의 기술성 · 전문성의 검증이 어렵다.
⑤ 보안유지나 기밀유지가 어렵다.
⑥ 관리회사가 도산되는 경우 관리의 계속성 유지가 어렵다.
⑦ 관리회사 경영의 문제가 곧바로 관리현장에 영향을 가져온다.
⑧ 관리에 문제가 발생할 경우 책임에 문제가 발생하고 불분명해진다.
⑨ 파견 관리종사자들에 대한 잦은 인사이동은 건물관리 계속성에 문제를 초래한다.

4) 혼합관리방식

(1) 의 의

혼합관리방식이란 전체 관리업무 중 일부는 직영관리방식 또는 자치관리방식으로 관리하고, 기타 관리업무(예 청소 · 경비 · 주차관리 · 시설관리 · 소독관리 등)는 전문관리회사에 의뢰하여 관리하는 방식이다. 즉 직영관리 또는 자치관리방식과 위탁관리방식의 장점을 함께 살리는 관리방식이라고 할 수 있다.

혼합관리방식은 절충식 관리방식이라고도 하며, 대형건물 · 콘도미니엄 · 오피스텔 등에도 이 방식을 사용하고 있다.

(2) 혼합관리방식의 장·단점

가. 장 점

① 관리통제가 용이하다.

② 관리업무 중 인사 · 노무 · 회계 · 세무 등의 관리는 직영 또는 자치관리방식에 의하므로 기밀 유지가 가능하다.

③ 전문성 · 기술성을 요하는 부분만 관리전문회사에 의뢰하므로 관리전문회사의 기술성과 전문성을 제공받을 수 있으며, 이를 활용할 수 있고, 효율적 관리운영이 가능하고 관리비가 경제적이 된다.

나. 단 점

① 책임소재가 불분명하다.

② 관리회사의 관리활동이 부실할 시에는 직영관리와 위탁관리의 단점(결함)만 노출된다.

③ 자치관리 · 직영관리 소속 관리종사자와 관리회사의 직원 간에 화합과 협조가 쉽지 않다.

5) 신탁관리방식

(1) 의 의

신탁관리방식이란 건물자산의 소유자가 건물자산 신탁회사와 건물자산 관리신탁계약을 체결하고 건물시설일체와 건물의 소유권까지 신탁회사에 이전하여 신탁회사가 일정 기간 수익을 관리하게 하는 관리방식을 말한다.

(2) 신탁관리방식의 장·단점

가. 장 점

① 신탁회사의 책임과 비용으로 장기간 관리하므로 건물소유자는 장기간 안심하고 본인의 업무에 전념할 수 있다.

② 신탁회사가 관리일체를 법적으로 보장하고 있으므로 자산에 관한 법률적 문제나 세금, 공과금 등 일체의 관리문제가 위탁자에는 발생하지 않는다.

③ 위탁자의 개인의 사정상문제가 발생하더라도 시설관리에 전혀 영향을 미치지 않는다.

④ 시설관리를 위한 별도의 조직이 필요 없다. 따라서 인사노무문제가 전혀 없다.

⑤ 건물자산 소유자의 자산관리능력이나 경험이 없는 경우 자산관리에 가장 좋은 방법이 될 수 있다.

나. 단 점

① 신탁회사가 부실되거나 부도가 나는 경우 자산관리에 치명적으로 영향을 미친다.

② 신탁회사가 시설관리를 또다시 관리회사에 위탁 관리하므로 자산보존에 여러 가지 문제가 노출될 수 있다.

③ 신탁회사의 시설관리에 소홀해지는 경우 시설관리에 관한 비밀유지가 어렵다.

6) 시설운영대행위탁관리방식

시설운영대행위탁관리방식은 최근에 이르러 시설관리의 신관리 개념으로 등장하여 부분적으로 사용되어오는 시설관리방식으로서 건물자산(시설)의 소유주가 시설운영관리업자에게 시설의 관리와 함께 영업권을 주어 운영관리업무까지 위탁하여 일정한 조건하에 관리하게 하고 계약기간 만료시에 위탁시설과 운영권을 다시 반환받는 관리 형태를 운영대행위탁관리방식이라 한다.

시설운영대행위탁관리방식은 건물(시설)임대차와 유사하나 상이한 개념이다.

임대차는 임차인이 차임을 제공하는 대가로 임차목적물을 사용 수익만하고 임차목적물(시설) 관리를 책임지지 아니하나 시설운영대행위탁관리방식은 위탁받은 관리시설의 관리는 물론 운영에 대해서 책임지는 관리개념이기 때문이다.

또한 시설운영대행위탁관리방식은 위탁관리방식과도 상이하다. 왜냐하면, 위탁관리방식은 용역형태로 용역계약에 의하여 관리업무를 수탁 받아 시설관리에 대해서만 일정기간 관리하는 형태이기 때문이다. 결국 시설운영대행위탁관리방식은 시설을 임대목적물의 용도대로 사용수익하게 임대하는 개념과 시설관리를 함께 책임지도록 하고 있는 복합관리 개념이라 할 수 있다.

3. 건물시설관리방식의 변화추이

이상에서 열거한 건물시설관리방식은 시대적 상황에 따라 초기에는 FM방식에 기초하여 직영관리(자치관리 포함)방식에서 혼합관리방식(직영 및 일부위탁관리)으로 변화 발전되어 사용되어오다가 다시 위탁관리방식으로 변화되어왔으며 최근에는 신탁관리방식 또는 건물자산운영관리방식(PM방식)으로 점차 옮겨가는 추세에 있다.

제 6 장

건물자산운영관리 PM실무활동

제1절 PM의 현황과 전망

1. PM의 현황

미국 등 선진국에서는 오래 전부터 건물자산을 운영관리할 때 PM기법을 활용하여 건물자산의 소유와 경영을 분리하여 보유 건물자산을 운영관리하고 있으며 다수의 PM회사들이 대형 PM사로 성장하여 발전해오고 있다.

뿐만 아니라, 외국계 PM사인 C&W, JLL 등이 국내에 이미 진출하여 전문인력과 글로벌화한 매뉴얼, 선진 자산관리기술로 무장하고 PM기법을 통한 전략적 접근과 마케팅으로 대한빌딩, 명동센트럴빌딩, 거양빌딩 등 다수의 건물자산들을 운영관리해오고 있다.

우리나라 소수의 재벌그룹 자회사인 FM사들이 PMC으로의 변신을 이미 시작하였으며 그 영역을 점차 넓혀가고 있다.

최근 국내 PM사들은 건물자산소유자나 AM사의 아웃소싱 확대로 그들이 소유한 건물자산을 전국적으로 일괄관리하게 되어 PM사의 업무영역이 전국 규모로 크게 확대되어 가고 있는 경향을 보이고 있다.

또한 국내 PM사는 점차 건물자산관리 컨설팅분야로의 진출을 다각도로 모색하고 있어 건물자산경영관리컨설팅업의 출현과 시장형성이 예견되고 있다. 뿐만 아니라 국내 건물시설용역업체에서도 PM영역으로 발 빠르게 변신을 시도하고 있는 경향도 나타나고 있다.

2. PM의 전망

우리나라에서도 건물자산관리에 있어서 PM기법이 건물자산관리의 대명사로 자리 잡은 가운데 크게 발전하게 될 것으로 전망된다.

그러나 국내 PM사가 외국 PM사를 능가하기 위해서는 외국 PM사의 경영관리기법을 벤치마킹하는 외에 유능한 건물자산관리 전문인력 양성과 PM선진기술과 관리시스템을 도입하고 활용하는 것만이 외국선진 PMC와의 경쟁에서 이길 수 있는 유일한 대안이라 판단된다.

1997년 IMF 외환위기를 맞아 국내 유수기업이 도산되면서 그 자구책의 일환으로 구조조정을 실시한바 많은 부실기업 소유자산의 가치가 급격히 하락현상을 보이는 가운데 은행이나 보험회사 등의 채권자의 손에 넘어가 헐값으로 매각되거나 당시 성업공사(현 한국자산관리공사) 등에 보관관리 되는 등 자산관리를 위임하여 처리하는 과정 속에 IMF 외환위기후 2년이 경과한 시점에 이르러 CBRE와 같은 외국 자산관리회사가 국내에 본격적으로 진입하면서 헐값으로 외국자본에 의한 건물자산 매각이 상당수 이루어지게 되었다.

당시 국내 시장에는 건물자산시장, 특히 건물자산투자시장이 전무한 상태에서 소유와 경영이 분리되지 않은 가운데 고급 건물자산의 정보가 전무하고 경제 경기의 불황속에 헐값으로 쏟아져 나온 건물자산을 외국계 건물자산투자회사가 자국에서 조성한 대규모 자본을 앞세워 선진기법과 분석 · 통계자료를 바탕으로 낮은 가격에 국내 주요 건물자산(대부분 유명빌딩임)을 매입하고 약간의 Renovation이나 Re-positioning, 임대구조개선 등을 통한 개량으로 자산가치를 높이고 임대소득을 증가시켜 전략적 매각을 단행하여 양도차익(시세차익)을 크게 실현함으로써 막대한 자본적 이득(Capital Gain)을 창출하였다.

건물자산매매시장의 그간의 흐름을 분석해보면 IMF 외환위기후 2년 동안의 건물자산매매시장 현황은 매입자중심의 시장(Buyer's Market)이었으나 그 후 5년 후에는 매입자중심시장에서 매도자중심시장(From Buyer's Market to Seller's Market)으로의 이동되어 오다가 현재의 자산매매시장의 현황은 완전히 매도자와 매수자중심 시장(Seller's and Buyer's Market)으로 바뀌고 있다.

건물자산정보 역시 IMF 2년이 경과한 IMF 초기에는 임대면적, 임대료나 공실률과 같은 건물자산정보가 전무하였으나 IMF 5년이 경과하면서부터 건물자산관리에 필요한 기초자료 수집 · 분석과 체계적 관리시스템의 연구가 실무차원에서 이루어지고 있었으며 현재는 어느 정도 체계적 관리를 위한 건물자산관리실무차원의 자료와 정보가 생산 · 관리되고 있으나 학문적으로 활용할 수 있는 Data나 표준 또는 기초자료로서 신뢰성의 문제가 아직도 현실적으로 존재하고 있다.

건물자산 투자자본의 분포를 살펴보면 IMF 초기에는 전적으로 외국자본에 의하여 투자가 이루어 졌으나 IMF 5년 경과 후에는 외국자본과 함께 소규모의 국내자본에 의하여 투자가 이루어지고 있으며, 또한 현재에는 대규모의 국내자본(CR-REITs의 공모 · 사모자금, 간접부동산투자펀드, 연기금 · 은행 · 보험사 등의 기관투자자금)과 외국자본에 의하여 경쟁투자가 이루어지고 있다. 또한 2008년부터 한시적으로 외국의 헤지펀드의 국내유입허용이 예견되고 있어 건물자산투자시장의 활성화가 전망된다.

Property Management에 의한 건물자산관리활동은 IMF 초기에는 외국계 CBRE가 독자적으로 PM분야에서 활동하였으나 IMF 5년경과 후부터 CBRE, JLL, KAA, C&W 등의 외국계회사가 PM활동을 주도하였고 현재에는 외국계 PM회사인 CBRE, JLL, KAA, C&W와 국내 PM회사인 SAMS, 에버랜드, 교보리얼코, 신영 등이 활동하고 있다.

이상과 같은 PM의 활동현황과 흐름은 IMF 초기와 중기 및 현재에 까지 다양하게 변화되어 왔으나 특이한 현상은 아직도 PM분야에는 외국계 PM사가 PM시장 중심에서 High level 수준으로 활동하고 있다는 점과 국내 PMC는 아직도 임대관리, 시설관리를 중심으로 하는 낮은 단계(Low Level) PM수준에 머물고 있다는 점이다. 또 하나의 중요한 현상은 건물자산투자시장의 활성화(국내 유동성증가, 간접투자 활성화, 기관투자자 증가 등)로 코람코와 같은 국내 투자회사가 출현하여 외국 선진기법을 벤치마킹하여 건물자산투자활동을 활발히 하고 있어 바람직한 현상이 나타나고 있다는 점이다.

뿐만 아니라 국내 소수의 대기업에서도 자사보유 자산을 재평가하고 수익모델로 전환하여 건물자산에 대한 내부기회를 효과적으로 활용하고 있으며 건물자산투자를 미래산업으로 가치를 인정하고 자사보유 건물자산의 PM관리와 외부자산을 High Level PM 차원에서 접근하고 있다.

그러나 국내 PM사들은 건물자산관리의 효율적 시스템화와 건물자산관리 전문인력의 확보와 양성 및 표준매뉴얼의 문제점으로 인하여 국내 PM발전의 걸림돌을 경험하고 있다. 따라서 국내 PMC가 외국계 PMC와 같이 건물자산관리의 시스템 문제와 표준매뉴얼 준비 및 전문인력 양성과 확보 문제를 빠른 시간 내에 효과적으로 해결하는 것이 급선무라 인식된다.

참고로 국내에서 활동하고 있는 주요 국내외 PMC와 LMC의 현황을 소개하면 〈표 28〉과 같다.

〈표 28〉 주요 PMC와 LMC 현황

(2004년 기준) (단위 : 억원)

회사명	설립연도	자본금	매출	사업분야	특징	주요고객
SAMS	1988	15	872	PM, LM Brokerage	삼성그룹 보유부동산 주력	삼성생명, 삼성증권, DBPA 등
KAA	1997	10	158 (FM매출포함)	PM, LM Brokerage	High Level PM	코람코, 맵스, GIC, 아센다스, ING 등
JLL	1998 지사설립	3	60	PM, LM Brokerage	PM보다 LM 주력	LIM등 외국계
CBRE	1997 지사설립	2.5	50	PM, LM Brokerage	On-site Manager 활용	맥쿼리, 맵스, GE, 제일은행, 푸르덴셜 등

(자료출처 : 한국생산성본부, 기업부동산자산관리실무, 2006, P.29 인용.)

제2절 PM의 개념과 PM조직

1. PM의 개념

PM(Property Management)이란 건물자산투자관리 완성을 위하여 필요한 자산관리실무 중 중간 이행단계에 있는 실무과정으로 투자자산의 효율적 임대관리와 시설유지관리 비용의 통제와 수입관리 등을 통하여 투자수익을 극대화하는 데 필요한 건물자산운영서비스 생산 및 제공 활동을 의미한다.

PM실무는 Property Manager에 의하여 건물자산의 취득 후 처분 전까지의 보유기간 동안 수행되는 건물자산운영관리부문으로서 건물소유자, 투자자나 Asset Manager가 주된 고객대상이 되며 일정한 PM Fee를 받는 조건으로 자산운영관리업무가 위탁되고 PM 계약 체결과 함께 진행된다.

건물자산관리활동을 자산관리실무내용에 따라 분류하면 AM실무, PM실무 및 FM실무 등으로 분류된다.

AM실무는 건물자산경영실무로서 건물자산의 취득단계에서 보유 및 처분에 이르기까지 건물투자 전 과정에 걸쳐 관련되는 것으로 건물자산투자자의 투사의사결정과 Asset Manager의 실행과 참여로 건물자산 매입 · 매각을 통한 자산운용이 주된 실무활동인데 비하여 PM실무와 FM실무는 건물자산 매입 후부터 매각 전까지의 보유기간 동안에 이루어지는 건물자산의 운영관리실무와 건물자산시설관리실무라 할 수 있다.

즉, PM은 보유건물의 운영관리를 통하여 임대중심의 수익활동과 시설관리활동을 담당하고 있다.

PM실무에 있어서 PM의 의미는 전술한 바와 같이 Property Management를 의미하는 것으로 취득자산의 보유기간 동안 운영관리의 이름으로 임대관리와 시설관리를 통하여 임대소득 창출과 건물의 보존 · 유지 · 개량 업무가 PM의 주요업무라 할 수 있다.

다시 말하면, PM이란 AMC나 Asset Manager 또는 투자자나 건물소유주 등과 PM Agreement를 체결하고 일정한 PM Fee를 받는 조건으로 전략적으로 제휴하여 파트너십을 가지고 PM대상 자산관리를 수탁 받아 효율적인 시설운영과 임대관리를 통하여 자산가치를 증대시키고 임대소득을 극대화하여 경제적 이익을 최대화하는 광의의 시설관리서비스활동이라 할 수 있다.

PM활동에는 광의의 PM활동과 협의의 PM활동이 있으며 광의의 PM활동은 고유의 임대관리와 시설관리 외에 시설관리활동을 포함시키는 넓은 의미의 PM활동이나 협의의 PM활동은 시설관리활동을 제외한 임대관리와 건물자산운영만을 의미한다.

또한, PM의 업무에 의한 분류에는 High Level PM과 Low Level PM으로 분류되며 High Level PM은 국내 일부 펀드 건물자산관리, 대부분의 외국계 펀드 건물자산관리에 활용되는 PM형태로서 AMC의 Asset Manager와 전략적 제휴로 파트너십을 가지고 PM의 고유 업무 외에 일정부분 Asset Manager의 업무인 재무관리(회계관리), 원가관리, 조세관리, 보험관리, 구매관리, 인사노무, 사무문서관리 등 Asset Manager의 역할을 분담하고 투자수익성 제고와 자문 · 분석 · 진단기능을 수행한다.

그러나 Low Level PM의 경우 국내 대기업의 보유 자산관리에 활용되는 PM 형태로 계약체결권, 의사결정권 등이 없는 상태에서 FM 고용과 통제에 중점을 두고 PM 고유 업무인 임대관리와 FMC의 아웃소싱과 통제 · 감독의 업무수행을 통하여 운영비용(Property Operation Cost)을 절감하고 임대소득을 증가시켜 수익성을 극대화시킴으로써 Asset Manager에 대한 자산운용 지원역할과 함께 자산가치를 높이는 통상의 부동산관리 수준의 기능을 담당한다.

건물자산투자관리에 있어서 필요한 3가지 실무과정(AM과정, PM과정, FM과정) 중 AM과 FM의 중간이행과정에 있는 PM은 두 가지의 중요한 목표를 가지고 있다.

첫째의 목표는 투자자산의 효율적 운영관리로 운영 수익의 극대화이고 둘째의 목표는 건물시설 관리비용의 최소화와 관리효용의 극대화를 통한 최유효 건물사용화이다.

다시 말하면, 직접적으로 효율적 임대관리와 공사관리(CM, Construction Works Management) 및 유지관리를 통하여 수익성을 최대화하며 최소의 비용으로 최대의 자산가치를 높이고 건물시설유지관리 성과를 창출함으로써 간접적으로도 건물자산 가치를 높이고 자산의 출구(매각)시 유리한 양도차익을 실현을 지원하는 것을 PM의 목표로 설정하고 있다.

PM의 목표달성은 PM의 성공전략에 따라 능력조건과 자격을 갖춘 Property Manager가 담당할 때 비로소 가능하다.

Property Management를 성공적으로 수행하여 건물 투자자나 소유자의 투자수익의 목표달성 및 최대 사용만족, 건물자산의 자산가치 보존 또는 제고 등을 달성하기 위해서는 다음과 같은 PM전략이 필요하다.

① PM대상 건물자산의 정확한 인수 및 조기정상화전략
② PM대상 건물시설의 최정상 기능과 성능 장기유지전략
③ 임대수익 극대화전략
④ 유지관리비용 최소화 전략
⑤ 정보화대응 전산시스템 효율적 활용전략
⑥ 자산관리자 전문화전략
⑦ PM대상 건물자산 자산가치 제고전략
⑧ PM대상 건물자산 최유효 매각을 위한 출구전략(매각전략)

2. PM조직

PM조직이란 PM업무를 효율적으로 수행하는 데 필요한 조직으로서 일반적으로 PMC와 Property Manager 등으로 구성된다.

건물자산운용에 사용되는 조직구조체계는 AMC만의 1원화 조직구조, AMC와 PMC 또는 FMC와의 전략적 제휴로 나타나는 P형 2원화 조직구조(AM+PM조직) 또는 F형 2원

화 조직구조(AM+FM조직구조) 그리고 AMC와 PMC 그리고 FMC의 3조직 간의 전략적 제휴로 나타나는 3원화 관리조직구조체계 등이 있으나 PM의 조직은 아웃소싱에 의한 PMC를 고용할 때 P형 2원화 조직구조체계로 등장하게 되고 AMC의 사내에 In-house 방식으로 PM팀을 둘 때 나타나는 조직이다.

다시 말하면, 아웃소싱(Outsourcing) 방법과 사내조직(In-house) 활용방법에 의하여 PMC조직이 등장하거나 PM팀의 조직이 나타나게 되며 이때 비로소 Property Manager가 PM조직의 중심이 되어 PM업무를 담당하게 된다.

별도로 AM조직과 PM조직의 2원화의 필요성은 AM업무와 PM업무 간의 기능별 특화와 전문화로 인하여 상호업무의 견제가 가능하고 업무의 효율성과 전문성을 크게 강화하며 위험관리(Risk Control)에 장점이 있기 때문이다.

특히, 아웃소싱에 의한 외부의 PMC의 고용은 PMC의 전문성의 활용과 직접지원(예 회계, 법률, 공사지원 등)이 가능하며 PM업무 감독이 크게 강화되는 장점이 있다. 또한 AMC의 사내에 PM팀을 두는 경우 Asset Manager와 업무협조가 긴밀하게 이루어지고 Property Manager가 적극적이고 능동적으로 책임감을 가지고 건물자산 소유자 입장에서 자산을 관리하는 장점들이 있다.

그러나 아웃소싱에 의한 별도의 PMC의 고용시 추가비용이 발생하고 AMC와 PMC 간의 커뮤니케이션에 문제가 있을 수 있으며 AMC 내부의 PM인력에 대한 구조조정이 불가피한 단점들이 있다. 또한 AMC 사내에 PM팀을 두는 경우에도 Asset Manager와 Property Manager의 업무결과에 대한 책임소재와 업무한계에 문제가 있으며 AM조직과 PM조직의 결합으로 조직이 비대해지고 능동적인 유연성이 후퇴하며 법률, 회계, 공사지원 등의 전문인력의 지원이 미흡하다는 단점들이 있다.

따라서, 관리대상 건물자산의 규모가 대규모인 경우에는 AMC와 PMC 간의 2원화 관리조직구조가 요구되나 소규모인 경우에는 AMC 사내에 PM팀을 두고 Asset Manager의 통제 아래에 자산관리를 수행함이 타당하다.

PM조직의 운영에 있어서 특히 유의할 점은 PM의 성격이 High Level이나 Low Level일 때 반드시 다르게 조직되고 운영되어야 한다는 점이다.

제3절 Property Manager의 역할과 요구능력

1. Property Manager의 역할

Property Manager는 건물자산 취득 이후의 건물자산 운영자로서 Facilities Manager와 전략적 제휴를 통하여 취득자산의 자산가치 제고와 유지 및 임대수익극대화와 시설의 사용가치를 높이고 최유효 건물자산사용화를 주도하는 PM의 핵심자산관리자이다.

투자자와 Portfolio Manager 그리고 Asset Manager는 투자자산의 취득, 매각 등에 관한 의사결정 또는 투자실행자로서 투자건물자산의 소유자이거나 소유자의 자산운용대리자인 자산경영층이나 Property Manager는 경영층의 의사결정과 정책결정에 따라 취득자산의 운영(Property Operation)을 통하여 자산 보유기간 동안 수익을 극대화하고 최소의 관리예산으로 시설의 기능과 성능을 유지하며 각종 자본적 지출을 요하는 공사관리를 수행함으로써 실질적으로 자산가치를 높이는 기능과 역할을 담당하는 취득건물자산 운영관리자일 뿐 아니라 Property Manager의 역할을 정리하면 건물자산의 효율적 운영과 임대관리서비스를 통한 수익성의 최대화 및 관리예산을 절감하고 FM의 고용과 효과적인 통제로 시설기능과 성능을 최적화하며 공사관리를 통하여 최유효 건물사용화를 실현하는 역할을 PM실무활동을 통하여 실행하는 역할을 담당하고 있다.

건물자산관리활동은 〈표 29〉와 같이 Building Asset Investment 영역, Asset Management 영역, Property Management 영역 그리고 Facility Management 영역 등 4가지 영역으로 나뉘어 Investor, Asset Manager, Property Manager, Facility Manager 등이 담당책임자가 되어 필요한 경영 · 운영 · 관리 영역끼리 상호 전략적 제휴를 통하여 파트너십을 유지한 채 상호보완과 협력으로 건물자산관리활동의 목표를 달성하고 있다.

〈표 29〉 건물자산관리활동 4대영역과 담당책임자의 역할

건물자산관리영역	담당책임자	역 할
Building Asset Investment Field	Investor	· 투자의사결정, 자금투자
Asset Management Field (건물자산경영영역)	Asset Manager	· 투자의사결정 참여 및 건물자산 매입 · 매각 실행, 금융분석 및 금융조달 · Asset Portfolio 관리, 자산운용계획 · PM/LM 고용 및 감독, 통제, AM보고서
Property Management Field (건물자산운영관리영역)	Property Manager	투자자산 운영 및 수익성 극대화 임대관리서비스 FM용역사 고용 및 통제 공사관리 PM보고 및 Asset Manager 지원 등
Facility Management Field (건물자산시설관리영역)	Facility Manager	시설관리서비스 유지관리비용 절감 FM보고 및 Property Manager 지원 등

다시 말하면, 건물자산관리활동은 건물자산관리 전체업무인 자산운용, 재무관리, 임대관리, 시설관리에 대한 투자활동, AM활동, PM활동, FM활동을 통하여 실무적으로 처리하게 되며 자산운용에 대한 협력은 Investor와 Asset Manager 사이에 위탁자산관리계약의 체결로 이루어지고 전략적으로 제휴하여 파트너십을 유지하고 상호 보완 협력하여 투자목적을 달성하게 되며 투자자산의 운영과 임대관리서비스 등을 Asset Manager와 Property Manager 사이에 Property Management Agreement가 체결됨으로써 전략적으로 협력하게 된다.

또한 시설관리와 유지관리비 절감에 대한 업무처리는 Property Manager와 Facility Manager 사이에 시설관리용역계약(청소관리용역계약, 경비보안관리용역계약, 건축시설관리용역계약, 주차시설관리용역계약, 위생소독관리용역계약, 조경시설물관리용역계약, 정비보수관리용역계약 등)의 체결을 통하여 파트너십을 유지한 채 상호 전략적으로 협력하고 있다.

이를 표로 정리하면 〈표 30〉과 같다.

〈표 30〉과 같이 건물자산투자의 의사결정권과 투자실행 권한을 가지고 있는 건물자산투자자나 Asset Manager에게 적정 건물자산을 선택하여 투자의사를 정확하게 결정할 수 있도록 투자건물자산에 대한 시장정보와 임대차정보, 자산운영정보 및 손익계산서나 각종 필요한 정보 등을 적극적으로 제공하여 협력해야 할 의무가 Property Manager에게 있다.

〈표 30〉 건물자산관리 4대영역의 전략적 제휴와 파트너십 관계

건물자산관리활동 4대영역	자산관리영역 담당자	전략적 제휴와 파트너십
Building Asset Investment Field	Investor	
Asset Management Field	Asset Manager	
Property Management Field	Property Manager	
Facility Management Field	Facility Manager	

뿐만 아니라, Asset Manager와 전략적 파트너십 관계에 있는 Property Manager는 PM대상 건물자산을 위험요소로부터 안전하게 유지 · 운영될 수 있도록 각종 자산위험을 사전에 예방해야 하고 위험사고가 발생 시에는 최소화해야 하며 투자건물자산 수익률의 최대화를 위하여 수익과 지출에 관한 운영예산계획과 이를 경제적 방법으로 집행하여 흑자예산이 유지되도록 역할을 하여야 한다.

Property Manager의 기능과 역할을 정리하면 건물자산의 투자와 운용 의사결정에 필요한 정보제공, 바람직한 임대관리를 통한 건물자산 임대수익률 극대화, 건물자산 위험예방과 최소화 및 효율적 시설용역관리, 건물자산 출구전략지원 등을 통하여 자산경영측면과 시설관리측면에서 투자자와 Asset Manager에게 자산가치 증대와 경제적 이익 극대화가 달성되도록 지원하는 기능과 역할 및 최유효 건물사용화의 기능과 역할을 도모해야 한다.

2. Property Manager의 요구능력

건물자산관리의 선진 실무기법이 정착되어 건물자산운영관리가 효율적으로 이루어지고 있는 미국의 경우에는 미국부동산학회(IREA)에 의해 실시되는 CPM(Certified Property Manager)의 자격소지자가 자산관리현장에서 주도적 역할을 하고 있으나 우리나라의 경우 의무관리대상 공동주택 아파트의 경우 주택법에 의한 주택관리사(보)가 의무 배치되어 공동주택 관리자 역할을 하고 있으나 상업용 건물이나 공업용 건물, 문교사회용 건물, 기타 특수용도 건물의 관리현장에는 공인되거나 국가자격자 등 법정자격자의 의무배치제도가 제도화되지 못하고 있는 실정이다.

이와 같은 건물자산관리 법정전문자격제도의 불비로 소수의 건물자산관리현장을 제외하고는 투자자나 건물소유자의 의도와 목적에 따라 임의 관리되고 있으며 공인된 표준관리매뉴얼이나 기준 또는 표준도 없이 자기 직관과 경험 및 관리 상식의 범위 내에서 전통적 관리 형태를 보이고 있다.

따라서 전문자격제도의 불비는 관리대상 건물자산에 대한 양질의 재화와 서비스 생산에 지장을 초래하고 있으며 유능한 자산관리 전문인력의 양성에 결정적 저해요인으로 작용하고 있다.

따라서 경험에 의한 건물자산관리자가 건물자산관리현장을 담당하고 있는 가운데 일반 건물관리기본법의 부재에 의한 효율적 건물관리시스템의 구축 실패와 맞물려 외국 선진국의 건물자산관리회사와의 경쟁에서 경쟁열위에 서서 회사경영이나 관리자 대우에도 열악성을 보여주고 있다.

그러므로 국내 건물자산관리산업과 건물자산관리회사 모두가 효율적인 자산관리시스템의 구축 및 전문인력 양성과 표준매뉴얼 개발 및 선진 관리기술과 기법의 개발이 급선무라 인식된다.

유능한 건물자산관리자의 요구능력 조건은 Property Manager의 자격 요건과 동일한 개념이므로 이를 분석하면 다음과 같다.

첫째, Property Manager는 건물자산관리 지원업무관련 건물자산관리 사법과 공법의 법률지식이 있어야 하며 세무, 회계, 보험, 인사노무, 문서 · 조직관리, 구매 등에 대한 전문지식과 실무능력 역시 겸비해야 한다.

둘째, Property Manager는 임대관리를 통한 임대수익 최대화 전략과 Renovation, Re-positioning 등을 통한 자산가치 극대화 전략을 구사하여 건물자산의 투자자나 소유자의 건물자산 사용 수익에 대한 최대만족을 제공할 수 있어야 한다.

셋째, Property Manager는 건물의 구조나 건축설비의 기능과 성능, 건축 · 전기 설비 등에 대한 이해와 기술에 대한 지식이 있어야 하며 시설용역관리회사의 아웃소싱과 사후관리를 통한 양호한 건물상태의 보존, 정상적 기능과 성능의 유지 및 운영비용의 절감 등을 통하여 건물의 안전과 편의를 높이고 사용가치를 증대시켜 투자자나 Asset Manager의 자산경영과 관리 양 측면 모두에 지원할 수 있는 인적 · 물적 관리능력을 가지고 있어야 한다.

넷째, Property Manager는 자산운영계획의 수립과 실천능력 및 재무보고, 회계보고,

예산수립, 손익계산서 등 회계지식이 있어야 하며 운영보고서의 작성능력과 보고능력이 있어야 한다.

다섯째, Property Manager는 이상의 요구능력과 함께 정직성과 성실성 및 책임성의 소지자로서 신의성실하게 타인의 자산을 운영관리하고 이를 정기적으로 성실하게 보고하는 능력을 갖추어야 하며 적어도 임대관리중심으로 10년 이상의 경력자와 대학 학력 이상으로서 부동산, 경영, 경제, 행정, 법률, 건축공학 등의 지식을 두루 갖춘 자이어야 한다.

여섯째, 정부에 의한 건물자산관리 국가자격시험이나 국가공인 자격시험이 실시되는 경우 자격시험에 합격해야 함은 물론이나 우리나라 실정에 맞지 않는 외국자격증의 형식적 합격증은 아직까지는 유효성이 크지 않는 것으로 판단된다.

제 4 절 PM의 성격과 PM업무의 내용

1. PM의 성격

Property Management의 업무내용을 가늠하는 PM의 성격에는 두 가지 종류가 있다. 그중 하나는 광의의 PM성격과 협의의 PM성격이 있으며 다른 하나는 High Level의 PM 성격과 Low Level의 PM성격이 있다.

1) 광의의 PM과 협의의 PM

광의의 PM은 PM의 고유 업무인 임대관리와 공사관리 및 시설관리업무를 포함하는 자산운영 전반의 수리적이고 물리적인 포괄적 관리개념이나 협의의 PM은 임대관리업무만을 담당하는 지엽적이고 수리적 관리만을 의미한다.

2) High Level PM과 Low Level PM

High Level PM은 건물소유자 또는 Asset Manager와 전략적 제휴로 파트너십을 가지고 PM의 고유업무 외에 재무관리, 예산관리, 원가관리 등 Asset Manager의 고유 업무 일정부분을 담당하며 제한된 범위내에서 의사결정권과 계약체결권을 가지고 있으면서 투자수익 창출에 역점을 두는 PM을 의미한다.

시장 및 지역경제 분석과 경쟁요인분석, 수요분석, 재무분석, 회계자문, 법률자문, 기술적 진단과 자문, Renovation, Interior, 실내 칸막이공사 등의 공사관리를 통한 자산가치 개량 방안을 검토, 제안하고 임대전략을 수립하거나 투자수익창출 중심의 PM이라 할 수 있다.

또한 High Level PM은 FMC를 고용하고 통제, 감독하나 FMC 통제보다는 자산가치 증가와 임대수익 극대화에 관리의 중심을 두고 있다.

High Level 성격의 PM은 외국계 펀드와 국내 일부 투자펀드에서 활용되고 있다. 그러나, High Level PM은 AM과 유사한 성격을 가지고 있으나 동일하지 않다. 그러나 Low Level PM의 성격은 일상적인 Property관리 성격을 가지고 임대관리와 FMC 통제에 주력할 뿐 기타 의사결정권이나 계약체결권은 없으며 국내 대기업의 보유 건물자산 관리에 활용하고 있다. Low Level PM은 광의의 PM과 유사한 성격을 가지고 있다.

2. PM업무의 내용

PM의 업무는 Property Manager가 담당하며 이에는 Property Manager의 업무에는 핵심업무와 주요업무 및 부수적 업무 등이 있다.

PM의 목표를 가장 경제적 방법으로 안전하게 그리고 효율적으로 적합하게 달성하려면 PM업무의 확정과 PM업무 담당자인 Property Manager의 요구능력이 구비되어야 함은 물론이다. PM의 업무의 내용은 다음과 같다.

1) PM의 핵심업무

Property Manager의 핵심업무는 PM의 고유 업무로서 PM목표를 달성하는 데 반드시 수행되어야 할 업무를 의미하는바 이에는 다음과 같은 핵심업무가 있다.

① 통상적 건물자산 운영관리업무

② 임대관리업무

그러나 PM의 Level에 따라 핵심업무의 중심이 수익성 중심에서 FM통제 중심으로 이동할 수 있다. 예컨대 High Level PM의 경우 주로 수익성에 무게를 두나 Low Level PM의 경우에는 FM통제에 주력하게 된다.

2) PM의 주요업무

Property Manager는 핵심업무 외에 다음과 같은 일상적인 주요업무를 가지고 있다.

① 일상적 건물운영 및 관리업무
② FM고용 및 통제업무
③ 외부용역 협력사 관리업무
④ 입주사(Tenant) 관리업무

3) PM의 부수업부

PM의 부수적 업무(주변업무)에는 다음과 같은 업무가 있다.

① 증축, 개축, 내장공사 관리업무
② 주간/월간/연간 PM 보고업무
③ Asset Manager 또는 건물소유자 지원 및 협조업무
④ 기타 PM업무

제 5 절 PM의 제안과 PM계약체결

PM Service의 시작은 PM계약체결로 시작되며 PM계약의 범위와 명시규정의 범위 내에서 PM Service가 수행되고 제공된다.

따라서, PM은 건물자산의 소유자나 Asset Manager와의 PM계약체결이야말로 PM Service의 원천이라 할 수 있다.

PM계약체결은 PMC사에 의한 PM제안과 Presentation, Negotiation 계약 등 일련의 절차를 거쳐 이루어지나 단계별로 살펴보면 PM제안서 작성, 제출과 PM계약체결 및 PM계획수립, PM활동 등으로 이어진다. 그러므로 PM제안과 PM계약체결 및 PM계획수립에 대하여 실무차원에서 이를 순서대로 소개하면 다음과 같다.

1. PM의 제안

PM업무의 시작은 전술한 바와 같이 PM Service용역을 수행하고자 하는 PMC의 PM Manager가 Asset Manager나 건물자산소유자 또는 투자자에게 PM제안서 작성과 제출 및 이로 인한 PM계약 체결로부터 시작된다.

PM제안서 작성과 제출이란 PM Service 제안으로서 투자자나 AMC가 보유하거나 자산관리대상인 건물자산에 대하여 PM업무대행을 희망하는 서면의 제출을 의미하며 제안서가 제출되고 받아지는 경우 PM계약 체결의 직접 원인이 되므로 PM제안서의 작성과 제출은 대단히 중요하다.

PM제안서는 간결하고 용이하게 작성되어야 하며 제안자의 핵심제안 사항인 전문적 기술역량, 전문기술인력, PM관리실적 등을 중심으로 다음 목차대로 제안서를 작성하고 적정 시기를 선택하여 제출해야 하며, 우선협상대상이 되도록 효과적인 PT(Presentation)를 실시해야 하고 보완을 요청하는 경우 보완서류를 신속하게 지체 없이 제출해야 한다.

일반적으로 실무활동에서 사용되는 외국 자산관리회사와 국내 PMC의 제안서내용을 기준으로 추출한 PM제안서 목차와 명시내용은 다음과 같다.

1) 회사소개

회사소개(Company Instruction)는 PM제안서 작성에 있어서 매우 중요하다. 왜냐하면, 예상 PM의뢰자가 제안자의 첫인상을 느끼는 순간이고 처음 접하는 정보이기 때문이다.

제안서의 내용은 제안할 수 있는 기회에 대한 제안 상대방의 친절과 배려에 우선 감사하는 인사를 표하는 것이 현명하며 제안자회사는 PM전문회사로서 글로벌 표준매뉴얼에 기초하여 전문인력에 의한 전문지식과 경험을 바탕으로 최상의 PM서비스 제공을 약속하고 회사의 일반연혁과 함께 회사 일반정보 및 PM조직의 담당부서와 지원부서의 역할을 소개하면서 제안회사의 PM주력 업종을 다음과 같이 소개하는 것이 바람직하다.

① Property Management
② Leasing Management & Service
③ Tenant Management
④ Facility Management & Service

특히 회사소개에서 PM의 전문성과 PM 전문인력의 보유 및 PM실적 등을 강조하여 회사 PM능력에 대한 신뢰를 얻도록 노력해야 한다.

2) 회사개요

PM제안서 두 번째 항목은 회사개요(Company Profile) 소개로서 회사의 창립역사와 배경 및 PM의 일반정보 소개와 PM관련 배경, 실적을 소개하고 회사 담당부서와 담당자의 명칭과 성함, 주소, 전화번호, Fax 번호, 홈페이지 주소, E-mail 주소 등을 소개해야 한다.

특히, PM팀에서 현재 PM 관리의 내용을 소개함으로써 회사의 영업실적과 고객성향을 알게 하며 현재의 실적을 통한 PM서비스 품질을 간접적으로 확인하게 한다.

3) PM사의 적합성과 차별성 증명

PM은 일반적으로 목표수익 달성방법과 수익창출실적을 제시함으로써 우리 PM회사가 왜 적합한지에 대하여 확인시켜야 하며 타 회사 PM서비스와의 비교 분석을 통해서 차별성을 인식시켜야 한다.

즉, 적정인원의 투입과 효율성의 제고, 경제적 방법에 의한 임대관리와 유지관리방안, 협력부서의 시스템적 협조와 체계적 관리 등의 강점을 소개함으로써 의뢰자의 PM에 관한 제안자 소속의 PMC가 가장 적합함을 인식시키도록 해야 한다.

즉, 제안자의 자산관리전략, 세부운영계획, 관리조직 및 인력의 최적화와 능률화, 용역업체의 경제화와 효율화, 운영비용의 최적화, 운영결과의 평가와 보고시스템 등 PM서비스의 Key Work Scope를 강조함으로써 제안자의 PM참여 당위성을 인식시켜야 한다.

4) PM실적 증명

제안 PMC의 PM실적에 대한 증명을 사진과 함께 보여줌으로써 PMC로서의 신뢰감을 얻도록 해야 한다. PM실적 증명을 허위로 작성하거나 과장하는 것은 PM제안서로서 신뢰를 떨어뜨리게 되므로 삼가야 한다.

5) PM조직 및 PM관리 인력의 장점

PM담당부서와 협력부서 및 참여 PM인력(특히, Property Manager)의 기술력과 전문성 및 경력과 관리실적을 보여주고 PM제안자의 조직과 전문인력의 장점을 재인식시키도록 해야 한다.

6) PM 활동방법과 PM의 서비스 범위 제시

제안자가 거래 상대방의 보유자산에 대한 투자목표달성의 효과적인 방안을 제시하여 목표달성에 대한 확신을 갖도록 해야 한다. 또한 PM Key Work Scope를 나열하고 PM 업무 범위를 정확하게 기재해야 한다.

7) PM Fee 제시

PMC 측면의 PM제안서 제출과 PM계약과 PM Service를 제공하는 목적은 전적으로 PM Fee 때문이다. 그러나 제시하는 PM Fee는 적정하게 산출된 것임과 가장 경제적 PM Fee이며 타사와의 비교에도 경쟁력이 있는 PM Fee임을 강조하여 적정 PM Fee임을 재인식하도록 해야 한다. 제시하는 PM Fee의 산출내역과 산출방법을 함께 제시하는 것이 매우 바람직하다.

PM Fee(PM Service 용역비)는 PM Work Scope에 따라 증감되나 대체로 서울시 오피스빌딩의 경우, 평당 최고 2,200원에서 최저 700원 정도이나 일반적으로 PM Fee는 평당 800원에서 1,500원 범위 내에서 현실적으로 결정되고 있다.

8) 결 어

제안자 소속의 PMC가 귀사가 의뢰한 PM대상자산에 대하여 PM service 제공 준비가 완료되어 있음과 PM 의뢰자의 자산을 최고의 경험과 지식을 바탕으로 최대의 PM

Service 제공의 약속과 함께 우선협상대상자로 지정해줄 것을 간곡히 희망하는 말로 결어를 맺는다.

2. PM계약의 체결

PM계약은 자산관리위탁계약이라고도 하며 위탁자(Investor, Owner 또는 Asset Manager 등)와 수탁자(PMC) 사이에 PM제안에 근거하여 우선협상을 통하여 최종 위탁 의향서(Letter of Intent)를 발급하는 자와 발급받는 자 양인이 함께 체결하는 자산관리 계약으로 수탁자가 일정한 PM Service 제공을 하기로 약정하고 그 반대급부로 일정한 PM Fee를 받기로 합의한 계약을 PM계약이라 하며 법적 효력을 갖는 법률행위로서 계약의 효력을 갖게 된다.

PM계약방식에는 총환산보증금방식, 평당단가방식, 총수입연동방식 등이 있으나 우리나라 PM계약방식은 주로 평당단가방식을 활용하고 있으며 평당 PM Fee의 현재수준은 전술한 바와 같이 평당 800원에서 1,500원 사이 수준에서 결정되고 있다.

PM Fee와 관련하여 유의할 사항은 평당 PM Fee 외에 PM업무 수행을 위하여 상주하는 상주인력(예 PM소장 및 직원)의 인건비와 임대 Service Fee(예 통상 총환산보증금의 0.5% 이내)와 FM 비용을 추가하고 그리고 내부공사(예 칸막이공사)의 소요비용과 광고비용 등을 별도로 실비 청구한다는 점이다.

PM계약서의 필요적 기재사항은 대체로 다음과 같다.

(1) PM목적물의 범위

(2) PM업무범위 및 권한위임

① 건물임대추진 및 임대관리업무의 대행

② 건물임차추진 및 임차관리업무의 대행

③ 건물 유지 보수관리 용역 발주의 대행

④ 건물 시설과 설비의 점검, 운전, 정비, 기타 공사관리

⑤ Utilities 관리업무(전기, 수도, 가스, 유류 등)

⑥ 건물 시설설비 법적 이행업무(선임, 검사, 보고 등)

⑦ PM업무 범위와 관련된 대관업무(유관기관업무)

⑧ 기타 갑이 을에게 요청한 자산매각 협조 등에 관한 업무

(3) 임대대행업무

(4) 법정기술인력 선임

(5) PM 수수료 및 지급방법

(6) PM 수수료의 조정

(7) PM계약기간

(8) PM계약조건의 변경

(9) PM관리업무의 일부 위탁

(10) 권리 및 의무의 양도금지

(11) 건물 보수 및 개선 공사업무

(12) 비용의 부담

(13) 사무실 등의 제공

(14) 보험의 가입

(15) 계약의 해지

(16) 손해배상

(17) 선량한 관리자의 주의의무

(18) 사고예방 및 안전관리 보고

(19) PMC 소속 회사원에 대한 책임

(20) 금지사항

(21) 보고의무

보고의무는 Property Manager의 주요업무로서

① 빌딩별(자산별) PM보고

② 빌딩 임대 및 임차와 매각현황 보고

③ 빌딩 유지관리비용현황 보고

④ 빌딩 공사현황 보고

⑤ 기타 현안문제 보고 등이 명시되어야 한다.

(22) 직무교육 및 훈련

(23) 문서의 귀속

(24) 계약조항의 해석

(25) 규정의 준용

(26) 규정 외 사항 해결 또는 결정방법

(27) 관할 법원
(28) PM계약체결일
(29) PM위탁자와 수탁자 회사명과 대표자 성명

별첨서류 ① PM대상 건물자산목록
② PM 자산운영계획서
③ 임대관리 Service 수수료 지급기준

제6절 PM자산의 인수와 PM계획의 수립

1. PM자산의 인수와 실사

PM대상 계약이 체결되면 PM대상 건물자산의 인수와 함께 자산실사를 실시하여 확인, 분석 작업이 후속으로 진행되어야 한다.

PM대상 건물자산의 인수는 기존건물과 신축건물에 대하여 별도 인수 절차를 달리하여 인수하고 조사분석해야 한다.

1) PM대상 기존건물의 인수

기존 건물이 PM대상인 경우에는 건물소유주나 Asset Manager로부터 다음 대상을 인수하고 인수인계서에 서명 날인해야 한다.

(1) 건축물 및 건축설비
(2) 건축대지 및 부대시설
(3) 재고자재와 원료, 부품 및 공구기기
(4) 준공도면 및 각종 사용설명서, 매뉴얼
(5) 공사이력서
(6) 입주자현황 및 임대관리비 및 미납현황

(7) 임대면적과 공실현황 및 임대관련 정보

(8) 시공자, 건축설계사무소, 보수정비협력사, 기존 FM사 정보

2) PM대상 신축건물의 인수

신축건물이 PM대상이 되는 경우에는 다음 목록을 인수하고 분석해야 한다.

(1) 건축물 및 건축설비

(2) 건축대지 및 부대시설

(3) 각종 사용승인필증

① 준공검사증(원본)

② 건물사용승인서

③ 소방시설완공필증(원본)

④ 저수조 청소 및 소독필증

⑤ 하수시설설치완료통보서

⑥ 전기사용검사필증(원본)

⑦ 전력수급계약서

⑧ 전기안전관리자 선임신고필증

⑨ 구내통신 사용검사 확인필증

⑩ 검사대상기기 설치안전검사필증

⑪ 위험물설치허가필증

⑫ 압력용기제조검사필증(압력용기구조용접검사증)

⑬ 냉동기 · 특정가스 사용시설 완성검사필증

⑭ 오수분뇨정화조설치확인서

⑮ KS표시허가증 및 시험성적서

⑯ TAB성적서 등

(4) 준공도면(건축, 구조, 기계, 전기)

(5) 품질보증서 및 사용설명서(건축 전기, 기계, 기타)

(6) 스페어 자재, 부품, 원료

(7) 장비사용설명서, 운영(Operation) 매뉴얼, 장비시설 Maker정보, 설계 · 시공사 및 하도급업자정보 등

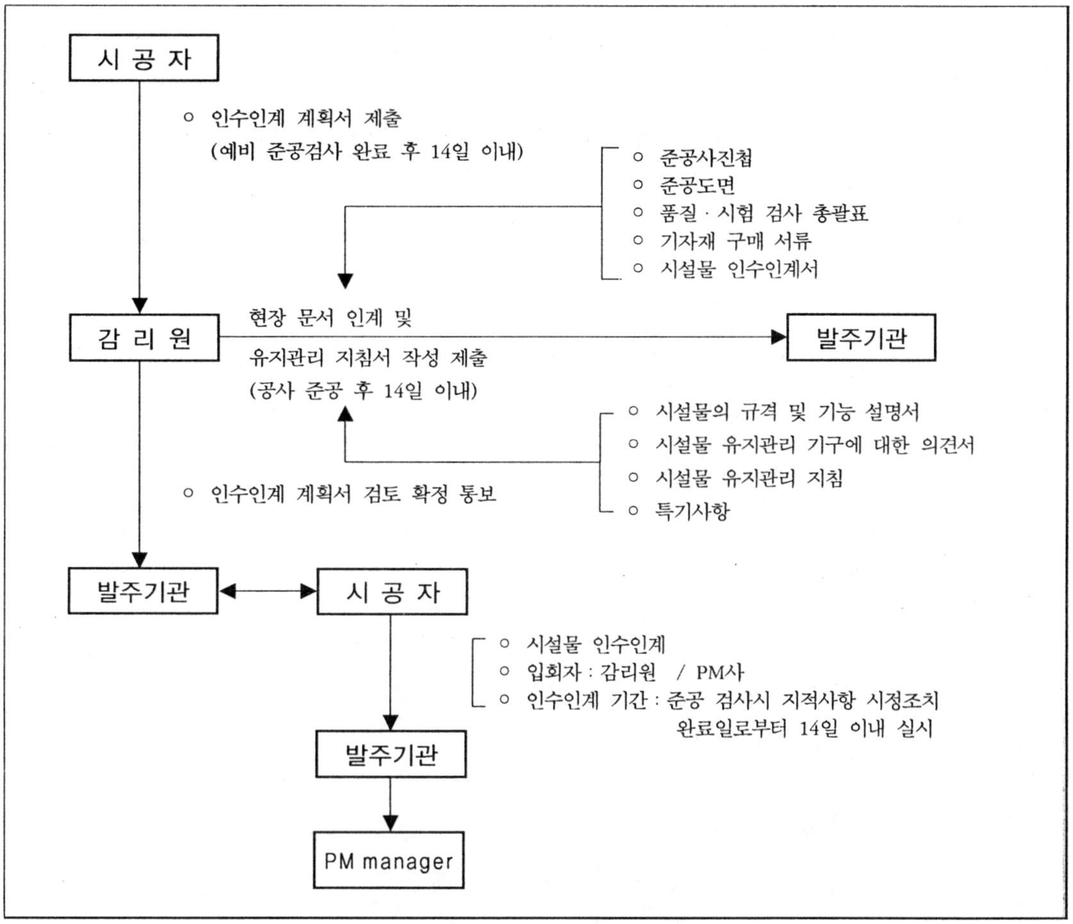

[그림 34] PM대상 신축건물자산 인계인수절차

PM대상 신축건물의 인수절차는 [그림 34]와 같다.

2. PM계획의 수립

인수 PM대상 건물자산의 인수 후 Property Manager는 지체 없이 다음과 같은 내용을 분석하고 PM계획을 수립해야 한다.

PM계획의 수립 목적은 첫째, 건물자산 속에 잠재되어 있는 가치(사용가치와 교환가치)를 개발하여 자산가치를 극대화하기 위함이며 둘째, 건물자산의 생애주기(Life Cycle)를 분석하고 법정내용연수와 물리적 내용연수 등을 분석하여 자산극대화 전략을 수립하고 이를 효과적으로 적용하여 기대효과를 최유효관리법으로 창출함으로써 건물자산 소유자의 투자목적에 부응하기 위함에 있다. 그리고 셋째로 건물자산관리현장 운영의 체계화와 효율화에 있다.

PM계획을 수립하기 위해서는 다음과 같은 PM계획관계 항목들을 분석해야 한다.

1) 인수대상 PM자산과 소유자 목적 분석

인수대상 PM자산의 분석은 물건의 물리적인 분석과 함께 건물자산소유자 요구목적을 철저히 파악해야 한다. 물건분석(건물분석)은 경제적 분석, 기술적 분석, 법률적 분석, 행정적 분석, 환경적 분석, 안전적 분석 등이 필요하며 건물자산소유자의 목적분석은 투자목적의 분석을 해야 한다.

2) 재무구조 분석

재무구조 분석은 PM대상 임대건물의 임대예상 수입구조와 지출구조 및 이에 따른 수지화 구조의 현금흐름(Cash Flow) 등을 분석해야 한다.

예컨대 임대건물의 수입구조는 다음과 같다.

총계획임대수입에서

－ 5% 공실과 임대손실 보전비용 등을 제하고,

＋ 기타 수입(주차장 사용수입, 커피 자판기 등)을 더하면

(1) 예상임대수입합계 발생

예상임대수입합계금에서 다음의 지출 항목의 비용을 제하면 최종지출합계를 얻을 수 있다. 이를 구체적으로 기술하면 다음과 같다.

① 건물자산 세금

② 관리종사자 급여

③ 복리후생비

④ 소모품 구매 비용

⑤ 유지 및 수리비

⑥ 보험료

⑦ 행정사무비

⑧ 용역관리비
⑨ 수선충당금
⑩ 이자(대출금이 있는 경우)
⑪ 제세공과금

(2) **지출합계**

(3) Cash Flow

예상 임대수입합계에서 지출합계를 제하면{(1)－(2)} 현금흐름(현금수지)(3)을 최종 얻게 된다.

이와 같은 방법으로 임대건물자산의 1년간의 재무구조를 분석할 수 있다. 또한 1년간의 재무구조를 기초로 향후 5년간의 예상수지표를 작성해보면 PM대상 임대건물의 수지구조를 알 수 있게 되어 PM계획(경영계획) 수립에 크게 도움이 된다.

3) 건물자산임대시장 분석

임대시장 분석은 인근지역 분석을 통하여 임대사례를 추정하여 분석하고 공실률, 임대전환률, 임차수요, 임대료인상률, 임대료와 관리비의 수준 등을 확인하고 분석해야 한다.

4) 운영관리 저해요인 및 임대문제점 도출과 분석

자산가치 극대화 전략 구사나 임대관리를 추진하는 데 저해요인으로 작용할 수 있는 문제점이나 임대제도, 조세, 보험 등에 대하여 조사분석해야 한다.

5) 건물자산운영관리에 대한 문제별/대안별 비교분석

건물자산운영관리를 통한 자산가치 극대화와 수익최대화 추진 방안에 대한 비교분석을 하여 최종 최적방안을 도출하고 추천한다.

6) 최적 건물자산운영관리방안 도출과 기대효과 검증

최적의 건물자산운영관리방안의 도출과 이에 관한 기대효과를 미리 분석도구를 통하여 시뮬레이션(Simulation)해봄으로써 기대효과를 사전 탐색해보아야 한다.

7) PM계획 수립 및 실행

PM 최적 방안이 도출되면 이를 바탕으로 PM계획(Property Management Planning)을 하고 이를 건물자산운영관리현장에 적용하여 실행한다.

8) PM계획 적용 평가와 피드백

PM계획을 건물자산운영관리현장에 적용해본 결과 목표효과(기대효과)에 도달하지 못하는 요인이 발생하면 다음 연도의 PM계획에 피드백(Feedback)해야 한다.

제7절 건물자산 임대차관리 실무활동

건물자산임대관리는 건물자산운영관리(Property Operation and Facility Management)의 핵심 업무로서 보유자산의 임대소득 최대화로 PM자산의 가치를 극대화하는 데 목표를 두고 있다.

1. 임대차의 개념

임대차란 민법 채권편의 대차개념중 하나로서 상대방의 건물(물건)의 사용 수익할 것을 약정하고 건물사용자는 차임을 지급하기로 약정함으로써 효력이 발생하는 계약을 법 개념측면에서 임대차라 한다.

임대차에는 부동산의 임대차와 동산의 임대차 등이 있으며 임대목적물을 명도 받아 사용수익한 후 동일 임대목적물을 되돌려주는 점에서 소비대차와 다르고 유상 임대차인 점에서 무상의 사용대차와 차이가 있다.

임대차개념은 임대개념과 임차개념의 복합개념으로서 임대는 대주입장에서 임대목적물의 사용 수익을 원하는 임차인에게 일정기간 일정한 차임을 받는 조건으로 임차권을 허여함으로써 임대차관계가 성립된다.

즉, 임대인 측면에서 행하는 건물자산(임대목적물)을 임대수익 목적으로 이용하는 활동이라 할 수 있다. 보다 구체적으로 임대개념을 설명하면 건물자산임대란 전술한 바와 같이 임대인이 임차인에게 임대목적물을 사용 수익하게 할 것을 약정하고 일정기간 일정한 차임(임대료)을 받는 조건으로 임대차계약을 체결과 임대목적물의 명도, 합의갱신, 법정갱신, 재계약, 임대료 · 관리비 등의 청구, 수납, 해지, 해제, 보증금 지급과 임대목적물과의 동시이행, 원상복구, 임대목적물의 반환 등에 이르기까지 임대목적물을 마케팅하고 수급하는 건물자산운영활동을 건물자산임대라 한다.

따라서 임대란 임대인 관점에서 임대목적을 가장 경제적 방법으로 안전하게(위험 없이) 그리고 효율적으로 적합하게 달성하는 데 필요한 임대전략에 따라 임차인을 모집하고 임대차계약을 체결, 우량임차인 중심으로 장기간 유지하며 Tenant Mix 개념에 따라 임대면적의 Lay-out수립과 공간관리, 공실관리 및 손실보전, 적정임대료와 관리비 산정, 적정 임대수익 창출을 위한 자산관리시장 조사분석, 물건 분석, 자산가치 보전과 제고하며 임차인으로 하여금 임차한 공실을 편리하고 쾌적하며 안전하게 사용 수익할 수 있도록 필요한 서비스를 제공하는 일련의 업무를 임대업무의 범위로 인식하고 있다.

그러나 임차의 개념은 임차인 측면에서 사업상 또는 개인 활동상 필요한 최적의 임차목적물을 적절한 시기와 장소에서 확보하고 제공하여 임대차계약 시부터 종료 시까지 임차목적물을 가장 경제적 방법으로 안전하게 그리고 효율적으로 적합하게 사용 수익할 수 있도록 지원하는 서비스 활동을 건물임차라 한다.

따라서 임차업무의 범위는 임대와는 달리 최적 건물공간을 경제적 비용으로 확보하고 필요한 시설을 보완하여 임차인으로 하여금 임차목적물을 안전하고 편리하며 쾌적하게 사용수익할 수 있도록 필요한 시기에 맞추어 공실을 공급하는 서비스 활동을 포함하며 이에 부수적으로 처리해야 할 권리 분석, 경제적 분석, 기술적 분석, 채권보전, 위험관리, 보증금회수, 법적 관리 등을 포함하며 이를 유급조건으로 의뢰인의 의뢰로 제공하는 서비스를 임차업무라 한다. 임차사업시장 규모의 통계는 불분명하나 부동산중개업법에 의한 부동산중개활동으로서 사전 업무와 사후관리업무를 포함하는 업무범위를 가지고 있다.

2. 건물자산임대차시장의 실태

우리나라 임대차시장은 IMF 이전과 이후가 크게 다른 임대차시장구조를 가지고 있으며 중개주체의 성격도 복덕방 → 중개인 → 중개사 → 중개법인에 의하여 국지적, 부분적으로 주도되어 오다가 IMF 이후 국내에 진출한 미국중심의 외국계 투자와 자산관리법인들에 의한 투자활동과 Property Manager가 주도하고 있으며 병행하여 임대 · 임차업무를 자산관리업무 범주에 편입하여 오늘에 이르고 있다.

1997년 IMF 이전의 경우에는 임차수요가 언제나 공급보다 높게 나타나 신축건물의 임대는 사업상의 위험으로 간주되지 않았으며 임대인 중심의 임대료, 관리비가 책정되고 동일 임대서비스를 동시에 모든 임차인에게 제공하여도 별문제가 될 수 없었다. 즉, IMF 이전의 임대차시장은 임대인(공급자) 중심의 시장이었으며 1, 2차 경제계획에 힘입어 임대사업이 크게 성장하였다.

그러나 1997년 IMF 이후 유수기업이 부실화되고 구조조정 되는 가운데 유동성 부족으로 기업도산이 속출하여 임차수요가 급감함에 따라 IMF 이전의 공급부족현상이 반대로 공급과잉현상으로 공급이 수요를 초과함에 따라 임대료가 점차 하향곡선을 나타내고 있는 가운데 임차인(수요자/사용자) 위주의 임대차시장으로 변모하였다. 따라서 의식 있는 임대사업자들은 IMF초기 임대경쟁력을 강화하고 임대목적물을 특화(예 벤처용도 건물, IT용도 건물 등)하고 시설을 첨단화(예 BAS, IBS)하거나 시설관리서비스를 고품질화 함으로써 IMF 이전의 임대시장 소규모 구조보다 오히려 전문업형태의 임대사업기업으로 크게 성장하는 계기가 되었다.

그러나 IMF초기 이후(2000년 현재) 수요와 공급이 균형을 이루는 가운데 임대인과 임차인 공동이익 위주로 임대시장구조가 운영되고 있다. 따라서 공실률도 세계 주요도시 중 최하위인 3%대를 유지하고 있으며 2008년도 말까지 2%대까지 떨어지고 있었다(조선일보 2007. 9. 26 참조) 그러나 2009년 초부터 미국발 세계금융위기로 공실률이 점차 높아가고 있는 추세에 있다.

임대시장에 참여하고 있는 국내업체는 샘스, 에버랜드, 신영, 부동산114(R2Korea), 부동산뱅크 등이 있으며, 외국계 업체로는 CBRE, ERA, JLL, Cushman & Wakefield, BHPK(KAA) 등이 활동하고 있다.

3. 건물자산임대차 관계법과 임대차제도

임대차는 전형계약의 일종이고 법률행위이므로 법률행위의 효과를 나타나게 하는 관계법을 가지고 있다. 일반임대차의 관계법에는 일반사법인 민법의 계약편이 이에 해당되고 주택임대차의 근거 법에는 주택임대차보호법이 있으며 상가건물임대차는 상가건물임대차보호법이 있고 농지임대차는 농지법이 있다.

따라서 현행 법체계상 법정 임대차제도는 일반건물임대차제도, 주택임대차제도, 상가건물임대차제도 그리고 농지임대차제도 등이 있다. 또한 임대차계약이 체결되면 임대인과 임차인이 각각 권리의무 상호관계, 급부 반대급부 상호관계, 법적 평등상호 관계 등이 성립된다.

이를 그림으로 나타내면 [그림 35]와 같다.

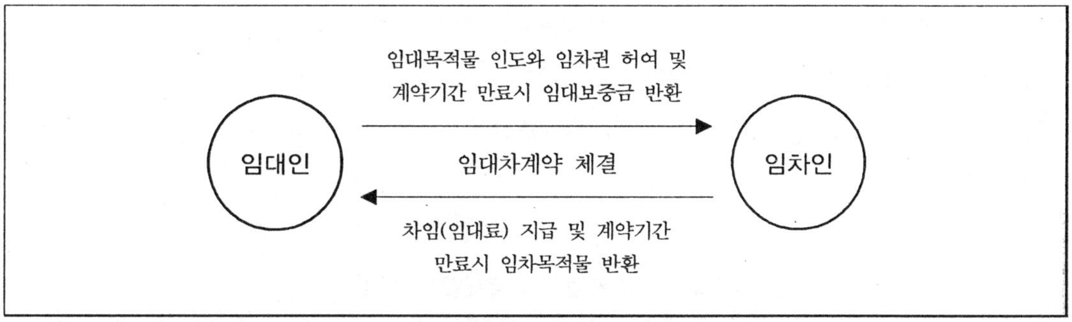

[그림 35] 임대인과 임차인 상호관계

4. 임대차방식

우리나라 임대차 관계법에는 임대방식에 대한 명문규정은 없으나 전통적으로 활용되는 두 가지 방식이 있다.

첫째는 전세방식이고 둘째는 월세방식이다.

전세방식은 임대료를 전세보증금으로 책정하고 반환기까지 전세보증금을 운용하여 이자수입을 얻거나 보증금전액을 건축비로 활용하는 방식이다.

IMF와 같이 경기위기나 임대가 폭락사태 시 중도해지가 어렵게 되고 자칫하면 경매로 건물전체의 소유권 변동이 일어날 수 있는 단점도 있다.

서울 3대 권역(강남권역, 여의도권역, 도심권역) 중 강남권역에서 자주 볼 수 있으며 금융기관이 위치한 빌딩의 1층이 주로 전세방식으로 임대되고 있다. 전세방식에는 다시 채권적 전세(전통적 전세, 미등기 전세)와 물권적 전세(등기 전세, 전세권)로 분류된다.

월세방식은 전세가격에서 일정보증금 부분을 제외한 부분을 시중금리에 따라 월임대료로 환산한 것으로 임대가격을 일정 보증금과 일정 월세로 구분하여 차임(임대료)을 정하여 매월 일정 지급일에 지급하는 임대방식이다.

월세방식은 보증(금)부월세와 무보증(금)부월세로 대별되며 종전의 보증(금)부월세의 보증금과 월세의 범위는 5 : 5의 비율이었으나 최근에는 1:9로 변화하고 있다. 그러나 임대채권이 법적 문제가 되어 소송하는 경우, 적어도 월세 10개월분의 보증금확보가 필요하다. 보증(금)부월세의 최대 장점은 안정적 현금수익 확보와 경제사정에 의한 금리 변동에도 탄력적으로 대응이 가능하다는 점이다.

중소형 건물의 규모, 임차인의 성격, 건물의 위치, 적용 관련법(예 상가건물 연 15% 미만, 주택 연21% 미만)에 따라 월세산정 적용금리가 다른 문제점도 가지고 있다.

이상에서 설명한 임대방식을 표로 정리하면 〈표 31〉과 같다.

참고로 미국의 임대방식에는 Gross Lease방식, Net Lease방식, Percentage Lease방식 등이 있다.

〈표 31〉 전세방식과 월세방식 비교

구 분	분 류	계약성격	보증금	월 세	관리비
전세임대방식	물권적 전세	물권	○	×	○
	채권적 전세	채권	○	×	○
월세임대방식	보증(금)부월세	채권	○	○	○
	무보증(금)부월세	채권	×	○	○

5. 임대차의 4대요소

일반적으로 요소(要素)라 함은 어떤 사물의 성립이나 효력 따위에 없어서는 안 될 근본적인 조건을 의미한다. 건물임대의 성립에도 이와 같은 일정한 근본적인 조건이 존재한다. 이와 같이 건물임대에 있어서 반드시 존재해야 할 근본적인 조건을 건물임대차 4요소라 한다.

건물자산임대차계약이 성립되려면 적어도

① 임대목적물

② 임대인

③ 임차인

④ 임대차계약과 차임

등의 4가지 요소가 존재해야만 건물자산임대차가 성립된다.

일반적으로 임대목적물이라 함은 임대대상물을 의미하며, 이에는 동산이나 부동산 등이 있다. 건물임대목적물이란 건물임대의 대상물인 건물자산을 의미한다. 건물자산임대의 대상물에는 주거용 건물, 상업용 건물, 산업용건물(공업용 건물 포함), 특수용도의 건물 중 수익성건물 등이 있다.

임대인이란 임대목적물을 임차인에게 명도하고 차임의 청구권을 행사하는 계약당사자를 말한다. 또한 임차인은 임대목적물을 임대인으로부터 명도 받아 용법에 따라 사용 수익하는 대가로 차임지급의 의무를 지는 계약당사자를 의미한다.

마지막 임대요소의 하나인 임대차계약이란 임대목적물의 사용 수익 대가로 일정한 임료(차임)를 지불하기로 약정한 계약을 의미한다. 또한 차임이란 임차인이 임대목적물을 사용 수익의 대가로 임대인에게 지불하는 금전 또는 유가물을 말한다. 차임은 반드시 현금으로 지불할 필요는 없으며, 곡물 · 과일 또는 유가물로도 가능하다. 그러나 건물자산임대에서는 차임은 반드시 현금지불이 임대관습상 관행으로 정착되어 있다. 차임 없이는 임대차란 성립되지 않는다. 왜냐하면, 차임은 임대차의 성립요소이기 때문이다.

6. 건물자산임대차의 특성

건물임대차 개념을 보다 정확히 이해하기 위해서는 건물임대활동의 특성을 이해하는 것이 필요하다. 일반적으로 특성이라 함은 사물의 본질을 이루는 고유한 특징이나 성질을 의미한다. 건물임대활동 역시 건물자산관리 일반항목과 같이 외견상 동일하고 평범한 경제관리 항목으로 인식하기 쉬우나 임대활동은 분명 여타 관리항목에 없는 고유한 특징이나 성질을 가지고 있다. 이를 건물임대차활동의 특성이라 한다.

건물임대차활동에는 다음과 같은 특성이 있다.

1) 건물투자금 환원수단성

건물시설관리활동은 일반적으로 관리비용의 투입(In-put)에 비하여 반대급부의 산출

(Out-put)이 금전으로 환원되지 않으나 건물임대활동은 임대계약의 완성으로 일정한 산출(임대료)을 가시적 현금으로 수입을 얻게 된다. 이와 같은 수입은 임대라는 건물자산 운영수단을 통해서 얻어지는 결과이므로 임대는 건물투자금의 환원수단성의 특성이 있다.

2) 경제적 분배성

임차인은 막대한 건물건설 투자비의 지출 없이 경제적인 비용으로 타인의 건물을 임차하여 사용 수익할 수 있다. 그러므로 경제적 방법으로 타인의 건물을 사용 수익하는 경제적 분배성의 특성이 있다.

3) 임대업무 복합성

건물자산관리활동에 있어서 대부분의 관리활동은 단일한 활동의 특성이 있으나 임대관리활동은 법률관리활동성과 경제관리 활동성 및 행정관리 활동성, 기술 활동성 등이 복합하여 함께 작용함으로써 관리되는 복합성의 특성이 있다.

그러므로 건물임대관리자는 다양한 임대업무의 복합성에 따라 임대에 관련 법률지식, 경제경영에 관한 지식 및 건축지식 그리고 임대행정에 관한 전문적 지식과 경험을 갖추어야 한다.

4) 계약당사자 쌍방구속성

일반적으로, 건물자산관리업무는 소유주체나 경영주체 또는 관리주체가 해당건물자산의 소유권, 경영권, 관리권에 의하여 일방적으로 관리활동을 하게 된다. 그러므로 소유자, 경영자, 관리자의 책임과 권한으로 관리함으로써 관리결과의 문제에 대해서는 소유자나 경영자 그리고 관리자가 일방적으로 그 결과에 구속되고 책임지게 된다.

그러나 임대활동의 결과에 따라 비록 건물소유자, 경영자, 관리자라 할지라도 임대인의 지위에 서게 되고, 따라서 임대인의 의무에 구속받으며 책임지게 된다.

뿐만 아니라 임차인 역시 임대계약 결과에 따라 임차인의 의무에 충실하지 않으면 안된다. 그러므로 임대인과 인차인은 공동으로 권리자인 동시에 의무자의 지위에 서게 되며 공동으로 임대계약 내용에 구속되게 된다.

따라서 건물자산임대활동에는 임대인과 임차인 모두를 법률행위인 계약에 의해 구속당하는 쌍방구속성의 특성이 있다.

5) 쌍무계약성과 유상계약성

임대인은 임차인에게 임대목적을 반드시 명도 해야 하고 건물임차인은 체결된 임대계약에 따라 건물자산의 사용과 수익에 대한 대가(차임)를 반드시 지불해야 한다. 왜냐하면 사용대차가 아닌 유상, 쌍무계약성질의 임대차이기 때문이다.

따라서 건물자산임대는 건물명도의 의무와 사용 수익 대가의 임료 지불 의무를 쌍방이 지는 특성이 있다.

6) 교차점유성

건물임대가 성사되면 건물주(임대인)는 임차인에게 임대목적물인 건물자산을 명도해야 한다. 또한 임대기간 만료 기타 원인으로 임대차의 효력이 종료되는 경우 임차인은 임차목적물을 원상회복하여 다시 임대인에게 반환하여야 한다. 이와 같이 임대활동에는 건물자산의 교차점유성의 특성이 있다.

7) 임장활동성

건물자산관리 중 임대관리는 임대목적물이 위치하고 있는 건물현장에서 사용과 수익이 이루어지는 임장활동성의 특성이 있다.

8) 동시이행성

건물임대차의 개시나 종료시 임대목적물의 반환과 보증금반환은 동시이행관계에 놓이게 된다. 따라서 동시이행성의 특성이 있다.

9) 장기계약성

건물자산임대차계약은 임차인의 임차기간이 1년 또는 수년간에 걸쳐 사용 수익을 전제로 체결되므로 장기계약성의 특성이 있다.

10) 임대관계법의 적합성

임대차계약은 계약법(채권법), 상가건물임대차보호법, 주택임대차보호법 등의 규정에 적합하게 계약되어야 유효하다. 이를 임대관계법의 적합성이라 한다.

11) 급부 반대급부 의무성

임대차가 성립되면 임대인과 임차인 사이에 임차권과 임대료가 급부와 반대급부의 의무관계가 성립된다. 따라서 급부 반대급부 의무성의 특성이 있다.

12) 권리 의무 병존성

임대차계약이 체결되면 임대인과 임차인 모두 권리 의무의 주체가 된다. 따라서 권리 의무의 병존성이 존재한다.

13) 임대계약당사자 법적 평등성

임대차계약이 체결되면 임대인과 임차인 상호관계는 법적으로 평등관계가 성립된다.

7. 건물자산임대차업무의 내용

건물자산임대업무는 PM의 핵심업무의 하나로서 임대목적물을 합리적으로 유통시켜 안정적 임대수입구조 구축과 임대수익 최대화 및 이를 통하여 자산가치를 증대시켜 교환가치를 높이고 양도차익을 보다 크게 실현시키는 데 기여하는 건물자산운영관리 업무이다. 따라서 이와 같은 건물자산임대의 목적을 달성하기 위하여 다음과 같은 임대관련 업무가 수행된다.

① 임대시장분석(Macro분석과 Micro분석)
② 임대목적물의 기술적, 경제적, 법률적, 행정적, 환경적, 안전적 분석
③ 마케팅 전략수립과 실행 및 평가
④ 임대기준의 책정
⑤ 임차인 모집과 적격심사
⑥ 임대차계약과 임차인 사후관리
⑦ Lay-out 및 공간관리와 공실관리
⑧ 임대채권관리
⑨ 임대관련 공사(칸막이공사, 원상복구공사 등)관리
⑩ 기타 임대차관련업무 등

8. Leasing Manager의 요구능력과 직업윤리

1) 임대관리자의 요구능력

건물임대업무는 Property Manager가 직접 담당하게 되나 특별한 경우, Leasing Manager를 고용하여 임대업무를 위탁시켜 처리하기도 한다.

임대관리자(Leasing Manager)는 임대자산의 마케팅활동을 통하여 임대수익을 극대화하고 자산가치를 높이는 실질적 자산수익관리자이므로 다음과 같은 능력이 요구된다.

(1) 조사분석능력

임대인의 목적, 시장 및 인근지역 조사분석, 물건 조사분석, 경쟁사 조사분석 등의 능력이 있어야 한다.

(2) 임대계획 및 마케팅능력

조사분석의 자료를 이용하여 임대계획수립과 임대계획에 의한 임대마케팅능력이 있어야 한다.

(3) 임대차기준 설정 및 면적산출능력

임대료, 관리비, 임대기간 등의 임대차기준 설정과 면적산출능력이 있어야 한다.

(4) 법률적 지식과 경험지식, 정보 수립 및 분석능력

임대관리자는 법률적 지식 외 경험과 정보 등을 기반으로 임대 업무를 처리하는 능력이 있어야 한다.

(5) 세무, 회계처리능력

임대관리자는 부동산 세금과 부담금 및 공과금 등의 세무처리능력과 보증금, 임대료, 관리비 등의 입출금 회계처리능력과 함께 재무보고, 경리보고, 결산 등의 회계능력도 있어야 한다.

(6) 외교, 기술, 인간관계, 시설의 기능과 성능 등 다양한 대인 대물관리능력

임대차관리자는 대인 대물관리 능력이 있어야 한다.

외교관 같은 설득능력, 유지관리 기술처리능력, 신뢰 있는 인간관계 유지능력 등 대인 대물관리능력이 있어야 한다.

2) 임대관리자의 직업윤리

임대관리자는 소유건물자산을 임대하는 경우도 있으나 주로 타인의 건물자산을 임대하는 사람이므로 전문직업인으로서 지켜야 할 도리나 규범을 성실히 이행하여야 한다. 건물임대관리자가 지켜야 할 직업상의 윤리는 대체로 다음과 같다.

(1) 성실하고 정직하게 임대 업무에 충실해야 한다

건물임대관리는 타인의 재산관리이므로 건물소유자의 임대지침에 따라 성실한 태도와 정직한 마음으로 임대 업무에 임해야 한다. 임대관리자가 임대에 관한 직무수행에 있어서 자기를 위한 업무집행이 되지 않도록 해야 하며, 감독자가 있을 때만 성실하게 업무를 수행하다가 감독관리자가 사라지면 불성실한 태도로 변하는 업무자세는 지양되어야 할 직업인의 자세라 판단된다.

다시 말하면, 임대관리자는 전문직업인으로서 건물의 소유자를 속이거나 기만하지 말아야 하며, 건물소유자의 유익을 위하여 자기 직업에 언제나 충실해야 한다.

(2) 업무상 지득한 기밀이나 정보를 절대 외부에 누설하지 말아야 한다

건물임대와 같은 자산관리를 함에 있어서 업무상의 비밀을 알게 되는 경우에 임대관리자는 업무상 지득한 회사 기밀을 어떠한 경우에도 누설하거나 악용해서는 안 된다. 임대관리자는 한 사람의 전문직업인으로서 의리가 있어야 하고, 불의하지 말아야 하기 때문이다.

(3) 회사의 자산과 금전을 자신을 위하여 사용하지 말아야 한다

임대관리자가 자기의 직책과 업무를 이용하여 사리사욕을 채우거나 회사의 자산이나 금전을 사적인 용도로 활용하거나 이용하는 것은 직업인으로서의 윤리에 반하는 행동이다. 직업윤리는 전문직업인으로서 지켜야 할 도리의 의미와 함께 옳은 행동과 잘못된 행동에 대한 도덕적 기준이기 때문에 회사의 자산이나 금전은 회사를 위하여 사용되어야 하고, 개인을 위하여 유용하는 것은 옳지 않은 행동이기 때문이다. 그러므로 건물임대관리자는 어떠한 경우라도 회사의 자산과 금전을 개인적 용도로 사용하거나 사취하지 말아야 한다.

(4) 회사의 임대규칙이나 지침에 따라야 하며 옳지 않는 행동을 삼가야 한다

하나의 직업인은 직업을 수행하는 조직의 구성원이므로 소속된 조직의 규칙이나 지침에 순응하는 자세와 태도를 견지해야 한다.

회사가 제정한 규정이나 지침 등에서 요구하고 있는 것이 비록 사소한 것이라 하더라도 하나의 질서유지와 발전을 위해서, 그리고 경비절약을 위해서 반드시 따라야 하고, 요구하고 있는 규정을 실천하고 금지사항을 부작위함으로써 조직구성원으로서의 책임을 다해야 한다.

예컨대, 회사의 규정에서 요구하고 있는 내용 중 정시간 출 · 퇴근, 지각 · 조퇴 금지, 점심시간 엄수, 잦은 핑계로 결근하지 말 것 등은 반드시 지켜야 하며, 근무시간 중 개인적인 용무를 본다든지, 또는 회사전화를 개인적으로 사용하는 행동이나 회사비품을 집으로 가져가는 행위 그리고 개인적인 식대나 경비를 회사비용으로 처리한다든지, 출장 후 허위로 경비를 청구하는 행위 등도 마땅히 삼가야 할 비윤리적인 행동이라 판단된다.

비윤리적인 행동은 윤리의 기준으로 볼 때 옳지 않은 행위 등의 기준에 해당되므로 건물임대관리자는 윤리적인 행동(옳은 행동)만을 행해야 한다.

(5) 고객으로부터 선물과 향응으로 인하여 회사의 정보를 제공하거나 손해를 끼치지 말아야 한다

건물임대관리자는 회사에 소속되어 회사를 위하여 회사업무를 담당하고 있으므로 언제나 회사의 이익을 위하여 노력하여야 한다.

거래고객으로부터 선물을 받거나 고객이 베푸는 향응에 응하여 회사에 손해나 누를 끼치는 행위는 지극히 옳지 않은 행동에 해당되므로 매우 조심하고 삼가야 할 행위이다. 특히 건물임대관리자는 건물소유자와 임차인 사이에서 임차인으로부터 여러 가지 형태로 유혹을 받는 경우가 있을 수 있으므로 언제나 건물소유자를 위하여 유혹에 넘어가지 않도록 마음가짐을 바르게 해야 한다.

(6) 임대관리자는 신뢰받는 대리인으로 행동해야 한다

임대관리자는 건물소유자를 대신해서 건물자산을 임대하고 있으므로 주인의 입장에 서서 공정하고 정직하며 성실하게 임대 업무를 처리함으로써 신뢰 있는 언행과 모습을 견지해야 한다. 자산관리자가 건물이해관계자로부터 신뢰를 잃으면 더 이상 자산관리자가 될 수 없기 때문이다.

(7) 임대목적이 달성되도록 최선을 다해야 한다

임대관리자는 건물자산을 임대함에 있어서 전문적인 지식과 경험을 최대로 활용하고 문제를 스스로 해결하여 임대목적이 조기에 경제적인 방법으로 안전하게 그리고 효율적으로 달성되도록 최선의 노력을 다해야 한다.

(8) 자기계약(自己契約)과 쌍방대리를 하지 말아야 한다

임대목적물을 임대관리자 사익을 위하여 유리하게 자기 계약을 하거나 임대인과 임차인 쌍방을 대리하여 임대인에게 또는 임차인에 손해를 끼쳐서는 아니 된다. 그러나 임대인과 임차인의 사전 승인하는 경우에는 무방하다.

(9) 신의성실의 원칙과 보고의무 및 순종의무를 성실히 이행해야 한다

임대관리자는 정당하게 상대방이 기대하는 바에 따라 성실히 행동해야 하고 건물주에게 보고의무와 순종의무를 성실히 이행해야 한다.

9. 임대마케팅 전략

1) 임대마케팅 전략의 의의

임대마케팅 전략이란 임대목적을 효율적으로 달성하는 데 요구되는 전략을 의미한다.

다시 말하면, 마케팅(Marketing)이란 상품이나 용역(Service)을 생산자로부터 소비자에게 합리적으로 유통시키기 위한 기업의 활동을 의미하며 임대를 위한 방책을 임대마케팅 전략이라 한다.

2) 임대마케팅 성공조건

임대마케팅을 효율적으로 수행하여 성공하려면 마케팅리서치(시장조사, Marketing Research)가 필요하다.

그러나 임대마케팅 담당자가 임대목적물에 대하여 장단점(Merit and Demerit Point), 소구점(Selling Point) 등을 파악하는 것이 마케팅성공의 요체이다.

왜냐하면, 임대하고자 하는 임대목적물의 파악 없이 임차인에게 합리적으로 유통시킬 수 없을 뿐 아니라 효과적인 마케팅 전략을 수립하고 구사할 수 없기 때문이다.

따라서 임대마케팅을 효과적으로 수행하여 성공하려면

첫째, 임대시장조사(Leasing Market Research)와 분석
둘째, 건물소유자의 임대목적과 임대목적물 조사분석
셋째, 임대마케팅 전략수립과 실행 및 평가

등이 수반되어야 한다.

3) 임대마케팅의 목적

임대마케팅의 목적은 가장 경제적 마케팅 비용으로 가장 빠른 시간 안에 합리적 임대기준에 따라 임대목적물을 유통(임대계약)시켜 안정적인 임대수익구조를 완성함으로써 임대수익 최대화를 도모하는 데 있다.

이를 위해서는 임대차시장 실태와 구조변화, 임대차사업 참여업체, 임대차제도와 임대방식, 임대료결정방법, 임차인(Tenant) 선호도, 임대마케팅 방법(On-line Marketing과 Off-line Marketing) 그리고 임대마케팅 업무진행절차(Job Flow)와 임대차계약실무와 임대차계약실무 유의사항, 임대마케팅의 타겟마케팅과 포지셔닝전략, 임대사례분석, 임대차 관련법과 조세 등 임대마케팅을 위한 선행 항목에 대한 이해와 파악 등이 먼저 요구된다.

4) 임대마케팅 방법

임대마케팅 방법에는 On-line 마케팅 방법과 Off-line 마케팅 방법이 있다. 임대마케팅은 실수요 임차인에게 임대목적물을 소개하고 임차의사를 결정하게 하는 임대정보를 제공하는 것으로서 임대마케팅 담당자(Leasing Manager)의 능력, 임대 Network 또 임

대상황(Lease Situation)에 따라 임대마케팅 방법도 달리해야 한다.

Off-line 마케팅 방법에는 D/M방법, F/M방법, E/M방법, T/M방법, M/M방법, 현수막 부착 등의 방법이 있으며 임대설명회, 미디어작업도 Off-line 마케팅 방법으로 유효하다.

특히, 마케팅 방법 중 Data-Base(DB)를 내 · 외부적으로 구축하고 이를 잠재 임차인을 발굴하거나 임차사업에 활용하는 경우 매우 유용하다.

E/M과 F/M은 잠재 임차수요 개발과 사전 홍보용도로 활용함이 현명하며, D/M은 사전홍보 또는 T/M에 의한 임차의사 보유자의 결심을 유도하는 데도움이 된다.

그러나 M/M은 직접 홍보효과가 크며 임차인 반응정도와 예비임차인의 요구사항 확인에 도움이 된다. 또한 미디어작업과 임대설명회 개최 등은 임차수요자의 조기발견과 임대목적물의 사전홍보 및 임대환경조성, 임차인의 요구파악에 도움이 되는 Off-line 마케팅 방법이다.

또한, On-line 마케팅 방법은 인터넷을 활용하여 현재의 임차인을 발견하거나 미래 예상임차인을 찾아내는 Marketing방법으로서 임대전문 사이트(예 www.rei-korea.com)를 활용하거나 자체 또는 업무제휴로 부동산전문 사이트(예 부동산뱅크, R114, 각종 경제신문 사이트)를 활용함이 편리한 On-line 마케팅 방법이 된다. 또한 자체개발하여 운영하고 있는 오피스전문 사이트(예 (주)신영 오피스사이트)를 활용하는 것이 도움이 된다.

5) 임대마케팅 진행과정

임대마케팅의 진행단계(Leasing Marketing Flow)는 크게 임대 사전준비과정, 계약과정 그리고 사후관리과정의 3과정으로 진행되며 임대실무절차는 다시 5단계로 나누어 진행된다(후술하는 임대실무 참조).

(1) 임대 사전준비과정

임대 사전준비단계(Pre-Marketing Phase)는 임대마케팅의 준비단계로서 다음과 같은 임대준비를 해야 한다.

① Macro 분석과 Micro 분석

동일생활권과 인근지역의 Macro 분석과 Micro 분석을 통하여 교통시설, 주요기업체현황, 고용상태, 수요공급, 공실률, 공공시설 등과 경쟁 임대목적물(경쟁건물)의 현황, 임대가와 관리비 수준, 임대서비스와 품질, 시설의 규모와 상태, 공실 등을 조사하고 분석해야 한다.

② 임대를 위한 마케팅 전략 및 홍보계획 수립
③ 홍보물 제작과 표준계약서 등의 준비
④ 임대목적물의 Merit Point와 Demerit Point 및 Selling Point 파악
⑤ 임대기준(임대료, 관리비, 주차사용료, 임대방법, 임대기간, 연체요율 등) 결정
⑥ 임대목적물 현황도(층별 임대면적, 전체 임대면적과 적용 임대가) 작성 비치
⑦ 임대업무일지 등의 준비와 유지
⑧ 예상임차인의 주소록 준비
⑨ 자체 또는 제휴 인터넷망 등재
⑩ Data-Base(DB) 구축 준비
⑪ 임대예산 확보
⑫ 임대팀 조직과 업무분장 및 Manpower 준비
⑬ 기타 임대준비사항

(2) 임대계약과정

임대계약단계(Leasing Contract Phase)는 마케팅중심단계(Main Marketing Phase)로서 임대마케팅 2번째 단계이다. 임대계약단계는 사실상의 임대마케팅효과를 거두는 단계이다.

임대계약단계에서는 임대마케팅을 위하여 다음 업무가 진행된다.

① 임대사무실 개설과 마케팅 Man power 투입
② 마케팅활동과 On-line과 Off-line 총동원 홍보활동
③ 예상임차인 방문과 현장안내
④ 임차신청서 접수 및 검토(적격판단)
⑤ 임대차계약협상과 계약체결
⑥ Lay-out 및 칸막이공사와 인테리어공사
⑦ 입주사전점검 및 입주지원

(3) 임대 사후관리과정

임대 사후관리단계(Post Management Phase)는 계약단계 즉후에 진행되는 임대마케팅 마지막 단계이다.

임대 사후관리단계에서는 다음과 같은 임대사후관리업무가 진행된다.

① 계약이행 사후관리
② 입주자 사후관리
③ 잔여 임대평수 임대
④ 계약의 변경, 해지, 해제, 재계약 등
⑤ 임대료관리, 주차장 사용료 등의 채권관리
⑥ 이사지원 및 원상복구 작업 및 재임대
⑦ 세무보고와 정기적 임대현황보고
⑧ 입주자 신청, 고충, 민원 등에 대한 신속한 Service 제공
⑨ 기타 임대사후관리 업무

6) 임대마케팅 전략수립시 고려사항

임대마케팅 전략수립시 고려해야 하는 사항에는 임차인 임대건물 선호도와 임대계약 유의사항 등이 있다.

(1) 임차인 임대건물 선호도

1995년 서울시 시정개발연구원이 2,500개의 외국 업체를 대상으로 설문조사를 통하여 조사분석한 임차인의 임대관련 항목별 선호도를 살펴보면 다음과 같다.

① 편리한 교통(39%)
② 관련기업과의 접근성(32.7%)
③ 임대료(8.7%)
④ 건물 및 지역의 지명도(6.7%)
⑤ 주변 환경의 쾌적성(4.8%)
⑥ 정보통신 관련시설의 유무(3.9%)
⑦ 넓은 주차 공간(2.4%)

⑧ 행정관청과의 접근성(1.0%)

⑨ 기 타(0.4%)

서울시 시정개발연구원의 설문조사의 결과에 의하면 임대를 원하는 임차인의 가장 큰 임대결정요인으로 편리한 교통과 관련기업과의 접근성 두 항목이 무려 71.7%를 차지하고 있어 이에 해당하는 임대대상건물의 마케터는 이를 최대 활용함이 유리할 것으로 인식된다.

또한 최근 임차인의 건물임대 선호도를 보면 조망권, 그린권, 일조권, 건물자산소유자의 신용과 안정성, 건물소유권의 온전성 등이 고려되고 있으며 임대결정에 영향을 주고 있다.

(2) 임대계약 유의사항

임대계약은 법률행위이므로 계약체결 전 계약조항을 면밀히 검토하고 임대계약체결 시 다음 사항을 고려해야 한다.

① 담보권설정, 기타 임차보증금, 보전권리 설정등기 여부

② 주차장 사용 유무, 범위와 주차조건

③ 인테리어 허용범위

④ 전기기기 사용가부

⑤ 임대료 2회 이상 연체시 조치내용

⑥ 용도 외 사용시 법적조치 내용

⑦ 임차권리 양도, 전대금지, 점유이전 금지

⑧ 전용면적내의 관리책임과 범위

⑨ 개보수공사 후 처리방법

⑩ 명도 및 원상복구

⑪ 보험가입과 보험금 납부의무자

⑫ 부가세 부담책임

⑬ 임대인의 권리와 계약해지권 및 면책사항

⑭ 계약방법

⑮ 계약기간

⑯ 임대료 적용기준
⑰ 연체이자
⑱ 관리비
⑲ 분쟁처리방법
⑳ 임차인의 금지사항 등

10. 임대관리실무절차

1) 임대관리실무의 개념

종전의 건물자산의 임대관리업무는 시설관리업무의 부수적 업무로 취급되어 왔으나 1997년 IMF 이후 최고의 안정수익모델로 변화 발전되고 있어 건물임대관리의 중요성이 크게 부각되고 건물자산관리 PM의 가장 중요한 수익창출 핵심업무로서 최근에는 LM(Leasing Management)영역으로 독립된 업무로 발전하고 있다.

왜냐하면, IMF 이전의 업무용빌딩 중심의 건물자산취득은 건물주의 소유목적과 자사 사용에 주된 목적이 있었으나 IMF 이후 론스타, GE캐피탈, 멕커리, 모건스텐리, GIC 등의 외국계 투자펀드의 국내유입과 함께 수익목적의 업무용빌딩 대거 매입과 임대를 통한 최대수익창출 및 전략적 매각을 통한 시세차익(양도차익)의 실현으로 막대한 투자이익이 자산현장에서 창출되는 변화를 경험한 국내 건물자산관리 관계자 모두는 사무실용도 오피스빌딩의 임대사업은 안정된 수익모델로 크게 인식하기 시작하였다.

건물임대는 임대수익목표 달성을 위한 실무활동이다. 그러므로 임대에 관한 이론이나 경험 및 전문지식을 바탕으로 실제적인 임대 업무를 경제적 방법으로 안전하게 효율적으로 처리해야 한다.

건물임대관리자(Leasing Manager)가 임대목적물을 인수하고 파악하며, 임대환경이나 임대시장, 임대조건 등에 대하여 조사분석하고 임대계획을 세워야 하며 그 다음으로 임대마케팅 전략과 홍보 전략을 수립하고 준비하여 임차인을 모집, 상담, 계약, 사후 관리하는 일련의 업무를 임대계획에 따라 계획적으로 추진해야 한다.

임대실무는 PM업무의 중심업무로서 건물경영계획에 명시하고 있는 수익을 건물자산 보유기간 동안 직접 발생시키는 활동이며, 자산관리활동 중 PM(Property Management/건물재산운영 및 임대수익관리)실무활동영역으로 분류된다. 또한 임대는 임대에 관한 법률적 배경과 실무적 업무가 병존하므로 임대실무를 성공적으로 수행하기 위해서는 임대에 관한 법률적 지식도 함께 확보하고 있어야 한다. 아울러 임대 업무는 단계적으로 진행되어야만 임대 업무를 효율적으로 처리할 수 있다. 따라서 임대실무는 임대업무의 단계적 처리과정을 의미하기도 한다.

결론적으로, 임대실무는 임대전문지식과 임대경험을 바탕으로 임대소득을 발생시키는 일련의 임대관리 실제 업무를 의미한다.

2) 5단계 임대실무 처리절차

임대관리 업무를 효율적으로 처리하여 임대목표를 효과적으로 달성하려면 임대관리 과정을 3개 과정으로 나누고, 건물임대관리실무를 다시 5단계로 나누어 임대 업무를 단계별로 처리하는 것이 매우 바람직하다.

전술한 임대관리업무의 효율적 처리를 위하여 임대관리 3과정에서 기술한 업무들을 다음과 같은 임대목적물 인수 및 분석 단계, 임대시장 조사 단계, 임대계획 수립 단계, 입주자 모집 단계, 임대계약 체결 단계 그리고 사후관리 단계로 세분하여 임대 프로세스별 관리가 효과적이다.

5단계 임대관리실무 처리절차를 프로세스별로 소개하면 다음과 같다.

(1) 임대목적물 인수 및 물건분석과 임대시장 조사단계

건물임대실무의 첫 시작은 임대목적물의 인수와 인수된 임대목적물에 대한 물리적 상태와 시설개요 및 법적 현황과 경제 가치에 대한 조사분석부터 시작된다.

다시 말하면 위임되고 인수된 임대목적물에 대한 기술적 · 법률적 · 경제적 조사와 분석 작업이 선행되어야 한다. 또한 목적물에 대한 물건분석과 함께 임대계획 등 임대시장 조사를 철저히 해야 한다.

가. 임대목적물 조사분석

① 기술적 조사분석

인수된 목적물에 물리적 또는 기술적으로 하자가 없는지, 현존 상태대로 임대가 가능한지와 보수보강의 필요성은 있는지 등에 대하여 조사분석해야 한다.

또한 인수된 임대목적물의 하자보수기간이 남아 있는지와 얼마나 경과된 상태인지를 확인해야 하고, 향후 임대 시에 필요한 장치나 미관상의 작업에 대한 필요여부도 판단해야 한다. 건축물관리대장(현장 작성)과 시공 상의 차이점이나 인수전 보수보강 내용도 함께 조사해야 한다.

이와 같은 조사분석 작업의 결과는 후일 진행되는 임대계획수립에 반영해야 한다.

② 법률적 조사분석

뿐만 아니라 인수된 임대목적물에 대한 법률적 현황을 등기공부나 행정공부를 통하여 조사하고, 권리분석 작업도 병행해야 한다. 다시 말하면 권리 상으로 토지 · 건물의 소유권이 온전한 상태로 유지되고 있는지, 아니면 소유권이 허유권의 상태인지를 판단하고, 임대계획시에 이를 반영해야 한다.

특히 등기공부상에 제한물권(전세권 · 저당권 · 지상권 등) 외에 기타 등기사항(임의경매 · 압류 · 가압류 · 가처분 등)이 없는지도 꼼꼼히 조사해야 한다. 이와 같은 제한물권이나 기타 권리가 등기되어 있는 경우 임대활동에 여러 가지 제약과 함께 임대추진에 결정적인 장애가 된다.

따라서 인수한 임대목적물에 대한 법률적 조사 작업을 통하여 권리상태를 확인하고, 해결할 내용이 있는 경우 적절히 해결하거나 개선해야 한다.

③ 경제적 조사분석

인수된 임대목적물에 대한 경제적 조사와 분석 작업이 기술적 분석과 법률적 분석과 함께 진행되어야 한다. 인수된 임대목적물에 대한 현재의 가치와 미래의 가치도 함께 검토되어야 한다.

뿐만 아니라 투자총액은 얼마이며 적정임대수익은 어느 정도가 타당한지와 세법상 감가상각 상태가 어느 정도 진행되었는지(신축건물은 해당 없음)와 임대료와 관리비의 적정성은 어느 정도인지도 함께 조사분석해야 한다. 이와 같은 경제적 분석의 결과도 다음 단계의 임대계획 수립시 반영해야 한다.

결론적으로 제1단계인 임대목적물 인수 및 조사분석, 임대시장 조사단계에서 인수한 임대목적물은 기술적 측면에서 건물의 실체(토지와 건물 및 부속시설)와 함께 건물이 신축 준공된 경우, 준공도서 기존건물인 경우 관리현장에서 작성된 건축관리대장, 작업일지와 근무일지 등을 함께 조사해야 한다.

또한 법률적 측면에서 등기공부와 행정공부, 고문변호사에 관한 사항이나 각종 계약서와 규정 등을 접수해야 한다. 뿐만 아니라 경제적 측면에서 경제가치를 측정하기 위한 정보나 자료(예컨대 감가상각 상태나 공시지가 등)들을 확인하여 건물경영목표를 수립하고, 일정기간 내에 이를 달성하기 위한 임대계획을 수립해야 한다.

이와 같이 임대목적물의 기술적 · 법률적 · 경제적 조사분석 외에 임대목적물의 현재의 임대기준과 임대조건(관리범위, 임대면적, 공실면적, 임대료, 관리비, 주차료, 연체요율, 계약기간)과 인근 경쟁관계 건물의 편의시설, 특수시설, 장점, 규모, 층수 등을 함께 파악해두어야 한다.

④ 행정적 조사분석

임대목적물에 대한 행정측면의 조사분석으로서 시 · 군 · 구에 의한 행정체제, 건물자산 공법상의 행정규제, 건축물공부상의 하자, 위반 건축물 존재여부, 제세공과금의 미납, 행정상의 과태료 등을 면밀히 조사하고 분석하고 임대계획에 반영해야 한다.

⑤ 환경적 조사분석

임대목적물의 환경적 분석이란 건물 주변 환경의 유해요소와 불편성들을 확인하고 건물임대에 미치는 영향 평가를 하는 작업을 의미한다. 환경적 조사분석 결과 역시 임대계획에 반영해야 한다.

⑥ 안전적 조사분석

임대건물에 대한 자산위험과 시설물위험을 조사분석하여 임대계획에 반영해야 한다.

나. 임대시장 조사

임대계획을 수립하기 위해서는 임대목적물의 물건분석과 함께 동일수급권과 인근지역(Macro Area와 Micro Area)의 임대시장에 대하여 조사해야 한다. 임대시장의 조사항목은 대체로 다음과 같다.

- 임대시장동향, 경쟁업체동향, 매매시장동향, 분양시장동향
- 주요 사업체 분포현황
- 지역개발 현황과 계획
- 임대건물의 공급현황과 수요전망(임대건물 수급현황)
- 인구분포와 통계
- 최근 5년간의 변화추이
- 교통망 · 교통시설 · 통신 · 편의시설 · 관공서 · 학교 · 은행 등 분포현황,
- 주요 교통수단
- 지역경제 사정

- 장래의 지역경제 전망
- 지역상권 현황과 변화추이
- 토지이용 현황
- 지역발전 가능성
- 임대건물의 임대현황과 공실률
- 경쟁건물의 임대료, 관리비, 주차사용료 수준과 연체요율 등

임대시장의 조사방법은 ① 기초자료 조사는 공공기관 자료(각종 통계연감, 국토종합개발계획 등)와 각종 간행물(각종 총람, 전문잡지, 부동산정보), 각종 신문 등을 통하여 조사가 가능하며, ② 현장방문 조사는 부동산 중개업자, 대상건물 관리사무소, 대상건물 입주업체나 그 본사를 통하여 조사해야 한다.

이상과 같은 작업을 통하여 임대목적물의 ① 시설개요 현황, ② 건물 조사분석표, ③ 임대시장 조사표 등을 작성하여 임대계획 또는 임대실무에 활용해야 한다.

(2) 임대계획 수립단계

임대계획 수립단계란 임대실무상 두 번째 단계로서 건물경영목표 중 수익목표를 달성하는 임대업무의 세부적인 진행과 절차를 수립하는 단계를 말한다.

임대계획 수립단계는 약 11가지의 세부적인 과정을 거쳐 비로소 임대계획이 수립된다. 임대계획 수립단계에서 진행되는 업무를 구체적으로 소개하면 다음과 같다.

가. 임대면적 산출 및 확정

건물의 임대평수는 일반적으로 연건평을 의미하기도 하나 인근지역에 있는 건물의 공실이 과다한 경우 경쟁이 예상되므로 주차장 같은 면적을 서비스 면적화하여 임대면적에서 제외하고 전용률을 높여 건물의 전용면적을 인근 빌딩보다 크게 하여 입주자 유치를 쉽게 해야 하는 경우가 있다. 따라서 인근지역의 유사 빌딩과 비교하여 임대조건과 가격이 경쟁력이 있도록 임대면적을 산출 확정해야 한다.

임대면적의 산출은 보통 다음과 같은 기준에 의하여 산출되고 확정된다.

- 건물연면적(전용면적＋공용면적) = 임대면적
- 건물연면적(전용면적＋공용면적)－서비스면적 = 임대면적

나. 임대료 산정

임대료는 건물경영목표 달성에 매우 중요한 수익이긴 하나 인근 유사 빌딩이나 지역조건, 지역특성, 지리적 여건, 건물 수급현황, 주변 임대시세, 임대목적물의 시설수준 등을 감안하여 결정하여야 한다. 기본 층의 임대료를 기본임대료로 정하고, 이를 토대로 각 층별 · 용도별 · 위치별 임대평수의 평당 임대료를 미리 산정해두어야 한다. 참고로 1층의 임대료는 기준층의 약 3배, 2층의 임대료는 기준층의 약 2배 정도로 임대료를 산정하고, 임대료는 평당 또는 ㎡ 기준으로 책정해야 한다.

다. 관리비 책정

임대료와 함께 관리비를 적정하게 책정해야 하고, 관리비 부담방법(정액제, 실비정산제, 정액실비병산제)도 선택해야 한다.

라. 건물용도 확정

건물사용허가서에 이미 명기된 내용대로 건물용도를 확정하고 용도에 맞는 입주자를 유치해야 한다.

마. 임대기준 확정

임대기준이란 임대에 기본이 되는 표준을 의미한다. 임대관리자는 다음과 같은 임대기준을 임대계획수립단계에 확정해야 한다.

- 임대방법 확정(전세와 보증(금)부 월세 중 택일 또는 Mix해야 함. 단, 보증금, 월세 비율 1 : 9의 보증(금)부 월세 방법이 임대수익 극대화에 유용함)
- 보증금 · 월세 범위 결정(보증금 비율 최소 10% 수준유지)
- 전세금 산정[(평당 임대료×12개월)/이율]
- 임대기간 설정(단기 임대기간(1, 2년)보다 중장기 임대하는 것이 임대수익 유지에 안정적임)
- 임대차업종 확정
- 관리비 적용범위와 산정범위 확정
- 연체요율 결정
- 부과세 범위 확정(원칙적으로 임대보증금은 임대인의 부담으로 하고 월임대료와 관리비는 임차인 부담)
- 가입 보험종류 및 부담범위 확정

- 주차사용료 유료 또는 무료 범위 및 사전결정
- 입주 전 실내장식 등 무상 사용기간 기준과 조건 확정
- 제소 전 화해조서 업종 확정
- 임대료와 관리비의 납부일, 납부장소, 납부방법
- 명도기준과 원상복구기준, 전대 · 양도가능 여부

바. 임대추진 방법 및 임대기간 설정

임대계획 수립단계에서 임대방법과 임대추진기간을 설정해야 한다.

임대방법에는 적극적인 임대방법과 소극적인 임대방법이 있다. 적극적 임대방법은 임차대상자를 상대로 광고하거나 방문하거나 임대목적물의 장점을 알려주고 입주하도록 설득하여 임차인을 유치하는 방법이다.

소극적 임대방법은 임대대상건물전면 또는 측면에 임대광고현수막만을 부착하고 임차인을 유인하여 임대목표를 달성하는 임대방법이다.

임대담당자는 임대대상건물의 인근시장조사, 인근지역조사, 경제여건, 경쟁관계 등을 면밀히 검토하여 임대추진방법을 결정해야 한다. 또한 임대기간은 임대대상건물이 신축인 경우에는 건물경영목표에 따라 일정기간을 정할 수 있으나 임대목적물이 기존건물인 경우에는 공실발생이 예상되는 2개월 전에 미리부터 임대기간을 설정해두고 수시 임대를 추진해야 한다.

사. 임대소요예산확보

임대추진계획을 수립할 때 임대소요예산을 확정하고 임대계획에 반영해야 한다.

임대방법에 따라 광고비 · 인쇄비 · 임대수수료 등을 항목별로 확정하고 이를 임대계획에 반영해야 한다.

아. 임대추진 주체 결정 및 업무분장과 진행절차 수립

임대계획을 작성할 때 임대추진 조직과 업무분장, 의사결정 방법, 담당자와 담당업무 내용 그리고 보고절차 등 단계별 진행순서를 정하여 절차대로 추진하도록 계획되어야 한다.

자. 임대마케팅 전략수립

임대대상건물의 임대촉진을 위한 임대마케팅 전략수립 및 광고 전략이나 홍보방법

등을 정하고 임대계획서에 반영해야 한다.

마케팅 방법은 On-line과 Off-line 마케팅을 병행하되 보유하고 있는 Data-Base를 활용하고 배너광고, 현수막 · 미디어작업과 E/M, T/M 등을 활용해야 한다.

차. 임대시장 조사분석 결과 반영

임대대상 건물의 인근지역이나 유사지역의 부동산 임대가격, 지리적 특성, 관리비현황이나 수준, 경쟁관계 등을 사전에 조사하고 그 결과를 계획서에 반영해야 한다.

카. 임대서식 등 준비

임대를 추진하기 위해서 임대에 필요한 홍보물, 임대계약서, 영수증, 관리계약서 등을 사전에 확정하고 인쇄하는 등 준비해두어야 한다.

(3) 입주자 모집 단계

입주자 모집 단계는 임대실무 제3단계로서 임대대상물의 현황과 조건 및 장점 등을 광고 홍보하고 중개인(중개회사) 등에게 알리는 등 입주자를 모집하는 단계이다. 이때 임대예산이 허락하는 범위 내에서 과감하고 공격적인 임대마케팅 전략을 구사해야 한다.

입주자 모집 단계에서 입주자 유치방법으로는 Tenant Mix를 해야만 임대수익의 안정구조를 유지할 수 있다. 즉, Anchor Tenant 50%, Sub Tenant 30% 그리고 Small Tenant 20%로 Tenant Mix하는 것이 바람직하다.

입주자 모집 단계에서 실시해야 할 업무의 종류와 내용은 대체로 다음과 같다(임대업무는 임대목적물의 성격 · 용도 · 규모 · 사정 등에 따라 다소 상이함).

가. 임대목적물 임대광고

임대관리자는 임대예산이 허락하는 범위 내에서 임대목적물의 임대평수, 층수, 건물의 장점, 편의시설과 편리한 교통, 유리한 지역 특성을 입주예상 임차인을 상대로 알리는 작업을 수행해야 한다.

임대목적물을 알리는 방법에는 TV나 신문광고가 효과적이긴 하나 광고비가 비싸다는 단점도 있다. TV나 신문광고 외에 현수막이나 팸플릿, DM 광고방법도 유용한 광고방법이 될 수 있다.

짧은 시간 내에 경제적인 방법으로 모든 광고수단을 동원하여 임대목적물을 표적시장의 예상임차인에게 알려서 입주희망자를 모집해야 한다.

나. 예상입주자 방문, 상담 및 현장안내와 현장브리핑

입주가 예상되는 회사 앞으로 홍보물(팸플릿 · DM 등)을 사전에 보낸 후 임대관리자가 직접 방문하여 임대목적물을 홍보해야 한다.

특히 예상입주자의 현장 방문 시에는 임대기준과 조건, 경쟁력 있는 임대료와 관리비, 지역특성과 임대건물의 장점, 좋은 점(Selling Point) 등을 소상히 설명할 수 있어야 하고, 특히 임대목적물의 소유권이 온전한 경우 권리 상에 하자가 없는 점도 크게 강조할 필요가 있다(임차시 임대보증금 반환의 문제가 없을 것임을 강조해야 한다).

특히 전용면적이 공용면적보다 크며 서비스면적이 많다는 것도 강조할 필요가 있다. 한 번의 방문으로 끝나는 경우도 있기는 하나 두세 번 정도의 재방문도 고려할 필요가 있다. 방문 시에 고려해야 할 점은 방문자의 복장이나 언행, 예의바른 태도, 신뢰성 있는 행동 등에 신경을 써야 한다. 예정임차인 현장 방문시(답사시) 좋은 점(Selling Point)만 소개하고 청소상태, 안전, 편리성 등을 강조해야 하며 대상목적물(공간)과 비교가 되는 다른 임대대상물을 한두 곳 정도만 안내해야 한다(여러 곳을 안내하는 경우 임차인을 혼란스럽게 한다).

임대시장에 공급되는 건물의 수가 많을수록 방문자의 방문예절과 방문 전에 사전의 약속, 방문 준비를 철저히 하여 방문결과가 건물임대계약으로 반드시 연결되도록 해야 한다. 방문은 생산성 있는 과정이 되어야 하며 시간의 낭비나 소비가 되지 않아야 한다.

다. 중개의뢰

건물 임대 중개인 또는 건물 임대 전문중개회사에 안내문을 보내어 임대목적물의 현황과 장점 등을 홍보하여 임대협조 또는 임대추진을 의뢰해야 한다.

라. 희망입주업체 적격판단 및 결정

광고 · 홍보 · 방문 · 의뢰 등으로 수집된 입주희망자에 대하여 희망입주자 명단을 작성하고 임대조건의 적합성 여부를 판단해야 한다. 이를 입주자 적격판단이라 한다.

입주자 적격판단을 해야 할 필요성은 양질의 입주자를 가려내어 입주시킴으로써 건물사후관리에 문제점이 발생되지 않게 하기 위함이다. 또한 적격판단은 경제적인 방법으로 양질의 입주자를 유치함으로써 건물임대의 장기적인 안정적 수입을 보장하기 위함이다.

입주자 적격판단의 기준은 다음과 같다.

- 임차인 재무상태 및 신용상태
- 임대계약상 이행 가능성 여부
- 임차시 출입차량 · 인원증가 가능성 여부
- 임차시 시설과 설비 손상 가능성 여부
- 건물의 이미지 손상 여부
- 임차인 업종이 건물용도와 적합성 여부
- 임차시 위험물반입 취급 가능성 여부
- 타입주자와 분쟁유발 가능성 여부 등

이상과 같은 기준으로 입주예정자에 대한 적격 여부를 판단하여 양질의 입주자를 선정 결정해야 한다.

마. 계약 준비 및 계약 일정 홍보

양질의 입주예정자가 결정되면 임대가격과 조건 등을 상담을 통하여 합의한 후 계약스케줄을 임차인에게 통보한다.

이때 임대인은 임차계약서, 관리계약서, 주차장 사용계약서 영수증, 사용인감 등을 사전에 준비하고 대기해야 한다.

(4) 임대계약 단계

임대계약 단계는 임대실무상 제4단계에 해당하는 업무추진단계로서 법률적으로 하자없이 계약업무를 처리해야 하는 단계이다.

임대계약업무는 임대관리업무 중에서 가장 중요한 업무로서 다음과 같은 업무가 진행된다.

가. 계약서 조건 및 조항 재검토

임대준비 단계에서 작성 인쇄된 계약서를 고문변호사의 자문을 받아 다시 한 번 검토하여 필요한 경우 수정 보완해야 한다. 특히 계약서상의 필요적 기재사항에 대해서는 다시 한 번 면밀히 검토해야 한다.

임대차 계약서상 반드시 기입되어야 할 필요적 기재사항은 대체로 다음과 같다.

① 임대목적부동산(건물)의 표시조항

임대목적물이 건물인 경우 빌딩명 · 주소 · 층수 · 호실 · 임대평수(전용평수 · 공용평수) · 용도 등이 표시되어 있는지 확인해야 한다.

② 임대차계약기간 조항

임대차가 일반건물인 경우 최장기간은 20년(단 토지는 예외), 최단기는 민법상 규정이 없으나 최소한 1년으로 하는 것이 바람직하다(상가건물임대차보호법의 대상 상가건물은 1년임).

특히 주택임대차의 최단기간은 2년으로 규정(주택임대차보호법)되어 있음을 참고해야 한다. 특히 계약일과 목적물 명도일, 계약종료일과 목적물 반환일을 반드시 계약서 서면에 기재하여야 한다.

③ 임대보증금과 월임대료 조항

임대보증금의 총액과 월임대료 납부일, 납부방법, 납부장소, 연체요율 등을 명기해야 한다. 그리고 보증금 반환조건과 일자를 기입해야 한다. 특히 임대보증금의 월임대료, 부가세 납부에 대하여도 명기해야 한다.

④ 관리비 조항

관리비의 총액과 납부일자, 납부방법, 납부장소, 연체요율 등을 명기해야 한다. 특히 관리비를 일정기간 연체시 단전, 단수, 출입차량 통행금지 조항을 상호 합의하여 명기해두는 것이 임대인 입장에서 유리하다. 또한 관리비의 부가세 부담자를 명기해야 한다(단 관리계약을 별도로 체결하는 경우는 관리비 조항만 명기하고 상세한 내용은 관리계약서에 위임).

⑤ 보험료 조항

건물의 화재보험료 등에 관한 조항을 별도로 두고 화재보험 또는 기타 보험의 종류와 부보금액을 명시하고, 화재기타보험의 보험료, 납부일자 등을 명기해야 한다.

⑥ 무단 권리양도 · 전대금지 조항

임차인은 임대인의 동의 없이 무단양도나 무단전대가 금지되고 있음을 명기하고 동의 없이 양도나 전대시 임대차 계약 해지 사유가 됨을 기입하는 것이 바람직하다. 우리나라 민법에서는 임대차의 무단 양도와 전대는 원칙적으로 금지하고 있으나 임차목적물 중 그 일부는 임대인 동의 없이 양도 또는 전대가 가능하다. 그러나 전세권 제도에서는 특약이 없는 한 양도나 전대가 언제가 가능하다.

⑦ 임차인의 준수 사항

임차인이 지켜야 할 의무사항을 명기해야 한다. 우리나라 민법에서는 다음 사항을 임차인의 의무로 규정하고 있다.

가) 차임지급의무

차임을 두 번 이상 연체하면 해지사유가 된다. 차임지급 시기는 특별한 규정이 없는 한 월말 후불제로 한다. 약정이 있는 경우 약정된 날에 지불한다.

나) 통지의무

임차인은 임차목적물에 수리를 요하는 사항이 발생되거나 타인이 임차목적물의 권리를 주장하는 자가 있을 경우 임대인에게 반드시 통지해야 할 의무를 이행해야 한다.

다) 보전행위 인용 의무

임대인이 임대목적물의 보전행위를 하는 경우 인용해야 한다. 보전행위로 인하여 임대목적물의 사용수익이 불능할 경우는 그러하지 아니한다.

라) 임차물을 용법대로 사용 수익해야 할 의무

임차인은 건물의 성질이나 정해진 용도에 따라 사용 수익해야 한다. 타 용도로 사용 수익하는 경우 해지사유가 된다.

마) 무단양도나 전대 금지 의무

무단양도 · 전대시 해지사유가 된다.

바) 임차목적물 보관(보존) 의무

임차목적물을 현상대로 보존해야 할 의무가 있다.

사) 임차목적물 반환 의무

임대차 종료시 임차목적물을 원상회복하여 임대인에게 반환해야 한다. 임대보증금 반환과 동시 이행관계에 있다.

아) 계약해지 조항

임대인과 임차인은 해지조항을 약정하고 불이행시 해지할 수 있다. 예를 들면 차임 2기 연체나 불법용도 사용, 무단양도나 전대 등은 법정 해지사유에 해당된다.

자) 임대인의 권리 및 면책사유 조항

임대인의 권리에는 다음과 같은 것이 있다.

- 차임청구권
- 목적물반환 청구권
- 차임증감청구권
- 목적물보존 권리
- 법정담보물권

임대인의 면책사유로는 천재지변에 의한 목적물 멸실, 불가항력에 의한 목적물 멸실, 실화에 의한 멸실 등이 있다.

⑧ 임차인의 손해배상 조항

임차인이 고의로 임차목적물을 훼손·손괴·파손·고장 또는 멸실시켰을 경우 손해를 배상해야 한다는 조항을 명기해야 한다.

⑨ 관리규정 준수의무 조항

건물의 사용에 관한 관리규정을 준수하도록 명기해야 한다. 관리규정은 임대계약서의 일부로서 계약시 첨부 또는 별도로 교부해야 한다.

⑩ 건물 내 수선유지비 부담 조항

건물의 주요 구조부나 설비 등의 수선비는 임대인이 부담해야 하고 전용부분의 고장은 임차인이 부담해야 한다.

⑪ 공용시설의 사용제한 조항

입주자가 임차목적물의 사용을 정해진 시간의 범위 내에서는 사용이 가능하나 관리규정에 의하여 사용가능 범위시간 등을 참고하여 사용에 제한을 하게 된다. 보안 관리상 또는 에너지절약차원과 질서유지 차원에서 시설의 사용을 제한하게 되는 바 이를 준수하도록 계약서에 기재해두는 것이 계약 후 분쟁을 막을 수 있다.

⑫ 보증인 조항

임차목적물이 최첨단 건물이거나 임차인이 신용상태가 다소 불량한 경우 임대차계약시에 보증인을 세우도록 요청하여 만일의 손해발생에 대비하는 것이 현명하다.

⑬ 계약기간 자동연장 조항

계약만료일 6월~1월 사이 임대인이나 임차인이 임대기간의 만료나 연장 또는 거절의 의사표시가 없는 경우 종전과 동일한 조건으로 자동 연장됨을 표시하는 것이 현명하다.

⑭ 계약체결 및 효력발생 조항

계약체결일 및 효력발생일자를 특별히 정한 경우 이를 명기해야 한다.

⑮ 관할법원

임대계약의 분쟁이 발생한 경우 이를 해결할 방법으로 재판을 해야 할 경우 관할 법원을 정해야 하는 바 이를 미리 정해두는 것이 편리하다.

나. 예상임차인 적격 재판단

입주자 모집단계에서 입주희망자로 분류된 입주예정자에 대한 마지막 적격 판단을 실시하여 확실한 임차인으로 판명되는 경우 임대계약을 체결하는 것이 바람직하다.

통상 임대차계약기간을 1년으로 정하여 계약하고 입주하는 경우 입주자의 신용이나 재무상태가 불량한 경우 임대자는 원치 않는 정신적 · 물질적 고통을 감내해야 하기 때문에 입주자 선정과 계약에 특별히 신경 쓰지 않으면 안 된다.

따라서 임대계약 전 입주자 적격 판단을 다시 한 번 실시하는 것이 현명하다.

다. 임대조건 · 가격협의 및 확정

임대인은 임대관리자를 통하여 계약 전에 임대목적물에 대한 가격과 조건에 대하여 임차인과 협의하고 상호 조정하여야 한다. 왜냐하면 이와 같은 협의나 확정 없이 계약 테이블에 앉는 경우 종종 계약체결이 성사되지 못할 경우가 발생할 수 있기 때문이다.

참고할 사항은 임대료는 반드시 모든 입주자에게 동일하게 적용하여 계약해야 하고 차등 적용시 문제가 발생되며, 비밀유지는 절대로 유지되지 않는다는 점을 명심해야 한다. 그러나 층수가 다른 경우 차등적용해도 무방하다. 차등적용의 기준역시 임대계획수립 시에 미리 공시해두어야 한다.

라. 임대계약 체결 및 계약서 교부

임대인은 준비된 임대계약서 상의 필요적 기재사항을 재검토하고 입주희망자에 대한 적격판단을 다시 한 번 실시하여 입주자로서 하자가 없는 경우 임대계약체결에 임해야 한다. 임대계약 체결 시에 유의해야 할 사항은 다음과 같다.

- 임대면적(전용면적 · 공용면적)과 층수와 호실 재확인
- 적정보증금 · 임대료 · 관리비 여부 확인
- 건물용도가 입주사(인)의 업종에 타당한지 여부 확인
- 공부상 주소와 목적물의 주소 상 이상 확인
- 임대차 기간, 명도일, 반환일, 계약효력 발생일, 계약시기와 종기 확인
- 특약이 있는 경우 특약사항 확인
- 임대인과 임차인 본인 여부 확인
- 서명날인자 권리 · 자격 확인
- 수입인지 첨부여부 확인(해당되는 경우 전세권 외 일반임대차는 해당 없음)
- 제한물권설정, 채권보전방법, 제소전 화해조서 조건내용 등 확인

이상과 같은 계약 유의사항을 재점검하고 계약서상의 필요적 기재사항 누락 여부를 확인한 후 신속하고 정확하게 작성 · 서명 · 날인한 후 한 부를 임차인에게 교부하고, 임대계약금이나 보증금 전액을 수령한 후 영수증을 교부함으로써 임대계약체결업무가 종료된다. 교부 시에 입주일자를 확인해야 하고, 임대목적물과 키(열쇠)는 임대보증금 전액이 입금될 때 임차인에게 인계하고 열쇠수령증을 받아 보관해야 한다.

마. 입주 전 임대목적물 관련시설 재점검

임대계약이 체결되고 이사 일자가 정해지면 임대목적물의 사용수익에 지장이 없도록 사전점검을 해야 한다. 전원설비, 위생설비, 조명설비, 출입문, 열쇠, 시건장치, 전화선 등을 꼼꼼히 확인해두고 필요시 보수하거나 정비해야 한다. 또한 입주 후 불편사항이 없도록 사전 조치한다.

바. 칸막이 등 설치공사

계약체결 후 임차인과 협의하여 전용면적을 정확하게 구획하고 확정하여 필요한 경우 칸막이 설치 공사와 전산실 등의 필요시설을 입주 전에 완료해야 한다.

사. 입주지원

임차인의 입주를 위한 이사를 위해서는 이삿짐 운반용 승강기 고정배치, 안내, 시설설비사용방법설명(특히 전원의 용량), 사용상 주의사항, 관리실 위치, 전화번호, 담당자 소개, 비상시 조치내용 등을 안내서를 만들어 전달하고 필요시 소상히 설명하는 것이 현명하다.

특히 이사 오는 날 친절한 안내와 불편사항 요청시 즉각 대응으로 해결해주는 일은 입주자를 장기 유치하는 첩경이 될 수 있다.

(5) 임대계약 사후관리 단계

임대관리업무의 마지막 단계로서 다음과 같은 사후관리 업무가 진행된다.

가. 월임대료 부과징수

계약서에 명시된 월임대료의 부과징수는 보증(금)부 월세제도와 무보증(금)부 월임대료 모두에 해당된다.

즉, 전세권 제도와 채권적 전세(미등기전세)에서는 월세의 부과징수는 발생하지 않는다. 임대계약 사후관리 단계에서는 월임대료 부과징수는 월관리비와 함께 임대기간 동안 매월 일정하게 발생되는 업무로서 일상적으로 처리되는 업무이다.

따라서 임대료 청구서는 일정한 양식을 미리 인쇄하거나 전산시스템을 개발하여 활용하되 납기일 10일 전에 발송하고 7일 전에 도착되도록 배려하는 것이 임대료 수납관리에 도움이 된다.

특히 임대료 수납사고를 방지하기 위해서 거래 은행의 지정구좌에 납입하도록 하는 것이 바람직하다. 따라서 임대료 청구서에는 임대료 총액, 부과세, 납기일, 납부장소, 납부방법, 연체요율 등을 상세히 명기하는 것이 임대료 수납업무에 도움이 된다.

임대료 청구서에 세금계산서를 첨부해야 하고 관리사무소나 경리과 등에 직접 납부하는 경우 입금표를 교부해야 한다.

임대료를 관리사무소에 직접 입금하는 경우 당일 마감하여 임대관리 은행구좌에 당일 입금처리하고 관리사무소에 현금을 보관하지 않도록 해야 하며 익일 회계 보고해야 한다.

나. 월관리비 부과징수

월관리비는 부과방법에 따라 부과 징수하는 방법과 절차가 다소 상이하다. 관리비가 정액제인 경우는 관리비 징수 기준일을 기준으로 납부일자를 정하여 관리비 청구서에 정해진 관리비 등을 기입하고 세금계산서를 첨부하여 7일 전에 청구하면 임차인이 지정된 은행구좌에 입금하거나 관리사무소에 직접 입금하면 이를 접수하고 관리비대장에 기입한 후 입금표를 교부하고, 이를 당일 결산하여 빌딩관리 은행구좌에 입금하면 관리비 부과징수업무는 종료된다.

그러나 실비정산제의 경우는 다소 진행절차가 복잡하다.

지난달의 월말을 기준으로 사용된 에너지 사용량(전기 · 수도 · 가스), 용역비, 공과금, 일반관리비를 모두 취합하여 실제 사용된 관리비를 합계하고 임대평수에 따라 고지 징수하게 된다.

이 경우 건물 내 식당 · 다방 · 전산실 등은 별도의 계량기를 부착하고 이를 별도 사용료를 계산해야 하며 가스 역시 식당 등에 별도의 계량기를 부착하여 사용자부담 원칙 아래 실비를 납부하도록 해야 한다. 특히 야근을 자주 하는 입주자에게 전기료사용료를 형평에 맞게 높게 부과해야 한다.

그러나 연체시 연체료를 청구해야 하고 임대건물의 공실이 있는 경우 공실에 대한 관리비는 임대인이 납부해야 한다.

다. 임대기준의 개정

임대기준의 개정에 해당되는 항목에는 임대기간의 연장 또는 변경, 임대료의 인상, 관리비의 인상 등이 있다.

임대기간의 연장이나 개정은 임대기간 종료 시에 임차인이 원하는 경우 정상적으로 이루어지나 임차인이 원하지 않으면 임대가 종료된다.

이 경우 임대료 상승도 자연적으로 상승하게 된다. 임대목적물이 주택인 경우에는 1년에 5/100 범위 내에서만 인상이 가능하도록 주택임대차보호법에 규정되어 있으나 일반건물의 경우에는 인상폭의 제한규정은 없다(상가건물임대차보호법이 2003. 11. 1자로 발효되었으므로 해당 상가건물은 1년에 임대료의 12% 범위 내에서 인상이 가능하다).

문제는 임대기간 중에 금리의 변동, 유가의 변동, 전기료의 상승, 물가 상승, 정부정책 변동, 제세공과금의 증액 등 중대한 경제적 사정 변경이 있을 경우 불가피하게 임대료 · 관리비를 증액하게 되는데 현실적으로는 쉬운 문제가 아니다.

이와 같이 경제적 사정 변경에 의한 비정기적 임대기준 변경은 원칙적으로 임대인과 임차인 사이에 계약상 금지된 사항이나 예외적으로 상호협의에 의하여 허용되는 경우도 간혹 있으나 분쟁의 대상이 된다.

또 하나의 임대기준 변경 문제는 임대기간의 연장 문제이다. 임대건물이 과다 공급되거나 임대유치에 문제가 있는 경우 임대기간 연장을 유도하는 것이 바람직하다.

라. 임대계약의 해지

체결된 계약에 의하여 입주자가 입주한 후 계약서에 규정된 약정 해지 사유가 발생하거나 임대료의 2기 이상 연체나 임대목적물을 타 용도로 사용 수익할 시 발생되는 법정 해지사유가 발생할 때 해지관리자인 임대인이 임차인에게 계약해지를 통보하면 해지효과가 발생되고 임차인은 임대인에게 임대목적물을 원상회복하여 반환해야 한다.

이와 같은 해지의 통보, 원상회복, 임대목적물 반환, 임차인 철수 등과 같은 일련의 해지업무가 계약 사후관리업무 중 하나이다(해지통지 등은 내용증명으로 하는 것이 임대인에게 유리하다).

계약이 중도에 해지되면 보증금을 환불하되 미정산 관리비나 임대료가 전혀 없는 상태(완불된 상태)에서 임차인 소유건물이 완전히 임대목적물 밖으로 반출 시에 지급되어야 하며 임대보증금 위에 전세권이나 저당권이 설정되어 있을 때는 반드시 말소확인 후 지급해야 한다.

또한 손해배상금이 있을 때에는 손해배상금 상당액을 유보하고 원상회복비용, 미지급 임대료 · 관리비와 다음 달의 임료 및 관리비 예상액(3개월 평균관리비+50%추가)을 공제 또는 유보한 후 잔액을 지급하고 영수증을 반드시 교부받아야 한다.

채권보전수단으로 교부한 보증서나 약속어음이 있을 경우 반드시 회수한 후 지급한다.

마. 임대목적물 인수 및 원상복구 확인

임대계약 사후관리업무 중 또 하나의 업무는 임대기간이 종료되어 임대기준의 변경으로 계약기간 연장이나 변경이 없을 경우나 해지 또는 해제되는 경우 목적물을 적기에 반환받아야 하고, 또한 목적물을 원상회복시켜 인수받아야 한다.

원상회복이 불가능할 때에는 원상회복에 필요한 비용을 합리적으로 산출하여 명도전에 임차인에게 청구하여야 한다.

임차인의 원인에 의하여 손해가 발생할 때에는 손해배상을 청구해야 하고, 합의되지 않을 시는 민사소송을 통하여 실행해야 한다. 정한 기일 내에 임대목적물을 반환하지 않을 때도 명도소송을 통해 승소하고, 이를 채무명의(집행명의)로 하여 강제집행을 통하여 임대목적물을 반환받아야 한다. 명도소송 전 점유이전금지가처분을 먼저 해두어야 한다.

바. 임대목적물 방해배제 및 현상유지

임대인은 임대기간 동안 임차인이 임대목적물에 관하여 사용 수익할 때 외부로부터 방해받을 경우 이를 배제하여야 하고 건물의 현상을 정상적으로 유지해주어야 한다.

사. 입주자현황 정기점검

입주자가 임대계약 불이행의 징후를 정기적으로 점검하여 임대관리 대책을 수립해야 한다.

예컨대 입주사의 소속직원 급료가 2기 이상 지불되지 않거나 입주자의 사내회의 횟수가 잦거나 장시간 회의를 자주 할 때, 채권자의 채무독촉이 빗발치거나, 경영자와 직원 사이에 고성이 오고가거나, 직원의 이직률이 급격히 늘어나거나, 압류 등 최고장이 자주 배달되거나, 경영자의 출근이 정상적이지 아니거나, 갑자기 세무조사를 받거나, 경영자가 구속되거나, 임대료의 납부가 2기 이상 연체되거나, 신문방송에 입주사에 대한 나쁜 기사(세무조사 · 형사 · 범죄 · 탈세 등)가 기사화되거나 방송된 경우에는 대부분의 경우 입주사의 경영이 부실해지거나 어떤 사정에 의하여 조만간 도산 또는 파산 가능성이 있으므로 긴급히 구(舊)임대차를 종료처리하고 신(新)임대차 계약을 추진, 입주자를 신속히 교체할 준비를 해야 한다.

아. 입주자 불편사항 및 민원사항 해결

동일한 임대목적물의 공용평수를 동시에 사용하는 다수의 입주자는 공동생활의 이해가 항상 일치하지 않는다. 따라서 자주 이해충돌이나 불만사항이 발생하고 민원사항이 신고 된다.

이때 임대관리자는 계약 사후관리 차원에서 능동적이고 즉각적으로 친절하게 대처하여 접수 즉시 해결하고 그 결과를 먼저 유선으로 통보해야 한다.

해결이 불가능할 경우에도 그 이유와 사유를 밝혀 이해를 구해야 한다. 이와 같이 계약 사후관리 업무가 매우 다양하고 복잡하기는 하나 성공적인 건물자산임대사업을 위하여 반드시 최선을 다하여 관리하여야 한다.

3) 임대수익률 증대방안

건물임대관리의 최대 목적은 안정적 임대수익구조를 장기간 유지하여 임대수익을 극대화하는 데 있다.

건물자산투자의 수익창출은 건물자산의 매각시 발생되는 양도차익(경우에 따라 매각손이 발생할 수 있음)과 보유기간 동안의 임대수익으로부터 얻어진다. 특히 임대소득의 증가는 임대자체수익의 극대화를 가져올 뿐 아니라 자사가치를 증가시켜 매각시 양도차익을 크게 실현시키므로 임대수익률 증대가 곧 투자수익 극대화의 원천이 된다.

따라서 임대수익률 증대는 건물자산투자관리에 있어서 매우 중요한 의의를 가지므로 임대관리자나 Property Manager는 임대수익률 증대전략을 검토하고 활용하는 것이 바람직하다.

(1) Tenant Mix 전략

건물임대의 안정적 수익은 양질의 장기적 대규모 Anchor Tenant에 의해서 주로 창출된다. 그러나 양질의 대규모 Anchor Tenant에만 의존하는 경우 Anchor Tenant 스스로 문제가 생기는 경우 안정적 임대수익 유지에 큰 허점이 생기게 된다.

따라서 신용과 규모면에서 대 · 중 · 소의 Anchor Tenant 50%, Sub Tenant 30% 그리고 Small Tenant 20%로 Tenant Mix하는 경우 안정적 임대수익률 증대에 크게 도움이 된다.

(2) 보증(금)부 월세 유치전략

임대방법에는 전세(채권적 전세 또는 미등기 전세)방법과 보증(금)부 월세방법이 있다.

전세의 경우 전세보증금의 운용수익이 현행 은행 금리체계상 매우 낮으므로 보증금과 월임대료 비율이 1:9의 보증(금)부 월세방법을 활용하여 임대수익을 증대하는 것이 현명하다.

(3) Buy-Back 업체 유치전략

일정기간 임차 후 임차건물을 매입할 수 있는 업체(Tenant)를 유치하는 것이 안정적인 임대수익과 양도차익 실현을 함께 할 수 있어 자산투자관리에 매우 유익하게 된다.

(4) 우량업체 유치전략

대기업, 은행, 보험, 공기업 본사, IT계열 우량업체를 유치하는 것이 임대수익률 제고에 크게 도움이 된다.

(5) 임차인 만족 극대화전략

임차인이 만족하는 경우 기존 임차인이 신규 임차인을 유치하게 되므로 기존 임차인이 건물 사용수익에 있어서 언제나 만족하도록 해야 한다.

따라서 불편사항 및 고장신고 접수 즉시 신속처리, 간담회, VOC, 회식 등을 활용하여 고객만족을 유도해야 한다.

(6) 편의시설 제공전략

로비에 자동사무기기 설치, 옥상휴게실 제공, 비즈니스 공간 무료제공, 인테리어, 조경, Renovation 등으로 편리하고 쾌적한 환경을 조성하고 제공하는 경우 임대경쟁력의 제고로 임대수익률이 증가하게 된다.

11. 임차관리실무절차

1) 임차관리실무의 개념

임대차는 임대와 임차를 합한 복합개념이나 실무상의 절차나 이해관계 및 컨셉(Concept)은 서로 상이하다.

임차는 임대와는 달리 임대료와 관리비 및 주차사용료, 부가세 등을 지급하는 대가로 일정한 임차목적물을 인도받아 사용수익하고 임대기간 종료시 임차목적물을 동시이행으로 반환함으로써 임차목적을 달성하는 임차인 관점의 대차개념이다.

임대차실무개념은 타인의 건물을 일정한 임대차계약에 의하여 사용수익하기 위한 계약실무이므로 임차계약 전에 최소의 비용으로 최적의 건물을 가장 빠른 시일에 찾아내고 권리분석과 채권위험분석 등을 통하여 임대차계약을 체결에 도달하기란 말과 같이 쉽지 않은 실무과정을 통과해야 한다.

특히, 건물 임차는 전문성이 결여된 개인, 단체, 법인(기업포함)이 임차물건을 확보하여 현장을 답사(Survey)하고 권리분석 및 채권위험분석 등을 체계적으로 수행하기에는 비용과 시간의 소비 외에 본업에 전념하는 데 여러 가지 지장을 초래하므로 기업내부에 임차전문가를 육성하거나 전문 임차업무 대행사를 활용하는 것이 매우 바람직하다.

전문 건물임차대행사는 전문성을 가진 임차전문가와 다양한 임차물건 정보 확보 및 인적 네트워크 및 업체제휴 정보망을 활용하고 구축된 DB(Data-Base)망을 활용함으로써 빠른 시간 안에 최소비용과 최소의 위험부담으로 최적의 건물을 임차할 수 있다. 즉, 전문 임차대행업체에 임차업무를 위탁하는 경우 위탁자는 소규모 중개업체와는 달리 최적입지의 건물확보와 권리분석을 통한 채권 부실화 방지 및 최소화, 경제측면의 비용절감, 임차처리기간 단축 등의 측면에서 많은 이익을 얻을 수 있다.

2) 건물임차업무의 내용과 진행과정

(1) 건물임차업무의 내용

건물임차업무는 소속기업의 이전사유가 발생하거나 소속회사조직의 별관사용 또는 타 지역 지점, 지사 개설이 요구될 때 타 기업이 자사업무로 인해 부득이 임차대행 전문 업체에게 건물임차를 위탁할 때 시작되는 건물대차업무이다.

따라서 다음과 같은 임차업무가 시작되고 종결된다.

① 임대차 위·수탁계약 체결 및 임대계획수립
② 시장조사 및 적정건물 정보수집
③ 종합 Survey 및 종합분석
④ 임차목적물현황 조사보고 및 승인신청
⑤ 임대차계약 체결 및 통보
⑥ 입주협의 및 입주
⑦ 임대차 사후관리 및 위탁계약 해지

(2) 임차업무 진행과정

임차업무 위탁시 임차업무 진행과정은 크게 [그림 36]의 순서로 진행되나 세부적 건물임차실무과정은 대체로 [그림 37]과 같이 진행된다.

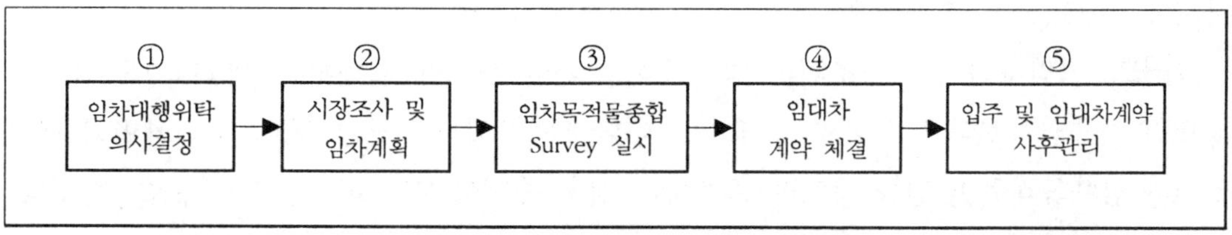

[그림 36] 건물임차업무 전체 진행흐름도

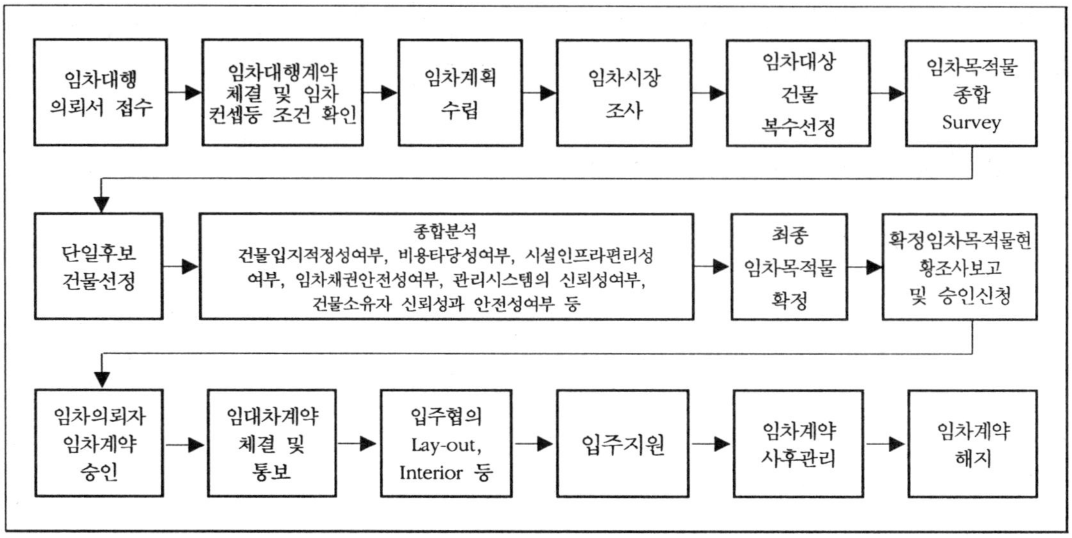

[그림 37] 건물임차업무 세부 진행흐름도

3) 임차업무의 문제점과 임차담당자의 능력조건

(1) 임차업무의 문제점

첫째의 임차업무의 문제점은 임차인의 요구조건(Need Conditions)에 꼭 맞는 적정건물은 없다 해도 과언이 아닐 만큼 적정건물을 찾기가 쉽지 않다는 점이다. 따라서 임차업무를 손쉽게 처리하기란 말과 같이 쉽지 않음은 물론이다.

왜냐하면, 임차인이 제시하는 건물임차기준은 일방적일뿐 아니라 가장 경제적 비용으로 채권확보에 위험이 없으면서 접근성이 좋고 주차시설이나 정보통신시설이 양호하며 입주하면 임차인의 이미지가 좋아지는 조건 등을 모두 갖춘 건물은 거의 없기 때문이다.

다시 말하면, 임차인이 제시하는 임대료, 관리비 등의 수준과 임차목적물인 건물조건 사이에 갭(Gap)이 현실적으로 존재하고 있는 문제점이 있다.

그러므로, 임차인의 제시조건과 임차목적물 건물 사이에 존재하는 갭(Gap)을 줄이지 않으면 건물임차계약은 성공할 수 없다. 따라서 임차업무 성공의 핵심은 임차인의 제시조건과 임차목적물인 건물 사이에 존재하는 갭을 줄여서 조화시키는 일이라 할 수 있다.

둘째의 임차업무의 문제점은 임차건물에는 임차보증금에 대한 담보위험이 항상 존재하고 있다는 점이다.

보증금채권위험보다 더 큰 문제점은 임차보증금 보호를 위한 법적으로 그리고 제도적으로 완전하게 보호하는 법제도가 있음에도 불구하고 법제도의 활용으로 임차보증금을 보호하기에는 일반 임차인측면에서 역부족이라는 점이다.

왜냐하면 저당권설정, 전세권설정, 임차권등기, 가등기제도 등이 법적으로 활용될 수 있으나 정부 부처나 대기업, 은행 등 소수의 임차인을 제외한 일반기업, 임차인의 경우 임대인의 우월적 지위와 비협조로 채권보호수단으로 쉽게 활용될 수 없기 때문이다.

이와 같이 건물임차인의 제시조건과 임차목적물인 건물조건 사이의 괴리(Gap)의 문제점과 임차보증금 보호에 법적으로 현실적으로 매우 미흡하다는 점이 임차업무의 최대 문제점으로 지적되고 있다.

(2) 임차담당자의 능력조건

전술한 바와 같이 임차업무는 업무자체의 문제점으로 인하여 임차담당자로 하여금 전문성을 요구하고 있다. 왜냐하면, 임차담당자가 전문성이 없는 경우, 적정 임차목적물을 확보하기 위한 건물실사 시장분석과 건물정보수집, 채권확보를 위한 위험회피, 담보권설정과 협상을 위한 부실채권관리 등을 효율적으로 정확하게 처리할 수 없기 때문이다.

따라서 임차전문가로서의 임차담당자는 다음과 같은 임차업무 전문성과 임차업무 처리능력을 확보해야 한다.

첫째, 건물정보 수집능력과 시장조사 및 상권분석능력
둘째, 위험회피(Risk Hedge)능력과 협상능력(Negotiation Skill)
셋째, 건물실사능력과 권리분석능력
넷째, 계약처리능력과 사후관리능력
다섯째, 부실채권 관리능력과 부실채권 대응능력(소송실무능력)
여섯째, 공간배치 및 공사지원능력

이상에서 열거한 업무 전문성과 능력을 확보하지 않는 경우, 소수의 인력으로 신속하고 정확하며 효율적으로 임차업무를 처리할 수 없을 뿐 아니라 효과적인 임차업무 수행에 차질을 빚게 된다.

그러나 현실적으로 임차를 담당하는 기업의 임차담당자 중에는 전문성과 임차업무 처리능력 부족으로 핵심 임차업무의 접근조차 어려운 경우도 허다하다. 따라서 교육을 통하여 임차업무에 필요한 전문성과 능력을 갖춤으로써 임차업무를 소수의 전문인력으로 신속하고 정확하며 효율적으로 임차업무를 처리하도록 해야 한다.

임차업무를 전문업으로 하는 임차대행사 소속의 임차담당자의 경우에는 고도의 전문성과 능력을 확보해야 함은 물론이다.

기업의 임차담당자나 임차대행업체의 임차담당자가 전문성과 능력을 두루 갖추는 경우에는 다음과 같은 이익이 있다.

첫째, 최적의 임차목적물 조기 확보가 가능하고

둘째, 임차보증금의 위험관리(Risk Control)가 가능하여 부실채권의 미연방지와 최소화가 이룩되며

셋째, 임차 제비용이 크게 절감될 뿐 아니라

넷째, 신속 정확하고 효율적 임차업무 수행으로 임차업무 처리기간이 크게 단축되며

다섯째, 임차대행 위탁자는 자신의 본업에 전념할 수 있다.

4) 건물임차실무활동의 원칙과 목표

(1) 건물임차활동의 원칙

건물임차활동의 특성상 임차실무를 함에 있어서 신속성과 정확성, 안전성과 효율성 및 전문성을 요구하고 있다.

따라서 건물임차실무에는 전문화의 원칙, 신속화의 원칙, 정확화의 원칙, 안전화의 원칙 그리고 효율화의 원칙이 적용된다. 이를 분설하면 다음과 같다.

가. 전문화의 원칙

전문화의 원칙이란 임차업무 한 가지 일을 전적으로 연구하거나 마음을 쏟아 능률적으로 처리되게 하는 원칙을 의미한다.

건물임차실무는 적정건물의 선정이나 임차업무 처리기간의 단축, 비용절감, 부실채권 위험의 최소화 등을 위하여 정보수집, 조사분석, 건물실사, 종합분석, 임차계약 체결, 부실채권관리 등 해당 업무마다 전문성을 요구하고 있어 임차담당자는 각 업무처리에 있어서 전문화 원칙이 적용되도록 해야 한다.

나. 신속화의 원칙

신속화의 원칙이란 임차업무를 진행함에 있어서 빠르게 차질 없도록 하게 하는 원칙이다. 임차업무는 1년 단위의 장기간에 걸쳐 처리될 수 없는 이른바 1~3개월 동안의 단기간 처리업무 성격을 가지고 있다.

또한 임차업무 위탁자의 사정과 형편이 빠른 임차업무의 처리로 신속히 이사하여 안정화되도록 희망하기 때문에 의뢰받은 임차담당자는 신속한 업무처리가 신속화 되도록 최선을 다해야 한다.

다. 정확화의 원칙

정확화의 원칙은 임차업무를 바르고 확실하게 하고자 하는 원칙이다. 건물임차업무는 가장 경제적 비용으로 적정자산을 선정하고 임차하여 새로운 생산, 사무공간을 확보하고 안정화하는 데 있다.

즉, 임대보증금, 임대료, 관리비 등을 급부하는 의사결정이므로 임차업무진행과정마다 정확성이 크게 요구된다. 따라서 임차업무 정확화의 필요성이 있다.

정확화의 효과는 적정건물의 선정과 비용절감, 부실채권방지 등으로 나타난다.

라. 안전화의 원칙

안전화의 원칙이란 임차업무과정마다 위험을 방지하여 안전화가 유지되게 하는 원칙이다. 임차업무는 안전하게 처리되어야 한다. 특히 임차보증금의 안전화가 크게 요구된다.

특히 임차인이 신규 입주한 임차건물의 사용수익에 있어서 어떤 위험으로 인한 손실이 발생되지 않도록 안전화의 원칙이 적용되어야 한다.

마. 효율화의 원칙

효율화의 원칙이란 임차업무수행에 있어서 투입되는 비용, 시간, 노력보다 산출(Output)을 크게 해야 한다는 원칙이다. 효율화의 원칙의 효과는 비용절감, 적정임차건물 조기 확보 등으로 나타난다.

(2) 건물임차실무활동의 목표

건물임차업무 담당자가 전문성과 요구능력을 두루 갖추고 임차실무활동을 통하여 얻고자 하거나 도달하고자 하는 목표는 다음과 같다.

가. 최적의 입지와 적정 임차목적물 확보

임차인의 의뢰에 의하여 시작되는 임차대행서비스의 첫 번째 관건은 최적의 입지에 위치한 적정 임차목적물을 확보하는 일이다. 적정 임차목적물의 확보는 다양한 임대물건 정보망의 연계와 자체 Data-Base를 통하여 광범위한 정보수집능력과 시장분석능력이 동원되어야만 적정 임차목적물 확보의 목표를 달성할 수 있다.

나. 임차보증금 부실방지와 피해 최소화

담보물권 설정 없이 규모 있는 임차보증금을 선지급하는 경우 건물소유자의 파산이나 경매시 임차보증금은 일반채권으로 취급되어 후순위(보통순위) 순서로 보호받음으로써 임차보증금 채권의 부실화가 되기 쉽다.

따라서 권리분석 임차채권에 대한 물권적 보호가 가능하도록 사전 협의가 요구되며 사후관리활동을 강화하여야만 채권부실화를 방지 또는 최소화 목표에 도달할 수 있다.

다. 임차업무 수행기간 단축

전문성을 가진 임차담당자는 전문성으로 인하여 임차업무 수행기간을 단축할 수 있다. 특히 필요한 정보가 Data-Base화 되어 있는 경우는 One Stop Service System 구축이 가능하므로 더더욱 업무수행기간 단축이 가능하게 된다.

따라서 임차담당자가 전문성을 발휘할 때 임차업무 수행기간 단축목표가 달성된다.

라. 임차비용의 절감

전문성을 확보한 임차담당자는 임대료, 관리비 등의 현황을 파악하고 있을 뿐 아니라 높은 협상력으로 집중 대응할 때 그리고 이사비용과 거래비용을 절감할 때 비로소 임차비용의 절감목표를 달성할 수 있게 된다.

5) 건물임차계획 전 확인사항

임차담당자가 실무적으로 처리해야 하는 업무에는 수집업무, 조사업무, 확인업무, 분석업무, 처리업무, 관리업무 등이 있다.

그중 확인업무(Confirming Service)는 조사업무, 분석업무와 함께 정확성과 전문성 및 효율성과 신속성을 요하는 임차업무수행에 있어서 매우 중요한 업무라 인식된다. 특히 건물임차는 종국적으로 법률행위이므로(계약행위이므로) 사전조사와 확인 없이는 정확성을 요하는 임차업무는 실패할 수밖에 없다.

확인업무의 대상에는 등기공부, 지적공부, 건축준공도면, 건물 일반개요와 시설, 건물의 입지, 관리조직과 관리자의 관리기술, 임대면적, 건물임대인과 경쟁건물의 임대조건, 임차목적물의 주변 환경, 계약조항 및 임대료, 관리비, 주차사용료의 수준 등 여러 가지가 있으나 이 중 몇 가지 중요한 확인사항만을 분설하면 다음과 같다.

(1) 공부조사 확인

등기공부와 지적공부를 열람하고 확인해야 한다. 임차목적물의 권리분석을 위하여 등기공부와 지적공부의 열람과 확인은 필수적이기 때문이다.

등기공부 확인은 토지등기부와 건물등기부 모두를 확인해야 하며 지적공부 역시 도시계획확인원, 국토이용계획확인원, 지적도, 공시지가확인원, 토지대장, 건축물관리대장 등을 모두 열람하고 직접 확인해야 한다.

(2) 준공도서와 건축준공도면 확인

준공도서와 건축준공도면의 확인 목적은 건축물의 합법적 완공여부와 전체 연면적 및 층별 면적과 임차목적물의 정확한 임대평수(임대면적)를 확인에 있다. 또한 준공도면의 확인은 시설의 종류와 기능 등을 사전 확인하는 데 도움이 된다.

(3) 현지확인

임대목적물이 위치한 인근지역을 답사하여 지역특성과 상권변화추이 및 교통이용현황과 교통시설현황, 편의시설, 거래기업, 관공서위치 확인과 임대물건수급현황, 공실현황, 임대가, 관리비, 시세조사, 정부 · 지방자치단체의 개발 계획, 진입도로와 접근방법 등을 면밀히 확인해야 한다.

(4) 건물소유자 면담확인

건물임차계약은 건물소유자와의 법률행위이므로 소유주를 확인하고 신용상태를 확인해야 하며 소유권 행사에 대한 제약여부와 권리능력 유무를 확인해야 한다. 특히 채권확보 보장방법을 미리 확인해두어야 한다.

(5) 건물의 종합현황 및 실태확인

임차예정건물현장을 직접 방문하여 건물의 일반개요, 건물시설, 입지여건, 건물관리상태, 임차비용 확인 및 표준계약 조항 등을 미리 확인해두어야 한다.

가. 건물일반개요

건물의 일반개요 확인사항에는 건물명(빌딩명), 주소, 소유자, 대지면적, 연건평, 바닥면적, 기준층 면적, 층수, 준공일, 전용률과 공용률, 용적률과 건폐율, 법정 주차용량, 주차방법, 유료 · 무료 주차범위, E/L대수와 용량, 보일러 대수와 톤수, 공조시스템방식과 제어범위, Anchor 입주사 입주 여부, 불법시설 유무 등이 있다.

나. 건축설비

건축설비는 쾌적성, 편리성, 안전성 등의 기능을 하므로 자세히 설비도면과 함께 확인해두어야 한다.

① 전기설비

총 전기용량과 필요용량, UPS, 정전시 조치방법 등

② 소방설비

옥내소화설비, 스프링클러, 자동화재탐지설비, 하론소화설비, 휴대소화기 배치현황, 대피통로(피난통로) 등

③ 기계설비

냉난방시스템과 용량, 냉난방시간, 공조설비, 자동제어 등

④ 통신설비

일반전화회선, LAN시설현황, 광선로 공급여부, 기타 통신시설 등

⑤ 기 타

남녀화장실수, 위치, 이용가능화장실, 적재하중, 내진설계 여부, 층고 등

다. 건물관리실태

관리실태는 관리비 납부와 관리서비스 공급 및 추가 부담과 관계되므로 구체적으로 다음 사항을 확인해야 한다.

관리주체, 관리조직, 관리방법, 관리비 성격과 부과방법, 청소범위, 경비범위, 냉난방기기 추가설치 필요성 여부, 칸막이 · 커튼공사, 책임과 비용부담 주체, 냉난방가동시간, E/L 가동시간, 조명기구 교체책임, 보수책임범위, 간판 부착허용여부 · 부착위치 · 부착방법, 개별간판 종합안내, 간판재료와 규격, 근무시간외 근무 신고방법, 주차장 사용범위 등

라. 임대차계약

계약당사자, 계약서식 · 작성책임, 계약기간, 해제 · 해지사유, 임대인과 임차인의 권

리와 의무, 연체요율, 임대인과 임차인의 면책, 분쟁해결방법, 손해배상의 범위, 보증금의 계약금 · 중도금 · 잔금 지급시기와 금액, 채권확보방법과 담보의 평가 등을 확인해두어야 한다.

특히 계약당사자가 법인의 경우 법인대표자의 성격이 공동대표인 경우 전원이 기명날인해야 한다. 정관을 확인하고 대표이사의 권한을 벗어나는 경우 이사회 결의서를 첨부해야 유효하다. 또한 회사 현재의 법적 지위(회사정리, 해산, 합병, 파산)를 확인하고 계약서에 날인한 인감이 사용인감일 때, 사용인감계와 인감증명서를 첨부해야 한다.

법인이 영리법인인 경우 관할 세무서로부터 등록번호만 부여받는 경우 상행위가 제한되어 있으므로 세금계산서 발행이 쉽지 아니하므로 이에 관한 사전확인도 필요하다. 법인이 외국법인인 경우에는 외국소재 본사의 승인이 필요하며 국내주재 자국 대사관의 승인서류 공증이 필요한 경우가 있다.

또한 건물소유자가 개인으로서 미성년자, 한정치산자, 금치산자인 경우는 법정대리인의 인감첨부 동의서와 가정법원 판결문을 반드시 유첨 시켜야 하고 계약당사자가 대리인인 경우에는 인감증명서 유첨한 건물소유자의 위임장을 지참해야 한다. 또한 건물소유자의 권리능력 유무와 연대보증인이 있는 경우 연대보증인의 자격 유무와 주민등록증을 사본화하여 유첨시켜야 한다.

마. 주변 여건

교통망, 접근도로, 교통시설현황, 편의시설, 공공시설, 금융기관, 버스 · 지하철 인접역의 위치와 거리, 접합도로와 이면도로, 위해시설, 기타 등을 확인해야 한다.

바. 임차비용

평당 임대보증금, 임대료, 관리비, 유료주차사용료, 보증금 · 임대료 비율과 전환이율, 보증금운용이율, 월간 · 연간 임대료, 월간 · 연간 관리비, 월간 · 연간 주차사용료, 월간 총 소요비용, 연간 총 소요비용, 연체요율과 최대 연체요율 등을 조사 확인해야 한다.

(6) 부실임대보증금 채권관리

임차업무 시작단계에서 권리분석과 위험분석을 다각도로 한 경우에도 임대인의 갑작스런 경제상황의 악화로 경매 또는 파산되는 경우가 발생하여 임차기간 만료 후 임차보증금 채권이 부실화되는 경우가 있다.

이는 전적으로 담보권을 확보하지 않았거나 물권등기 또는 연대보증인을 세우지 않는 등의 부실 권리분석과 위험분석의 결과이므로 임차대행사의 입장에서도 심각한 경제적 손실문제가 대두될 수 있다. 따라서 임차대행사는 임차준비단계에서 권리분석과 위험분석, 건물소유자의 신용 확인 등의 노력이 필요하며 임차계약단계와 유지관리단계에서 임대인의 신용상태를 계속해서 확인할 필요가 있다.

예컨대, 임대인의 출근시간이 일정하지 않거나, 임대인 소속 직원의 입에서 잦은 불만이 표출되거나, 임대인 소속 회사 직원의 이직률이 상승되거나, 비정상적 회의가 자주 목격되거나, 방송과 신문매체에서 나쁜 보도가 나오거나, 채권자의 잦은 방문과 갑작스런 세무조사나, 소유자의 이혼 등은 건물소유자의 신용상태에 문제가 있음을 시사하고 있다.

이와 같은 상황이 도래하면, 즉각적으로 임차보증금 회수를 위한 제도적 장치(담보물 요구, 물권등기설정, 월세전환, 보증금비율 하향조정, 소유자명의 어음징구와 공증 등)를 즉각적으로 실시하고 부실방지에 적극 대응해야 한다. 임차기간 만료시의 임차보증금의 부실화는 단한번의 협상만으로 해결이 되지 않는 경우, 명도소송과 소송결과에 의한 강제집행 전략을 구사해야 한다.

제8절 FM용역업체의 선정과 통제활동

1. 용역의 의의

건물관리에는 전기 · 가스 등 에너지와 부품 · 공구 등의 소모품만이 필요한 것이 아니라 일정한 기능과 서비스를 제공하는 용역이 필요하다. 다시 말하면, 건물관리에는 시설과 설비의 운전과 정비만 필요한 것이 아니라 시설물유지관리 · 청소 · 경비 · 주차관리 · 조경시설물관리 · 위생 · 소독 등 일정용도의 관리역할을 필요로 하는바 이를 내부에서 또는 외부로부터 그 기능을 담당할 용역을 필요로 한다.

특수관리 기능의 용역을 조달하는 경우 용역조달 계획을 수립하여 합리적으로 처리해야 하는바 이러한 용역조달 계획내용을 중심으로 이를 구체적으로 설명하면 다음과 같다.

용역이라 함은 물자의 형태를 취하지 아니하고 생산과 소비에 필요한 품을 제공하는 일로서 보통 서비스라고 용어사전에서 설명하고 있다. 이러한 용역개념을 중심으로 시설관리용역이란 신개념이 1960년대 후반부터 출현하기 시작하였다.

특히, 공동주택과 집합건물 및 주상복합건물 구분소유가 인정되는 오피스텔 등이 대거 출현되면서 시설의 대형화 · 집단화 · 고층화와 설비의 첨단화로 건물소유자 개인관리의 한계성을 느끼게 하여, 이러한 용역개념이 건물관리용역이라는 신개념으로 우리 사회에 나타나게 되었다.

시설관리용역(FM Service)이란 타인의 자산(토지 또는 건물)을 관리대행하고 그 대가를 받아 업으로서 영위하는 것을 의미한다. 종전의 용역개념은 단순한 노무제공만으로 위생청소관리 등이 이루어지는 경우 건물관리업무가 완성되었다고 인식하였다. 즉, 건물의 유지보수 업무가 관리의 전부로 인식되었을 당시만 해도 용역이란 개념은 크게 주목받지 못하였다. 그러나 오늘날 같이 대형화 · 첨단화된 건물에 대하여 단순노무나 단순기능관리만으로는 건물관리업무 전체를 해결할 성질이 아니므로 마침내 전문성과 기술을 함께 요구하는 관리용역의 시대가 도래하였다.

뿐만 아니라, 구분소유권의 인정으로 사업자와 구분소유자 간의 분쟁은 제3자의 입장에 있는 시설관리용역업자의 출현을 가속화시킨 계기가 되었다. 결론적으로, 건물 소유관계의 변화와 건물소유의 다양화 및 대형화 · 첨단화를 가져온 건축의 기술발전은 자치관리의 시대를 벗어나 위탁관리(용역관리) 시대의 장을 열게 하였다.

2. 관리방식 선택과 용역사용 여부 결정

건물의 관리방식에는 전술한 바와 같이 직영관리 · 자치관리 · 위탁관리 · 혼합관리방식 등이 있다. 자치관리방식은 관리업무 전반을 소유주체의 책임과 비용으로 관리하므로 용역의 개념을 생각할 수 없으나, 관리업무 전체를 위탁하는 경우와 일부 관리종목만 위탁하는 혼합관리방식에서는 용역의 개념이 반드시 등장하기 마련이다. 따라서 소유주체는 관리방식의 선택과 함께 용역의 필요성 여부를 결정하여야 한다.

3. 용역관리범위의 결정

관리방식과 관리대상 시설의 종류 등에 따라 용역관리 범위가 결정된다. 다시 말하면, 위탁관리방식의 경우 관리대상 전체 관리업무를 수탁관리회사나 관리업자에게 맡기게 되며, 혼합관리방식에서는 인사 · 경리 · 회계 · 자산관리 · 임대 등 회사 기밀이나 금전에 관계되는 업무는 직영 또는 자치관리 형태를 취하여 관리하고 기술성을 요하는 전기 · 기계 · 소방 · 통신 등의 설비와 전문성을 요하는 보안 · 위생 · 주차장관리 등을 전문용역업자에게 위탁관리하고 감독만 담당하는 업무를 하게 된다.

시설관리용역의 범위에는 다음과 같은 관리종목이 있다.

① 건물시설유지관리 업무
② 환경위생 청소관리 업무
③ 방역소독 업무
④ 엘리베이터 유지보수 업무
⑤ 경비 · 보안 업무
⑥ 소방 · 방재시설 검사대행 업무
⑦ 주차관리 업무
⑧ 조경시설물관리 업무
⑨ 폐기물처리 업무
⑩ 기타 용역이 필요한 임대 · 회계 · 세무 · 인사노무 · 영선 · 안전관리 등의 업무

4. 용역의 특성

용역은 서비스이기 때문에 제조회사의 업무와 다른 특성이 있다. 이와 같은 용역의 특성을 간략히 설명하면 대체로 다음과 같다.

① 용역은 사람에 의하여 주로 이루어진다.
② 주로 의뢰자의 신뢰관계로부터 출발한다.
③ 장기간 되풀이되는 업무이다.
④ 대부분의 용역업무가 특정 시간대의 작업구분이 분명하지 않다.
⑤ 타인의 자산과 생명, 신체를 보호하는 분야이다.
⑥ 의뢰자는 용역업자에게 기술성 · 전문성 · 신뢰성을 함께 요구하는 특성이 있다.
⑦ 물자의 형태를 취하지 아니하므로 눈으로 볼 수 없는 서비스로 이루어진다.
⑧ 장기간 계약관계로 의뢰자와 용역업자 사이에 정적인 인간관계가 수립되고 이로 인한 안일한 관리가 있을 수 있는 분야이다.

⑨ 객관적으로 용역의 질을 측정하기가 쉽지 않다.

5. 용역업자의 선정

용역을 제공하고 그 대가를 받아 업으로 영위하는 자가 용역업자임을 앞에 언급하였으나 1980년 후반부터 대단위 고층아파트의 출현과 집합건물, 주상복합건물 등 구분소유권 대상건물들이 대거 출현함에 따라 창업하기 시작한 관리대행용역업체는 엄청난 규모로 발전하였다.

이러한 용역업체의 용역업 구분을 살펴보면 다음과 같다.

① 주택 관리용역업
② 경비용역업
③ 청소용역업
④ 방역소독용역업
⑤ 시설관리용역업(건축물의 영선, 건축설비의 O&M(엘리베이터 유지보수 · 냉난방설비 · 전기설비 · 소방시설) 정화조 등)
⑥ 정비보수용역업
⑦ 주차관리용역업 등

또한 전문화하거나 관리업무 전체를 수주하여 종합관리 형태를 취하는 대형 용역 관리회사도 등장하고 있다. 그러나 건물관리회사의 현황을 보면 예외는 있으나 대부분 용역관리회사의 경우 역사가 짧고 기술성과 전문성이 축적이 되지 않고 있으며, 과잉 수주경쟁으로 수익성이 악화되어 재무상의 영세성을 가지고 있다. 그러므로 수주에 있어서 기술성 · 전문성 · 신뢰성으로 관리물량이 확보되는 것이 아니라 인적 연고나 기타 편법을 동원하여 수주한 후 경영의 채산성을 맞추려 하고 있는 경향도 엿보인다.

용역을 필요로 하는 관리주체는 먼저 관리방식을 결정하고 그 결정된 관리방식에 따라 용역관리 종목을 정한 다음, 용역회사 중 신뢰성과 기술성 · 전문성이 있는 2~3개회사를 지명하여 관계 필요서류를 제출받아 적격판정을 내린 다음, 관리대상과 내용을 제공하여 공개경쟁입찰형식으로 입찰에 응하게 한 후 개별협의를 거쳐 이를 종합, 소유주체 즉, 건물소유자 또는 건물관리에 권한 있는 자의 승인을 받아 관리용역계약을 체결한 후 계약조건에 따라 현장에 투입하고 사후관리 함으로써 용역의 선정업무가 종료된다.

용역업자 선정에 있어서 유의할 선정기준은 다음과 같다.

① 기술성 · 전문성 · 신뢰성
② 기술인력 보유자수 및 조달능력
③ 회사규모와 자본금, 경영재무상태
④ 관리회사 및 회사대표(경영자)의 신용상태
⑤ 회사와 현장의 지리적 위치
⑥ 정실외압 등 변칙성 있는 수주추진 여부
⑦ 관리종목에 적합한 장비보유 유무와 기술인력 보유현황
⑧ 관리종목과 유사한 관리경험과 관리실적
⑨ 관리회사의 타 관리업무 집행현장의 관리상태의 양호 여부
⑩ 관리책임자의 회사에 대한 인식도
⑪ 관리회사에 소속된 관리자에 대한 교육훈련 실적과 교육훈련 능력
⑫ 타 현장 관리시 사고경력 및 전현장 관리주체의 평가
⑬ 노사안정성 여부
⑭ 업무처리능력
⑮ 창의성과 적극성 및 책임성
⑯ 연평균 이직률
⑰ 최근 5년간 연간 매출 및 매출총액
⑱ 현장지원조직 및 지원시스템
⑲ 관리소장 예정자의 경력 등

6. 용역계약의 체결

1) 용역계약의 의의

용역계약이라 함은 용역위탁자와 용역수탁업자 사이에 일정한 노무나 기술 등을 제공하는 대가로 일정금액을 지불할 것을 약정하는 계약을 의미한다.

계약방법에는 수의계약 또는 경쟁입찰계약 등의 방법이 있다. 용역업체의 현황을 볼 때 자격과 능력을 구비한 업자들이 참여할 수 있는 제한경쟁입찰방식으로 하되 입찰자 중 가장 유리한 조건을 제시한 용역업자를 선택하여 계약을 체결하는 것이 바람직하다.

제한경쟁입찰계약방식을 취하는 경우 사전에 예상 참가업체에게 PQ(Pre-Qualification)를 제출하게 하고, 이를 심사하여 기준에 합격한 업체만 입찰에 참여하게 하여야 한다.

2) 용역계약서의 필요적 기재사항

계약서 필요적 기재사항은 시설관리용역의 종목에 따라 다소 차이가 있으나 이를 종합하여 공통적인 사항만 언급하면 다음과 같다.

- 계약의 명칭
- 계약당사자의 주소, 상호, 대표자 성명, 전화번호
- 용역관리대상의 범위 및 용역의 내용(과업지시서)
- 용역기간(계약기간)
- 용역금액과 지불방법 · 시기
- 의뢰자의 권리의무
- 용역자의 권리의무
- 해지 사유 및 방법
- 계약당사자의 면책내용
- 재판의 관할법원
- 해지와 손해배상의 사유와 범위 및 방법
- 계약체결일 등

3) 용역계약서식과 기재사항

건물자산관리를 위하여 필요한 여러 가지 용역계약에는 전술한 바와 같이 건물시설관리용역계약, 청소용역계약, 경비용역계약, 주차관리용역계약, 소독용역계약 등이 있으나 본 절에서는 예시하는 차원에서 건물청소용역계약과 시설경비용역계약만 수록하여 참고되게 하였다.

(1) 청소용역계약서 서식과 기재사항

여기에 소개하는 청소용역계약서와 경비용역계약서는 필요적 기재사항을 기재한 계약서이나 예시에 불과하며 용역의 내용과 범위에 따라 얼마든지 계약내용이 변경될 수 있음을 참고하기 바란다. 일반적 청소용역계약서식과 기재내용은 〈표 32〉와 같다.

〈표 32〉 시설물청소용역계약서(예)

건 물 청 소 용 역 계 약 서

________(이하 "갑"이라 한다)와 _____(이하 "을"이라 한다) 이상 양인은 청소용역도급계약을 아래와 같은 조건으로 체결하고 이를 성실히 이행키로 한다.

제1조(목적물의 표시)

1. 건물명칭 :
2. 소재지 :
3. 대지 :
4. 구조 및 연건평 :

제2조(청소용역의 범위) "을"은 청소업무에 필요한 기술과 인력 및 장비와 용품을 제공하여 본 계약서의 각 조항에 표시된 청소용역을 "갑"으로부터 도급받아 시행한다.

제3조(도급계약기간, 도급금액 및 지급방법)

1. 도급계약기간 :
2. 월 도급금액 :
3. 지급방법 : 익월15일까지 현금지급. 단, 외벽 및 외부유리 세척은 "갑"의 요구에 의하여 실시하고 별도 대금 청구한다.

제4조(도급금액의 주요 대상) ① "을"이 수행할 도급용역범위의 주요 대상은 다음과 같으며, 도급용역의 상세한 범위와 요령은 본 계약서의 각 조항에 의한다.

② (도급용역의 중요 대상)

1. 빌딩의 바닥(복도, 계단 및 각종 시설설치실의 바닥 포함)
2. 건물 내의 고정물품
3. 벽체, 천장 및 빌딩의 옥상
4. 변기, 세면기, 음수기, 형광등, 루버, 디퓨져 등
5. 유리창 내부
6. 건물부지 내외의 정원관계
7. 건물부지 내 및 외곽주위

제5조(도급범위 및 계약조건 변경) ① "갑"의 사정에 의하여 전 제4조의 청소용역 주요대상 범위를 축소 또는 증가할 필요가 있을시 본 계약에 관계없이 축소 또는 증가할 수 있다.

② 전항의 경우 "갑"은 축소 또는 증가에 따른 비율에 대하여 "갑", "을" 쌍방 간 협의에 의하여 용역금액을 감액 또는 증액할 수 있다.

③ "갑"은 "을"이 계획된 작업을 2주 이상 지연시킬 때에는 "갑"이 일방적으로 제3자에게 지명·대행시키고 그 업자에게 지불한 금액을 "을"의 용역대금에서 공제하고 그 차액을 지급한다.

제6조(청소장비의 확보 및 유지관리) ① "을"은 계약이행에 필요한 일체의 청소장비를 계약체결과 동시에 구비하여 업무수행에 지장이 없도록 하여야 한다.

② "을"은 구비한 청소장비를 수리 및 교체하기 위하여 빌딩 외로 반출하고자 할 때에는 "갑"의 승인을 얻어야 한다.

③ "을"은 반입된 기계·기구 명세를 작성하여 "갑"에게 제출하여야 하며 "갑"은 수시로 검사하고 검사결과 청소기계로서 적합하지 아니하다고 인정하여 교체를 요구할 때에는 "을"은 이를 즉시 교체하여야 한다.

④ 청소용 장비는 "갑"이 지정한 장소에 "을"의 책임 하에 보관한다.

제7조(청소용 제재료의 통제와 감독) ① "을"이 본 계약업무 수행을 위하여 필요한 약품 및 세제와 소모품 등은 "을"의 책임으로 구입·사용하되 "갑"의 입회하에 전량 반입(1개월분 소요량 이상)하고 "갑"의 검수 후 "갑"의 승인을 받아 적정한 용품과 적당한 양을 사용하여야 하며, 매월1회 이상 청소현황, 월 중 사용물자 현황을 제시하여야 한다.

② 청소용 제재료에 대하여 아래의 경우는 "갑"이 구입하고 "을"에게 매월 지급되는 청소대행료에서 공제하여도 이의를 제기할 수 없다.

1. 납기 내에 물품이 반입되지 아니한 때
2. "갑"의 검수에 불합격된 물품

제8조(창고 등 공급) "을"이 도급업탁 수행을 위하여 빌딩 내에서 사용하는 창고, 전력 및 용수 등은 "갑"이 제공한다.

제9조(근무성실의 의무) ① "을"은 빌딩 내외를 언제나 위생적으로 청결하게 유지하여야 한다.

② "을"은 빌딩 내외를 청소함에 있어 건물의 수명 등을 괴려하여 최선의 방법으로 업무의 수행은 물론 선량한 관리자로서의 주의의무를 다하여야 한다.

제10조(종업원 배치 및 인사기록 제출) ① "을"은 계약체결과 동시에 업무수행에 필요한 장소에 배치하여야 한다. 청소요원은 ○명 이상(여자○, 남자○) 확보하여야 하며, 남자는 50세 이하로 하여야 한다. 특히, 각 작업현장별로 능력 있는 자를 책임자로 배치하여 청소작업을 시행하거나 감독하게하며 "을"의 소속직원 중 감독요원을 주기적으로 파견하여 청소상태를 총괄적으로 점검·감독하도록 한다.

② 전항의 인원에 관하여는 사전에 배치계획서 및 인사기록을 당 건물관리 사무실에 제출하여 면접 후 "갑"의 동의를 얻어야 한다. 인원배치를 변경하고자 할 때에도 또한 같다.

③ "갑"은 "을"의 종업원 중 무자격 및 근무자 이탈, 근무시간 중 음주·취침, 빈번한 결근, 비위 사실, 당사 품위를 손상 시키는 행위 등 부적당하다고 인정되는 자나 "갑"의 공신력을 저해하는 자에 대하여 "을"에게 그의 교체를 요구할 수 있으며 "을"은 3일 이내에 결원을 보충하여야 하며, 거부당한 "을"의 종업원은 "갑"의 지역에 출입을 금한다.

제11조(종업원에 대한 책임 및 건강진단) "을"은 전 종업원의 건강진단서를 계약 후 1개월 이내에 제출하여야 하며, 전 종업원의 건강, 신원, 위생, 풍기 및 작업규율의 유지 등에 관하여 일체의 책임을 진다(필요한 경우 신원증명서도 제출해야 한다).

제12조(결원시 용역비 공제) "갑"의 업무지역에 배치되어 근무 중인 종업원의 결원이 발생하였을 때에는 아래와 같이 월 용역비에서 공제한다. 단, 예비군 훈련, 관혼상제를 포함하여 해당 월 총인원의 2%는 인정을 하고 그 이상의 결원이 발생하였을 때에는 월 평균 중 일급액의 300%에 해당하는 금액을 월 용역비에서 공제한다.

제13조(제복착용 및 친절의무) "을"은 종업원에게 "갑"이 정한 소정의 제복, 모자, 신발 및 스카프를 착용하여 항시 단정한 복장으로 작업에 임하여야 하며, 빌딩에 출입하는 고객에게 친절을 다하여야 한다.

제14조(청소상태의 기준) 당 빌딩의 청소상태 기준은 서울시내, 신축한지 5년 이내의 일류 호텔의 청소 상태 수준으로 한다.

제15조(근무규정 및 청소계획서 비치) ① "'을"은 이 계약서에 의한 도급업무의 개시와 동시에 종업원의 근무규정과 각 작업현장별로 청소계획서를 2통씩 각성하여 1통은 "갑"에게 제출하고 1통은 현장사무실에 비치하여야 한다.

② "을"은 업무수행을 위한 임시작업 계획서 및 정기작업 계획서를 제출하여 "갑"의 승인을 받아야 하며, 이에 따라 업무를 수행한 후 결과를 검사받아야 한다.

③ "을"의 청소감독은 청소상태, 인원현황 및 근무일지를 "갑"이 승낙한 서식에 의거 매일 "갑"의 관계 부서장에게 제출하여야 한다.

제16조(청소원의 교육훈련 및 이동금지) "을"은 청소원의 빈번한 교체로 인하여 숙달된 요원의 부족으로 청소작업에 지장을 초래해서는 안 되며 항상 숙달되도록 청소요령, 예의범절, 화재예방

및 안전사고 예방에 대한 교육을 월1회 이상 실시하고 교육일지를 작성하여 "갑"에게 확인을 하여야 한다.

제17조(일반청소) "을"은 정기적인 작업계획에도 불구하고 "갑"의 빌딩 내에서 작업하는 종사원을 "갑"의 요청이 있을 때를 제외하고 다른 일에 사용할 수 없다.

② "을"은 갑의 요청시 빌딩 내에서 물품운반 등을 이행해야 한다.

제18조(특별청소) ① "을"은 정기적인 작업계획에도 불구하고 "갑"의 행사, 의식 등의 필요에 따라 요구시 특별청소를 실시하여야 한다.

② 일반청소를 실시하였다 하더라도 불량하다고 인정될 시는 재청소를 실시하여야 한다.

제19조(안전관리) ① "을"은 업무수행 중 항상 안전관리에 최선을 다할 것이며, 만일 작업중 사고가 발생하면 민·형사상의 모든 책임을 전적으로 "을"이 부담하고 "갑"은 하등의 책임을 지지 않는다.

② "을"은 종업원이 업무상 재해를 당하였을 때를 대비하여 본 계약 체결일로부터 1주일 이내에 산재보험에 가입하고 가입필증을 "갑"에게 제출하여야 한다.

제20조(업무감독 및 금지사항) ① "을" 또는 그 종업원은 업무를 진행함에 있어 "갑"의 제 규칙을 준수함은 물론 "갑"이 위임한 빌딩관리인의 감독·지시사항에 순응하여야 하며, 지적사항을 즉각 시정하여야 한다.

② "을" 또는 그 종업원은 다음 각 호의 행위를 하여서는 안 된다.

1. 빌딩 내 근무자의 업무진행에 지장이나 불편을 초래하는 행위
2. 담당 아닌 업무분야를 간섭하는 행위
3. 사전허가 없이 출입금지구역에 출입하는 행위
4. 근무를 태만하는 행위
5. 빌딩 내에서 음주 및 소란한 행동을 하는 행위
6. 빌딩 내에서 습득한 문서 또는 물품에 대하여 "갑"에게 신고하지 않는 행위

제21조(계약해지) ① "갑", "을" 쌍방 중 어느 일방이 이 계약을 해지하고자 할 때에는 적어도 1개월 전에 상대방에게 그 사유를 통보하여야 한다.

② "을" 또는 그 종업원이 다음 각 호의 1에 해당하는 때에는 계약기간 만료전이라도 "갑"은 일방적으로 해지할 수 있으며 "갑"은 "을"에 대하여 일체의 배상책임을 지지 아니한다.

1. 본 빌딩 내(입주자 포함)의 기밀을 누설하였거나 공무처리를 지연케 하는 행위
2. 빌딩 내의 문서 또는 물품을 무단반출하거나 훼손하였을 때
3. "을" 또는 종업원이 청소를 소홀히 하거나 "갑"의 업무상 지시에 불복할 때
4. 고의 또는 과실로 선량한 관리자로서의 주의의무를 태만히 하여 빌딩설비를 손괴하였거나 중대한 사고를 야기하였을 때
5. 제17조의 금지규정을 위반하여 "갑"으로부터 경고를 받았음에도 불구하고 이를 시정하지 않았을 때
6. "을"이 계약조항을 위반 또는 불이행하거나 빌딩의 청소용역 도급업체로서 심히 부적당하다고 "갑"이 인정할 만한 사유가 발생하였을 때

③ "을"은 청소작업 불량 및 청소작업 계획서대로 철저히 이행하지 않을 시는 "을"에게 경고를 하고 본 경고가 월 3회까지 통보되었을 시는 본 청소용역 도급계약 위반으로 간주하고 자동적으로 해약되며 "을"은 이의 없이 즉시 철수한다.

④ 전항의 규정에 의하여 계약이 해지되었거나 계약기간이 만료되었을 때에는 청소업무를 "갑" 또는 "갑"의 지정인에게 인계하여야 한다.

⑤ 전항의 인계가 완료될 때까지는 "갑"은 "을"의 소유물에 대한 반출을 제한할 수 있다.

제22조("을"의 배상책임) 다음 각 호의 1에 해당하는 경우에는 "을"은 이에 대하여 원상복구 또는 5일 이내에 배상의 책임을 진다.

1. "을" 또는 종업원의 귀책사유로 인하여 "갑"의 빌딩 또는 시설에 손실을 주었을 경우

2. "을" 또는 그 종업원이 귀책사유로 인하여 본 빌딩 내에 근무하는 직원 및 빌딩 내에 출입하는 자에게 손실을 주었을 때
3. "을" 또는 그 종업원이 "갑"의 물품 또는 "갑"으로부터 대여 받은 물품을 망실 또는 훼손하였을 때

제23조(계약조항의 해석) 이 계약 각 조항의 해석에 의문이 있을 때에는 "갑", "을" 상호협의에 의하여 정하고 협의가 성립되지 않을 때에는 "갑"의 해석하는 바에 의한다.
제24조(통고방식) 본 계약의 통지 및 승낙은 문서로 함을 원칙으로 한다. 다만, 즉시 해결이 가능한 경미한 사항에 대하여는 구두로 할 수 있다.
제25조(이행보증금) 본 계약을 성실히 이행하기 위하여 계약이행 보증금조로 도급금액의 10%의 상당하는 금액을 "을"은 "갑"에게 예치한다(이행보증 보험증권으로 대치할 수도 있다).
제26조(계약의 효력) 이 계약에 첨부한 시방서 등 부속문서는 계약서의 일부가 되며, 그 효력은 계약서와 동일하다.
제27조(소송자) "갑"과 "을"이 본 계약과 관련하여 발생하는 소송은 "갑"의 주소지를 관할하는 법원에 제소한다.
제28조(계약서의 보관) 이 계약을 증명하기 위하여 계약서 2통을 작성하여 "갑", "을"이 서명날인하고 각 1통씩 보관한다.

년 월 일

(갑)		(을)
상 호 :		상 호 :
주 소 :		주 소 :
사업자번호 :		사업자번호 :
대표자성명 :	㊞	
대표자성명 :	㊞	

(2) 시설경비용역계약서 서식과 기재사항

시설경비용역계약서 내용 역시 용역의 성격, 범위와 업무내용에 따라 얼마든지 변경될 수 있다.

시설물경비용역의 서식과 기재내용은 대체로 〈표 33〉과 같다.

〈표 33〉 시설물경비용역계약서(예)

시 설 경 비 용 역 계 약 서

서울시 구 동 번지 대표_____(이하 "갑"이라 칭한다)와 서울시 구 동 대표 (이하 "을"이라 칭한다)는 빌딩의 경비용역에 대한 도급계약을 아래와 같은 조건으로 체결하고 이를 성실히 이행키로 한다.

제1조(목적) 본 계약은 "갑"의 관리빌딩 및 빌딩 내 재산의 경비업무를 효율적으로 집행하기 위하여 "을"에게 그 경비업무를 도급하고 "을"은 수급 받아 그 용역을 제공하여 선량한 계약자로서의 주의의무를 다하여 본 계약서의 각 조항을 성실히 수행할 것을 목적으로 한다.

제2조(목적물의 표시)
1. 빌딩명칭 :
2. 소재지 :
3. 경비구역 :

제3조(용역금액 및 지불방법) ① 본 계약에 의한 1인당 월 용역비는 _____원으로 하며(부가세 별도) 월 용역비는 익월 15일 지불키로 한다(중식대 포함/인당). 단, 본 계약 내용과 위배되는 사항이 발생할 시 시정될 때까지 수수료지불을 일시중지할 수 있다.

② "갑"의 별도요구에 의한 인원의 추가 또는 감소가 있을 시는 "갑", "을" 상호 협의하여 월간용역비에서 가감정산 확정키로 한다.

③ 월 미만의 계산은 당해 월의 일수에 따라 일괄 계산하여 지급한다.

④ "갑"의 업무지역에 배치되어 근무 중인 경비원의 결원이 발생하였을 때는 결원기간의 3배수에 해당하는 금액을 월 용역비에서 공제한다.

제4조(계약기간) 본 계약의기간은 년 월 일부터 년 월 일까지로한다.

제5조(경비인원) 총 0명(반장포함)

제6조(경비원의 자격) 경비원의 자격은 다음 사항을 갖춘 자로 한다.
1. 신원보증과 재정보증을 갖춘 자로 한다.
2. 사상이 건전하고 품행이 단정한 자.
3. 만 45세 미만의 신체 건강한 자
4. 군복무를 필한 자
5. 신원조회 결과 신원과 사상이 건전하다고 회보된 자
6. 학력이 중졸 이상인 자
7. 용역경비업법 제7조의 결격사유에 해당되지 않는 자

제7조(경비원의 인사) ① "을"은 "갑"의 경비지역에 배치할 경비원의 인사기록을 "갑"에게 제출하여 면접 후 동의를 얻어 채용하되 신원조회 결과를 확인할 수 있는 증빙서류를 요구하면 이에 응하여야 한다.

② "갑"이 불성실이나 근무태만, 비위사실 등 부적당하다고 인정하여 교체 요구시는 즉시 이행하며 변경하고자 할 때도 또한 같다.

③ 전항의 근무태만이라 함은 근무지 이탈, 근무 중 음주, 취침, 빈번한 결근, 기타 "갑" 또는 "을"의 제 규정에 저촉되는 행위로서 경비업무수행에 지장을 초래함을 말한다.

④ "을"은 경비원이 결근시에는 교대인원을 배치해야 한다.

⑤ 경비원의 업무지시는 "을"이 하되 "갑"의 지시에 응해야 한다.

⑥ 경비원의 근무조건은 노동관계법규 등에 위배되지 않아야 하며 경비원의 업무상 재해 및 복리후생, 복무기간 등 그에 따르는 모든 책임은 "을"에 있다.

제8조(근무규정 및 경비요령) ① "갑"은 경비업무에 관하여 "을"에게 지시 통제할 수 있는 권한을 가지고 "을"은 이를 존중하여야 하며 근무요령과 '갑"의 제반 규정 및 규칙을 준수하여야 한다.

② "을"의 경비책임자는 경비근무 현황 및 이상 유무를 "갑"의 서식에 의거 "을"의 관계부서장에게 제출하여야 한다.

③ 근무규정

㉠ 근무규정

ⓐ 경비원은 복장을 단정히 하여야 하며 엄정한 태도로 근무하여야 한다.

ⓑ 항상 청결한 몸가짐으로 고운말 쓰기 및 미소와 친절로 응대하여야 한다.

ⓒ 모든 출입자는 손님으로 평등하게 응대하며 절도 있고 예의를 갖추어 하여야 한다.

ⓓ 무뢰한 불순분자, 잡상인 등은 빌딩의 질서와 평온을 유지하기 위하여 단호히 출입금지시킨다.

ⓔ 음료수 및 잡화물, 위험물, 중량물 등의 반출입은 사전 관리사무실에 승인을 득한 후 반출입토록 한다.

ⓕ 항시 엘리베이터 운행상황을 파악하고 수용인원의 안전수송에 만전을 기한다.

ⓖ 빌딩의 출입문 개폐는 단순한 문단속보다도 빌딩의 개관·폐관을 표시하는 중요 작업이므로 정확을 기하여야 하고 출입문의 이상시에는 즉각 관리사무실에 보고하여야 한다.

㉡ 순찰근무규정

ⓐ 신속·정확한 기동력으로 빌딩 내외를 정기 또는 비정기적으로 순회점검 및 상황을 파악하여야 한다.

ⓑ 순찰자는 거점근무자와 긴밀한 연락 및 협조로 다음 사항을 신속·정확히 점검 예방한다.

- 소방 및 대피통로의 항시소통과 장애물 제거
- 수용인원의 파악 및 질서유지
- 도난 및 위험요소 제거 및 화기단속과 안전유지
- 출입인원 및 차량에 대한 통제 및 검색
- 사내시설 보안(통제·제한구역)
- 관리사무소의 지시에 따른 주차업무 보조

ⓒ 순찰자는 안전제일을 유념하여 위급 및 불안상태를 신속히 발견 현장에서 시정 조치하고 사후 "갑"의 관리사무실에 보고 승인을 득한다.

ⓓ 인화물질, 위험물, 폭발물 등의 반입 및 저장은 철저히 금지시켜 재해예방에 노력한다.

ⓔ 이유 없이 배회하는 자, 정신이상자, 불순분자, 무뢰한 잡상인 등은 철저히 단속하여 방화·방범에 주력하고 이상시 관리사무실에 즉각 보고한다.

제9조(인원교체의 제한) "갑"사에 배치한 후 6개월 내에 교체자가 5명 이상 발생시는 "갑"의 통지에 따라 자동 해지된다.

제10조(복장 및 장비) 경비원의 복장과 장비는 "을"의 부담으로 하며 경비용역법상의 제복을 착용한다.

제11조(배상책임) "을"은 다음의 각호에 해당하는 경우에는 이에 대하여 즉시 배상할 책임과 민·형사상의 책임을 진다.

1. "을" 또는 "을"이 고용한 경비원의 고의, 과실, 근무태만으로 계약에 명시된 임무를 다하지 못하여 "갑"이 빌딩 입주자에게 손실을 끼쳤을 때
2. "을"이 본 계약 수행중 제3자에게 손해를 가한 때
3. "을"은 원인 여하를 불문하고 경비원이 노동쟁의 및 기타 이에 준하는 단체행동 등으로 인한 경비업무의 차질로 "갑"이 손해를 입을 때
4. "갑"은 상기의 손해배상금을 "을"에게 지급할 용역비에서 우선적으로 공제할 수 있다.

제12조(배상금의 담보) "을"은 배상금의 담보를 위하여 용역경비업법 제14조에 정에 따라 이행보증 보험증권(10,000,000원 상당)을 본 계약 체결 후 1주 이내에 "갑"에게 제출하여야 한다.

제13조(양도금지) "을"은 계약상의 관리와 의무의 일부 또는 전부를 제3자에게 양도 또는 하청하거나 담보의 목적물로 할 수 없다.
제14조(계약의 해지) "갑"은 "을"이 다음 각 호의 사항에 해당하는 행위를 하였을 때에는 계약을 해지할 수 있다.

1. "갑"의 중요한 기밀을 누설하여 결정적인 손해가 발생하였을 때
2. "을"이 "갑"사에 순응하지 않고 경비업무용역을 불성실히 수행하였을 때
3. 빌딩 내의 문서 또는 물품을 무단반출하거나 훼손하였을 때
4. 제12조(배상책임)경우가 발생하여 "갑"이 필요하다고 인정할 때
5. "갑"과 "을"의 쌍방 중 어느 일방이 계약유효기간 중에 계약을 해지하여야 할 사유가 발생할 때에는 1개월 전에 서면으로 해지의사를 표명한 때 또는 본 용역대금에 대한 압류 또는 가압류를 당했을 때

다만, 다음 각 호의 해당하는 경우 "갑"은 최고 없이 본 계약을 해지할 수 있다.
1) "을"이 파산선고를 당했거나 해산을 결의하였을 때
2) "을"이 본 계약 각 조항을 위반하였을 때

제15조(계약의 종료) 계약기간 종료시까지 "갑"의 서면에 의한 재계약 의사표시가 없을 시에는 계약기간의 종료시 본 계약은 자동 해지한다.
제16조(계약내용의 변경) 본 계약 유효기간 중이라도 계약내용의 변경사유가 발생하였을 경우 "갑"과 "을"이 협의에 의하여 계약내용을 수정할 수 있다.
제17조(금지사항) "을" 또는 경비원은 다음 행위를 하여서는 안 된다.

1. 업무집행에 지장이나 불편을 초래하는 행위
2. 사전허가 없이 출입금지구역에 출입하는 행위
3. 담당업무 외의 분야에 간섭하는 행위
4. 기타 "갑"이 금지하는 행위

제18조(계약조항의 해석) 이 계약조항의 해석에 의문이 있을 때에는 "갑", "을"이 상호협의에 의하여 정하고 협의가 성립되지 않은 때에는 "갑의" 해석하는 바에 의한다.
제19조(통고방식) 본 계약의 작업지시 통지 및 승낙을 문서로 함을 원칙으로 한다. 다만 해결이 가능한 경미한 사항에 대하여는 구두로 할 수 있다. 이상의 약정사항을 증명하기 위하여 계약서 2부를 작성하고 "갑"과 "을"이 서명날인하여 각 1부씩 보관한다.

년 월 일

(갑)	(을)
상 호 :	상 호 :
주 소 :	주 소 :
사업자번호 :	사업자번호 :
대표자성명 : ㊞	대표자성명 : ㊞

7. 용역업체의 통제 및 사후관리

용역계약의 체결은 용역업무의 시작에 불과하다. 따라서 용역관리대장을 별도 유지하면서 용역업자의 현장투입과 관리업무대행의 진행과 결과를 평가 · 기록하고 개선할 점은 개선하도록 건의하고 시정 조치하여 완전한 용역관리의 효과가 나타날 수 있도록

조정하는 업무가 용역관리의 사후관리업무이다. 용역은 필요한 인력을 필요시기에 필요한 곳에 투입하여 기대하는 관리효과가 나타나도록 해야 한다.

사후관리의 대상이 되는 용역업체(협력업체)의 평가기준은 다음과 같다.

① 기술력
② 업무수행능력
③ 인원동원능력
④ 회사 신뢰도
⑤ 자금동원능력
⑥ 협력지수
⑦ 사고율
⑧ 계약이행상태
⑨ 업무추진능력

제9절 건물보수공사관리 실무활동

1. 보수공사관리실무의 의의

건물시설관리에 있어서 기술관리의 주된 관리활동은 I · O · 2M · 2R 활동이라 할 수 있다. 즉, 설비 또는 시설의 Inspection(점검)활동, Operation(운전 · 조작)활동, 시설물의 보전 활동인 Maintain활동, 설비의 정비활동인 Maintenance활동 그리고 보수 · 갱신 활동인 Repairing과 Renovation(Remodelling) 활동이 기술관리(유지관리, 협의의 건물관리)에 있어서 가장 중요한 활동이라 할 수 있다.

기술활동 중에서 경미한 Repairing활동과 Maintenance는 기술관리종사자(영선담당자 포함)가 정비 · 보수할 수 있으나 고도의 기술을 요하는 정비 · 보수와 갱신은 반드시 전문건설업자에게 의뢰하여 보수 · 정비 · 갱신 공사를 수행해야 한다.

따라서, 보수공사 등의 표준발주절차에 의하여 공사도급공사계약과 작업으로 시설과 설비를 원상회복하여 시설과 설비의 정상적 기능과 성능을 나타내도록 해야 한다.

다음에서 기술을 요하는 보수 · 정비공사의 발주절차와 갱신공사(대수선공사) 발주절차에 대하여 구체적으로 살펴보고, 공사도급표준계약서(예)를 예시하여 관련 업무에 참고 되게 하였다. 인용한 공사도급계약서는 국가기관에서 사용하는 표준계약서임을 부기해둔다. 따라서 일반 공사에도 크게 참고될 것으로 판단된다.

2. 건물보수공사 발주절차

1) 정비 · 보수공사 간이발주절차

경미한 정비보수공사는 간이발주절차를 통하여 처리된다.

① 설계 및 내역서 작성 → ② 내부품의(품신) → ③ 내부승인 → ④ 계약의뢰(담당부서) → ⑤ 공사입찰공고 → ⑥ 현장설명 → ⑦ 입찰실시 → ⑧ 공사도급계약 → ⑨ 착공 → ⑩ 완공 → ⑪ 준공검사 → ⑫ 완공보고 → ⑬ 대금지급(하자보증서 접수 후) → ⑭ 공사사후관리

2) 갱신공사(대수선공사) 표준발주절차

대수선과 같은 규모 있는 갱신공사는 표준발주절차를 거쳐 체계적으로 발주처리 해야 한다.

① 추진계획수립 → ② 자료수집 및 타당성, 기술성, 경제성, 관계법령 검토 → ③ 관계부서협의 → ④ 기본계획수립 → ⑤ 내부품의 및 승인 → ⑥ 기본계획 확정 → ⑦ 기본설계 및 내역서 시방서 등 확정 → ⑧ 실시설계확정 → ⑨ 허가신청 및 허가 → ⑩ 입찰공고 → ⑪ 현장설명 → ⑫ 입찰 → ⑬ 입찰조건 검토 및 입찰자 확정(네고 후) → ⑭ 계약 → ⑮ 착공 → ⑯ 완공 → ⑰ 준공검사(커미셔닝 포함) → ⑱ 완공보고 → ⑲ 대금지급(하자보증서 접수 후) → ⑳ 공사 사후관리

3. 건물보수공사도급계약서의 필요적 기재사항

기술을 요하는 정비 · 보수공사 및 갱신공사의 공사도급표준계약서(예)와 건물보수공

사 일반계약조건은 다음과 같다.

① 계약명칭
② 계약번호
③ 공고번호
④ 발주처
⑤ 계약상대자 인적사항
⑥ 연대보증인 인적사항
⑦ 공사명
⑧ 계약금액
⑨ 총공사부기금액
⑩ 계약보증금
⑪ 현장(현장명, 현장주소 등)
⑫ 지체상금률
⑬ 물가변동 계약금액 조정방법
⑭ 기성지급방법 및 지체상금(율)
⑮ 착공 연월일과 준공 연월일
⑯ 하자담보책임
⑰ 붙임서류
- 공사입찰유의서
- 공사계약 일반조건
- 공사계약 특수조건
- 설계서
- 산출내역서

⑱ 관서의 장 또는 계약담당 공무원
⑲ 계약상대자
⑳ 연대보증인
㉑ 공사계약 일반조건

4. 건물보수공사도급표준계약서의 서식과 기재내용

공사도급표준계약서(예)의 서식과 기재내용은 다음의 〈표 34〉와 같다.

공사도급계약은 공사도급계약서와 함께 공사입찰유의서, 공사계약일반조건, 공사계약특수조건, 설계서, 산출내역서 등이 하나의 공사도급계약서를 구성하고 도급계약의 효력을 갖는다.

〈표 34〉 공사도급표준계약서(예)

공사도급표준계약서	계약번호 제 호
	공고번호 제 호

계약자	발 주 처	
	계약대상자	• 상호 또는 법인명칭 : • 법인등록번호 : • 주 소 : • 대표자 :
	연대보증인	• 상호 또는 법인명칭 : • 법인등록번호 : • 주 소 : • 대표자 :

계약내용	공 사 명	
	계 약 금 액	금 원정(₩)
	총 공 사 부 기 금 액	금 원정(₩)
	계 약 보 증 금	금 원정(₩)
	현 장	
	지 체 상 금 률	
	물가변동계약금액조정방법	
	착 공 연 월 일	
	기 타 사 항	

하자담보책임(복합공종의 경우 공종별 구분 기재)

공 종	공종별 계약금액	하자보수보증금률(%) 및 금액	하자담보책임기간
		( )% 금 원정	년
		( )% 금 원정	년
		( )% 금 원정	년

중앙관서의 장(계약담당공무원)과 계약상대자는 상호 대등한 입장에서 붙임의 계약문서에 의하여 위의 공사에 대한 도급계약을 체결하고 신의에 따라 성실히 계약상의 의무를 이행할 것을 확인시 계약서를 작성하여 당사자 기명날인한 후 각각 1통씩 보관한다.

붙임서류 : 1. 공사입찰유의서 1부
2. 공사계약 일반조건 1부
3. 공사계약 특수조건 1부
4. 설계서 1부
5. 산출내역서 1부

관서의 장 또는
계약담당공무원

계 약 상 대 자
연 대 보 증 인

제 10 절 건물자산조세관리 실무활동

건물자산관리 PM실무에 관계되는 임대건물 조세와 부동산 조세 및 각종 부담금 등을 살펴보면 다음과 같다.

1. 임대건물 조세

일반임대건물의 관련조세는 대체로 다음과 같으나 구체적인 내용을 후술하는 《부동산 조세》 편에서 상세히 설명하고자 한다.

1) 종합토지세

일반적으로 부동산을 보유하는 기간 중 토지에 대해서는 종합토지세를 부담하여야 하고, 주택과 같은 건물에 대해서는 재산세를 부담하여야 한다.

종합토지세는 개인이나 법인이 가지고 있는 전국의 모든 토지를 소유자별로 합산하여 그 토지가액에 따라 누진세율을 적용하여 과세하는 지방세이다.

종합토지세는 원칙적으로 모든 토지를 합산하여 과세하여야 하나, 과세대상 토지를 종합합산 과세대상, 별도합산 과세대상, 분리 과세대상의 3가지로 나누어 각각 별도의 과세표준과 세율을 적용하고 있다.

이것은 이용형태가 다양한 전국의 3,200만 필지에 대하여 하나의 세금체계 속으로 획일적으로 과세한다는 것이 현실적으로 어려움을 나타내어 주고 있다.

2) 재산세

재산세는 건물 · 선박 · 항공기 등 등록된 재산에 대하여 부과되는 세금이다.

재산세의 납세의무자는 5월 1일(과세기준일) 현재 재산세 과세대장에 재산의 소유자로 등재된 재산명의자가 된다. 다만 권리의 양도, 도시계획사업의 시행, 또는 기타 사유로 인하여 재산세 과세대장에 등재된 자의 권리에 변동이 생겼거나 재산세 과세대장에 등재가 되지 아니하였을 때에는 사실상의 소유자가 재산세를 납부할 의무를 가진다. 또한 소유권의 귀속이 분명하지 아니하여 소유권을 알 수 없을 때에는 그 사용자가 재산세를 납부할 의무를 진다.

3) 취득세 및 등록세

지방세법상 부동산의 취득에 관련된 주요한 세금으로 취득세와 등록세가 있다.

취득세의 과세대상은 토지 · 건물뿐만 아니라 골프회원권 · 콘도회원권 · 차량 · 중기 · 항공기를 취득하였을 때에도 취득세가 부과된다. 또한 매매 · 신축 · 상속 · 증여 · 교환 등 일체의 방법에 의하여 유 · 무상으로 부동산을 취득하였을 경우에도 해당된다.

등록세는 재산권 및 기타 권리의 취득 · 이전 · 변경 등에 관한 사항을 공부에 등기 · 등록하는 경우에 부과되는 세금이다.

4) 사업소득세

사업을 하는 경우에는 원칙적으로 부가가치세를 내어야 하며, 모든 사업자는 소득세 납세의무가 있다. 또한 특별소비세를 내야 하는 업종도 있다.

(1) 사업을 하는 경우 원칙적으로 부가가치세를 내야 한다

그러나 다음과 같이 생활필수품의 판매나 의료 · 교육관련 용역의 제공 또는 신문 · 도서출판 판매의 경우에는 부가가치세를 내지 않는다.

- 곡물 · 과실 · 육류 · 생선 등 가공되지 아니한 식료품 판매
- 연탄 · 무연탄 · 담배 · 복권의 판매
- 병 · 의원의 의료보건용역업
- 허가받은 학원 · 강습소 · 교습소 등 교육용역업
- 도서 · 신문 · 잡지 발간

(2) 모든 사업자는 소득세 납세의무가 있다

사업을 해서 얻는 소득에 대해서는 소득세를 내야 한다. 그러나 소득세는 여러 가지 공제제도가 있어 영세 사업자는 다음해 5월 중 소득세 확정 신고를 하는 경우 공제 혜

택을 받아 소득세를 내지 않는 때가 있다.

사업을 위하여 종업원을 채용하여 급여를 지급할 경우 급여액에 따라 근로소득을 원천징수하여 납부하여야 한다.

(3) 소득할 주민세를 신고 납부하여야 한다

소득세를 확정 신고 납부한 후 이에 따른 소득할 주민세(소득세액의 7.5%)도 6월 30일까지 관할 시 · 군 · 구청에 신고하여야 한다.

(4) 특별소비세를 내야 하는 업종도 있다

사업을 하는 사업자는 부가가치세와 소득세의 특별소비세를 다음과 같은 경우에는 납부하여야 한다.

- 카바레 · 나이트클럽 · 요정 · 사롱 · 디스코클럽 등 과세유흥장소
- 귀금속 · 고급기구 · 모피의복 등의 제조

특별소비세의 신고는 부가가치세 신고와 별도로 매월 신고를 하여야 한다.

5) 부가가치세 · 주민세 · 갑종 근로소득세

- 공동주택관리에 관련된 조세 참조

6) 기타 지방세

(1) 도 세

등록세 · 취득세 · 면허세

(2) 시군세

- 보통세 · 주민세 · 재산세 · 자동차세 · 농지세
- 목적세 · 도시계획세 · 소방공동시설세 · 사업조세

(3) 재산세

- 재산세에는 개인이 소유하는 재산순액이 아니라 재산총액(순재산액+그 재산에 포함된 부채액)을 과세표준으로 하여 그 소유자의 조세부담 능력에 관계없이 부과하는 물세이다.
- 과세대상 및 과세표준
- 재산세의 과세대상은 토지 · 건물 · 선박이고, 과세표준도 재산가액이다.

2. 부동산 조세

1) 부동산 관련 조세 분류

부동산의 취득 · 보유 · 양도에 관련한 조세를 분류하면 다음과 같다.

(1) 부동산의 취득(권리의 취득)

가. 국 세

- 직접세 : 상속세, 증여세
- 간접세 : 부가가치세, 인지세

나. 지방세

- 간접세 : 취득세, 등록세, 면허세

(2) 부동산의 보유(권리의 보유 및 변경)

가. 국 세

- 직접세 : 소득세(개인부동산 소득), 법인세(법인부동산 소득), 종합부동산세
- 간접세 : 부가가치세(부동산 임대업), 인지세

나. 지방세

재산세, 도시계획세, 공동시설세, 농업소득세, 주민세

(3) 부동산의 양도(권리의 상실)

가. 국 세

- 직접세 : 양도세(양도 및 사업소득), 법인세
- 간접세 : 부가가치세(부동산 매매업), 인지세

나. 지방세

- 직접세 : 주민세

2) 부동산 주요조세의 내용

(1) 취득세

취득세란 간접세 성격의 지방세로 부동산 기타 일정한 재산의 취득행위에 담세력을 인정하고 취득자에게 부과하는 세금이다.

취득세는 행위세, 유통세, 대물세, 실질과세 성격의 지방세이다.

가. 과세권자와 납세자

과세권자는 취득당시 물건 소재지의 특별시장, 광역시장, 도지사가 부과하고 납세자는 사실상의 취득자와 간주 취득자가 된다.

나. 과세물건

과세물건에는 토지 · 건축물과 기타 부동산에 준하는 물건 또는 광업권 · 어업권 등이 있다.

다. 비과세 대상

취득세의 비과세 대상은 다음과 같다.

- 국가, 지방자치단체, 외국정부의 취득이나 국가 · 지방자치단체 기부체납시
- 비영리사업자가 공익목적의 부동산 취득
- 천재 기타 불가항력으로 인한 대체취득
- 토지수용으로 인한 취득
- 형식적인 소유권의 취득(재산신탁, 환매권, 상속, 법인합병, 건축물의 이전 등)

라. 취득시기

유상승계 취득의 취득시기는 사실상 잔금지급일, 계약상 잔금지급일 또는 계약일로부터 30일 경과되는 날, 등기일 또는 등록일 사실상의 연부금 지급일이고 무상승계 취득일은 상속개시일, 계약일이다.

그러나 원시취득의 경우에는 허가받은 건축물은 사용승인서 교부일 또는 사실상의 사용일 또는 임시사용 승인일을 취득시기로 보고 허가받지 아니한 건축물은 사실상의 사용일이 취득시기가 된다.

마. 과세표준

취득당시 가액으로 한다.

그러나 원칙적으로 취득신고자가 신고한 가액으로 하나 예외적으로 신고가 없거나 신고가액의 표시가 없거나 신고가액이 시가표준액에 미달하는 경우 시가표준액으로 한다.

바. 세 율

표준세율은 취득물건의 가액의 1000분의 20으로 한다. 그러나 별장, 골프장 또는 고급주택을 취득할 경우에는 표준세율의 5배(10%) 중과하고 과밀억제권역의 사업용 부동산 취득이나 과밀억제권역의 공장신설, 증설 목적의 과세물건 취득 등에는 표준세율의 3배(6%)가 중과된다.

사. 부과징수

원칙적으로 취득일로부터 30일 이내 신고 납부해야 하며 상속의 경우에는 상속개시일로부터 6월로 한다. 부과징수절차는 취득자가 신고하면 물건소재지의 관할시장이 신고접수증과 OCR 납부서를 교부하게 되고 신고자가 물건소재지의 시 · 군 금고에 납부하면 된다.

(2) 등록세

등록세란 재산권 · 기타 권리의 취득이나 이전 변경 또는 소멸에 대한 등기등록시 부과되는 지방세를 말한다.

등록세는 행위세, 유통세, 응능과세 명의자 과세 원칙성격 및 수수료적 성격의 조세이다.

가. 과세권자와 납세의무자

과세권자는 등기일 또는 등록일 현재 재산의 소재지나 등기 또는 등록권자의 주소지를 관할하는 도에서 부과하나 납세의무자는 등기 등록을 받는 자가 된다.

나. 과세물건과 납세지

과세물건은 재산권 기타 권리의 취득, 이전, 변경, 소멸에 관한 사항을 공부에 등기 또는 등록하는 경우에 그 등기 등록행위를 과세의 객체로 하고 부동산의 납세지는 부동산 소재지로 한다.

다. 과세표준

원칙적으로 신고한 가액이 과세표준이 되나 없거나 시가표준액에 미달하는 경우 시가표준액이 예외적으로 과세표준이 된다.

라. 부동산 등기의 세율

① 소유권

- 상속의 경우 부동산가액의 1000분의 8
- 유상취득의 경우 과세표준인 부동산가액의 1000분의 20
- 소유권 보존의 경우 1000분의 8

② 소유권 이외의 물권과 임차권의 설정 및 이전

- 지상권, 가등기의 경우 부동산가액의 1000분의 2
- 지역권의 경우 요역지가액의 1000분의 2
- 전세권의 경우 전세금액의 1000분의 2
- 임차권의 경우 월임대차금액의 1000분의 2
- 저당권, 경매신청, 가압류, 가처분의 경우 채권금액의 1000분의 2
- 위 이외의 등기의 경우 매 1건당 3,000원

마. 부과징수

원칙적으로 등기 또는 등록을 하고자 하는 자가 납세지관할 지방자치단체장에게 신고하고 등기 또는 등록일 이전까지 납부해야 한다.

(3) 재산세

재산세라 함은 토지 · 건축물 · 주택이나 선박 · 항공기 등의 소유에 대하여 그 소유자에게 부과하는 지방세를 말한다.

재산세는 재산보유세의 성격과 대인세의 성격 및 수익세적 성격의 지방세이다.

가. 과세권자

- 토지 : 토지 소재지 관할 시 · 군 · 구
- 건축물 : 건축물 소재지 관할 시 · 군 · 구
- 주택 : 주택 소재지 관할 시 · 군 · 구

나. 납세의무자

재산세 과세일(6월 1일) 현재 사실상 재산소유자가 납세의무자가 된다.

그러나 예외적으로 공부상의 소유자 또는 주된 상속자가 납세의무자가 된다.

다. 과세대상

토지 · 건축물 · 주택 · 선박 · 항공기인 재산이 과세대상이 된다.

라. 과세표준

토지 · 건축물 · 주택에 대한 재산세의 과세표준은 시가표준액으로 한다.

마. 세 율

① 종합합산과세대상 토지

납세자가 소유하고 있는 당해 시 · 군 · 구에 소재하는 종합과세대상 토지의 가액을 합한 금액의 0.2%~0.5% 3단계 누진세율 적용

② 별도합산과세대상 토지

납세의무자가 당해 시 · 군 · 구 안에 소재하는 별도합산과세대상 토지가액을 합한 금액을 과세표준으로 하여 0.2%~0.4% 3단계 초과 누진율 적용

③ 재산세 과세표준 적용 특례

2006년부터 2007년까지의 과세표준은 시가표준액에 일정 적용비율을 곱하여 적용함으로써 지방세법 부칙 제5조를 반드시 참고해야 한다.

④ 건축물의 세율

건축물의 세율은 다음과 같다.

- 골프장 · 고급오락용 건축물 : 과세표준액의 1000분의 40
- 특별시 · 광역시 안 등의 공장 : 과세표준액의 1000분의 5

⑤ 주택세율

- 4,000만원 이하 : 1000분의 1.5
- 4,000만원 이상 ~ 1억원 이하 : 6만원+4,000 초과금액의 1000분의 3
- 1억원 초과 : 24만원+1억원 초과금액의 1000분의 5

바. 부과징수

납세기준일은 매년 6월 1일로 한다.
납기는 다음과 같다.

- 토지 : 매년 9월 16일부터 9월 30일까지
- 건축물 : 매년 7월 16일부터 7월 31일까지
- 주택 : 산출세액의 2분의 1은 매년 7월 16일부터 7월 31일까지, 나머지 2분의 1은 매년 9월 16일부터 9월 31일까지로 한다.

징수방법은 관할 시장 · 군수가 세액을 산정하여 보통 징수방법에 의하여 징수한다. 재산세에 부가세(지방교육세)와 병기세(도시계획세와 공동시설세)는 재산세와 함께 부과 징수할 수 있다.

(4) 기타 지방세

재산취득 관련한 지방세에는 부가세인 농어촌특별세, 지방교육세, 목적세인 도시계획세와 공공시설세 등이 있다.

(5) 종합부동산세

종합부동산세라 함은 재산세가 1차적으로 부과된 부동산 중 일정한 고액의 부동산소유자에게 2차적으로 재산세보다 더 높은 누진세율을 부과하는 국세로서 재산보유세의 성격과 응능과세 성격 당해 재산에 부과되는 국세를 의미한다.

가. 과세권자

과세권자는 납세지를 관할하는 세무서장이 된다.

나. 납세의무자와 납세지

개인 또는 법인으로 보지 아니하는 단체는 소득법상의 납세지인 주소지가 납세지가 되고 법인 또는 법인으로 보는 단체는 법인세법상 납세지인 본점이나 주된 사무소 소재지가 납세지가 된다.

다. 과세구분 및 세액

- 주택부동산세액과 토지종합부동산세액을 합한 종합부동산세액은 주택토지세액을 합한 금액을 그 세액으로 한다.
- 토지에 대한 종합부동산세의 세액은 토지분 종합합산세액과 토지분 별도합산세액을 합한 금액으로 한다.
- 건축물의 경우에는 1차 재산세 납부 후 주택공시가격이 6억원을 초과하는 경우 주택분 종합부동산세를 납부해야 한다.
- 일반건축물의 경우는 건물분재산세만 납부하면 된다.
- 토지의 경우 토지분재산세 납부 후 토지공시지가가 40억원을 초과시 별도합산과세와 공시지가 3억원 초과의 종합합산과세를 합하여 토지분종합부동산세가 부과되는 2단계 종합부동산세가 된다.

라. 납세의무자

납세기준일 현재 재산세의 납세의무자로서 국내 재산과세대상인 주택의 공시가격을 합한 금액이 주택분 과세금액인 6억원(개인은 세대별 합산)을 초과하는 자는 당해 주택에 대한 종합부동산세(종부세)를 납부할 의무가 있다.

마. 과세표준

주택분 종합부동산세의 과세표준은 주택의 공시가격 합계액에서 6억원을 제한 금액이 과세표준이 된다.

그러나 2006년도부터 2008년까지 납세의무가 성립하는 주택분 종합부동산세의 과세표준은 연도별로 2006년 70%, 2007년 80% 그리고 2008년에는 90% 적용하고 2009년에 100%가 달성되도록 규정하고 있다.

바. 세액과 세율

주택분 종합부동산세액은 (과세표준×2006년~2008년 연도별 적용비율×종합부동산세율)-주택분 과세기준 금액 초과분에 대한 주택분 재산세 부과금액으로 한다. 주택분 종합부동산세의 세율은 다음과 같다.

- 3억원 이하 : 1000분의 10
- 3억원 초과 14억원 이하 : 1000분의 15
- 14억원 초과 94억원 이하 : 1000분의 20
- 94억원 초과 : 1000분의 30

사. 신고납부

과세기준일은 매년 6월 1일로 한다.
납세의무자는 12월 1일부터 12월 15일까지 관할 세무서장에게 신고해야 한다.
납부기한은 12월 1일~12월 15일 사이에 납부하여야 한다.

아. 종합부동산세법 개정

정부는 종합부동산세법을 개정하여 2009. 1. 1부터 다음의 과세기준, 과세표준, 세율을 적용하여 종합부동산세를 크게 완화하였다. 개정내용은 다음과 같다.

① 개정취지

○ 헌법불합치 결정(2008. 11.13)을 반영하고 종합부동산세의 과도한 세부담 완화

② 개정내용

<table>
<tr><th>종 전</th><th>개 정</th></tr>
<tr><td>○ 세대별 합산과세

-세대별 6억원
〈추 가〉</td><td>○ 과세표준 및 세율
- 인별 6억원
- 1세대 1주택자(단독명의)에 대해 기초공제 3억원 인정
* 과세 기준금액 9억원 상향조정과 동일한 효과</td></tr>
<tr><td>○ 과세표준 및 세율
<table>
<tr><th>과세표준</th><th>세율</th><th>누진공제</th></tr>
<tr><td>3억원 이하</td><td>1.0%</td><td>-</td></tr>
<tr><td>14억원 이하</td><td>1.5%</td><td>150만원</td></tr>
<tr><td>94억원 이하</td><td>2.0%</td><td>850만원</td></tr>
<tr><td>94억원 초과</td><td>3.0%</td><td>1억 250만원</td></tr>
</table></td><td>○ 과세표준 및 세율
<table>
<tr><th>과세표준</th><th>세율</th><th>누진공제</th></tr>
<tr><td>6억원 이하</td><td>0.2%</td><td>-</td></tr>
<tr><td>12억원 이하</td><td>0.75%</td><td>150만원</td></tr>
<tr><td>50억원 이하</td><td>1.0%</td><td>450만원</td></tr>
<tr><td>94억원 이하</td><td>1.5%</td><td>2,950만원</td></tr>
<tr><td>94억원 초과</td><td>2.0%</td><td>7,650만원</td></tr>
</table></td></tr>
</table>

③ 적용시기 및 적용례

○ 2009. 1.1 이후 최초로 납세의무 성립 분부터 적용

(6) 양도소득세

개인이 당해연도에 일정한 양도를 하여 발생한 소득을 과세대상으로 하여 부과하는 소득세를 말한다.

즉, 자본이득세 성격과 대중세 성격, 실질과세 성격, 응능과세 성격을 가진 국세이다.

가. 과세권자와 납세지

과세권자는 납세지를 관할하는 세무서장이고 납세지는 원칙적으로 양도자의 주소지이다.

나. 납세의무자

양도세의 납세의무자는 개인인 거주자와 비거주자이다.

다. 과세대상

양도소득세의 과세대상에는 토지, 건물, 부동산권리, 기타 자산이 과세대상이 된다.

라. 비과세대상

파산선고에 의한 처분, 일정한 농지의 교환 또는 분할, 1세대 1주택과 2주택, 부수토지 등은 양도세의 비과세대상이 된다.

마. 양도소득세의 세율

- 토지 · 건물 · 부동산권리 : 9~36% 4단계 기본세율 적용
- 기타 자산 : 9~36% 4단계 기본세율 적용
- 보유기간이 1년 이상 2년 미만인 부동산의 경우(토지 · 건물) : 40%
- 보유기간이 1년 미만인 경우 : 50%
- 보유기간 2년 이상 : 9~36% 기본세율
- 1세대 3주택의 경우 : 60%
- 1세대 2주택의 경우 : 50%
- 1세대+1조합원 입주권의 경우 : 50%
- 비사업용 토지 : 60%

• 미등기 양도자산 : 70%

바. 양도소득신고

1월 1일부터 12월 31일까지는 예정신고하고 5월 1일부터 5월 31일까지 확정 신고해야 한다.

양도신고의무자는 양도이익이나 양도차손의 경우에도 자산양도거주자가 신고해야 한다. 신고기한 내에 양도소득과세표준예정신고서 및 자진납부계산서를 첨부하여 납세지 관할세무서에 신고하여야 한다.

이상에서 설명한 임대건물 조세와 부동산 조세 및 각종 부담금을 정리하면 〈표 35〉와 같다.

〈표 35〉 건물 조세와 부담금 현황

구 분	부과근거와 세율	납세의무자
재산세	지방세법 제182조에 의거 소유재산의 시가표준액의 0.3% 해당가액을 과세	건물소유자
재산할사업소세	지방세법 제244조에 의거 환경개선/정비에 필요한 비용충당을 위하여 지역에 사업소를 둔 자에게 과세 (사업소 연면적 1㎡당 250원)	매년 7/1일 현재 사업소세 관리대장 등재 사업주
종합토지세	지방세법 제194조에 의거 토지가액의 0.2%~5%를 과세	토지소유자
공동시설세	지방세법 제239조에 의거 소방시설의 필요경비 충당을 위해 소유재산 시가표준액의 0.03% 과세	건물소유자
도시계획세	지방세법 제238조에 의거 도시계획사업에 필요한 비용을 충당하기 위하여 재산세 및 종합토지세 납부의무자에게 소유재산 시가표준액의 0.2% 과세	건물소유자
지역개발세	지방세법 제253조에 의거 지하수를 이용하기 위해 채수된 물의 1㎥당 20원 과세	건물소유자
교육세	재산세/종합토지세액의 20% 과세	건물소유자
간주임대부가세	부가세법 시행령에 의거 임대보증금에 일정 이자율을 곱해 계산한 간주임대료 기준으로 과세	건물임대인
인지세	재산의 권리 창설, 이전, 변경에 관한 문서작성시 부과되는 조세	문서작성자
환경개선부담금 (대기/수질)	환경개선비용부담법에 따라 유통/소비과정에서 환경오염물질을 다량으로 배출하는 건물에 오염시킨 만큼의 복구비용 해당액을 부과	부과기준일 현재 시설물 소유자
과밀부담금	특정도시 과밀억제권역에 새로 들어선 일정규모 이상 업무/판매시설에 대해 사업비의 일정액에 대해 부과 (신·증축/용도변경 건축비의 10%)	건축주
교통유발부담금	건교부장관이 도시교통의 원활한 소통과 교통편의 증진을 위하여 도시교통정비지역 안에서 교통유발의 원인이 되는 시설물에 부과	부과기준일 현재 시설물 소유자

제 7 장

건물자산운영관리 FM실무활동

제 1 절 FM의 개념과 업무내용

1. FM의 개념

1) FM개념의 정의

FM이란 Facilities Management를 의미하는 것으로 시설물에 대한 물리적 유지관리개념을 의미한다.

FM개념은 건물자산관리 3대 측면(AM측면, PM측면, FM측면)의 하나로서 물리적 유지관리를 위한 공학적 · 기술적 측면의 건축물유지관리, 환경적 측면의 청소위생관리, 안전적 측면의 안전 및 방재관리 등을 의미하며 협의의 건물자산관리개념이라 할 수 있다.

그러나, PM측면의 재산관리는 건물자산관리의 주요 건물자산관리 업무로서 임대관리, 수지관리, 세입자관리, 시설관리 등 포괄적 시설운영 관리개념이나 AM측면의 자산관리는 투자관리 개념으로서 재무분석, 물건분석, 시장분석, 위험분석 그리고 자산가치평가, 건물자산의 매입과 매각 등 FM과 PM 모두를 포함하는 포괄적 건물자산 자산운용개념이다. 따라서 FM개념은 PM과 AM 등과 연관성을 가지고 서로 보완하는 상호작용을 하고 있다. FM의 개념에 대한 외국의 학자와 관계자의 견해를 살펴보면 다음과 같다.

첫째, IFMA(International Facility Management Association)에서는 FM개념을 물리적인 작업장소로서 공간을 조직의 구성원과 작업 간에 조화시키는 행위로 정의하고 있다.

둘째, Perter Barrett는 그의 저서 Facility Management toward Best Practice에서 FM이란 조직의 주요목표를 강력하게 지원할 수 있는 환경을 조성하기 위하여 건물을 관리하고 개선하며 적용하는 통합적인 접근으로 정의하고 있다.

셋째, 일본 Kajima 건설사의 Nobuyki Kimata는 FM개념에 대하여 통합적인 전략 하에서 전체 시설물을 개발하고 관리하는 활동으로 정의하고 있다.

다섯째, 일본 FM업계의 견해에 의하면 FM은 비투자 건물자산이나 자사 사용건물의 관리운영과 건물사용 비용 최소화에 필요한 활동으로 정의하고 있다.

상대적으로 AM을 건물자산의 매입과 매각을 업으로 하는 투자자의 포트폴리오를 관리하고 운영하는 활동으로 이해하면서 PM은 투자건물의 운영관리와 건물의 경제가치를 최대화를 위한 활동정도로 인식하고 있다.

결국 시설관리(FM)의 개념은 완공 후부터 철거 또는 붕괴, 멸실 전까지의 보유기간 동안 건물의 물리적 상태를 양호하게 보존하고 정상적 기능과 성능을 유지하며 바람직한 시설의 개량을 통하여 자산가치를 유지 또는 제고하고 사용가치를 높여 최유효 건물사용화하는 데 필요한 기술적 활동이라 할 수 있다.

다시 말하면, 시설물이용자의 편의와 안전을 위하여 일상적으로 점검 정비하고 손상된 부분은 원상복구하며 경과시간 등에 따라 요구되는 보수 · 보강 · 개량 활동을 기초로 재해를 미연에 방지하며 건물의 사용가치를 높이고 에너지를 절약하며 사무 생산성을 높이고 고정자산의 가치를 유지하여 최유효 건물사용화를 도모하는 물리적 유지관리활동이라 할 수 있다.

2) FM의 기능과 역할

FM은 다음과 같은 기능과 역할을 담당하여 건물자산관리에 이바지하고 있다.

① 건물시설물의 정상적 기능과 성능의 유지와 장기화
② 조기노후화 방지와 내구연한 연장
③ 에너지 비용절약과 자원낭비 방지
④ 위험관리, 각종 재해를 미연에 방지하여 인적 · 물적 손실방지
⑤ 건물자산 경제가치 유지 및 제고
⑥ 건물실내의 환경개선으로 건물 사용성과 생산성을 높임으로써 건물사용의 쾌적화, 안전화, 보건화, 편리화, 내구화 달성
⑦ 건물시설관리의 경제화, 안전화, 효율화 도모
⑧ 시설관리업무의 적정화와 능률화
⑨ 유지관리 비용의 최소화와 관리효용의 최대화
⑩ 최유효 건물사용화

3) FM의 핵심목표

AM(Asset Management/자산운용과 재무관리)의 핵심목표는 투자자산가치의 극대화에 있으며 PM(Property Management/취득자산 운영관리)의 핵심목표는 운영수익극대화에 있으나 FM(Facility Management/시설관리대행)의 핵심목표는 운영비용의 최소화와 효용의 최대화 및 장래 변화에 대한 유연성의 확보, 사용가치 극대화와 최유효 건물사용화에 있다.

따라서 FM의 목표를 성공적으로 달성하려면 시설운영비의 최소화(Expense Minimum)와 기능성 효용 · 쾌적성 효용 · 생산성 효용 · 환경적합성의 효용 · 합리성의 효용, 경제성의 효용 등을 포괄하는 효용의 극대화(Effect Maximum) 그리고 장래 환경변화에 적절히 대응할 수 있는 유연성(Flexibility)의 강화로 사용가치 극대화와 최유효 건물사용화에 FM의 핵심목표가 있으며 이를 FM 목표효과라 한다.

4) FM의 성격

FM은 단순한 물리적 시설의 기능과 성능을 유지하고 내구화와 안전과 편의를 높여 최유효 건물사용화하는 것을 목표로 하고 있으므로 운영 수익최대화의 PM과 자산가치 극대화를 목표로 하는 AM과는 상이한 성격을 가지고 있다.

이와 같은 FM의 성격을 분설하면 다음과 같다.

첫째, FM은 현장중심관리 성격을 가지고 있다.

둘째, FM은 물리적, 공학적 관리 성격을 유지하고 있다.

셋째, FM은 건물자산관리의 기초관리 성격을 가지고 있다.

넷째, FM은 PM과 AM 모두를 지원하는 성격을 가지고 있다.

다섯째, FM은 시설관리를 통하여 재산의 가치 유지 보존 및 제고 등을 기본으로 하나 건물유익을 통하여 주(住)측면에서 인간의 생존을 지원하는 특별한 성질을 가지고 있다.

여섯째, FM은 건물자산의 매입 후 매각(또는 붕괴, 철거 등) 전까지의 보유기간 동안 진행되는 이른바 보유관리활동의 성격을 가지고 있다.

일곱째, FM은 기술 · 경제 · 행정 · 법률 · 환경 · 안전측면의 시설관리이므로 다양한 기술과 지식을 기반으로 이루어지는 이른바 기술+지식의 종합적 관리 성격을 가지고 있다. 즉, 부동산 지식 외에 건축학 · 경영학 · 경제학 · 법학 · 환경공학 · 심리학 · 재무학, 회계학, 행정학 등의 지식이 필요하다.

여덟째, FM은 선계획, 후실시의 성격이 있다. 즉, 분석 · 평가 · 기획이 건물시설관리 실시 이전에 미리 준비되어야 하기 때문이다.

아홉째, FM의 관리대상 건물시설의 최적화를 최우선으로 하는 물건관리 성격과 이를 위한 운영비용의 최소화, 효용의 최대화, 유연성의 극대화가 기반이 되는 특별한 성질을 가지고 있다.

열 번째, FM은 현재의 시설의 최적화외에 미래의 시설까지 최적화를 목표로 하는 현재+미래의 관리활동의 성질이 있다.

열한 번째, FM의 건물시설관리는 보존 유지 외에 적극적 개량활동의 성격을 가지고 있다.

열두 번째, FM은 단순한 시설관리가 아닌 복합적인 시설물 유지관리활동의 성격을 가지고 있다.

2. FM업무의 내용

FM의 업무에는 FM 목적을 달성하는 데없어서는 안 될 핵심업무와 주요업무 및 핵심업무와 주요업무를 지원하는 부수적 업무 등이 있다.

1) FM의 핵심업무와 주요업무

FM의 핵심업무와 주요업무는 FM의 필요적 업무로서 이에는 기술관리업무, 환경관리업무, 안전관리 업무 등이 있다. 시설(물) 관리업무, 건물 청소위생관리업무, 시설경비관리업무, 건물유지보수업무, 주차시설 관리업무 등이 있다. FM 주요업무의 내용을 분설하면 다음과 같다.

(1) 시설(물) 관리업무

공용 또는 개인이나 단체가 이용하는 건물의 구조체와 주요부재 및 마감부재의 보전과 소방 · 배전 · 공조 · 급배수 · 이동 등의 건축설비 그리고 부속시설물 및 부대시설에 대한 점검 · 운전 · 유지보수와 에너지관리 등 시설물에 대한 물리적이고 효율적 관리를 통하여 이용자의 안전과 편의를 높이고 사용가치를 높이며 경제적이고 쾌적한 시설사용 환경을 조성하여 건물로 하여금 최유효 사용화하는 데 필요한 업무의 전부 또는 일부를 대행하는 것을 말한다. 시설(물)관리는 FM실무의 대표적 관리업무영역으로서 일반적으로 인식되는 업계의 시설관리개념, 법제도상의 시설관리개념 그리고 건물 Life Cycle상의 시설관리개념 등이 있다.

시설(물)관리의 업무범위는 크게 건축물의 영선관리, 건축설비관리(공조 냉난방, 위생, 소화, 통신, 자동제어, 전기, 방재, 승강 설비 등), 안전관리, 에너지관리, 자재관리 등을 포함한다.

건물시설관리 관련법에 의한 시설관리의 범위는 건축법 제35조와 건축법 시행령 제23조에 의한 건축물 유지관리는 건축법이 정하는 기준에 적합하게 유지관리 하도록 규정하는 외에 국유재산법, 주택법, 시설물의안전관리에관한특별법 등에서도 관리대상 건물자산에 대한 별도의 유지관리개념을 가지고 있다.

또한 환경보전법의 경우 소음, 진동, 분진에 대하여 관리규정을 두고 있으며 다중이용시설의공기질관리법은 미세먼지, CO, CO_2, NO_2, SO_2, 소음, 총부유세균, 석면, 포름알데히드 공기질관리규정을 두고 있다.

또한 폐기물관리법은 정화조, 하수 적합성 관리를, 소방법에는 방화관리자, 소방시설점검, 소방계획, 유류탱크안전점검 등의 규정을 두고 있다. 뿐만 아니라 고압가스안전관리법의 경우 고압가스시설사용 검사신청과 검사, 도시가스사업법의 경우 도시가스시설과 보일러 및 정압기 관리규정을 각각 두고 있다.

또한 에너지이용합리화법의 경우, 보일러와 열교환기, 검사신청과 검사, 실내온도 관리규정을 두고 있으며, 승강기안전관리법의 경우 승강기안전검사와 안전사항을, 전기사업법의 경우 수변전시설 안전검사에 관하여 명시하고 있다.

그리고 통신사업법의 경우 구내사설교환 및 정보통신부문에 대하여 규정하고 있으며 건축법에서 유지관리기준 적합성외에 용도변경, 건폐율, 용적률, 대수선 허가 등을 명시하고 있다. 또한 도로법은 도로점용, 지하도, 도로개설 및 폐쇄에 관하여 규정하고 있으며 도시정비사업법의 경우 간판, 사인, 광고, 네온사인, 팻말 등의 허가 및 관리에 대하여 상세히 규정하고 있다.

또한 도시계획법의 경우 연결도로, 육교, 도로확장에 대하여 시설관리 명문규정을 두고 있으며 상하수도법과 시도조례에서 지하수개발 및 사용, 시수요금정산, 하수도 관계에 대하여 관리규정을 두고 있다. 뿐만 아니라, 시특법의 1종시설물과 2종시설물의 안전검사, 정밀안전진단과 주택법의 공동주택 유지관리제도 등을 구체적으로 명시함으로써 시설관리 관련법상의 해당 법에 따라 시설관리를 산발적으로 명시하고 있다.

결론적으로, 건물관리 관련법에 의한 구체적 시설관리 항목은 다음과 같다.

① 건축물관리 – 건축법
② 수변전시설관리 – 전기사업법
③ 공동주택유지관리 – 주택법
④ 집합건물관리 – 집합건물의소유및관리에관한법률
⑤ 검사대상기기관리 – 에너지이용합리화법
⑥ 에너지관리 – 에너지이용합리화법
⑦ 냉동기관리 – 고압가스안전관리법
⑧ 특정고압가스관리 – 고압가스안전관리법
⑨ LPG(액화석유가스)관리 – 액화석유가스안전관리법
⑩ LNG(도시가스)관리 – 도시가스사업법
⑪ 대기환경관리 – 대기환경사업법
⑫ 수질환경관리 – 수질환경사업법
⑬ 소음환경관리 – 소음진동규제법
⑭ 방화관리 – 소방기본법, 소방시설유지및안전관리에관한법률
⑮ 오수관리 – 오수및축산폐수처리에관한법률
⑯ 건물폐기물관리 – 폐기물관리법
⑰ 공중위생관리 – 공중위생관리법
⑱ 위험물관리 – 소방기본법, 소방시설유지및안전관리에관한법률
⑲ 주차장관리 – 주차장법
⑳ 상수도 · 중수도 · 저수조관리 – 수도법, 공중위생법, 수도시설위생관리에관한규칙
㉑ 건물승강기관리 – 승강기제조 및 관리에 관한 법률
㉒ 토양오염관리 – 토양환경보전법
㉓ 시설물안전관리 – 시설물안전관리에관한특별법
㉔ 건물폐기물 재활용관리 – 자원절약과재활용촉진에관한법
㉕ 산업재해 보상관리 – 산업재해보상보호법
㉖ 국유재산관리 – 국유재산법

㉗ 임대주택관리 – 임대주택법

전술한 FM의 주요핵심 관리업무의 하나인 시설(물) 관리업무의 항목을 요약 정리하면 다음과 같다.

첫째, 건축물 영선관리 업무(유지관리업무)
둘째, 건축설비관리 업무(운전과 정비업무)
셋째, 시설 안전관리 업무
넷째, 소모 자재관리 업무
다섯째, 에너지관리 업무

이상에서 요약 정리한 시설(물) 관리항목의 내용 설명은 해당되는 장, 절에서 설명하기로 한다.

(2) 건물청소위생관리업무

건물의 보건성과 청결성 및 미관성 확보에 필요한 청소, 쓰레기 수거, 위생, 소독 관리 등의 업무를 말한다.

청소위생관리의 구체적 내용 역시 해당 절에서 설명키로 한다.

(3) 시설경비보안관리업무

발주대상 중요시설, 산업시설, 공공시설, 기업자산, 개인소유자산 등 경비를 필요로 하는 시설 및 장소에서의 도난, 화재, 안전사고위험, 기타 혼잡 등으로 인한 위험 발생을 방지하는 업무 또는 그 업무의 일부를 말한다.

시설경비관리업무 내용 역시 해당 절에서 구체적으로 설명키로 한다.

이밖에도 시설물안전관리업무, 화재소방관리업무, 유관기관업무, 관리관계법령 관리업무 등이 있다.

2) FM의 부수업무

FM의 부수업무(주변업무)는 FM의 핵심업무와 주요업무를 부수적으로 지원하는 업무로서 이에는 다음과 같은 관리항목들이 있다.

① 인사노무관리 업무
② 세무, 회계관리 업무
③ 보험관리 업무
④ 소모용품구매관리 업무
⑤ 문서사무관리 업무
⑥ 주간/월간/연간 FM 보고업무
⑦ 기타 건물소유자 또는 Property Manager의 협조업무 등

제2절 FM의 현황과 국내 FM업계의 문제점

1. FM의 현황

FM(Facility Management)기법은 1978년 생산성에 대한 퍼실리티의 영향이란 회의로부터 시작되었다. FM교육은 1980년대 후반 미국의 코넬대학에서 시작되었고 미국 외 여러 나라와 우리나라의 한국빌딩경영협회도 회원으로 가입되고 있으며 한국 퍼실리티 매니지먼트 학회도 설립되어 연구 활동을 수행하고 있다.

우리나라 건물자산관리 측면의 FM은 시설유지관리개념으로서 건축물 영선관리, 건축설비관리, 안전관리, 에너지관리, 자재관리 등을 통하여 건물의 정상기능과 성능을 장기화하고 관리비용을 최소화하며 안전과 편의를 높이고 사용성과 생산성을 높여 최유효건물사용화에 목표를 두고 수행하는 물리적, 기능적 물건관리로 인식하고 있다.

2007년 통계청의 서비스총괄 총조사자료 부동산관리업 자료에 의하면 부동산 관리업체의 수는 21,265개 업체이고 시설관리시장에 참여하고 있는 회사의 수는 810개사로 확인되고 있으나 IMF 이후 소규모의 영세업체의 수가 크게 증가하여 업계 추산 약 3,000여개 회사가 영업활동 중인 것으로 추정되고 있다.

시설관리시장의 규모는 1997년의 경우 약 2조원으로 추정되었으나 5년이 경과한 2002년의 경우 2조5,000억으로 증가하여 1997년 대비 25%의 성장을 보이고 있다.

국내 시설관리업계의 최근의 동향을 살펴보면 관리인력의 다기능, 다역화 미흡, 경제적 대우 열악, 저가경쟁 위주의 마케팅으로 열악한 시설관리시장 환경으로 변질되어가고 있으며 관리업체의 오너마저 단기손익 위주의 경영만을 추구하고 있으며 시설관리업계 전체의 기술개발은 요원한 실정이다.

세계선진 시설관리업체는 글로벌 스탠더드화하여 표준화된 매뉴얼과 효율적 관리시스템, 전문화된 인력으로 무장한 채 국내 시설관리시장을 점차적으로 잠식하고 있다. 대부분의 시설관리회사들이 영세성을 보이고 있는 가운데 소수의 대기업 계열소속 또는 분사회사 정도와 대형 시설관리업체만이 관리기술과 교육의 차별화를 보이고 있는 실정이다.

우리나라 건물자산관리시장의 FM도입과 변화는 1970년대 경제성장기에 시작되어 오늘에 이르고 있다. FM의 도입과 변화는 1970년대의 FM도입시기와 1980년대의 FM도약기를 지나 1998년의 외환위기 때 처음으로 PM개념이 도입되었으며, 2000년대에 접어들면서 PM의 도약기와 함께 AM의 도입기를 맞고 있다.

이를 분설하면 다음과 같다.

1) FM의 도입기

우리나라는 1970년 경제성장기에 처음으로 FM이 도입되어 시설관리분야에 BAS (Building Automation System)를 도입하여 체계적 건물시설관리가 시도되었다. 이때 비로소 대형빌딩(삼성빌딩, 대우빌딩 등)의 출현으로 FM업체가 처음으로 등장하기 시작하였다. 우리나라의 건물시설관리 역사는 1970년대의 경제성장기와 맥을 같이하며 삼성빌딩과 대우빌딩 등의 대형빌딩의 신축은 전문적 관리업체의 등장을 촉발하도록 하였다. 이때가 바로 FM의 도입기에 해당되며 시설관리분야에서 처음으로 BAS가 도입되었다.

2) FM의 도약기

1980년에 진입하면서 거행된 '86 아시안게임과 '88올림픽게임의 개최로 수많은 체육시설과 대형 IBS빌딩 등이 급증되었으며 질적 시설관리의 요구가 증대되는 가운데 중소 FM업체가 등장하기 시작하였으며 시설관리별 자동제어시스템이 도입되어 관리비용의 경제화와 효율화를 앞당기게 하였다.

3) PM의 도입기

유수 기업들이 1997년 IMF로 인한 도산으로 부실자산이 채권은행에 유입되면서 공실이 크게 증가하고 수익성이 악화되면서 건물시설관리측면에서도 일대 변화의 바람이 불기 시작하였다.

즉, 임대수익의 극대화의 요구와 관리비용의 최소화가 건물자산관리업계의 화두가 되었으며 이때 비로소 외국의 건물자산투자회사가 국내시장에 진입하였으며 PM개념의 도입이 시작되었다.

PM도입시기와 때를 같이하여 FMS(Facilities Management System)가 도입되어 자동제어시스템(BAS)과 함께 통합시스템으로 시설관리가 시작되었다.

4) PM도약기와 AM도입기

2000년대에 접어들면서 IMF를 슬기롭게 극복한 우리나라 경제는 재도약의 시기를 맞고 있으며 투자목적 역시 보유목적에서 수익목적으로 변화되어 임대시장의 활성화가 시작되었다.

특히 건물자산의 매입 · 임대 · 매각과 건물관리서비스, 자산위험관리 등을 내용으로 하는 자산관리 One-stop 서비스가 강조되고 있으며 군관리(群管理)시스템이 도입을 준비하고 있다.

그러나 2009년 연초부터 미국발 금융위기는 우리나라에도 치명적인 경제타격을 주고 있으며 이로 인한 건물자산관리시장의 개편이 예상되고 있다.

2. 국내 FM업계의 문제점

이상의 FM현황에서 살펴본 바와 같이 투자비용의 감소나 인재양성의 미흡 등의 문제의 산적으로 FM업계 스스로의 발전을 가로막고 있다. 이와 같은 국내 FM업계의 문제점과 현황 등을 소개하면 〈표 36〉과 같다.

〈표 36〉 FM업계의 문제점과 현황

업계의 문제점	업계의 현황
1. 가격출혈경쟁 심화	· 기술력에 의한 업체선정이 아닌 저가입찰자가 낙찰되는 시스템으로 현재 출혈경쟁으로 인한 저가경쟁 불가피
2. 투자비용 감소	· 저가낙찰로 인한 기술투자 감소 및 고급인력 사용 회피
3. 수익성 악순환	· 계속되는 수익성 악화 및 기술개발 소홀로 인한 경쟁력 약화
4. 인재양성 미흡	· 관리자 개개인의 기술력은 있으나 그 기술력을 체계화할 수 있는 시스템 및 인재양성 투자 미흡
5. 국제경쟁력 미흡	· 국내 서비스 부분의 시장도 개방시점이 임박했으나 그에 대한 대비 전무
6. 외국계업체 시장 잠식	· 대규모 빌딩의 경우 기술력을 갖춘 외국계 건물관리회사가 시장 잠식
7. 인력의 중복으로 고비용구조	· 인력의 분업화, 전문화 부족과 중복 투입으로 관리비용의 고비용화
8. 표준화된 매뉴얼과 효율적 관리시스템 미흡	· 국내 현실에 맞는 최적화된 표준 건물관리시스템 및 매뉴얼 등의 미흡으로 자원비용 낭비

제3절 Facility Manager의 요구능력과 업무범위

1. Facility Manager의 요구능력

1) Facility Manager의 호칭

건물자산관리 3측면 중 시설관리현장업무를 총괄하는 직책의 호칭에는 Facility Manager 또는 Building Manager의 호칭 등을 사용하기도 한다. 그러나 현실적으로 우리나라의 경우 FM을 담당하는 시설관리현장 총괄책임자를 일반적으로 FM소장, 시설관리소장 또는 관리사무소소장 등으로 호칭하고 Facility Manager와 유사한 시설관리총괄 직무와 책임을 가지고 있는 것으로 인식하고 있다.

따라서 이 책에서는 Facility Manager와 시설관리소장을 동일 직책개념으로 병용하여 사용하기로 한다.

2) 시설관리소장의 직책개념

소장이라 함은 연구소·사무소 등과 같이 소(所)자가 붙은 기관 또는 직장의 사무를 총괄하는 책임자를 의미한다. 본래 소(所)란 연구소·영업소 등과 같이 연락이나 영업 등의 용어 뒤에 붙어서 연락하는 곳, 영업하는 곳 즉, 연락이나 영업을 하는 장소를 의미한다.

이와 비슷한 원(院)은 명사 뒤에 붙어서 그것을 위해 일하는 관청이나 시설(건물)을 나타내는 의미를 가지고 있다. 즉, 학술원·연구원·고아원 등과 같이 사용되어 학술·연구·고아의 건물이나 기관, 시설 등을 의미한다.

일반적으로 사용되는 소장 호칭의 예는 대리점·물류창고·운송·구매·하역과 같은 유통사업의 경우 관리소장이라 하고, 건설현장의 경우 현장소장이라 호칭하며, 시설관리 개념에서 볼 때 오피스·공장·아파트·빌딩 등의 경우에는 시설관리소장이라 통용하여 사용된다. 그러나 기업경영, 정부조직 산하의 보건지소, 보건소, 산림지소, 영업소 등에서는 보건소장, 영업소장 등으로 호칭하고 있다.

본래 소장의 의미는 자기분야의 재능이나 가장 능한 재주를 나타내는 말이나 본서에서 소장이라 함은 일반적으로 사용되는 호칭의 의미와 건물관리 단위사업장의 현장사무소, 시설관리사무소, 청소, 경비 등의 관리현장 등의 의미를 함께 가지고 있는 기업경영상 현장단위 조직의 대표를 의미한다. 그러므로 관리소장이란 경영자로부터 관리권을 넘겨받아 대내적으로 관리업무를 총괄하고, 대외적으로 단위사업장을 대표는 직책을 의미한다.

결론적으로 시설관리소장이란 관리대상건물을 경영자(관리주체, 소유자 등)로부터 넘겨받은 시설관리권을 가지고 단위사업장(관리사무소)을 대외적으로 관리조직을 대표하고, 대내적으로 관리업무를 총괄 또는 지원하는 관리책임자를 말한다.

이와 같이 소장이라는 직책은 단위사업장 관리조직의 책임자로서 기능과 역할이 주어지고 책임지는 자를 의미한다.

즉, 관리소장은 건물관리 단위사업장인 시설관리사무소의 관리책임자로서 대리인은 아니나 대리인과 유사한 법적 지위를 가지며, 관리대상건물에 대하여 관리권을 행사하는 자이다. 건물자산관리현장의 관리소장에는 이른바 갑(甲)측 소장과 을(乙)측 소장의 부류가 있다.

전자는 건물소유자나 경영자로부터 임명된 관리소장을 의미하고, 후자는 건물소유자나 경영자로부터 관리용역계약에 의하여 관리권을 위임받은 관리용역회사로부터 임명된 관리소장을 의미한다.

이와 같은 소장의 직책에 대한 본래의 개념으로 볼 때 갑(甲)측 소장은 본래 의미의 관리소장의 법적 지위를 갖게 되나 을(乙)측 소장은 일반적으로 담당 관리업무를 총괄수행하며 갑(甲)측 소장을 보좌하는 지위 즉, 담당관리 부분의 관리감독자의 지위에 있기 때문에 일반적으로 관리권이 없을 뿐 아니라 관리대상건물 전체의 관리권을 행사할 수 없는 위치에 있다(소속 용역회사가 법적으로 관리주체의 지위에 있고 소속회사의 대표로부터 관리권을 위임받을 경우 예외적으로 관리권이 있는 경우도 있다). 그러므로 갑(甲)측의 관리소장만이 법적 지위의 관리소장이고, 을(乙)측 소장은 호칭상의 소장에 불과하다. 즉, 감독자의 지위에 있다.

그러나 관리업무 처리에 있어서 책임과 의무는 거의 동일한 선상에 있다.

다시 말하면 관리소장의 직책이란 관리대상건물의 관리활동에 대한 방향과 목표를 정하고 관리조직과 인적 · 물적 설비를 적절히 배분, 활용, 감독하여 적정한 관리효과를 창출하며 입주자와 건물 이용자 · 소유자 등에 만족을 제공하며, 성실히 봉사하고 환경 · 안전 · 인력 등에 대하여 고용회사에 책임을 지는 자이기 때문이다.

3) 시설관리소장의 법적 지위와 위치

관리소장에는 권리자로부터 특정 법률행위의 대리권을 수여받아 관리하는 자와 대리권을 수여받지 아니하고 고용 · 위임 · 계약 · 법령 등에 의한 일반 관리권을 행사하여 관리하는 자로 구분된다.

전자는 대리권을 넘겨받은 자이므로 수권한 대리권에 속하는 특정 법률행위(예 자산처분)와 일반관리권을 동시에 행사할 수 있는 포괄적 관리자의 법적 지위를 가지고 있는 자이다. 그러므로 대리권을 수권한 관리소장은 건물자산경영관리의 경영자 대리인의 지위에 서게 된다. 그러나 특정 법률행위에 대한 대리권을 수권하지 아니한 일반관리소장은 관리대상건물에 대하여 관리대상건물의 보존행위 · 이용행위 · 개량행위만 가능하고 처분행위나 경영행위는 할 수 없다. 이때의 관리행위의 내용은 관리대상건물의 보존활동은 무제한적으로 활동이 가능하나 이용 · 개량 활동은 관리대상건물의 모양이나 성질을 변형하지 아니한 범위 내에서만 관리행위를 할 수 있다.

일반건물의 자치관리조직에 있어서 관리소장의 위치는 수직적으로는 위에는 건물경영자(소유자)가 있고 아래로는 건물관리감독자(을측 소장 포함)와 관리근무자 등이 있다. 그리고 수평적으로는 좌우로 관리협력자와 관리관계자 등이 있다. 따라서 관리소장의 위치는 그들의 중심에 있다. 관리소장의 위치는 관리권을 행사하는 관리총괄책임자(예외적으로 경영자대리인의 지위를 겸하는 경우도 있음)로서 위로는 건물소유자(건물경영자)를 보좌하고 아래로 건물관리감독자와 관리근무자 등을 지휘 · 감독 · 통제 · 평가 · 지원하는 위치에 있는 자이다. 관리를 총지휘하는 관리중심의 위치에 있는 자이기도 하다.

따라서 건물관리현장의 관리소장(갑측 소장)은 건물시설관리조직으로 볼 때 관리조직의 꽃이며, 정상의 자리에 있는 자이다.

그러므로 관리소장은 법적 지위와 위치 및 업무의 범위로 볼 때 건물자산관리조직상 가장 중요한 직분을 수행하는 자라 할 수 있다. 따라서 관리효과 역시 관리소장의 능력과 자세에 따라 천차만별로 나타난다.

이와 같은 연유로 유능한 관리자(관리소장)의 양성과 배출은 시급한 건물자산관리산업의 발전과 건물관리의 문제점을 개선하는 데 가장 중요한 당면실천과제라 판단된다.

4) 시설관리소장의 관리권한과 의무

관리소장은 관리대상건물을 관리함에 있어서 권한과 함께 관리권을 적법하고 공정하게 사용해야 하는 의무를 부담하는 자이다.

권한이란 권리가 아닌 것으로 어떤 행위를 할 수 있는 자격 또는 법적 지위를 의미한다. 관리소장이 가지는 관리권은 엄격한 의미에서 권리가 아닌 권한으로서 일정한 관리행위를 할 수 있는 법적 지위나 자격을 의미한다.

관리소장의 권한의 내용에는 대체로 다음과 같은 것이 있다.

- 대외적으로 시설관리사무소를 대표하는 대표권한
- 대내적으로 시설관리업무를 총괄하는 총괄지휘권한

관리소장은 관리에 관하여 관리권의 행사와 관리업무 등에 대하여 법적 의무와 취업규칙, 인사규정 등의 의무를 부담하는 것이다. 의무란 법적 구속을 의미하며, 관리소장의 의무에는 작위의무와 부작위의무로 분류된다.

관리소장은 건물관리의 작위의무와 부작위의무를 동시에 가지는 자이며, 의무를 해태하거나 이행하지 않을 경우 법적 또는 도의적으로 책임을 지게 된다. 손해가 발생되면 손해를 배상해야 함은 물론이다.

〈표 37〉 시설관리소장의 작위 의무와 부작위 의무

관리소장의 작위의무	관리소장의 부작위의무
① 선량한 관리자의 주의의무	① 자기 관리행위 금지의무
② 공정관리의무	② 사익우선 금지의무
③ 성실관리의무	③ 부당 관리 금지의무
④ 인명과 재산보호의무	④ 불공정 관리비 징수집행 금지의무
⑤ 재난방지의무	⑤ 부적절한 보수공사 발주 및 구매행위 금지의무
⑥ 주(住)측면의 생존지원 의무	⑥ 불공정 용역관리 금지의무
⑦ 관리자 품위유지 의무	⑦ 관리비밀 누설 금지의무
⑧ 건물이해관계자 만족제공 의무	⑧ 불법행위 금지의무
⑨ 시설설비의 정상기능 유지관리의무	⑨ 금품 향응 금지의무
⑩ 입주자 사용수익 협조의무	⑩ 입주자 비밀문서 · 정보 · 기밀 외부유출 금지의무
⑪ 방해배제 의무	⑪ 쌍방대리 금지의무
⑫ 재정보증 의무	⑫ 자기계약 금지의무 등
⑬ 회사기밀 엄수의무	
⑭ 경영목표 달성의무	
⑮ 관리목표 달성의무	
⑯ 관리대상건물 보존의무	
⑰ 건물경영자 보좌의무	
⑱ 관리관계법령 준수의무	
⑲ 회계의무	
⑳ 복종의무	
㉑ 경영자에 대한 보고의무	
㉒ 고지의무 등	

관리소장의 작위의무와 부작위의무는 〈표 37〉과 같다.

5) 시설관리소장의 구비조건과 요구능력

관리소장은 건물경영자나 건물소유자로부터 막대한 건물자산의 관리를 위임받아 관리하는 자이고, 건물 내의 수많은 입주자들의 귀중한 생명과 재산을 보호해야 하는 자이므로 타 직종의 책임자보다 고도의 관리능력과 경영능력을 함께 구비해야 한다.

건물관리는 매우 위험하고 복잡하며, 사람과 장소, 사람과 물건, 사람과 사람의 관계를 원만하고 효율적으로 관리해야 하므로 우선 인격적으로 원만한 성격과 품성을 지녀야 하고, 신뢰와 성실성을 갖추고 정신적으로나 육체적으로 그리고 사회적으로 건강해야 한다. 뿐만 아니라 관리업무에 대한 체계적인 지식과 정보 및 충분한 관리경험 등을 가지고 있어야 하며, 전문성과 기술성을 함께 확보한 자이어야 한다.

관리소장이 특히 구비해야 하는 구비조건과 요구능력에 대하여 정리하면 다음과 같다.

(1) 시설관리소장의 구비조건

건물자산관리현장의 책임자인 관리소장은 적어도 다음과 같은 조건을 구비해야 한다.

① 관리업무에 대한 체계적인 지식과 정보를 확보한 자일 것
② 관리자 법정자격(법정자격 필요시)의 자격을 갖추고 있는 자일 것
③ 충분한 관리경험을 가진 자일 것
④ 관리자다운 품성을 가진 자일 것
⑤ 관리자의 건강상태가 육체적 · 정신적 · 사회적으로 건강할 것
⑥ 관리자 윤리적 자세가 확립된 자일 것

(2) 시설관리소장의 요구능력

건물관리소장이 성공적인 관리현장을 영위하려면 다음과 같은 능력이 요구된다.

① 관리업무 통합조정 능력
② 대인관리 능력
③ 대물관리 능력
④ 건물경영 관리능력
⑤ 관리업무 추진능력
⑥ 상황변화 능동적 대처능력
⑦ 대관업무 처리능력
⑧ 조직관리 및 장악능력
⑨ 설득능력(커뮤니케이션 능력, 대화능력)
⑩ 지휘능력(리더쉽)
⑪ 기술관리 능력
⑫ 행정관리 능력

⑬ 관리업무 총괄능력
⑭ 지원능력
⑮ 대외적 대표능력
⑯ 기획관리 능력
⑰ 의사결정 능력
⑱ 비상상황 수습능력
⑲ 통솔지휘 능력
⑳ 경영자, Property Manager 보좌 능력 등

2. 시설관리소장의 업무범위

1) 업무범위의 내용

관리소장의 업무범위는 대외적으로 관리사무소를 대표하는 대외업무와 대내적으로 관리업무를 총괄하고 지원하는 대내업무 및 건물경영자 보좌업무로 국한된다. 따라서 관리소장의 업무는 다음과 같다.

- 대외적으로 관리사무소를 대표하는 대외업무
- 대내적으로 관리업무를 총괄하고 지원하는 대내업무
- 건물자산소유자나 경영자 및 Property Manager를 직접 보좌하는 경영자 보좌 업무

그러므로 건물관리소장의 직분을 현재 수행하고 있거나 관리소장이 되고자 하는 자는 반드시 대외적 대표로서의 품성과 조건에 손색이 없어야 하고, 대내적으로는 관리업무를 총괄하고 지원하는 자로서 충분한 기술성과 전문성을 가지고 있어야 하며, 건물경영자를 보좌하고 대리하는 경영능력도 함께 가지고 있어야 한다.

관리소장의 대외업무와 대내업무 및 경영 보좌업무 등을 개괄적으로 기술하면 다음과 같다.

2) 시설관리소장 대외업무

관리소장은 건물의 소유자(경영자 포함), 관리주체, 법령상 관리권한이 있는 자 등으로부터 관리권을 수여 · 위임 · 계약 · 법령 등에 의하여 넘겨받은 자이므로 이들을 대신

함은 물론 관리사무소를 대표하는 자격과 권한이 주어진다.

따라서 관리소장은 대외적으로 관리사무소를 대표하여 관리에 관한 의사표시를 하거나 수령하는 위치에 있다.

그러나 관리소장은 건물소유자(권리자, 권한자 포함)로부터 대리권을 수여받거나 위임 · 계약 · 법령 등에 의하여 대리권을 행사할 수 있는 자이므로 관리권을 넘겨준 권리자 · 소유자 · 권한자 등을 위하여 관리권을 적법하고 타당성이 있으며, 권한범위 내에서 권리자를 위하여 관리권을 행사하여야 한다.

다시 말하면 건물의 소유자, 권리자 등의 이익을 보호하고 고의적으로 손실을 초래하거나 관리자 스스로의 이익을 위하여 관리권을 행사하지 말아야 한다. 즉, 건물의 소유자, 권리자를 해하는 불법한 행위는 할 수 없으며, 오직 적법하고 유익한 관리행위만 할 수 있다.

만일의 경우 관리자 스스로의 이익을 위하여 관리하거나 건물소유자에게 손해를 가져오는 불법한 관리행위는 전적으로 관리자(관리소장) 스스로 책임져야 한다.

건물관리소장이 대외적으로 관리사무소를 대표하기 위해서는 관리소장으로서의 품성조건을 충족해야 함은 전술한 바와 같다.

관리소장의 대외적 대표와 관련한 바람직한 행동과 태도에 대하여 구체적으로 살펴보면 다음과 같다.

① 건물관리 업무에 대하여 중요성과 필요성을 깊이 인식하고 건물자산관리에 대한 확실한 신념과 사명감을 가져야 하며 이를 위하여 체계적인 관리이론으로 무장되어야 한다.
② 품위를 유지해야 한다.
③ 신뢰성 있는 언어 사용과 예의바른 행동을 해야 한다.
④ 사소한 일에 흥분하거나 화를 내는 것을 삼가고, 참고 인내하는 성격을 가져야 한다.
⑤ 대인관계가 유연하고 모나지 않아야 한다.
⑥ 작업시를 제외하고는 언제나 단정한 복장과 정중한 몸가짐을 유지해야 한다.
⑦ 관리소장의 직분을 천직으로 알고 일찍 출근하고 늦게 퇴근하며 근무시간 동안에는 언제나 정위치하는 근무태도를 견지해야 한다.
⑧ 건물자산관리이해관계자의 전폭적인 신뢰와 지지를 받아야 한다.
⑨ 건물관리관계자 등과 인간적 유대관계를 유지해야 한다.

⑩ 관리관계 업무에 대한 다방면의 경험과 전문성을 갖추고, 관리현안에 대하여 언제나 능동적이고 적극적으로 대처해야 한다.

⑪ 조직 장악 능력이 있어야 하고, 근무자 등으로부터 신뢰를 확보해야 하며 항상 모범을 보여야 한다.

관리소장이 관리사무소를 대표하기 위해서는 위와 같은 관리소장으로서의 자세, 행동, 태도를 갖추는 외에 사회적으로 신뢰받는 외모 · 연령 · 경험 · 학력 · 자격 · 기술 · 전문성 등의 조건을 갖추는 것이 매우 바람직하고 유리하다.

관리소장의 직책은 현실적 입장에서 살펴볼 때 사회적으로 크게 인정받지 못하고 있는 직업이나 향후 사회적으로 크게 평가받는 전문 직업으로 발전될 것으로 확실히 전망되며 관리소장이 담당하고 있는 관리업무는 건물 내의 귀중한 인명과 재산을 보호하는 자이므로 사회적으로나 국가적으로 어떤 직업보다 훌륭한 일을 담당하고 있는 자라 할 수 있다.

뿐만 아니라 건물관리소장(관리자)은 향후 영국의 OM 매니저, 미국의 CPM(공인 건물자산관리사), 일본의 빌딩경영관리사와 같은 사회적 인정과 높은 대우를 받게 될 것이 확실시되므로 관리소장 스스로 자부심을 가지고 자기개발과 발전에 스스로 노력해야 하는 것은 물론이려니와 관리소장(관리자)들이 직업상의 문제가 있다면 전국적인 규모로 합심 연합하여 현재 당면하고 있는 관리소장의 애로와 문제들을 이성적이고 합법적으로, 그리고 서로 도와서 해결하는 것이 바람직한 문제해결의 한 방법이라 판단된다.

3) 시설관리소장 대내업무

관리소장은 대외적으로 관리사무소를 대표하면서 한편으로는 대내적으로는 관리대상 건물의 관리업무를 총괄하고 지원하는 직분도 함께 가지고 있다.

왜냐하면 관리권을 위임 · 수여 · 계약 · 법령 등에 의하여 행사할 수 있는 자이기 때문이다. 관리소장이 관리업무를 총괄 및 지원하기 위해서는 다음과 같은 건물관리 업무 전체에 대하여 소상하고 철저하게 파악하고 이를 이해하고 있어야 한다.

관리소장이 관리책임자로서 처리해야 할 관리업무의 종류와 내용은 대체로 다음과 같다.

(1) 건물행정관리업무

① 건물경영목표 지원업무
② 경영조직과 경영조직의 각종 운영규정과 방침 및 정책 지원업무
③ 인사노무관리업무
④ 회계업무(경리업무 포함)
⑤ 세무업무
⑥ 임대관리업무(해당되는 경우)
⑦ 구매관리업무(물품 및 용역구매관리업무)
⑧ 건물보험업무
⑨ 자산운용관리(수익관리업무, 경제가치 보존 및 제고 업무) 지원업무
⑩ 문서사무업무
⑪ 기타 건물경영과 관련된 업무 등

(2) 건물기술관리업무

① 관리대상 건축물의 시설과 설비의 유지와 보전
② 주요설비의 운전과 점검, 정비보수
③ 기술관리조직 내의 기술 인력의 기술의 정도와 자격과 기술수준 유지관리
④ 위험시설물의 종류와 성능유지 및 안전관리
⑤ 기술관리를 위한 설계도서, 건축물관리대장, 기술 스팩, 기술 매뉴얼, 운전관리 또는 사용설명서(설비 · 장비)등의 보존관리
⑥ 기술관리를 위한 준공도서, 건축물 이력서, 장비 · 공구 · 기기 · 부품 · 원료 · 재료 · 에너지 등의 현황 파악 및 보관, 사전준비와 유지관리
⑦ 기술관리대상(건축물 · 건축대지 · 건축설비)의 주요관리와 정보파악과 활용

(3) 건물법률관리업무

① 계약 및 계약 사후관리업무
② 관리관계법령의 법적조치사항 파악과 준수
③ 권리보존관련 업무
④ 유관기관관련 업무(대관업무, 관계기관업무, 대외기관업무)

⑤ 관리관련 규정 · 지침 · 계약 · 약정 · 세칙 · 행정명령 · 규약 · 방침 · 계획 · 수칙 등의 관련 업무
⑥ 입주자 민원 · 진정 · 소송 및 채권보전 등에 관한 업무 등

(4) 건물안전관리업무(건물위험관리업무)

① 위험시설물 파악 및 특별안전관리대상의 안전관리
② 관리업무별 위험관리대상 파악 및 위험관리
③ 예방안전관리
④ 관계법령관리
⑤ 안전조직 운영과 활동
⑥ 재해발생시 대처, 수습, 조기정상 복구
⑦ 화재방지
⑧ 경비보안
⑨ 야간휴무 안전관리
⑩ 재난방지
⑪ 자연재해 방지업무
⑫ 비상연락망 파악 및 비상대처 등

(5) 건물환경관리업무

① 청소관리
② 위생관리
③ 소독방역관리
④ 조경시설물관리
⑤ 수질오염방지
⑥ 실내 공기질 관리업무
⑦ 건물 이미지 관리업무
⑧ 건물미화관리업무
⑨ 건물환경개선업무 등

결론적으로 시설관리소장의 바람직한 역할은 대외적으로 시설관리사무소를 대표하는

것과 대내적으로 시설관리업무를 총괄 및 지원하기 위해서는 복합적인 관리대상을 종합 오케스트라 지휘자 같이 지휘하고 조정하며 변화하는 관리현장 환경에 맞게 능동적으로 대처하며 입주자와 사용자들에 대한 끊임없는 봉사와 공동사회에 책임지는 역할을 감당해야 한다.

4) 경영자, Property Manager 보좌업무

경영자, Property Manager 보좌업무는 수익성 건물의 경우 건물 소유자 · 경영자와 비수익성 건물의 관리주체나 관리권한 있는 자를 보좌하는 업무로서 가장 중요한 관리소장의 업무이다.

건물경영자나 관리주체를 보좌하기 위해서는 그들의 의도와 경영 및 관리정책이나 방침을 완전히 이해해야 한다. 뿐만 아니라 매일 또는 정기적으로 업무현황을 보고하고 경영자가 의사결정을 바르게 할 수 있도록 보좌해야 한다.

또한 경영자가 결정한 경영목표 달성에 최선을 다해야 한다. 경영보좌업무는 관리소장의 업무 중 가장 비중이 큰 업무로서 경영자 보좌업무의 실패는 곧 바로 관리소장의 직책을 쉬게 하는 직접요인이 된다.

3. 시설관리소장의 역할

관리소장의 역할이라 함은 건물자산관리를 함에 있어서 관리소장이 해야 할 구실과 기능을 의미한다. 관리소장은 대내외로 매우 중요한 위치에 있는 자이므로 그 역할 역시 매우 중요하다.

시설관리소장의 주요역할은 대체로 다음과 같다.

① 관리사무소 대표자 역할
② 건물경영자 대리역할 · 보좌역할
③ 건물관리업무 총괄 지원자 역할
④ 건물관리감독자, 관리근무자, 종사자 등의 업무조정자 역할
⑤ 관리직원의 직무에 관한 교육자 역할
⑥ 관리문제 해결을 위한 해결자 역할
⑦ 관리업무 총괄관리자 역할

⑧ 관리직원을 내외부로부터 보호하는 보호자 역할
⑨ 관리의 공정과 적절한 관리를 위한 감독자 역할
⑩ 경영자로부터 관리행위 승인을 위한 결재승인, 의사결정 정보제공 역할
⑪ 관리협력자, 관계자로부터 적정한 지원과 공적 서비스와 사적 서비스 확보를 위한 인간관계 유지자 역할
⑫ 관리상 분쟁을 설득 · 조정 · 해결하기 위한 분쟁 조정자 역할
⑬ 관리상황 변화에 대처하기 위한 기획조사자 역할
⑭ 건물자산관리 오케스트라 지휘자 역할
⑮ 관리업무 추진결과 최종 책임자 역할
⑯ 관리현장 비상시 진압 및 수습자 역할

제4절 FM의 제안과 계약체결방법

1. FM의 제안

FM의 실무는 PMC 또는 건물소유주나 관리주체에 대한 FM의 제안은 FM용역을 수주받기 위한 첫 단계의 FM실무로서 서면 상으로는 제안서와 함께 관리소요예산서를 첨부하여 제출하는 것이 일반적이다.

관리실행예산은 수주 받고자 관리대상건물의 규모나 용도 · 성격 등에 따라 상당히 상이한 내용이 되므로 이 절에서는 FM제안에 관한 일반사항과 표준성 있는 조달청의 용역계약방법을 원용키로 한다.

FM제안서의 주요내용은 다음과 같다.

① 회사소개
② 사업영역과 재무능력
③ 시설관리시스템과 기술능력 및 보유 장비현황
④ 시설관리 주요실적과 현장현황 소개

⑤ 현장조직과 지원조직 및 지원방안
⑥ 시설관리 성공사례
⑦ 시설관리서비스 제공방안
⑧ 시설관리 소요예산
⑨ 기타 도움 되는 사항

이상의 정보를 순서대로 FM제안서에 보기 좋게 배열하고 한눈에 볼 수 있도록 컬러링하여 편집함이 현명하다.

특히 FM제안서 작성시 유의할 사항은 왜, 우리 회사가 귀하의 FMC(시설관리업체)로 선정되어야 하는 이유(이익이 되는 이유)를 각인될 수 있도록 제안서가 작성되어야 한다는 점이다.

FM용역을 발주하는 건물주나 Property Manager의 최대 관심사항은 시설관리비이 최소화와 최적의 시설관리 품질에 있으며 이를 위한 시설관리 수행능력, 재정능력, 기술능력, 회사의 신용, 예정 관리소장의 자질과 기술능력 등을 중요시하므로 이를 적극적으로 부각시켜 작성해야 한다.

또한 최적의 시설관리서비스 제공 방안을 집중 각인시켜 시설관리능력을 인정받도록 노력해야 한다.

2. FM용역 발주체계와 단계별 처리절차

1) FM용역 발주체계

건물자산관리에 있어서 PM관리방식이 적용되거나 FM방식이 적용되는 일반 개인소유건물자산 또는 법인자산에 대한 FM의 계약실무는 비표준적이나 국유 또는 공공건물에 대한 조달청의 시설관리용역업무 처리절차나 단계별 업무 처리절차 및 계약방법과 낙찰방법은 표준성이 있으므로 조달청의 용역발주체계와 처리절차에 대한 FM용역 발주체계를 소개하면 [그림 38]과 같다.

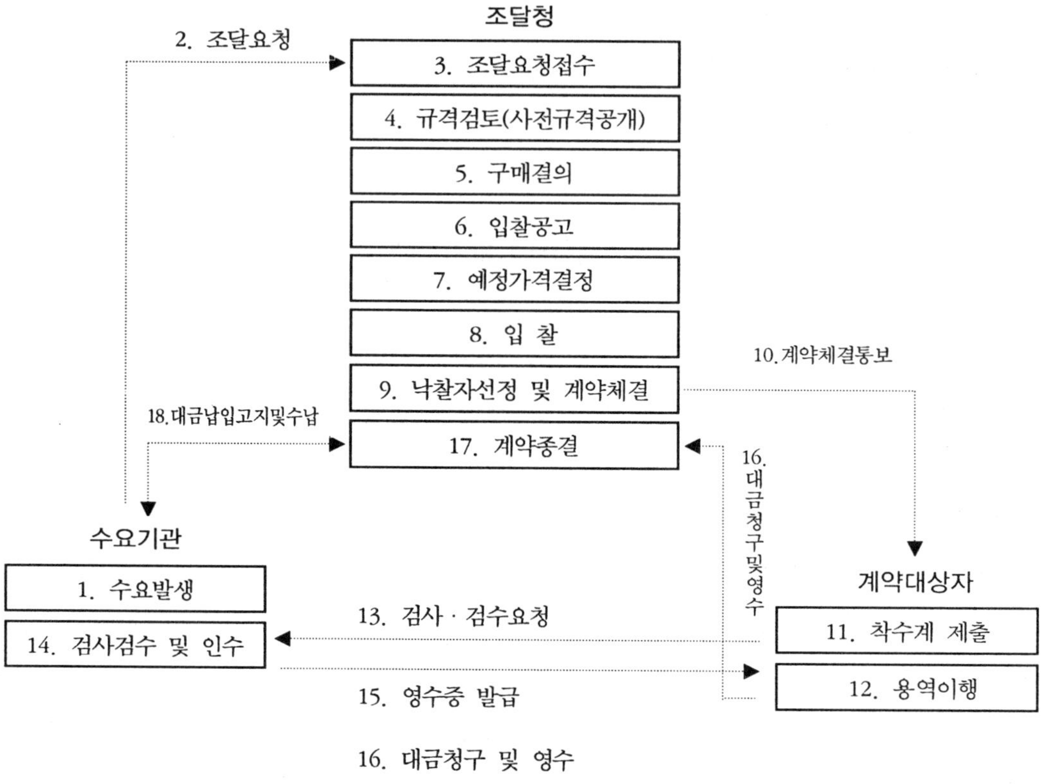

(자료출처 : 조달청용역 발주절차자료)

[그림 38] 조달청 시설관리용역 발주체계

2) 시설관리용역 발주단계별 처리절차

표준성이 있는 조달청의 시설관리용역 발주절차는 일반 기업소유 건물의 시설관리용역 발주에 표준이 되는 절차이므로 이를 소개하면 〈표 38〉과 같다.

시설관리실무자는 소속회사의 발주사정에 따라 이를 업무에 참고할 때 가감하여 인용하는 것이 시설관리 실무에 도움이 될 것으로 판단된다.

〈표 38〉 시설관리용역 발주단계별 업무처리절차

1. 수요발생	수요발생은 수요기관의 사업목적에 필요한 물품 및 용역에 따른 것이며, 해당 예산을 확보함으로써 발생한다.
2. 조달요청	수요기관의 장은 수요물자를 필요할 때는 품명, 규격, 납기, 특수조건 및 추산가격, 배정예산 및 물품수급 관리계획 반영여부 등을 기재하여 나라장터 시스템을 이용하여 조달요청한다.
3. 조달요청 접수	조달요청서는 본청 및 수요기관을 관할하는 지방청에서 접수하여 접수와 동시에 홈페이지에 게재하여 일반인에게 공개한다.
4. 규격검토 (사전규격공개)	용역구매는 일반경쟁을 원칙으로 하여 국가에 가장 유리한 구매가 가능하도록 규격을 검토하여 일정기간 동안 규격을 사전 공개하고 이해당사자의 의견을 청취한다. 그러나 수요기관이 요청하는 용역이 국가계약법 시행령 제26조 각호에 해당하는 경우에는 규격을 사전 공개하지 않고 수의계약에 의거 구매할 수 있다.
5. 구매결의	규격검토가 끝난 요청서는 가장 적합한 계약방법, 낙찰자선정방식, 입찰일시 등을 결정하여 구매결의서를 작성한다.
6. 입찰공고	경쟁입찰방법에 의하여 낙찰자를 결정하고자 하는 경우에는 나라장터(G2B)를 이용하여 공고하여야 한다.
7. 예정가격결정	예정가격은 계약담당공무원이 구매를 위한 경쟁입찰 또는 수의시담을 하기 전에 당해 계약목적물의 특성 및 계약여건 등을 고려하여 예산의 범위내에서 구매가격으로 적정하다고 판단하여 정한 가격을 말하며 동 가격은 입찰 또는 시담에 의한 낙찰자 선정의 기준이 되며 계약체결에 대한 최고 금액이 된다.
8. 입찰	입찰은 입찰공고에 명기된 입찰시간과 장소에서 실시한다.
9. 낙찰자선정 및 계약체결	계약체결은 권리, 의무변동(발생, 변경, 소멸)의 효과가 발생하는 법률행위로서 경쟁입찰은 입찰 후 낙찰예정자로 선정된 자와 수의계약은 수의계약 대상자와 계약서에 상호날인(전자계약인 경우 상호인증)함으로써 성립한다.
10. 계약체결통보	계약서에는 인지세법에 의한 인지세액을 합산하여 과세문서(계약서)에 인지를 붙임으로써 납부케 하고 계약당사자 및 수요기관에 송부한다(전자계약인 경우 인지세 미징수).
11. 착수계 제출	계약상대자는 일반용역을 착수시에는 관련 법령에서 정한 서류 및 착수신고서를 발주기관에 제출한다.
12. 용역 이행	계약상대자는 계약문서에 정하는 바에 따라 용역을 착수 · 이행하여야 한다.
13. 검사 · 검수 요청	계약상대자는 일반용역을 완성하였을 때에는 그 사실을 서면으로 계약담당공무원에게 통지하고 수요기관에 계약목적물에 대한 검사 · 검수 요청을 납품일까지 서면으로 신청한다.
14. 검사 · 검수 및 인수	"검사"는 계약목적물이 관련법령에 의거 적합하고 구매규격대로 이행되었는지 여부를 검사공무원이 확인하는 것이며, "검수"는 검사에 합격된 계약목적물이 손상 또는 훼손품이 없고 납품서류상의 수량대로 납품되었는지 여부를 물품출납공무원이 확인하는 것을 말한다.
15. 영수증 발급	계약물품을 이상 없이 검사 · 검수한 후 수요기관은 물품납품 및 영수증을 발급하여, 계약조건에 따른 하자보수보증금 및 세금계산서 발행여부 등을 확인하여야 하며 기타 대금지급시 참고할 내용을 부기한다.
16. 대금청구 및 영수	수요기관에서 검사 · 검수가 완료되어 물품납품 및 영수증, 기타 제출서류를 첨부하여 계약자가 조달청에 대금청구를 하는 경우에는 제반기재 사항, 계약물품의규격 및 수량, 납품기한 대 실제 납품일, 하자보증금 적립여부, 계약자에게 지급될 금액에 관한 사항 등을 확인 후 대금을 청구한다. 다만, 수요기관 직불의 경우에는 해당 수요기관에서 대금청구와 관련된 업무를 처리한다.
17. 계약종결	납품서류 확인결과 하자가 없거나 보완이 완료된 경우에는 계약종결서류를 작성하고, 계약종결 및 분할납품이행 내용(수요기관 직불의 경우는 수요기관 통보내용)을 조달 EDI에 입력한다. 경영법무담당관은 해당 계약과에서 지급을 의뢰한 계약종결서류를 확인하고 계약자에게 지급(계좌입금)을 한다.

3. FM계약체결방법

1) 기업소유 건물자산시설관리 용역계약방식과 조달청 시설관리 계약방식

일반기업소유 건물자산의 계약방식에는 FM인건비+Utilities+소모자재의 턴키계약방식인 A계약방식, FM인건비+소모자재+Utilities 실비정산방식인 B계약방식 그리고 FM인건비+실비정산방식인 C계약방식이 있었으나 이는 일반건물자산에 대한 용역업자, 용역비 정산을 기준으로 설정한 계약방식으로서 B계약방식이 가장 일반적으로 활용되는 계약방식이다. 조달청의 시설관리용역 발주방식은 경쟁여부를 기준으로 경쟁계약방식과 수의계약방식으로 분류하고 일정 용역금액이 초과되는 경우 반드시 일반경쟁계약방식을 취하고 있다.

조달청의 시설관리계약방식을 소개하면 〈표 39〉와, 〈표 40〉과 같다.

〈표 39〉 시설관리경쟁계약방식

구 분	개 념	참가자격 및 기준
일반경쟁	- 불특정 다수의 입찰희망자를 경쟁입찰에 참가토록한 후 그중에서 국가에 가장 유리한 조건을 제시한 자를 선정하여 계약을 체결하는 방법 - 입찰방식의 기본원칙	- 당해 입찰목적물의 제조·공급에 필요한 시설, 점포를 소유하고 있는 자 - 관련법령의 규정에 의한 면허, 허가, 인가 등록 등을 받은 자 ※ 조달청 입찰참가자격 등록
제한경쟁	- 계약의 목적, 성질 등에 비추어 필요한 경우 경쟁참가자의 자격을 일정한 기준에 의하여 제한하여 입찰케 하는 방법	- 고시금액(2.1억원) 미만의 용역에 대한 지역제 - 특수한 기술이 요구되는 용역계약의 경우 - 중소기업 간 경쟁지정물품 - 재무상태 등에 의한 제한입찰
지명경쟁	- 기술력·신용 등에 있어서 적당하다고 인정하는 특정 다수의 경쟁 입찰참가자를 지명하여 입찰케 하는 방법	- 계약의 성질·목적에 비추어 특수한 기술 - 실적을 갖춘 자가 10인 이내인 경우 - 중소기업 간 경쟁지정물품 - 수의계약에 의할 수 있는 경우

〈표 40〉 시설관리수의계약방식

구 분	개 념	참가자격 및 기준
수의계약	- 경쟁입찰에 부치지 않고 특정의 상대를 선정하여 그 자와 계약을 체결하는 것으로, 특수목적을 위하여 예외적으로 인정하는 경우	〈대상〉 - 천재지변, 긴급한 행사 등 경쟁에 부칠 여유가 없을 경우 - 비밀리에 할 필요가 있는 경우 - 특정인의 기술을 요하는 조사 · 설계 · 감리 · 특수측량 · 훈련 · 시설관리 - 3천만원 미만인 용역 - 중소기업(협)조합과의 단체수의계약 〈참가자격〉 - 일반경쟁 참가자격과 동일함
재공고에 의한 수의계약	- 입찰에 부쳤으나 입찰자가 없거나 입찰자가 있어도 낙찰자가 없어 유찰이 되는 등 입찰의 목적을 달성하지 못하였을 경우 실시하는 계약	〈대상〉 - 입찰참가자는 물론 당해 입찰에 참가하지 않은 자로서 국가에 가장 유리한 가격을 제시한 자 〈참가자격〉 - 일반경쟁 참가저격과 동일함
단체수의계약	- 중소기업의 판로지원 및 육성을 위해 정부 등 공공기관이 중소기업 협동조합과 수의계약을 통하여 물품을 구매하는 제도	〈대상〉 - 단체수의계약에 의하여 당해연도 우선 구매할 물품은 중소기업청장이 물품분류번호, 물품명, 계약대상지역 및 해당 조합명을 명시하여 매년 지정 〈참가자격〉 - 중소기업협동조합에 가입한 업체

2) 시설관리용역 입찰 낙찰자 결정방법

(1) 적격심사제도

입찰자의 계약이행능력을 심사하여 일정수준 이상의 평점을 받은 우량업체를 낙찰자로 결정하는 제도로서 덤핑입찰에 의한 낙찰 예방, 계약이행의 신뢰성 확보, 업체의 경영합리화 및 품질 향상을 유도하기 위하여 적격심사제도를 적극 활용하고 있다.

(2) 시설관리용역 계약절차

시설관리용역 계약절차는 다음의 [그림 39]와 같다.

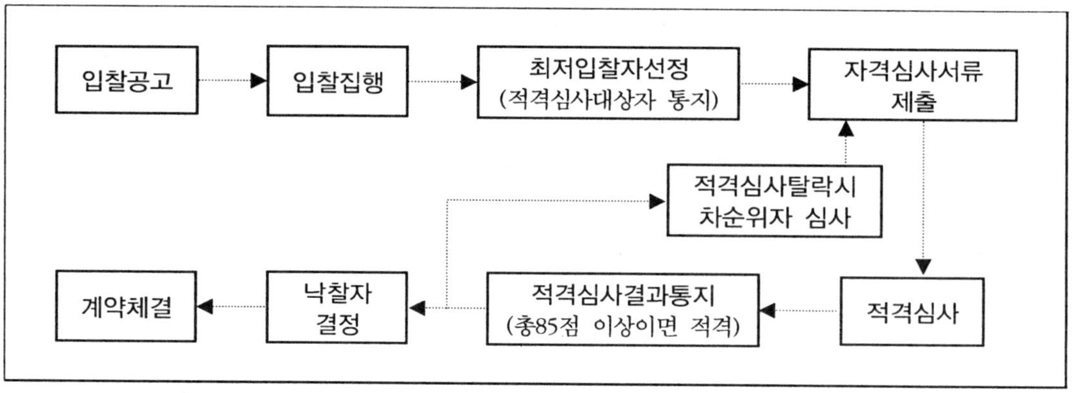

[그림 39] 시설관리용역 계약절차

(3) 낙찰자 공급방법별 분류

공급방법별 분류와 내용은 〈표 41〉과 같다.

〈표 41〉 공급방법별 분류

구 분	개 념	참가자격 및 기준
총액계약	- 당해 계약목적물 전체에 대하여 총액으로 계약체결	- 수요빈도가 적고, 제시된 규격에 의하여 제조·납품하는 물품 및 용역
단가계약	- 제조, 수리, 공급, 사용 등 일정기간 동안 계약목적물의 안정적 공급을 가능하게 하기 위하여 단가에 대하여 계약을 체결	- 수요빈도가 많고, 정형화된 규격에 의하여 제조·공급되는 물품(철근, 시멘트, 레미콘, 아스콘 등 계약물량을 조정·통제할 필요가 있는 물품)
제3자 단가 계약	- 조달청에 계약자에게 납품 요구 - 계약방법의 특례로서 각 수요기관에서 공통적으로 사용하는 물자로 수요기관에서 직접 계약자에게 납품요구	- 행정사무자동화 기기, 우수제품 등 계약자 규격 물품으로 제조·공급되는 물품(전자복사기, FAX 등)

(4) 2단계 규격과 가격분리 입찰

2단계 경쟁 및 규격·가격분리 입찰은 물품의 제조·구매 또는 용역계약에 있어서 미리 적절한 규격 등의 작성이 곤란하거나 기타 계약의 특성상 필요하다고 인정되는 경우의 입찰방법으로서 입찰자가 제출한 제안서를 평가하여 적격자로서 최저가격으로 입찰한 자를 낙찰자로 결정하는 방법으로 일반건물의 시설관리용역 입찰에도 유용하게 활용될 수 있을 것으로 판단된다.

2단계 규격과 가격분리 입찰의 계약절차는 [그림 40]과 같다.

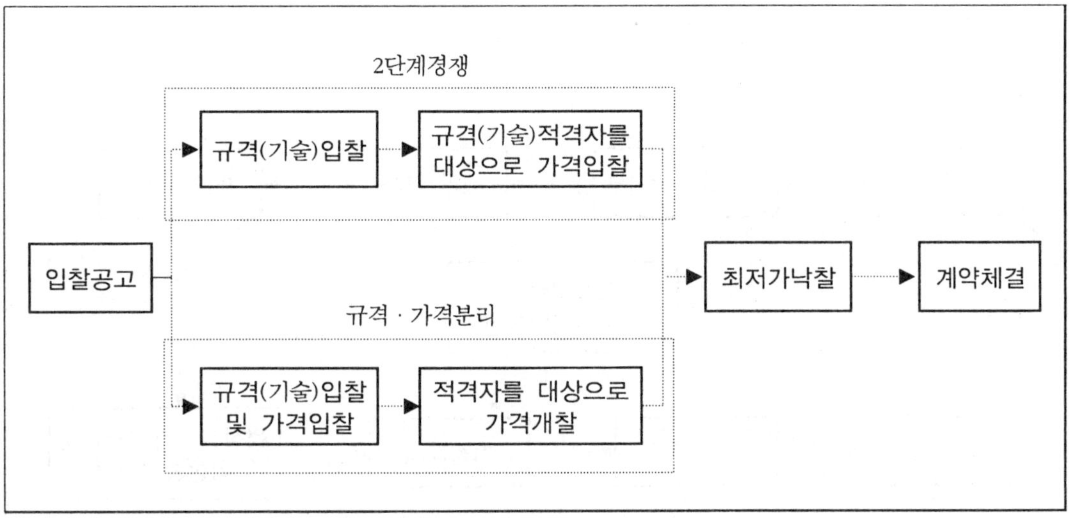

[그림 40] 2단계 규격과 가격분리 입찰계약절차

2단계 경쟁 입찰과 규격 · 가격분리 입찰의 차이점은 〈표 42〉와 같다.

〈표 42〉 2단계 경쟁과 규격 · 가격분리 입찰의 차이점

구 분	입찰 방식	입찰 유 · 무효	낙찰자 결정
2단계 경쟁 입찰	- 규격(기술)입찰을 먼저 실시, 적격자 선정 - 적격자를 대상으로 가격 입찰	- 각 단계별 2인 이상의 유효한 입찰	최저가 낙찰
규격 · 가격분리 입찰	- 규격(기술)입찰과 가격 입찰을 동시 실시 - 적격자를 대상으로 가격 개찰	- 규격과 가격입찰 2인 이상의 유효입찰 - 규격 적격자가 1인인 경우에도 가격개찰	최저가 낙찰

(5) 협상계약

용역사업을 수행함에 있어서 계약이행의 전문성 · 기술성 · 긴급성 · 공공시설물의 안전성 및 그 밖에 국가안보목적 등의 이유로 필요하다고 인정되는 경우에는 입찰참가자가 제시한 제안서와 입찰가격을 종합 평가하여 국가에 가장 유리하다고 인정되는 자와 협상절차를 통하여 계약을 체결하는 것으로 특히, 정보과학기술 등 집약도가 높은 지식을 활용하여 고부가가치를 창출하는 지식기반사업의 계약을 체결하는 경우에 협상에 의한 계약을 우선적으로 적용함이 타당하다.

협상계약절차는 다음의 [그림 41]과 같다.

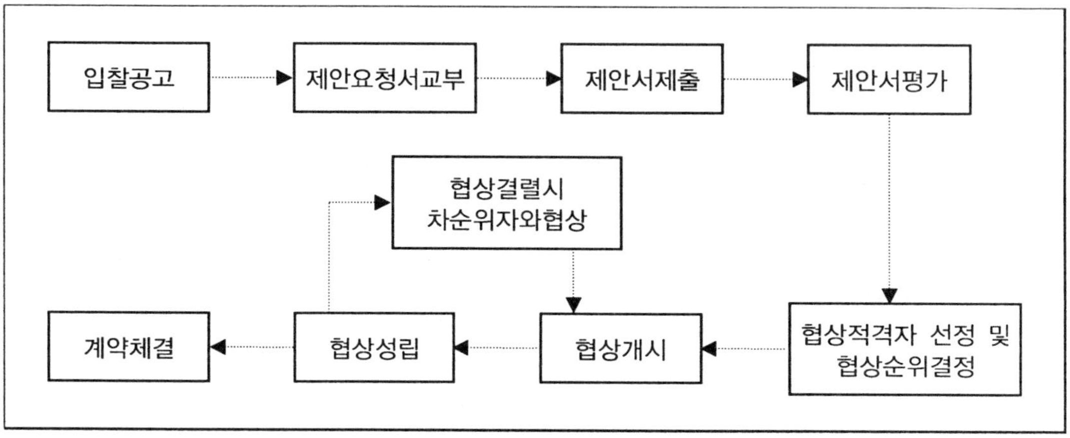

[그림 41] 협상계약절차

제5절 FM 실무활동

1. FM 실무활동의 의의

FM 실무활동이라 함은 건물자산관리 6대 관리영역 중 기초관리영역으로서 환경관리영역과 위험관리영역, 법률관리영역과 행정관리영역의 지원을 받아 사용가치를 높여 최유효 사용화함으로써 건물자산의 핵심관리영역으로서 수익가치를 높여 최유효 수익화의 핵심목표를 자기고 있는 건물자산의 경제관리를 직접 지원하는 기술환경, 안전측면의 물적유지관리를 의미한다.

2. FM 실무활동의 영역과 주요실무

FM 실무활동의 영역에는 기술관리영역, 환경관리영역, 안전관리영역 등이 있으며 주요실무는 다음과 같은 업무가 있으나 구체적인 실무내용은 이 책의 해당 각론인 건물자산기술관리론, 건물자산환경관리론, 건물자산위험관리론 등을 참고하기 바란다.

1) 시설관리영역 실무

① 건축물유지관리 실무
② 건축설비 O & M 실무
③ 기술작업관리 실무
④ 에너지관리 실무

2) 환경관리영역 실무

① 건물청소관리 실무
② 건물위생관리 실무
③ 건물조경시설물관리 실무
④ 실내공기질관리 실무

3) 안전관리영역 실무

① 시설경비보안관리 실무
② 건물방범관리 실무
③ 건물방화관리 실무

3. 시설관리 실무

1) 시설관리 실무의 관리항목

시설관리 실무의 중요한 관리항목에는 건축물의 인수와 현황파악, 입주계약과 입주지원서비스, 입주 후 냉난방서비스, 전열전등공급서비스, 실내환경서비스, 위생 및 급수공급 서비스, 공용시설관리서비스 등의 시설운영서비스 제공과 공사지원서비스, 퇴거지원 서비스, 안전관리서비스 시설물의 성능유지, 고객만족서비스, 시설물의 점검 및 보수 서비스, 사고조치 및 보상 서비스, 고객불만서비스, 계측기 관리 및 기록관리, 시설관리 보고업무 등을 체계적으로 수립해야 한다.

시설관리 실무는 시설관리서비스 품질 매뉴얼과 각종 관리규정 및 지침서에 따라 수행되어야 한다.

2) 시설관리 참고매뉴얼과 규정 및 지침서

시설관리 실무를 위하여 반드시 준비되고 활용해야 할 시설관리 매뉴얼과 각종 규정 및 지침서의 종류는 다음과 같다.

(1) 시설관리서비스 참고매뉴얼과 규정의 종류

시설관리서비스 참고매뉴얼과 각종 규정의 종류는 최소한 다음의 것들을 준비하고 활용해야 한다.

① 시설관리서비스 품질 매뉴얼
② 조직 및 업무분장규정
③ 계약관리규정
④ 건축물 인수업무 관리규정
⑤ 입주 및 퇴거지원 규정
⑥ 시설운영서비스 규정
⑦ 환경관리규정
⑧ 고객재산관리 규정
⑨ 안전관리규정
⑩ 방화관리규정
⑪ 시설관리규정
⑫ 계측기관리규정
⑬ 고객불만처리규정
⑭ 고객만족도 관리규정
⑮ 기록관리규정

⑯ 교육훈련규정
⑰ 방침관리규정
⑱ 문서관리규정

(2) 시설관리서비스 활동지침서

시설관리서비스 생산을 위한 참고지침서는 다음과 같다.

① 건축운영지침서
② 기계설비점검 및 보수지침서
③ 전기설비운영지침서
④ UPS 및 비상발전설비관리 지침서
⑤ 승강설비운영지침서
⑥ 방재설비운영지침서
⑦ CCTV 운영지침서
⑧ 급수위생서비스 지침서
⑨ 냉난방서비스 지침서
⑩ 위험물관리 지침서
⑪ 손해보상관리 지침서

4. 환경미화관리 실무

1) 환경관리실무의 관리항목

건물시설물의 환경관리의 항목에는 크게는 청소관리와 위생관리(소속 포함) 등의 실무가 있으며 구체적으로는 청소작업 수행, 폐기물처리, 약품관리, 위생소독처리, 환경안전관리, 환경미화장비 점검과 보수 등의 환경미화관리 실무가 있다.

2) 환경미화 참고매뉴얼과 각종규정의 종류

환경미화를 위하여 참고할 매뉴얼과 각종규정의 종류는 대체로 다음과 같다.

① 환경미화서비스품질매뉴얼

② 환경미화서비스수행규정
③ 서비스품질측정시스템 규정
④ 고객클레임처리규정
⑤ 기록보존 및 정기보고 규정
⑥ 환경미화서비스사업요건규정
⑦ 시설 및 장비처리규정
⑧ 안전관리규정
⑨ 폐기물관리규정
⑩ 교육훈련규정
⑪ 품질관리시스템규정
⑫ 외주업체관리규정
⑬ 고객만족평가규정

3) 환경미화 활동지침서

환경미화를 위한 세부항목에 적용할 지침서의 종류는 다음과 같다.

① 일상청소관리지침서
② 탄성바닥재관리지침서
③ 카펫청소지침서
④ 천가구커버청소지침서
⑤ 석재관리지침서
⑥ 벽청소관리지침서
⑦ 화장실관리지침서
⑧ 청소용세제 및 약품사용지침서
⑨ 용모 및 복장관리지침서
⑩ 장비사용지침서
⑪ 위생안전관리지침서
⑫ 교육훈련지침서

5. 경비보안관리 실무

1) 경비보안관리 관리항목

경비보안관리 영역에는 전술한 바와 같이 시설관리 영역, 환경미화관리 영역, 경비보안관리 영역 등이 있다.

경비보안관리 영역의 실무에는 시설경비보안관리, 방범관리, 화재방화관리 등의 관리항목이 있다.

2) 경비보안관리 활동매뉴얼

경비보안관리 활동에 참고할 최소한의 매뉴얼은 다음과 같다.

① 경비보안관리서비스 품질 매뉴얼
② 방범관리 매뉴얼
③ 방화관리 매뉴얼
④ 시설 및 장비관리 매뉴얼
⑤ 업무관리 매뉴얼

□ 참고문헌

- 길동민, 《건물자산기술관리론》, 남두도서, 2006
- 김원규 외, 《건물경영관리론》, 남두도서, 2004
- 김원규, 《부동산학개론》, 남두도서, 2008
- ______, 《사무관리》, 남두도서, 2000
- ______ 외, 《건물관리행정론》, 평단문화사, 2001
- 김일효, 《건물자산관리학개론》, 남두도서, 2007
- ______, 《건물자산법률관리론》, 남두도서, 2006
- ______, 《건물관리학원론》, 평단문화사, 2001
- ______, 《건물자산위험관리론》, 남두도서, 2000
- 김재명, 《경영학원론》, 박영사, 2001
- 목진호, 《건물환경관리론》, 남두도서, 2004
- 문영기 외, 《공동주택관리론》, 법론사, 1999
- 삼성에버랜드 기술아카데미, 《현장소장양성과정》, 삼성에버랜드, 2000
- 신창득 외(역), 《자산관리》, 부연사, 2005
- 신현길 외, 《밀레니엄회계원리》, 탐진, 2003
- 이래영, 《부동산투자론》, 삼영사, 2004
- 이창석, 《부동산관리론》, 신광문화사, 2001
- 최영길 외, 《환경과 인간》, 교학사, 1999
- 추암대, 《보험모집조직관리》, 보험감독원, 보험연수원, 1991
- 한국감정원, 《유형고정자산 내용연수표》, 1999
- 한국생산성본부, 《기업부동산 자산관리실무》, 2006
- ____________, 《자산관리실무》, 2001
- 황재성 외, 《부동산세법》, 경록, 2003
- (사)한국위생관리협회, 《위생교육실무교재》, (사)한국위생관리협회, 2001

- (사)한국방역협회, 《소독업무종사자교재》, (사)한국방역협회, 1999
- (사)한국소방안전협회, 《방화관리자실무교본》, (사)한국소방안전협회, 2001
- (사)한국산업안전협회, 《관리감독자안전관리》, (사)한국산업안전협회, 1999

- 산업자원부(현, 지식경제부) 기술표준원, 〈시설관리서비스 표준화연구〉, 2005
- 구제삼, 〈옥상녹화가 건물자산관리에 미치는 영향에 관한 연구〉, 2005
- 건설교통부(현, 국토해양부), 한국건설교통기술평가원, 〈집합건축물의 유지관리 및 보수 기법개발연구보고서〉, 2006
- 김남규, 〈사무소건물 설비시스템의 통합적 성능개선 방법에 관한 연구〉, 2000
- 김일효, 〈건물자산관리제도 개선방안에 관한 연구〉, 2007
- ______, 〈FM직종별 적정인원 산정방안에 관한 연구〉, 2008
- ______, 〈건물유지관리 통합매뉴얼 개발연구〉, 2008
- 박태원, 〈건물유지관리에 관한 연구〉, 1998
- 이순모, 〈대형건물관리 개선방안에 관한 연구〉, 2006
- 정해근, 〈건물전산시스템의 활용방안에 관한 연구〉, 2005
- 최강진, 〈건물임대제도 개선방안에 관한 연구〉, 2005

□ 찾아보기

(ㅈ)

||| 저자 소개 |||

■ 김 일 효

<학력 및 경력>

- 건국대학교 법정대학 법학과(법학사/법학전공)
- 건국대학교 행정대학원 부동산학과(행정학 석사/부동산경영 전공)
- 극동대학교 대학원(경영학 박사/빌딩경영 전공)
- 풍림산업(주) 사우디아라비아, 얀부 모빌홈 건축현장소장 및 마카타이프 담수처리공장 신축공사현장소장
- 풍림산업(주) 사옥관리부장
- 건국대학교 기성회장
- 한국생산성본부 건물자산관리실무 강사
- 전북과학대학 건물관리과 겸임교수
- 극동대학교 대학원 초빙교수(건물자산관리학)
- 동원대학 부동산컨설팅과 건물자산관리학 교수
- (사)한국빌딩산업연합회 이사(현)
- (사)한국건물행정기술협회 이사(현)
- (사)한국경비협회 연구자문 교수(현)
- 지식경제부 기술표준원 시설관리서비스 KS인증심사원(현)
- 사단법인 한국건물관리학회 회장(현)

<저서 및 논문>

- 《건물자산관리학총론》(남두도서, 2009)
- 《건물자산경영관리론》(남두도서, 2006)
- 《건물자산법률관리론》(남두도서, 2006)
- 《건물자산위험관리론》(남두도서, 2006)
- 《건물관리실무용어》(남두도서, 2004)
- 《건물자산임대관리론》(남두도서, 2009)
- 《교 회 건 물 관 리 론》(남두도서, 2007)
- 《건물자산관리학개론》(남두도서, 2007)
- 《건물자산환경관리론》(남두도서, 2009)
- 《건물자산행정관리론》(남두도서, 2010)
- 〈부동산 거래사고 예방대책에 관한 연구〉(1979)
- 〈집합건물관리기본법의 문제점과 개선대책에 관한 연구〉(2006)
- 〈건물자산관리제도 개선방안에 관한 연구〉(2007)
- 〈FM 직종별 적정인원 산정방안에 관한 연구〉(2008)
- 〈건물유지관리 통합매뉴얼 개발 연구〉(2008)
- 〈대학시설물유지관리 평가모델 연구〉(2010)
- 〈건물자산관리 학문적 체계화에 관한 연구〉(2010)

건물자산운영관리론

1판 1쇄 발행	2011년 8월 1일

저 자 김 일 효
발행인 남 승 우

발행처 **남두도서**

서울시 동작구 사당로9가길 6(사당동 220-43)
TEL : (02)595-1692~4
FAX : (02)595-1394
E-mail : namdoo6@unitel.co.kr
신고 : 5-76호 (1998. 11. 4)

정가 27,000 원

ISBN 978-89-5780-136-9 13320

〈디자인〉 편집 이선경 / 표지 나아기획